检察官办案业绩考核机制研究

JIANCHAGUAN BANAN
YEJI KAOHE JIZHI YANJIU

谢鹏程　邓思清／主编

中国检察出版社

图书在版编目（CIP）数据

检察官办案业绩考核机制研究/谢鹏程，邓思清主编. —北京：中国检察出版社，2018.6
ISBN 978-7-5102-2112-5

Ⅰ.①检… Ⅱ.①谢… ②邓… Ⅲ.①检察官-工作-考核-研究-中国 Ⅳ.①D926.3

中国版本图书馆 CIP 数据核字（2018）第 100799 号

检察官办案业绩考核机制研究
谢鹏程 邓思清 主编

出版发行：	中国检察出版社
社　　址：	北京市石景山区香山南路 109 号（100144）
网　　址：	中国检察出版社（www.zgjccbs.com）
编辑电话：	(010) 86423708
发行电话：	(010) 86423726　86423727　86423728
	(010) 86423730　68650016
经　　销：	新华书店
印　　刷：	保定市中画美凯印刷有限公司
开　　本：	710 mm × 960 mm　16 开
印　　张：	23.75
字　　数：	431 千字
版　　次：	2018 年 6 月第一版　2018 年 6 月第一次印刷
书　　号：	ISBN 978-7-5102-2112-5
定　　价：	62.00 元

检察版图书，版权所有，侵权必究
如遇图书印装质量问题本社负责调换

序

谢鹏程

司法体制改革是政治体制改革的重要组成部分，是法治领域一场广泛而深刻的革命，在全面深化改革、全面依法治国中居于重要地位，对推进国家治理体系和治理能力现代化具有重大意义。党的十八大以来，以习近平同志为核心的党中央对司法体制改革高度重视，并积极推进司法体制改革。在党中央坚强领导、全国人大及其常委会有力监督下，司法体制改革走过了不平凡的历程，做成了想了很多年、讲了很多年但没有做成的改革，司法体制改革取得了巨大成就。最高人民检察院按照党中央的统一部署，积极落实检察官司法责任制改革，全国检察机关先后分三批进行试点，目前已经完成了员额检察官改革工作，正在推行员额检察官办案绩效考核改革工作。实行检察官办案责任制以后，如何建立符合员额检察官办案要求的科学的检察官司法办案绩效考核机制，已经成为普遍关注和亟待研究解决的重大问题。

一、充分认识检察官司法办案绩效考核的紧迫性和重要性

在全面依法治国、全面深化改革的形势下，我国司法体制改革进入了深水区和攻坚阶段。检察官司法责任制改革，既是检察机关的发展机遇，也是一种挑战。在新的时期，面对新形势新任务，要实现检察机关办案模式、考核工作机制的创新发展，就必须认清形势，努力提高使命意识和责任意识，加强理论研究和经验总结。

（一）检察官司法办案绩效考核是进一步推进检察改革的迫切需要

在新一轮司法体制改革中，完善检察人员分类管理、完善司法责任制、健全检察人员职业保障制度、推动省以下地方检察院人财物统一管理，是检察改革四项重要内容。这四项改革是本轮检察改革的基石，是牵一发而动全身的重大改革。这四项改革又是相互联系和相互促进的，每一项改革的完成都为其他改革的顺利进行创造有利条件，提供有力保证。其中，完善检察人员分类管理，可以为员额制检察官改革、司法责任制改革提供前提条件；推行省以下地方检

察院人财物统一管理，可以为健全检察人员职业保障制度提供有力保证。因此，对员额检察官进行办案绩效考核，不仅是完善司法责任制的重要内容，而且也有助于其他检察改革的顺利完成，从而可以进一步推进我国检察改革的深入。

（二）检察官司法办案绩效考核是确保检察权依法公正行使的现实需要

司法责任制改革就是按照司法规律的内在要求，赋予检察官一定的司法办案职权，突出检察官的司法办案主体地位，实现"谁办案谁决定，谁决定谁负责"，从而提高司法办案质量，确保实现司法公正。司法公正既是司法活动的价值目标，也是司法体制改革追求的最高目标。在司法责任制改革中，赋予员额检察官一定的职权后，如何保证其依法公正行使职权，就成为此项改革成败的关键。只有确保员额检察官依法公正行使检察权，才能实现司法公正，才能保证让人民群众在每一个司法案件中都感受到公平正义。从目前司法实践来看，对员额检察官进行办案绩效考核是提高其办案责任心和办案能力的有效措施，也是确保其依法公正行使检察权的现实需要。

（三）检察官司法办案绩效考核是建设高素质检察官队伍的客观要求

高素质检察官队伍是司法体制改革的重要目标，高素质检察官队伍建设不仅需要选拔机制的完善，而且需要对检察官进行严格的考核和管理。对检察官进行严格要求、严格监督和严格管理，既是开发检察官智能、挖掘检察官潜能的重要手段，也是充分调动其积极性、主动性和创造性，提高检察官的工作效率，全面提升检察官业务工作水平的重要措施，同时也是对检察官实行"优胜劣汰"的重要保障。在目前司法责任制改革的进程中，各地检察院在员额检察官选任之后，都建立了员额检察官的退出机制，以确保员额检察官的高素质。因此，对员额检察官进行办案绩效考核是落实员额检察官退出机制的前提和基础，也是建设我国高素质检察官队伍的客观要求。

二、抓紧研究和解决检察官司法办案绩效考核中的几个重要问题

从目前实践情况看，实行员额检察官改革后，原来的绩效考核机制难以适应新情况、新要求，急需建立以办案主体为对象的独立、科学的员额检察官司法办案绩效考核新机制，为此需要抓紧研究和解决以下几个重要问题。

（一）检察官办案的界定和类型

对员额检察官进行绩效考核，最主要的是要考核员额检察官的办案情况，因为员额检察官办案是司法责任制改革的目的，只有员额检察官具体办案，才能实现"谁办案谁负责"，有效落实司法责任制，也才能提高检察机关的办案质量，保证司法公正。因此，研究员额检察官司法办案绩效考核，必须首先研

究什么是办案以及办案的种类或者类型。

在我国,根据法律规定,检察机关承担着多种诉讼职能,包括批准和决定逮捕、审查起诉、诉讼监督等诉讼职能。可见,检察机关的诉讼职能不像法院的审判职能那样单一,呈现多样性,那么履行这些诉讼职能的活动是否都属于办案,则需要认真研究。从检察实践来看,检察机关内部分为多个业务部门,各个业务部门的工作特点差异很大,如何界定不同业务部门员额检察官的办案,也是需要研究和解决的问题。

一般来说,审查批捕、审查起诉活动应当属于办案活动,但是,与这些办案活动有密切关系的业务活动,例如,案件管理业务中案件质量评查工作、举报中心业务中的案件线索管理工作、法律政策研究业务中的指导性案例审查工作,是否属于办案活动,也需要我们深入研究。

(二) 检察官办案指标的设置

检察官办案指标如何设置,即一般检察官、检察官办案组、部门负责人、检委会专职委员、副检察长和检察长应当设置多少办案量,则是检察官绩效考核需要研究和解决的又一重要问题。这里涉及两个具体问题:一是如何计算案件的数量;二是如何设置检察机关领导(包括部门负责人、检委会专职委员、副检察长和检察长)的办案数量。

关于如何计算案件的数量,即什么算是办理一个案件,实践中可能存在不同的认识和看法,例如在审查批捕工作中,如果一个检察官在审查批捕一个案件时,又提出了一个违法纠正意见,是计算一个案件还是两个案件?等等。因此,要统一对上述问题的认识和标准,就需要进行认真研究。

关于如何设置检察机关领导(包括部门负责人、检委会专职委员、副检察长和检察长)的办案数量,也是实践中面临的一个重要问题。从检察实践来看,无论是部门负责人、检委会专职委员,还是副检察长和检察长,作为一般检察官的领导,除了承担对一般检察官办案活动的监督工作外,还承担着一定的行政管理工作和其他工作,因而在设置其办案数量时,应当考虑这些因素。具体如何确定各级检察机关领导承担非业务工作量的大小,如何设置各级检察机关领导的具体办案数量或者比例,也是需要认真研究的问题。

(三) 检察官司法办案绩效考核的内容

2015年,最高人民检察院出台的《关于完善人民检察院司法责任制的若干意见》,明确提出建立以履职情况、办案数量、办案质效、司法技能、外部评价等为主要内容的检察官业绩评价体系,为进一步构建与司法责任制相适应的员额检察官绩效考核机制指明了方向。根据该《意见》规定,检察官司法办案绩效考核的内容主要包括办案数量、办案质效、司法技能等。

办案数量是检察官的硬性指标，应当作为检察官绩效考核的重点。关于如何考核检察官的办案数量，除了要研究如何计算办案数量外，还应当研究办案数量应当占检察官绩效考核的比重，以及如何进行加减计分。办案质效是检察官办案质量的重要标志，应当作为检察官绩效考核的重点。关于如何考核检察官的办案质效，我们认为，对检察官的办案质量应当进行全面考核，即要考核其政治效果、法律效果和社会效果，坚持这三个效果的有机统一。司法技能是检察官司法办案的综合体现，包括检察官的司法作风、司法形象、职业操守等，也应当作为检察官绩效考核的重要内容。关于如何考核检察官的司法技能，应当重点研究和确定检察官司法技能的具体内容、司法技能占检察官绩效考核的比重等问题。

关于检察官司法办案绩效考核的内容问题，长期以来存在不同的看法。有的主张应当进行定性考核，有的主张应当进行定量考核。我们认为，在检察官队伍职业化、专业化尚未完全建立之前，有必要将可以量化的考核内容确立为检察官司法办案绩效考核的主要内容，通过量化考核引导检察业务和检察官整体素质向更高层次发展。在充分发挥定量考评积极作用的同时，对不适宜量化的考评内容进行定性分析，形成定量考核与定性考核相结合，定量考核为主、定性考核为辅的考评体系。

（四）检察官司法办案绩效考核的程序

检察官司法办案绩效考核的程序是保证检察官办案绩效考核客观性、公正性的重要措施，必须建立科学合理的、符合检察工作规律的检察官司法办案绩效考核程序。检察官司法办案绩效考核程序包括考核的组织、考核的具体程序、考核的救济程序等。

从检察实践看，目前检察官司法办案绩效考核程序不能完全适应员额检察官改革后的情况，主要表现为检察官司法办案绩效考核主体专业性不强、检察官司法办案绩效考核机制不完善、对检察官的司法办案绩效考核结果不够合理、检察官司法办案绩效考核结果的应用性有限等问题。

在司法责任制改革后，要建立科学合理的检察官司法办案绩效考核机制，以适应员额检察官办案责任制改革，就应当重点研究检察官司法办案绩效考核的有关程序问题，主要包括检察官司法办案绩效考核组织的组成人员、检察官司法办案绩效考核机制、检察官司法办案绩效考核的救济程序，以及如何增强检察官司法办案绩效考核结果的应用性等问题。

三、认真总结各地检察官司法办案考核机制试点中的经验和做法

根据党中央的要求和统一部署，司法责任制改革先在部分省市进行试点，

然后逐步扩大推广。从目前情况看,各试点检察院在司法责任制改革中,都进行了员额检察官选任改革,正在积极试点探索员额检察官司法办案绩效考核机制改革问题,并积累了一定的经验和做法。

关于检察官办案的界定和类型,各地检察院在改革探索中总结了一些经验,例如江苏省人民检察院制定了《检察官绩效考核量化规则》,明确将检察官的办案分为实体性办案、程序性办案和指导性办案三类。重庆市巫山县人民检察院制定的《检察官办案管理办法》明确规定,检察官办案是指直接办理侦查监督、公诉、刑事执行检察、民事行政检察、控告申诉和国家赔偿案件,院领导和部门负责人在权限范围内研究、审核案件,或者出席检察委员会讨论案件,不属于直接办理案件。

关于检察官办案指标的设置,各地检察院根据各自的实际情况进行了积极探索,有的检察院对入额检察机关领导的办案指标,按照一般员额检察官的办案数量,规定一定的百分比,比如部门负责人为50%、检委会专职委员和副检察长为30%、检察长为5%;有的检察院对入额的院领导的办案数量,只规定一定的数量,比如入额的院领导每年直接办案数不少于2件等。

关于检察官司法办案绩效考核的内容,各地检察院也都进行了有益的探索,如甘肃省人民检察院将检察官司法办案绩效考核的内容规定为业务工作、综合性工作、司法素能、职业操守四个方面,分别占70%、10%、15%和5%。而江苏省人民检察院则将检察官司法办案绩效考核的内容规定为司法办案、司法作风、司法技能和职业操守四项,分别占70%、10%、10%和10%。

关于检察官司法办案绩效考核的程序,各试点省级检察院也都作出了规定,形成了一定的共识,比如都规定了检察官绩效考核委员会负责考核工作,坚持检察官个人自评与领导评价相结合,检察官对考核委员会的考核提出异议的,考核委员会应当进行复议,最后由院党组确定检察官绩效考核等次,检察官绩效考核结果计入检察官等级晋升年限,并与绩效考核奖金发放直接对应等。

上述各地检察院对检察官司法办案绩效考核机制所进行的探索,都具有一定的参考价值,都值得我们认真研究和总结。

总之,在党中央高度重视司法体制改革的大背景下,全国检察机关正在高检院的领导下,积极推进各项检察改革,不断探索解决问题的新方法和新思路,只要我们认真研究问题,善于总结改革中的经验,就一定能够建立科学合理的检察官司法办案绩效考核机制,不断推进司法责任制改革,为检察事业科学发展作出更大贡献!

目 录

序 …………………………………………………………………………（1）

一、领导讲话

徐显明副检察长在检察官办案绩效考核机制研讨会上的讲话 …………（3）

二、会议综述

检察官办案绩效考核机制研讨会综述 ……………………………………（15）

三、检察官办案的界定和指标设置

基层检察院检察官办案有关问题探讨 ……………………………………（27）
检察官绩效考核"四议" ……………………………………………………（33）
检察实务视野下对"办案"界定的探讨 …………………………………（42）
检察官办案责任制相关问题研究
　　——以万柏林区人民检察院为参考样本 ……………………………（47）
科学编制案件类型清单与绩效考核精准对接 ……………………………（55）
检察官绩效考核考评机制的构建与运行 …………………………………（63）
检察官绩效考核的指标设置 ………………………………………………（70）
检察官绩效考核机制之建构考量 …………………………………………（82）
如何对副检察长等分管院领导进行绩效考核 ……………………………（94）
论基层院刑事执行检察官绩效考评 ………………………………………（98）

检察官、检察辅助人员业绩评价体系研究
　　——兼以渝中区检察院的实践为考察对象 ……………………（108）
部门负责人、检委会专职委员和检察长办案指标设置研究 …………（116）
为检察机关绩效考核"正名"和"扬名" ………………………………（124）

四、检察官绩效考核的标准和程序

检察官绩效考核内容的选择与设定
　　——基于十份各地检察机关绩效考核办法的比较分析 …………（143）
检察官办案的数量标准和计算方式 ……………………………………（150）
检察官办案质量考核体系设置有关问题探究
　　——以郑州市管城区人民检察院案件质量考核工作实践为基础 ……（154）
浅议检察官办案数量、质量评估指标 …………………………………（163）
公诉部门员额检察官绩效评估方案设计 ………………………………（167）
新形势下检察官办案质量考核刍议
　　——以 C 市 W 区检察院案件质量评查实践为视角 ……………（181）
检察办案数量初探 ………………………………………………………（191）
公诉员额检察官办案质量评价之纬度 …………………………………（198）
检察官公诉案件办理数量绩效考核机制
　　——以 C 市 J 区检察院公诉案件考核创新实践为例 ……………（206）
浅谈检察官绩效考评体系的程序遵循
　　——从福建省检察机关绩效考核工作的组织切入探讨 …………（212）
当前检察人员绩效考核管理体系的检视与修正 ………………………（218）
检察官办案绩效考评机制研究 …………………………………………（231）
检察官业绩评价体系之构建 ……………………………………………（236）
检察官绩效考核机制研究
　　——基于六个检察院检察官绩效考核机制的实证分析 …………（245）
探索员额内检察官绩效考核新思路 ……………………………………（256）
自侦职能转隶后检察机关组织架构及管理模式再思考 ………………（260）
入额检察官业绩评价体系的构建模式研究 ……………………………（267）
员额内检察官绩效评价体系的科学构建 ………………………………（282）

检察人员绩效考核指标和程序设计原则 ……………………（287）

检察官办案分层分类评价机制研究 ………………………（297）

附件：部分检察机关检察官办案绩效考核规定

江苏省检察机关检察官办案绩效考核量化规则（试行） ……（325）

广东省检察机关院领导、检察委员会专职委员和部门负责人直接
　办理案件的指导意见（试行） …………………………（337）

甘肃省检察机关检察官绩效考核办法（试行） ……………（341）

重庆市巫溪县人民检察院检察官办案管理办法（试行） ……（347）

太原市万柏林区人民检察院案件质量评查办法（试行） ……（352）

最高人民检察院机关检察官业绩考核办法（试行） ………（358）

一、领导讲话

在检察官办案绩效考核机制研讨会上的讲话

最高人民检察院副检察长　徐显明

（2017年9月22日）

这次会议是经过曹建明检察长批准召开的。主要任务是深入研究检察官绩效考核机制。我谈几个想法，和大家交流。

一、以习总书记关于改革的系列重要讲话为指导，将司法改革进行到底

2017年8月29日中央第38次深化改革领导小组会议结束的时候，总书记发表了重要讲话，总结了十八大以来全面深化改革所取得的重要经验，并号召大家要将改革进行到底。总书记梳理了十八大以来我们改革的所有项目，有两个重要数字：全面深化改革到目前为止，我们出台了300份左右的文件，几乎在所有的领域都推行了改革。当然，司法体制改革或者叫法制改革是这次全面深化改革的重点内容之一。在这些文件里面，有多少项改革措施呢？总书记说，大概有1500多项改革措施，所以把这两个数字一加，大家就可以理解什么叫全面深化改革，总结这次改革的基本经验，总书记概括了四条：一是一定要坚持党的领导。十八大以来，我们改革的广度、深度、力度、成效都是前所未有的，离开党的领导，就不会有这样的效果，就不会向纵深推进，所以总书记讲，加强顶层设计，离不开党的领导，统筹谋划，也离不开党的领导，整体推进，还要依靠党的领导，督促落地生根，同样离不开党的领导，所以党的领导是这次全面深化改革非常宝贵的一条经验。我们的改革之所以做到了想了很多年、讲了很多年但都没有做成的事情，根本原因就是坚持了党的领导。总书记在多个场合都讲过，全面依法治国要把党的领导贯穿于法治建设的所有环节，这是中国法治建设的一条宝贵经验。二是一定要坚持问题导向。我们所有的改革都是为了解决问题，不是搞花架子，哪里有问题就改哪里，哪个领域有问题就改哪个领域，体制机制有问题就改体制机制。所有的改革都是指向具体

的目标、具体的问题。就司法体制来说，制约司法公正的有体制机制问题，司法改革就要指向体制机制问题；有群众打官司难的问题，就进行立案制改革；与人民群众切身利益相关，不通过诉讼得不到解决，就增加公益诉讼，检察机关可以介入。总之，我们所有的改革都是以问题为导向，就是要从实际出发，这是一条宝贵的经验。三是要坚持督查落地。所有的改革，一旦形成措施，就要反复督查。总书记说一分部署九分落实，所以，督查落实比部署更重要。中央深化改革领导小组办公室负责组织督导，他们到我们政法系统就有若干次，全国性的督导至少有三次。不光在法治领域，在其他领域也都有督导，以保证每一项改革措施落地生根。这也是一条可贵的经验。四是要尊重规律，用好规律。改革首先要发现规律，发现规律就要遵循规律。司法改革要遵循司法规律，不符合规律的改革终究要成为改革的对象。总书记一直把尊重规律放在非常重要的位置上。我们研究和探索检察官绩效考核有一段时间、走了一段路了，现在又走不通了，还要再回来。现在研究检察官绩效考核机制改革应该在更高起点上思考，一定要符合规律。过去的一些做法之所以走不通，一定是违背了规律。总书记强调，改革一定要遵循规律、运用规律。总书记总结的上述四条经验是本次会议的基本指导思想。我们要尊重规律，尊重法治规律，尊重司法规律，尊重法官、检察官管理的规律，违背这些规律，我们就会受到惩罚，设计的改革方案也行不通。

二、正确看待十八大以来的司法体制改革

十九大下个月就要召开了，总书记在这次深化改革领导小组会议上讲，党的十九大之后，有一些改革措施还要继续推行，他说三中、四中、五中、六中全会所提出的改革措施，在十九大之前没有完成的，要一项一项列出来，十九大之后继续推行。因此，我们应当对十八大以来改革进行一些思考和总结。怎么看待十八大以来的司法体制改革，这是一个需要用科学态度，也需要用顶层思维来思考的一个问题。我的思考是：根据总书记系列讲话，特别是孟建柱书记每年在政法工作会议上的讲话，我有这样一些认识：十八大以来，我们所推行的司法体制改革有四个特点。

第一个特点，看上去是司法体制改革，其实是国家的重大政治体制改革，换句话说，是政治体制改革在法治领域特别是在司法领域的展开。为什么这样讲呢？因为这一轮的司法体制改革，涉及的最重要的关系，是党和法治的关系，是国家权力，就是司法以外的其他国家权力和司法之间的关系，比如人民代表大会制度和司法之间的关系，党的领导与司法之间的关系，这一轮的司法体制改革，我们始终坚持两条底线，第一条底线就是要坚持党的领导，处理好

党和司法之间的关系。十八届四中全会决定中一个很科学的概括就是，党领导立法、保证执法、支持司法、带头守法。大家可以思考为什么有这样的概括。党支持司法，实质上是实现党领导司法的一种方式，司法体制改革，是在党领导下进行的，但党要支持司法，就是我们党在落实宪法关于人民法院、人民检察院依法独立行使职权的原则，这是我们党对司法规律把握的一种表现，是我们党学会用司法巩固执政的一种表现，这表明我们党更成熟。这是一个司法问题吗？不是，这是一个政治问题。第二条底线就是我们所有司法体制改革的设计，都要坚持人民代表大会制度，在人民代表大会制度的框架内推进我们的改革。这就需要调整一些关系，大家可能注意到了，我们有几块硬骨头还要啃，这就是总书记说的十九大以后要列出来推进，排在第一位的、还没有展开的司法体制改革的一项重要任务，就是刑罚执行体制的问题。第二项是审执分离的问题，审判权和执行权怎样分离？包括这次人民法院组织法、人民检察院组织法怎么修改？人大常委会法工委的说明已经告诉大家在执行体制上，暂时不触动，不触动的目的就是为后面的改革留有余地。第三项是探索司法行政权和司法权的分离问题。第四项是建立跨行政区划的人民法院和人民检察院。这四个问题都是非常难的，需要体制设计，这四个涉及什么呢？跨地区的人民法院、人民检察院的设立，就会涉及人民代表大会制度，要慎之又慎，所以我们要坚持两条底线：一是一定要坚持党的领导；二是一定要坚持人民代表大会制度。在这个框架之内，那就是改革和调整，所以大家看涉及的是党法关系、人民代表大会与人民司法之间的关系，这就远远超越了我们司法本身，所以这项改革是政治体制改革，是政治体制改革在司法领域的展开。

第二个特点，这一轮的司法体制改革，是真正的顶层设计的改革。过去，法院、检察院搞自我改革，今天回头看，大多数机制的改革，很难称得上是体制改革，体制改革一定涉及基本制度，体制改革一定要顶层设计。2017年8月29日总书记的讲话，坚持党的领导，才能进行顶层设计。这次司法体制改革，不是以司法为逻辑起点的改革，所以我们要"三跳"才能看清楚这次司法体制改革。一跳是跳出司法，站在法治的高度上，十八届四中全会有一个全新的概念，建设中国特色社会主义法治体系。当你在法治体系上回头看司法体制的时候，司法只是法治体系上很小的一环，法治体系有五个分体系，第一个体系是建立完备的法律规范体系，这是指立法，第二个是高效的法治实施体系，法治实施有执法、司法、守法，司法只是法治实施当中三环中的一环，所以，当站在法治的高度看司法的时候，司法只是一环，要使整个法治体系有整体性、同一性和协同性。这是跳出司法的第一步，还要跳第二步，站在国家政治体制的高度或者说民主政治发展道路的这个高度，再回头去看我们司法的时候，它只不过是为了促进我们的民主与法制，站在政治的高度看司法，就要增强我们改革的政治意识，司法体制改革应该为完善中国特色社会主义民主政治发展道路服务。这是第二跳，还有第三跳，站在更高，就是站在党和国家全局的高度，像"五位一体""四个全面"，站在这个高度再回头看司法的时候，我们要为中华民族伟大复兴做出我们司法应有的贡献，所以这就叫顶层设计。举一个例子，我们设立知识产权法院，在中央确定的全面改革的项目当中，设立知识产权法院并不在司法改革的项目中，四中全会是把它放在创新型国家当中来思考的。建设创新型国家需要司法提供一定帮助，所以中央决定，设立知识产权法院，从这个项目的划分来说，它并不属于司法体制改革，因而放在创新型国家里头。再如环境公益诉讼，它也不是放在司法体制改革当中，而是放在生态文明建设中。这两个例子足以说明，推行所有的司法体制改革，都是一种顶层设计，不是就司法论司法。

第三个特点，这次司法体制改革调整的是公权力与公权力之间的关系。司法改革为什么这么难？统一国家的刑罚执行体制，学界呼吁了多少年，也列进了十八届四中全会决定当中，为什么推行起来难呢？因为它涉及若干公权力：死刑在最高人民法院，有期徒刑、无期徒刑在司法行政机关，三个月以下的拘役在公安机关。一个国家为什么一个刑罚有三个部门来执行？还有检察机关提起公益诉讼，如果是行政公益诉讼的话，在同一个法庭上就会出现三个公权力：审判权、检察权和行政权，这种现象在新中国从来没有出现过。检察机关提起诉讼为了胜诉，如果检察机关胜诉的话，带来的后果一定会降低行政权的权威，降低了行政权的权威，就有可能引发社会治理和社会管理的其他问题，甚至产生群体性事件。因此，行政公益诉讼对检察机关来讲，这个权力不能不用，但是一定要慎用，因为好多关系我们还没有认识清楚，这三个权力在同一个法庭上出现，一定会引发这三个权力与人民代表大会制度的关系，这个关系需要重新思考，所以这次体制改革调整的是公权力与公权力的关系。

第四个特点，所有体制改革的价值取向和最后的表现，一定会落在调整公权力与公民权利之间的关系上，符合规律的体制改革，一定会约束和缩小公权力，一定会扩大公民权利。法院立案制改革是最好的事例，从过去的审查制度改为现在的登记制，约束的就是我们的司法权，过去司法权通过自己的审查后决定立案还是不立案，在审查过程当中，无意中就克减了公民的诉权，就要改革，把审查制改为登记制，有案必立，就扩大了公民的诉权，保障了公民的诉权。司法机关审判公开、检务公开，公开是为了什么？为了扩大公民的知情权，扩大公民对司法的监督权。

随着新一轮司法体制改革，这四个特征是非常明显的，所以我们要站在党和国家事业的全局高度，有一种政治责任感，来推进这次司法体制改革，我们进行的所有改革，都不要忘记这个目的，都要以这个为特征。

三、准确把握本轮司法体制改革的目标

本轮司法体制改革的目标在哪里？孟书记有多次讲话，我把他讲话的精神理解为这样几句话：我们本轮司法体制改革的第一目标是为了完善和发展社会主义司法制度。这个目标的来源在哪里？在十八届三中全会总书记在结束时的讲话中，总书记反复告诫大家，我们进行的所有改革有一个总目标，这个总目标就是完善和发展中国特色社会主义制度，推进国家治理体系治理能力的现代化。总书记说这是两句话，这两句话是一体的，我们很多人习惯讲推进国家治理体系和治理能力现代化，而总书记说第一句比第二句更重要，第一句是管方向的，是管目标的，是管根本的，我们的最终目的是使我们的制度更文明、更具有优势，在世界范围内具有竞争力，根本目的是为了完善和发展制度。但是抓手是什么？抓手是要推进国家治理体系和治理能力的现代化，所以第一句更重要，要把它作为指导思想。我们推进司法体制改革，就是为了使我们的司法制度更先进、更文明。2017年在贵阳会议上，孟书记的讲话稿开头就是建立更高水平的社会主义司法文明，这是我们的根本目的，是推进司法体制改革的最高追求。如果我们的司法制度和西方比较起来，成本更高，人民群众对这个司法制度不是充满希望，而是丧失了信心。假如这种情况出现的话，那我们的司法制度就比不过西方的司法制度，没法说明我们的司法制度比西方的更先进、更文明。所以，我们的根本目的在于制度的优势，创造优势的制度。

第二个层次的目标，就是提高司法公信力。2014年3月24日中央政治局会议集体学习，这次集体学习的题目是关于司法体制改革，总书记在结束时发表了讲话，这个讲话有两个核心要义，第一个核心要义就是告诉我们体制改革一定要遵循规律，第二个核心要义就是给出了判断我们这次司法体制改革成功与否的根本尺度。总书记说提高了司法公信力，我们这次改革就成功了，如果司法公信力没有提高，我们的改革就不能算是成功，他用了这句话"紧紧抓住提高司法公信力这个根本尺度"。所以，本轮的司法体制改革都指向提高司法公信力。这句话与十八大政治报告当中全面建成小康社会相适应的发展目标的四句话是一致的：依法治国方略全面落实、法治政府基本建成、司法公信力不断提高、人权得到切实尊重和保障。我们所有的改革都要围绕提高公信力这个问题，但是公信力来自于哪里？公信力来自于它的专业性，公信力来自于它的无私性，公信力还来自于它一定的中立性和独立性。

第三个目标，就是遵循和运用司法规律。总书记为什么反复强调规律？本

次司法体制改革就是要把那些扭曲了的、不符合规律的制度改掉，就是要恢复司法规律，运用司法规律。以内设机构为例，2014年1月7日，总书记在首次中央政法工作会议上，讲了这样一段话：一个县里，法院、检察院，就是一个科级建制，一个科级建制里配领导法院的院长和领导检察院的检察长，没法高配，高配到什么程度呢？顶多就是一个副县级，但是我们国家的80%案件是在基层，那么基层法院院长、检察院检察长是个副县级，他自己的成长空间在哪里？没有成长空间，所以法院也好检察院也好，就拼命地设机构，不当一个什么长的话，就只能是一个审判员、检察员，干到最后就是一个科员，所以我们就大量地设立机构，这个现象从东到西、从南到北是普遍存在的。我们检察系统里一个几十人的检察院设立二十几个科级单位，这就不符合司法规律，原因就是用行政的方式替代人员成长，我们的司法价值观被扭曲了，我们设那么多的机构，要加强管理，所以就带来了司法的行政化，审理者不判，判者不审，审者、判者都对后果不负责任，这就不符合司法规律。不符合司法规律在我们司法领域有两个集中表现：一个是司法权的地方化，另一个是司法权的行政化。所以，总书记说这"两化"一定要克服，所以本轮司法体制改革就是要把那些扭曲了的再把它摆正，让我们的司法权在规律的轨道上运行，我们这次分类改革、员额制改革、职业保障制度改革、省以下地方法院检察院人财物统一管理，这四大改革都是为了尊重司法规律。所以我们在改革当中，一定要牢牢记住一点，不能把我们今天的改革，再成为未来别人改革的对象。不符合规律的改革，一定会成为人家未来改革的对象，所以我们今天设计任何一项改革都一定要遵循规律，这是我们这几年总结出来的一条宝贵的经验。

第四个目标，就是建立一支高素质的法官、检察官队伍。这次司法体制改革从设计开始，到未来的目标追求，我们就是要建立一支高素质的法官、检察官队伍，让我们司法领域里最优秀的人员回到办案岗位上来，正规化、职业化、专业化这"三化"，最后的表现就是高素质的法官、检察官队伍。在讨论司法体制改革这个未来目标的时候，我们都讲，我们这一代人是要做出牺牲的，过去我们把不符合做法官、检察官工作的人也都授予了法官、检察官资格，在当时的条件下，是可以理解的，是为了让大家有一定的发展空间，但是有了法官、检察官资格之后不能办案怎么办？怎么能建立起一支高素质的法官、检察官队伍？这就想到了一定要分类制改革，分完类之后，哪些人适合做法官、检察官，哪些人应该做司法辅助人员，哪些人应该做司法行政人员，总得有个比例。法官、检察官的数额一定不能高于司法辅助人员，法院、检察院一定要有少量的司法行政人员，如果司法行政人员是20%的话，剩下的80%应该是司法人员和司法辅助人员，如果从中间切一刀各是40%，如果司法人员少于司法辅助人员的话，司法人员不能高于39％，员额比例就是这样算出来的。但是，我们从实践中了解到，39％的数额实际上还是高的，所以我们要求各地检察院和法院不能用足这个数额，用足了数额，后面就没有空间了。如果理解了中央司法改革的这个意图的话，这个数额用得越低，越有利于队伍建设，因为中央司法改革还有第二个设想，总书记曾经讲过司法权本质上是中央的事权，我们第一步先要做到人财物省级统管，总书记没讲第二步，其实蕴含着第二步，那么第二步就是，如果中央事权都由中央来保障的话，也不排除我们的法官、检察官未来的保障水平会更高，所以这个比例如果用得过高的话，将来如果再改善大家的保障条件就会增加困难。所以，要建立高素质的法官、检察官队伍，让最优秀的人回到办案岗位上来。国家设立司法机关的主要目的是为了让大家办案，而不是产生更多的官员，这就是我们的一个直接指向，所以要实现这个目标，可能要经过若干年。怎么让最优秀的人流动到办案岗位上，怎样鼓励大家办好案、愿意办案，这就是我们今天的绩效考核。

总之，改革的直接目标，第一个是为了我们的司法制度更具有竞争力，使我们的制度更具有优势、更高水平的司法文明。第二个就是要提高我们的司法公信力，这是一个根本尺度，提高就成功了，没提高就失败了。第三个就是要恢复规律，遵循规律、运用规律。第四个就是建立一支高素质的司法队伍。为了实现这四个目标，还必须有些措施，这个措施就是要充分调动内外两个积极性。我们法院、检察院的司法行政人员，你做的工作比人家党政机关工作人员的工作难度更高、数量更多吗？你的任务更艰巨吗？花费的时间更长吗？都不是，党政这两个系统都不提高20％，我们要提高20％，目的就是为了减少阻力，提高大家的积极性，所以采取了这些措施。

四、建立科学的绩效考核机制

为了实现司法改革目标，为了建立一支高素质的法官、检察官队伍，为了使法官、检察官的管理或者叫自我约束更科学，我们要建立科学的绩效考核机制。考核机制是深化司法改革的任务之一，可以把它叫作配套措施。大家都在一线，对这一问题也都有研究，都经历过这个过程，对法官、检察官进行绩效考核是典型的中国特色。西方的法官、检察官是没有考核的。美国的法官有两种：一种是一旦产生就是所谓的终身制，这个终身制当然也不是真正的终身，当他自己认为不能从事判断的时候，可以提出退休；另一种是选举的法官，选举的法官，如果新一届再被选举上，你再当法官，你没被选上就不再担任法官，所以西方的法官没有考核机制。但是在中国，这是由我们的国情所决定的，一方面在中国没有不被考核的，我们"两会"召开的时候，总理要做报告，委员长要做报告，"两高"要做报告，那就是对总理、委员长、法院院长、检察院检察长的政治进行考核，由人大代表投票。那么作为公务员，因为在中国法官、检察官都是公务员，在美国，在欧洲，法官、检察官不是公务员。我们的法官、检察官是公务员，一定要接受考核，没有不受考核的公务员，这是中国的国情，那么在这种状况下，法官、检察官也有他职业的独特性，所以我们要建立有别于普通公务员的考核机制。普通的公务员都要经过德、能、勤、绩、廉这五项考核，我们在这个基础上要建立与我们职业特点相适应的考核制度，所以大家要处理好这些关系：第一个关系就是和公务员考核的关系；第二个关系是法官、检察官的考核大体有相同或者相似的地方，所以在兼顾法官考核的同时，法官是怎么考核的，检察官也不能独立地建立一套考核机制；第三个就是要突出检察权的特性，检察权三性同具，检察权既是司法权，又具有行政权的属性，但本质是监督权，这三权同在，就是我们检察院和法院最大的不同，法院的权力是单一的，我们的权力是复合的，所以我们的考核方式，要把这三种属性都得到体现。所以，处理好这三者之间的关系，才能建立科学的适合我们的考核机制和制度。那么建立的目的是什么呢？为了完善司法责任制，使司法责任制能落到实处，让法官、检察官多办案、办好案、办高质量的案。

人的动力大概有三种，这是规律使然。第一种叫作原动力，就是视检察事业为生命，将其变成了自己的信仰，有原动力的话，你对他不考核，他也会忠心耿耿，忠诚于我们这份事业。原动力是不需要考核的，原动力因人而异，这个问题在大学里的表现是最突出的，大学里边是最有创新能力的人，形成科学信仰的人，是不需要考核的，大家知道美国有泰尼尔制度，这个制度是哈佛大学最早创立的，他经过几年之后，如果他认为这个教授就是具有这种科学的信仰，所以就授予他终身教授。所谓终身教授，就是不接受考核的教授，任何人都不能对他再考核，在与斯坦福大学校长交流时，我说你能保证法学院所有的教授都能尽心尽力地忠诚于这份教学科研事业吗？他说我这个地方五十几个教授，只有一两个是例外的，对教授考核，是美国高等教育最大的难题，因为我们建立了一套对教授的信任制度，所以一个人有原始动力的话是不需要考核的，这是一类，这叫作"为天才开天窗，为中才定规矩"。需要考核的是哪一部分人呢？就是中才，是多数人，那么这就属于第二类。一个人的原动力永远是动力，第二种动力是，他有追求的动力，我要追求一种什么，这里边可能有利益的追求，也可能有荣誉的追求，也可能有事业的追求。追求也是一种动力，所以我们现在要制定绩效考核的话，就是要激励大家产生追求，无追求是很可怕的，但有些人就是没有追求怎么办，那还有第三类：一个人进步，还有第三种动力,这种动力就是助推,后边有鞭子,如果你不往前走的话,就要抽你,所以我们的考核,恐怕也带有类似的性质。那么考核一定是有结果的,这个结果要拿来作为检察官晋升的根据、检察官退出的根据、检察官奖惩的根据,所以这里面有科学性,大家在设立这些机制的时候,遵循这些科学性,这就是它的原理所在。

我们考核到底要考核什么?这个问题一直在困扰着我们,无论是考核量还是考核质,是定性考核还是定量考核,质和量有时候是不能互换的,我们有些大案要案,在一个单位里,能办大案要案的人就那么几个,要换一批人,这个案件的质量就得不到保证,所以定量与定性一定要结合起来,对那些最优秀的检察官,要留足充分的空间,他们不是用量表现出来的,那么对那些一般的中才,按部就班的人要定量标准。一个优秀的检察官,这三项基本素质是必不可少的,排在第一位的,是他的政治忠诚,检察官与法官不一样,检察官和律师更不一样,在一个法庭上,律师讲什么?他受当事人的委托,一定是站在当事人的立场上,我们检察官出庭的时候一定要表明自己的立场,我是国家公诉人,我的立场就是国家立场,我们现在又有了公益诉讼这个职能,就是公益立场,就是公共利益,但是法官在表达自己立场的时候,我认为他不能表达国家立场,法官无权说他代表国家,检察官可以说我代表国家,如果法官也说我代表国家,在这个法庭上就会有两个国家,两个国家会出现冲突,所以我们要代表国家,我们是国家利益的忠诚者,要以国家的名义,所以第一位的就是政治忠诚。第二位的应该是你的职业伦理,所有的司法腐败都产生在丧失了职业伦理上,有一个题目一直没有破开,我做全国人大法律委员会的工作15年了,2006年制定监督法的时候,我是坚决反对人大进行个案监督的,原来的监督法草案里边有人大要对个案进行监督,我把道理讲清楚了,法律委员会里的其他同志也赞成我这个意见,所以把个案监督从草案里去掉了,当时困惑我的就是这个问题,人大对司法进行监督到底监督什么?司法权的本质是判断,人大的监督能够进入到法官、检察官的判断中吗?是不能的,所以那个时候我就开始思考,现在这个问题我想共识会越来越多,所谓的个案监督命题是不科学的、是不成立的。人大对司法的监督更多的是应该监督法官、检察官的不伦理行为,所以法官、检察官在定性考核上,职业伦理应该决定了职业生涯,法官、检察官的不伦理行为就是妨碍司法公正的行为,美国为什么规定法官不能和律师同乘一架电梯,就是要在法官和律师之间建立隔离墙,同一个电梯里面,两个人说不说话,说话就可能产生司法不公正,法官、检察官如果知道了律师的电话的话,如果是民事案件,法官必须把知道这个律师电话的情况告诉另一方当事人的律师,他在电话里对我讲的什么内容。当讲司法公正的时候,我们说司法程序公正，有若干个要件，如果破坏了这个要件，就不是司法公正，法官、检察官就职业生涯来说，最要命的就是妨碍司法公正，所以我们在考核当中，这个应该放在首要位置上。第三位的是办案的数量和质量，我们不能把眼睛只盯在办案的数量上，办了多少案子上，更应该放眼于另外两个定性问题上，所以，考核什么？考核政治的忠诚度，考核职业伦理，然后再考核办案质量和数量。这次改革是难得的一次改革，我们希望职业评价体系能够回到规律上来，能够回到中国的实际上来，能够回到我们解决这个核心问题上来，还是要从问题出发，最终希望产生一个科学的、缜密的、符合我们检察实际的、能够解决问题的考核体系。

二、会议综述

检察官办案绩效考核机制研讨会综述

2017年9月22日,根据高检院院领导指示,司法体制改革领导小组办公室和检察理论研究所在内蒙古自治区鄂尔多斯市联合召开了检察官司法办案及绩效考核机制研讨会。高检院党组成员、副检察长徐显明同志出席会议并讲话,司法体制改革领导小组办公室、检察理论研究所有关负责同志,部分省、自治区、直辖市检察院的代表及受邀的专家学者参加了会议。中央政法委法治建设室有关同志及有关媒体记者应邀参加了会议。现将有关情况综合报告如下:

一、会议基本情况

与会代表用一天时间就检察官办案的性质、内涵、范围及建立科学合理的办案绩效考核机制等问题进行了深入讨论。研讨会分为两个部分:第一部分由开幕式和主题报告组成。高检院党组成员、副检察长徐显明同志在开幕式上发表了讲话;主题报告由4位知名专家学者从各自不同角度对检察机关司法办案和考核机制建设等问题进行了阐释。第二部分专题讨论分为"检察官办案的界定和指标设置"和"检察官绩效考核的标准和程序"两个单元,分别请各地检察机关的8位检察官发言,9位专家学者进行了点评。

二、会议讨论的主要内容

(一)关于研究检察官司法办案有关问题的意义

有专家认为,检察机关作为国家法律监督机关和司法机关,长年累月地办理包括大要案在内的各类案件。当前在司法改革向纵深推进的重要时期,深入探讨研究检察官办案及绩效考核问题,是非常具有前瞻性和话题敏锐性的,这本身就是一件很有意义的事情。关于办案,首先应对"案件"作出准确的定性。由于检察机关具有多重职能和属性,对办案应作广义理解,监督本身也属于办案形式之一,而且是检察机关的主业,应排在第一位。检察官的办案大体可分为一般案件、监督案件和指导案件三大类,要注重强化诉讼化审查机制。

关于办案组织，主要是独任制和办案组，办案组的作用非常重要，甚至比内设机构更重要，有可能取代内设机构。今后的发展方向是让检察官包括检察长、副检察长真正按照职业化、专业化的要求去一线办案。这一点世界各国的司法官员皆如此，包括我国台湾地区也是这样，我们应当遵循司法规律。

(二) 关于检察官司法办案的界定和范围

1. 关于检察官司法办案的界定

由于不同区域案件复杂难易程度、案件数量等情况不同，在检察办案方式、类型等方面认识各异。有地方认为，检察官办案，是指检察官为履行宪法和法律赋予的检察监督职能，根据法律规定或检察长授权，通过直接或间接的方式行使检察权，在职责范围内对个案作出处理决定或对类案提出处理意见，并承担相应司法责任的履职行为。检察工作是否属于办案活动，应当符合以下基本原则：(1) 职能法定性原则。我国宪法、人民检察院组织法、刑事诉讼法、民事诉讼法、行政诉讼法等法律分别对检察机关的诉讼和监督职能作出了规定，在法定职能范围内的为检察办案，否则不属于检察办案。(2) 职权多样性原则。我国检察权具有司法、行政、监督等多重属性。审查逮捕、审查起诉案件，司法属性明显；对诉讼活动实行监督，监督属性较强。认定检察办案应当体现检察业务职能的多样性特征，进行差异化界定。检察官依法行使不同属性检察权的履职行为，都属于检察办案。(3) 职能司法性原则。根据法律规定，我国检察机关属于司法机关。检察办案，应当遵循司法规律，符合司法机关办案的基本要求：一是对案件事实进行认定，对证据进行审查；二是综合案件事实和证据，提出法律适用意见；三是依法行使检察权，作出案件处理决定，并承担相应的司法责任。检察官的履职行为同时符合上述三个要件的，属于检察办案。(4) 司法责任制原则。司法责任制实行"谁办案谁负责，谁决定谁负责"的基本原则，检察官在职责范围内对办案质量终身负责。检察办案属于依法行使检察权的行为，根据权责相一致原则，检察官需要对其办案行为承担相应的司法责任。检察官的履职行为，依照规定需要承担司法责任的，属于检察办案。(5) 检察一体化原则。上级人民检察院领导下级人民检察院的工作，检察长统一领导检察院的工作，检察机关不同内设机构之间在刑事诉讼不同阶段、办案不同环节上相互协调配合、监督制约。检察办案，应当符合检察职业特点，遵循检察一体化要求，既要体现上级人民检察院、检察长对办案工作的统一领导、指导，也要兼顾非一线业务部门在办案中起到的配合、监督等业务辅助作用。案件流程监管、上级指导办案的履职行为，应属于检察办案。

有地方提出，改革后的检察官"办案"，既不能囿于传统上的办理批捕、公诉等诉讼案件，也不能泛泛地将检察机关的所有业务工作都看作是办案，而是应紧紧围绕检察职能范围、围绕检察工作规律、围绕司法责任制改革的精神要求，对检察办案作出科学合理的界定。从不同维度对"办案"的内涵和分类进行了研究和探索，总的原则可以概括为"三种分类六种形态"。一是从工作内容上说，可以分为司法案件和监督案件。这一分类主要着眼于检察基本职能。检察权能主要包括司法（诉讼）职能和监督职能两大类。司法办案与检察监督工作，既有不同的工作内容，也有不同的工作规律、工作程序及工作方式。因此，不但传统的追诉是办案，审查、监督也同样是办案。需要明确的是，检察监督案件，既包括对各种诉讼、行政执法违法行为的监督案件，也包括对事项（如死刑临场监督等）的监督案件。二是从责任承担上说，可以分为直接办理案件和审批决定案件。这种分类主要着眼于责任制。一些人将"办案"狭义地理解为检察官只有直接办理案件才是办案，这种理解有偏差。一般案件由检察官决定，重大疑难复杂等案件由检察长（副检察长）或检委会决定。根据"谁办案谁负责，谁决定谁负责"的司法责任制基本原则，检察长（副检察长）审批决定案件要承担司法责任，当然算办案。另外，检察长主持检委会讨论决定案件也应当作为检察长审批决定案件的一种特殊方式。三是从办理方式上说，可以分为亲历性案件和指导性案件。这种分类主要着眼于检察官与案件的关系。有的办案是直接亲历、亲力亲为，有的办案可以指导、督办，只要给出明确的意见，对案件最后处理发挥了实际作用，就要承担一定的责任，就是在办理案件。检察办案中遵循司法亲历原则，有利于检察官全面、客观审查和认定案件事实和证据，但要防止过于绝对和泛化。检察官"亲历"办案只能是相对亲历，不是绝对亲历，有些事项需要检察官助理和书记员完成，检察官最关键的是要发挥组织指挥和决定拍板的作用及按照规定亲自办理关键事项。另外，基于检察一体原则，对于重大疑难复杂或敏感案件，上级检察机关进行指导和督办，主要是从准确适用法律和政策的角度进行，一般并不涉及对案件事实和证据的直接认定，案件事实和证据仍然由承办检察官负责，上级检察机关的检察官是否亲历意义不大。而且根据相关规定，对个案指导、督办意见一般应以书面方式作出，上级人民检察院不采纳或改变下级人民检察院正确意见的，应当由上级人民检察院有关人员承担相应的责任。因此，上级检察机关对案件进行指导或办理答复也是办案。

还有地方提出，按照各类案件的办案规律和特点，可以将检察办案分成三种类型：一是实体性办案。主要是指检察官要经讯问、询问、会见律师、调卷阅卷、收集证据、认定事实、适用实体法律后，对案件提出处理意见，或者直接作出处理决定，办案周期体现阶段性、过程性的案件。二是程序性办案。是指对案件内容进行程序性审查，办案周期阶段性不明显，原则上履行文书审批签发法律手续职务行为办理的案件。包括评查案件质量、监控案件流程、案件监督管理部门受理案件、统一业务应用系统监督管理案件等。程序性办案过程中，对需要通过讯问（询问）、调查取证等办案活动开展的，可以认定为实体性办案。三是指导性办案。主要是指具有对下业务指导职能，通过对个案进行实体和程序指导把关、提出具体办理意见的案件。对案件进行具体化界定，便于认定、统计以及开展案件量化评价，从而实现对员额检察官办案业绩进行更加全面、科学、合理的考核评价。包括对司法办案中适用法律、执行政策问题开展调研、理论课题研究，提出意见建议；研究需要提出咨询意见的重大、疑难、典型案件或多发性类案，起草风险排查研判报告；审查、编写指导性案例、典型案例；起草检察业务规范性文件；提出法律法规、司法解释和检察业务规范性文件等的论证修改意见等。对于此种观点，有专家认为把案件分为实体性案件、程序性案件和指导性案件，过于复杂化。作为检察机关，办理的案件大多属于程序性案件，应分为一般案件（分为实体性案件和程序性案件）、监督案件和指导案件。

2. 关于检察官办理案件的范围

有地方认为，不仅传统意义上的侦查、审查逮捕、审查起诉等司法活动应该界定为办案，诉讼监督、流程监督和业务指导也应视为办案活动。具体如下：（1）传统意义上的办案。主要包括：侦查监督部门办理审查逮捕案件、公诉部门办理审查起诉案件、未成年人刑事检察部门办理观护帮教、保护救助案件等。（2）诉讼监督类办案。包括侦查监督、公诉等部门在办案中延伸办理的诉讼监督事项，以及刑事执行检察、民事行政检察、社区检察、控告申诉检察等部门办理的监督事项，及基础性审查工作等。（3）监督指导类办案。包括案件管理、法律政策研究部门通过案件流程监控、质量评查、实体审查、法律适用研究等方式，分析研判案件办理情况，对个案或类案办理中应当遵循的基本原则、方式方法或遇到的法律适用问题提出具体意见，对检察官办案特别是对其作出的最终处理决定形成直接或间接实质性影响的检察业务。对此，也有地方提出不同意见认为，审查逮捕、审查起诉等属于办案，但诉讼监督以及案件管理、法律政策研究等非一线业务工作，不宜界定为办案。这些检察工作与一般案件的办案方式不同，诉讼监督具有主动性、非诉讼化特点。由于还未形成相对统一的监督标准和程序规定，诉讼监督事项的办理还不够规范化，大部分诉讼监督工作尤其是基础性的审查工作不宜作为办案进行评价。案件管理、法律政策研究等非一线部门的业务工作，通过对案件进行监督管理、提出个案或类案法律适用意见等方式，只是为检察官办案提供辅助、指导，并不直接从事具体案件的办理，也不宜认定为办案。

3. 关于检察长、副检察长等院领导办案的方式、特点

改革中，对院领导包括检察长、副检察长的办案类型、办案方式等问题上还存在不同认识。主要是对检察长、副检察长等院领导检察办案的亲历性程度，院领导是否必须全程参与办案全过程，独立审查、作出案件处理决定，院领导组织、指挥、协调办案的行为和审核案件的行为是不是办案等方面认识不一致。

关于如何理解院领导办案。有地方认为，院领导办案包括审批决定案件和直接办理案件两种形式。院领导审批决定案件是常态的办案方式。院领导直接办理案件，是指院领导同样作为员额检察官，在检察业务活动中，需亲自办理的司法办案活动和法律监督活动等具体事项。院领导办理案件应当包括三大类，具体为：（1）司法案件，具体包括审查逮捕类案件、公诉类案件、职务犯罪检察案件。（2）检察监督案件，具体包括刑事诉讼监督类案件、民事检察类案件、行政检察类案件，以及控告、申诉、国家赔偿、司法救助、涉检信访等案件。（3）基于检察工作一体化要求，上下级检察院之间针对特定案件开展的请示、督办、指导、复查等案件。有地方认为，院领导除直接办理案件外，从事组织、指挥、协调、审核案件等司法办案活动，也属于检察办案活动。有地方认为，院领导办案形式包括不同诉讼阶段或办案环节实施的所有实体性、程序性办案或审查行为。具体区分为直接办理案件，组织、指挥、参与、协调重大疑难复杂案件，审核、讨论重大疑难复杂案件并提出实质性意见，审核、审批决定案件四种类型。在院领导办案方式上，根据职责权限分工，只要实质性参与讯问询问、证据审查、出席法庭等重要环节的办案任务，体现司法亲历性要求，对案件最终处理能够形成实质性影响，并能承担相应的司法责任，即可认定为办案。

有地方认为，院领导办理案件主要是指院领导亲历性直接办案，即以承办人身份，通过亲自阅卷、讯问（询问）诉讼参与人、审查案件事实证据、制作审查报告、对案件作出决定、出席法庭、制作和签发法律文书等亲历性方式直接办理侦查监督、公诉、刑事执行检察、民事行政检察、控告申诉检察、未成年人刑事检察案件或监督事项。院领导组织、领导办案，研究、审核案件，或者主持、参加检察委员会讨论决定重大、疑难案件的，不属于直接办理案件。有地方认为，院领导办案原则上主要是办理审查批捕、审查起诉、刑事抗诉、刑事执行检察、民事检察、行政检察、刑事申诉和国家赔偿等案件。院领导依职权作出决定并对外承担司法责任的案件也应计入办案量。院领导审核案件、签发法律文书，主持或参加检察委员会讨论决定案件和列席法院审判委员

会会议等，不计入办案量。

对于院领导审批决定案件与办案的关系，由于对案件审核理解不一，在审核权性质、与案件审批之间的关系、审核案件范围、审核方式、司法责任认定等问题上存在分歧。有地方认为，院领导审批决定案件，是指按照"谁办案谁负责，谁决定谁负责"的要求，承办检察官提出案件处理意见后，由检察长、副检察长审批作出决定并对决定负责的活动，属检察办案。有地方认为，对于检察官授权范围内的案件，检察长、副检察长经审查另行作出决定或要求检察官重新审查，检察官根据其要求进行重新审查并改变原处理意见的，才属于检察长、副检察长审批决定案件，属办案活动。有地方认为，检察长主持检察委员会审议案件并按照审议结果决定案件，属于审批决定案件，应计入办案量。有地方认为，院领导应当带头办理重大疑难复杂案件、新类型案件、法律适用方面具有指导意义的案件。为避免出现院领导入额后不办案、委托办案、挂名办案的现象，院领导不得以听取汇报、书面审查、审批（审核）案件等方式代替直接办案，一般的接待来访和其他行政事务等不能冲抵办案数量。

4. 关于人民检察院与人民法院办案的差异

普遍认为，由于检察职能的复杂性，不能完全用法院的办案模式来套用检察机关的办案模式。有地方认为，检察机关除自侦、批捕、起诉、抗诉、提起公益诉讼等办理具体案件的工作以外，还有大量的对侦查活动、审判活动、刑事执行活动的法律监督工作，这些工作不是以具体案件而是以执法司法活动或行为为工作对象。这一点与同为司法机关的人民法院办案工作有很大不同。与此相关，检察长（副检察长）审批决定案件，与检察机关的领导体制和办案机制是相适应和协调的，这在《刑事诉讼法》和《人民检察院刑事诉讼规则（试行）》中均有明确的规定。对此，不能简单参照法院和法院院长的办案模式来界定检察院和检察长的办案方式。

（三）关于检察机关司法办案绩效考核的有关问题

1. 关于绩效考核的难度和效能

有专家认为，关于绩效考核问题，从世界范围内来看，其难度堪比诺贝尔奖，而对于具有司法、行政和监督三重属性的检察权来说更具有其独特性。业务绩效之所以复杂，主要在于其结构的设置，如办案的类型、各级检察院不同的特点、自己办理与协助其他部门办理的差异等。要科学确定检察官办案的原则与内容，包括目的与方法，以法治为导向分层分类，从数量、质量、难度、影响等多维度进行综合考核，也涵盖政治素质、职业伦理等，防止出现片面化。另外，业务绩效要与管理绩效有机地结合起来，个人绩效与集体业绩结合起来，协调好整体与局部之间的关系，科学设定各项指标，增强工作的原始驱

二、会议综述

动力。坚持"谁知情谁考核"的原则,结合典型案例分析建立问题分析系统,在具体方法上有评分积分卡技术、360度考评技术等。总之,这是一个非常复杂的系统,一定要兼顾"运动+裁判+战略"的现实,遵循规律、循序渐进,逐步探索出一套符合检察官办案实际的绩效考核机制。还有专家提出,绩效考核的确是世界性的难题。上世纪60年代美国曾经制定了两个十年规划:一个是人类的登月计划,另一个就是业绩考核计划,结果10年过去了,登月计划顺利实现,而业绩考核计划却未完成,所以有人戏称制定一个科学完备、行之有效的业绩考核体系"比登天还难"。而业绩考核难,难就难在其结构内容的复杂性、技术评价的有限性及与战略目标的结合性等方面,既要系统集成,又不能面面俱到。在方法论上,考核谁、谁来考核、考核什么、怎样考核都要兼顾,形成有机整体,设定的指标又不宜过多过细,还要注意部门间的平衡权重,防止出现相互扯皮推诿。同时还要注意,不是为了考核而考核,考核的目的在于促进管理,好的绩效不是考核出来的,而是科学管理出来的,要协调好这些关系。也有专家认为,对检察官进行这种行政化的考核本身就不符合司法规律,司法具有独特的性质,不能靠一般行政化的方式来考核管理,与行政考核管理没有可比性。如果为了考核而考核,则会为错案的发生埋下隐患,这样的考核越多越走样。如证人出庭问题为何迟迟得不到有效解决?就与不当的考核指标有关。实际以本地区近三年度平均办案数量来测算大体的基准工作量即可,大要案、疑难复杂案件由检察长、副检察长等带头办理,其他案件则交由案管部门按规定进行分案和流程管理。然后,依据办案质量在避免错案的基础上奖勤罚懒就能达到考核管理的效果,而且这种方式不需要设定过多指标,否则往往是费力不讨好、未必有好效果。有专家建议,鉴于司法的特质特性,对检察官办案的考核要持慎重态度,即使考核也要切忌过细过滥过于繁琐,实践中有些指标是难以量化的,考核的科学性有待进一步论证,考核的成本很大,实际效果如何也难以确定,因此要与改革大目标相吻合,尽可能节约司法资源。同时,对于领导干部办案不能搞花架子、表面自己办案实际向下摊派。司法改革是体系化工程,检察机关应遵循司法规律和自身职能,有公正独立的法律判断,而不能以其他部门的标准为标准,这样实际矮化了自己,也没有切实履行好法律赋予的职责。

还有专家认为,检察官办案绩效考核兹事体大,影响可能更大,需审慎探索前行。高校对于教授的考核管理历经多年仍不敢说非常成熟,所以对检察官办案的考核也是"宜粗不宜细",坚持底线思维,即以必须办理最低底数的案件和最大限度不出错案为基准要求,对运用大数据的考核也要客观理性分析,不能过高评价,如对办案能力以打分制来衡量就未必完全合理,有些指标无法考核综合能力。

2. 关于绩效考核的原则

有专家提出，在设定绩效考核的基本原则时，一定要考虑现实国情，考核是奖励先进、激励后进，不能有不切实际的完全淘汰机制。事实上"罗马不是一天建成的"，好的考核体系是通过不断修改完善而来，而且实施后仍然需要根据新形势不断修正。要采取高线精准、底线模糊的原则，充分发挥考核的杠杆作用，要让绝大多数95%的人"过得去"，余下5%中又有2%—3%的人通过努力也能过，从正负两方面进行激励，最终体现"多劳多得，好劳好得"的原则。要结合日常工作，把个人诚信等纳入重要指标，也可以学习借鉴一下有关事业单位考核的合理因素。应成立相对固定的考核委员会，制定出一系列相互配套、严密细致、体现出检察特色和人性化特点的规范性文件体系，更好地激励和促进检察官办好案。还有专家提出，要重视个案公正的影响，再好的理念和措施也要体现在个案上。要解决"入额不办案"的问题，对于不会办案、不想办案的人不能搞迁就入额，同时对检察官办案应当是一种底线考核，更加注重正面激励。考核委员会与惩戒委员会不是一回事，不能混同。刑事案件应更加重视质量公正，检察院与法院的职能和特点也有所不同，要结合检察机关法律监督的职能深入研究，特别是对诉讼的监督，别让考核走偏了。

3. 关于考核指标的设定

有专家认为，在设定绩效考核指标时应尽量减少重复评价，并充分运用大数据等技术手段统筹谋划。实行分类时，应采用"随机+人工"的方式，尽可能精准公平。前置程序的设定至关重要，也是基础。领导干部办案在设定指标时已充分考虑其职责的履行，那么在办案时就不能再"挂名"，否则这种考核不但不能服人，而且也毫无意义。司法实践中因不当考核导致的问题不少。如所谓无罪判决率对检察机关的冲击，检察机关撤诉率很高也与考核直接有关，还有轻刑缓刑判决率等，"入罪容易出罪难"，检察机关"抗轻不抗重"的现象依然存在，这些均与考核脱不了干系。在以侦查为中心的诉讼模式向以审判为中心的诉讼模式转化时，这些问题应引起检察机关的足够重视。另外，对于综合部门如何考核，也与办案部门的差异性较大，在指标设定、程序保障、成果运用等方面均需深入研究论证，不能为了考核而考核，否则就与这项改革的初衷背道而驰了，希望不要出现这种情况。有专家提出，考核如果设置过于复杂严密的指标体系，考核将得不偿失。应当以"年资+基本贡献（平均办案基数）+特殊贡献"来综合进行考核，有晋升有淘汰，可以参考学校对教师的考核方式。当然，必须抓住检察官办案的特点，科学合理简便易行地进行考核，一切围绕着促进办案工作来进行，一些与办案没有直接关联的指标不能作为考核指标，也不能过于依赖大数据，大数据不可能解决所有问题，更要发挥人的主观能动性，达到综合考量、客观公正的基本要求。上海市检察院同志认为，在设定绩效考核指标时应预先思考一些基本问题，如考核主体、客体、范围、方式、程序等，要围绕检察职能特别是以办案为中心来考量，对于检察长等领导干部应侧重对其主要职责的考核，毕竟其主要职责在于领导、管理。上海检察机关从20年前就采取"两纵两横"考核法，对"条线+岗位"均进行考核，一方面把对检察官的考核与其所在院及处科纵向条线评价情况结合起来，另一方面又按照业务性质分类与所在处科岗位的横向评价结合起来，这些年的考核也收到了较好的效果。所以，建议由省级院来操作规范，以便于在省域内统一实施，同时建议高检院进一步做好顶层设计，充分考虑到检察院与法院的不同特点，制定出符合检察实际、管用有效的办法来。江苏省院同志认为，这次探讨会的方式很好，大家就同一问题展开热烈谈论，各种不同观点相互争鸣。江苏省院设定15%为优秀、绝大多数是称职、只有个别是不称职，坚持以案定员与以职定员相结合，体现检察机关的职能和特点。宁夏区院同志认为，以前的考核主要针对单位和集体，现在主要面对个人，对于入额检察官50%的工资增幅又分为平时发放和年度考核发放，大家眼睛盯得更紧；以前主要侧重于一般公务员式的考核，没有专门针对办案进行考核，现在又要与司法责任制挂钩，所以考核指标的设定难度在加大。但是，这些改革又无法回避，实践中也有需要，必须往前走，建议高检院认真研究各地实施中出现的问题和专家学者的意见建议，尽快出台具有可操作性的指导意见，进一步推进改革举措落地生根。

三、检察官办案的界定和指标设置

基层检察院检察官办案有关问题探讨

牟国清[*]

司法责任制改革以来,检察官的具体职能办案方式,虽有高检院的工作指导文件以及各级院相关文件规范,但各地情形不同,认识也不完全一致,因此具体做法不尽相同。笔者结合基层检察院贯彻落实司法责任制改革实际,对相关问题进行探讨,形成了一些粗浅认识,供决策参考。

一、检察官的人员范围

根据司法责任制改革要求,当前检察院的人员组成分为三大类,一类是检察官,一类是检察辅助人员,一类是司法行政人员。而检察官的组成,有检察长、副检察长、检察委员会专职委员和普通员额检察官。检察辅助人员包括检察官助理、书记员、检察技术人员和司法警察等。

二、案件的分类

要界定检察官办案,必须对案件进行定义。检察院涉及业务条线众多,有公诉、侦查监督、案件管理、刑事执行检察等,各个条线办案模式都不一样,但也有共通点。江苏省检察机关就将这些案件归纳为三种类型,笔者认为可取,即实体性办案、程序性办案和指导性办案。实体性办案指检察官要经询问、讯问、会见律师、调卷阅卷、认定事实、适用法律后,对案件提出处理意见,或直接作出处理决定;程序性办案指对案件内容进行程序性审查,办案周期不明显,原则上为履行文书审批签发等法律手续的职务行为办理的案件;指导性办案是指具有对下业务指导职能,通过对个案进行程序和实体指导把关、提出具体意见办理的案件。

三、检察官的办案方式

由于不同检察官的具体职能、所在的业务条线不同,其办案的表现形式即

---

[*] 作者单位:重庆市巫山县人民检察院。本院张航、陈林海对于本文的完成做了大量辅助性工作,在此表示感谢。

办案方式不尽相同,有必要予以区别。

(一) 检察长、副检察长、检委会专职委员的办案方式

笔者认为,检察长、副检察长、检委会专职委员的办案方式有两种情形。一是要体现司法亲历性,即必须亲自参与案件办理,如讯问犯罪嫌疑人、制作法律文书、提取核实证据等;二是对案件处理结果承担司法责任,检察长、副检察长、检委会专职委员既然对案件承担司法责任,自然应视为办案行为。而实务中,检察长、副检察长、检委会专职委员的办案主要有以下方式。

1. 检察长、副检察长、检委会专职委员直接办理案件。根据《重庆市检察机关院领导和部门负责人直接办理案件的指导意见》,检察长、副检察长、检委会专职委员应亲自直接办理若干数量的案件。检察长、副检察长、检委会专职委员直接以独任检察官或检察官办案组的形式办案,并对案件直接承担司法责任。

2. 参与检察委员会研究案件。检察委员会作为检察系统的决策机构,可以审议、决定重大、疑难、复杂案件,并对审议、决定的案件承担司法责任。检察长、副检察长、检委会专职委员虽然没有全程参与案件,但全面研究了案件,其对于案件的处理意见也会记录在案,应当属于办案。

3. 参与联席检察官会议研究。根据《重庆市检察机关检察官联席会议工作办法》,检察官联席会议为本部门检察官办案提供咨询服务,由本部门检察官参加,也可邀请其他部门检察官参加,专门讨论重大、疑难、复杂的案件。但其他检察官在联系会议上的意见,仅供参考,不对其意见承担司法责任。检察长、副检察长、检委会专职委员参与联席检察官会议研究案件,也应当属于办案。

4. 检察官提请检察长或者分管副检察长审核案件。根据《重庆市检察机关检察官履职监督办法》,检察长或者分管副检察长有权对检察官承办的案件进行审核,若不同意检察官处理意见,还可以直接作出处理决定。实务中,检察官可以主动或被动地向检察长或者分管副检察长汇报案件情况。检察长或者分管副检察长进行审核、监督,不同意检察官处理意见,既可以要求检察官复核或者提请检察委员会决定,也可以直接作出决定。检察长或者分管副检察长直接审核变更案件处理意见时,应当承担司法责任。检察长或者分管副检察长承担司法责任,当然属于办案。

(二) 普通员额检察官的办案方式

普通员额检察官是直接以独任检察官或者检察官办案组的形式办理案件,并对其办理的案件承担司法责任。检察院业务条线众多,检察官办案各有不

同,但可以归纳为三类,即实体性办案为主的检察官,如公诉检察官、侦查监督检察官;程序性办案为主的检察官,如案件管理检察官;程序性和实体性办案兼有的检察官,如刑事执行检察官。

(三)检察官助理、书记员参与办案的方式

根据《重庆市检察机关检察官、检察辅助人员岗位职责规范》,检察业务办案以独任检察官或者检察官办案组为单位,检察官助理、书记员受检察官指派,协助办理案件。可见,检察官助理、书记员不能单独办案,只能协助检察官办案。检察官助理具体可以参与讯问犯罪嫌疑人、询问证人以及其他诉讼参与人,草拟法律文书、工作文书、协助检察官出庭等。书记员具体可以负责案件办理中的记录工作、整理案卷材料等。

四、目前基层检察官办案面临的主要困境

案多人少仍是基层检察官办案面临的主要困境,也是困扰基层检察官办案质量的难题。司法责任制改革以来,从大多数基层院的实际工作中反映出来,案多人少的困局并未得以解决。以巫山县院公诉科为例,目前公诉科干警共8人,每年案件数量约420件,按照以前的模式,人均办案数约52件。司法责任制改革后,有员额检察官3名,检察官辅助5名,每个检察官办案数达140件。有人可能会认为实际参与办案的人员并没有减少,每个人的工作量应该变化不大,但事实并非如此。巫山县院公诉科检察官配备1至2名辅助人员后,这140个案件必须亲自审查起诉。检察辅助人员只能协助,具体主要是参与讯问犯罪嫌疑人、整理案卷等,而工作量最大的审查证据以及制作法律文书需检察官自己办理。也就是说,这种模式下,检察官的工作量远远大于检察辅助人员的工作量,甚至多到很难完成的程度。

五、困境形成的原因及破解

(一)检察官去行政化导致综合事务部门被弱化

司法责任制改革的一项内容是弱化检察院业务部门及检察官的行政属性,让检察官能丢掉行政事务包袱,轻装上阵到一线从事办案工作。但检察院作为一个机关,必然会存在人员管理、工资发放等大大小小的行政事务需要处理,而在此轮司法改革实际中,因为过分强调检察官去行政化,加上政策和待遇对检察官、检察官助理进行倾斜,导致检察院的综合事务部门被弱化。许多干警感到在综合事务部门工作没有出路,不愿在综合事务部门工作,工作积极性变弱。这在一定程度上也使在一线办案的检察官不能得到有效的后勤保障。

解决这个问题，首先不能放弃检察官去行政化的进程，笔者建议推行"大部制＋检察官办案组"的办案组织模式，大部制即根据检察官的办案类型对目前检察院的内设机构进行整合，例如将以办案为主的侦查监督科、未检科、公诉科整合成刑检局。科学建立检察官办案组，实现工作团队化，根据检察官的个性特质合理为其配备检察辅助人员。按照检察官、检察官助理、书记员1∶1∶1的基础比例形成固定的办案组，提高检察官、检察官助理、书记员的配合协调能力。从而提升办案效率和办案质量。同时根据检察官办案类型的不同，适当调整检察官办案组的比例，例如以公诉为代表的实体性办案岗位，办案工作较为单一，对检察官办案的亲历性要求较高，应当参考办案数量配足检察官。对以案管为代表的程序性办案岗位，配备检察官应突出一个"强"字，配备检察辅助人员应突出一个"多"字。建立相应的考核评价机制，目前对基层院的考评机制主要是检察业务条线进行区分，在实践中，仍然是部门负责人依照考评标准对科室事务及办案做统筹安排，这一方面增加了作为部门负责人的检察官的工作任务，妨碍了其将精力投入到具体办案中。另一方面弱化了部门内其他检察官的主体地位，不利于发挥检察官办案的主观能动性。再一方面也成为推行"大部制＋检察官办案组"模式的壁垒。因此，应建立直接落实到检察官个人的考核评价机制，与检察官的职级、待遇挂钩。同时由检察官主导对检察官助理、书记员的考评，从而保证检察官在办案组中的核心地位。

其次要进一步强化综合事务部门的人员配置，一是政策上应当缩小综合事务部门与办案部门的待遇差距。先是行政职数问题，建议可以参照司法改革中的辅助人员，单独设立职数，该职数应根据检察院综合部门的行政人员确定合理编制数，不纳入地方公务员行政职数统筹，建立不同于检察官序列的职级职务的梯级上升通道。二是拓宽综合事务部门的行政人员的晋升途径，在司法改革后，检察机关的人财物统一由市级管理，相应地缩小了行政人员的晋升空间。但在实际操作中，仍由地方代管，建议地方在公务员跨部门交流或晋升时适当考虑检察机关综合部门的行政人员。

（二）司法责任制改革过渡期伴随相应困难和问题

在本轮司法责任制改革之前，由于中心城区对人才的吸引效应，大部分有一定工作经验的年轻干警通过考调、选任、交流等方式到离中心城区较近的检察院工作，部分离中心城区较远的基层检察院的干警的年龄结构已经呈现出向两端聚集断崖结构。例如，巫山县院2010年1月至2016年12月，共有6名干警调至离主城较近的检察院工作，平均年龄在35岁。在司法责任制改革前，巫山县院共有在职干警60名，其中35岁及以下23名，35—45岁7人，45岁及以上 30 人。进行员额检察官选任后，35 岁及以下的员额检察官 6 名，35—45 岁的员额检察官 3 名，45 岁以上的员额检察官 13 名；35 岁及以下的检察官助理 17 名，35—45 岁的检察官助理 4 名，45 岁及以上的检察官助理 13 名。从以上年龄结构分布可以看出，通过此轮司法改革，一部分年轻干警成为检察官，走上了办案一线，这一批年轻检察官具有积极性高、干劲足、法律知识素养完善、对新知识的接受能力强等优点。但同时也存在办案经验和生活阅历不够的缺陷。更为重要的是，经过改革一大批年龄较大、工作年限长、办案经验丰富的检察官转变成检察官助理，他们在面临这一新岗位时，出现了年龄、心理和能力等的严重不适应：一是一部分年龄较大的干警从检察官转变成检察官助理后，相应的职级和待遇较同年龄层人群有所降低，心理落差较大，工作出现消极和懈怠；二是这部分检察干警多年从事办案工作，对案件实体的审查和定性并不弱于年轻检察官，但现在转而从事事务性的辅助工作，不熟悉计算机操作，不熟悉办案系统，打字速度慢，学习能力下降，不能适应检察官助理的岗位要求。这个问题实际上是一个时间问题，只有待一批年轻的高校毕业生通过招录进入检察官助理岗位后，才能根本解决。在过渡期内，可以通过招录聘任制书记员进行解决。

（三）实体性和程序性办案的检察官配置不合理

在实体性办案中，检察官只有亲历整个办案过程，才能对案件的事实和证据进行有效的把握，而相应的检察官助理和书记员只需要从事参与讯问犯罪嫌疑人、协助检察官出庭等较为简单的事务性工作。因此在侧重实体性办案的岗位上，检察官的配置，应按照实际办案数量配足检察官，确保检察官能亲历到每一件案件的办理过程中，熟悉证据和事实，确保案件质量。以巫山县院公诉科为例，共有检察官 3 名，检察官与检察官助理的比例是 1：1.6，检察官人年均办案量为 140 件，在这样的办案量下，要确保检察官亲历每一件案件的办理过程，基本上很难实现，进而影响办案质量。而在侧重程序性办案的岗位，例如案管部门，流程监督、文书送达、规范化检查等事务性工作较多，检察官的配置，应以"精而少"为原则，把更多的注意力花在检察官助理、书记员的选任上，配足检察官助理和书记员，充分发挥检察官助理成为检察官左右手的作用，而在具体办案中，检察官仅对工作中的重要事项作出决定。如果在此类岗位上，检察官助理和书记员配置不足，将导致检察官将过多精力投入琐碎事务的处理中，不利于发挥检察官的主体作用。以巫山县院案管部门为例，共有检察官 1 名，检察官助理 3 名，书记员 3 名。

办案类型不仅对检察官数量的配置有影响，而且在实际工作中，也应区分不同的办案类型，配置具有不同个人特质的检察官和检察官助理，如对于以侧重实体性办案的岗位，检察官配置应侧重于法律知识丰富、思路逻辑强，检察官助理应侧重于顺理、服从。对于侧重程序性办案的岗位，配备的检察官应侧重于团队合作能力、沟通协调能力，检察官助理应侧重于积极性、主动性。

  笔者认为，通过对检察官办案的界定，有利于按照办案类型合理配置各岗位上的检察官和检察官辅助人员，辅之综合事务管理部门的后勤保障作用的强化、聘任制书记员的引入，可以在最大程度上缓解目前基层检察院存在的案多人少的问题，发挥检察官办案的主体作用。

检察官绩效考核"四议"

段明学*

  检察官办案责任制改革实施后,建立健全绩效考核机制显得至为重要。只有建立符合司法规律和职业化规律的检察官绩效考核机制,才能让检察官真正回归司法办案,"因任而授官,循名而责实";才能奖优罚劣,确保检察官依法公正勤勉履职。美国学者斯蒂芬诺·比瓦斯认为,检察官绩效考核机制具有三个重要作用:一是对检察官有指导作用,可以创造出有价值的反馈回路,协同培训教育一起改善现有不足;二是表现优秀的检察官会因业绩评价机制受到奖励,有利于留住人才,并使其全身心投入工作;三是将帮助提高检察官的质量,淘汰那些技能、道德或勤奋程度受到质疑的检察官。[①] 最高人民检察院发布的《关于完善人民检察院司法责任制的若干意见》第28条规定:"建立以履职情况、办案数量、办案质效、司法技能、外部评价等为主要内容的检察官业绩评价体系。"在笔者看来,建立完善检察官绩效考核机制,必须首先明确什么是办案、如何计算办案数量、如何评价办案质效、司法技能等问题。只有解决了上述问题,才能客观、公正地考核检察官办案绩效,才能真正实现绩效考核的目的。

一、议"办案"

  在《现代汉语词典》中,办案指"办理案件"。所谓案件,"特指涉及诉讼和违法的事件"。要成立一个案件,必须满足以下两个条件之一:(1)有违法犯罪活动;(2)进入诉讼程序。检察机关是国家的法律监督机关,其行使法律监督职能的主要方式就是办案。从案件的类别看,检察机关办理的案件包括刑事、民事及行政案件。根据具体任务的不同,又可细分为:(1)贪污受

---

 * 作者单位:重庆市人民检察院第一分院。
 ① 蓝向东主编:《卓越与底限:美国检察官奖惩机制研究》,中国检察出版社2015年版,第114页。

贿、渎职侵权等自侦案件①；（2）审查逮捕案件；（3）公诉案件；（4）民事行政诉讼监督案件；（5）民事行政公益诉讼案件；（6）控告申诉检察案件；（7）执行监督案件。上述七类案件，几乎涵盖了检察机关办理案件的所有类型。

所谓检察官办案，指检察官对刑事、民事、行政案件，依法通过调查取证、提起公诉、出庭支持公诉、提起抗诉、发出检察建议等方式，使案件得到合法、公正处理的诉讼活动。②

检察官办案在本质上属于诉讼活动，而区别于非诉讼活动。所谓诉讼活动，是指在诉讼过程中，公检法三机关和其他诉讼参与人所进行的能够发生诉讼法律关系的活动。作为一种诉讼活动，检察官办案具有三个指标：一是个案指标。检察官办案针对的是个案，即单个的、具体的案件。离开了个案，检察官办案就会成为无源之水、无本之木。二是诉讼指标。检察官办案的目的，在于使案件进入诉讼程序、中止或者终结诉讼程序，并实现案件的公正处理。可以说，诉讼程序是检察官办案的重要平台。三是权利指标。检察官办案，会直接或间接地影响到当事人及其他诉讼参与人的权利义务。如果对当事人及其他诉讼参与人的权利义务没有任何影响，就不应算作办案。

曹建明检察长指出："检察机关除自侦、批捕、起诉、抗诉、提起公益诉讼等办理具体案件的工作外，还有大量的对侦查活动、审判活动、刑事执行活动的法律监督工作，这些工作不是以具体案件而是以执法司法活动或行为为工作对象。"因此，检察官执法活动其实包括办案活动与其他执法活动两个方面。办案活动包括自侦、批捕、起诉、抗诉、提起公益诉讼等。根据检察官在办案中的作用和分工，可将检察官办案区分为两种情形：一是承办案件。指检察官亲自或通过其助理进行讯问、询问、会见律师、调卷阅卷、收集证据后，对案件的事实认定、法律适用提出处理意见或直接作出决定。承办案件体现了"谁办案，谁负责"原则，属于典型办案。二是指导监督办案。主要指上级检察官或其他对案件具有监督管理职责的检察官（以下简称监督检察官）通过对个案进行程序和实体上的把关，对案件处理提出具体意见；或者进行监督评

---

① 根据党的十八届六中全会决定，检察机关行使的贪污贿赂、渎职侵权等侦查职能，将转由监察机关行使。转隶后，检察机关将不再办理贪污贿赂、渎职侵权等侦查案件。

② 员额制改革实施后，只有进入员额的检察官才享有办案主体地位，具有合法的、独立的办案资格。而检察官助理不具有检察官身份，不属于检察官，因而不具有独立的办案主体地位。检察官助理在检察官指导下，协助检察官办案。可以说，检察官助理也是履行办案职责，只是不具有办案主体地位而已。

查，对案件存在的问题、不足提出纠正、改进意见。无论是上级检察官对案件的指挥监督，还是监督检察官对案件的监督管理，都不是典型的、纯粹意义上的办案，而是办案的"衍生"或者"附属"。正所谓"皮之不存，毛将焉附？"第一种情形不存在，第二种情形也就必然不存在。故第二种情形属于非典型办案。

检察官在履行职能过程中非办案活动包括：（1）检察官对企事业单位开展的犯罪预防（或职务犯罪预防）、法律宣讲等。这类活动既与诉讼程序无关，也不会对相关企事业单位的权利义务产生影响，故不属于办案。（2）检察官对监管场所进行的例行性监督检查。这类活动并不涉及个案，只是一般性的执法检查活动，不应视为办案活动。（3）检察官对执法办案中适用法律、执行政策问题开展调研、课题研究，起草检察业务规范性文件，或者提出法律法规、司法解释和检察业务规范性文件等的论证修改意见等，都不应视为办案。至于检察官办案中提出的请示，或者发出的检察建议、纠正违法通知书等，是否属于办案应当区别对待，不能一概而论。

二、议"办案数量"

办案数量既是检察机关办案工作业绩的基础，也是衡量检察官办案绩效的一项重要指标。但如何计算检察官办案数量，却是一个比较棘手的问题。

所谓办案数量，指检察官办理案件的多少，通常用件数来衡量。这里，如何定义一个独立的"案件"无疑是计算检察官办案数量的基础和关键。一般来说，"一个案件"是指由一个犯罪人实施的一个或多个犯罪行为，或者由一群犯罪人在同一时间同一地点共同实施的一个或多个犯罪行为。其中，"共同行为"是指犯罪人实际参与或者帮助了犯罪行为。这些犯罪人必须知道或者同意实施犯罪行为，即使不同意，也仍然实施了帮助行为。这一点非常重要，因为一个案件中的所有犯罪人必须承认该案中的所有犯罪行为，这样才能成立一个案件。如果一个或一个以上的犯罪人并没有共同行为，那么就是多个案件了。同一个时间和地点意味着犯罪行为发生的时间和地点之间的差异是可以忽略不计的。也就是说，犯罪的发生是在一个没有被打断的持续过程中，且方位上是同一个地方或者毗邻的地方。当然，对于一个需要有连续的活动才能成立犯罪的案件也可以由一个犯罪人或一群犯罪人在不同时间和地点实施，只要这些行为和活动被认为属于一个独立的犯罪行为的过程。①

检察官办理的案件形形色色、错综复杂，既有简单案件，也有复杂案件。

---

① 卢建平主编：《中国犯罪治理研究报告》，清华大学出版社2015年版，第235页。

不同类型的案件，检察官办案工作量具有显著的差异。简易程序乃至较为简单的批捕起诉案件，与重大敏感复杂案件的起诉、出庭，互相之间的案件工作量计算就不能简单以件来划等号。因此，单纯用"办案数量"（办案件数）来衡量检察官办案绩效未免有失客观和公允。建议用"办案工作量"取代"办案数量"，作为考核检察官办案绩效的基本指标。为此，需要根据不同的情况，研究确定合理的权重，计算不同的办案工作量。如在刑事案件中，应当以办案件数为基数，并结合其他因素，综合计算检察官办案工作量，并以分值体现出来。

笔者以批捕、公诉案件为例，探讨检察官办案工作量的计分方法。

（1）案件的整体评价。应当判处3年以下有期徒刑的轻罪案件，每件加1分；应当判处3年以上10年以下中等程度的重罪案件，每件加2分；应当判处10年以上有期徒刑、无期徒刑或死刑的重罪案件，每件加3分。

（2）犯罪嫌疑人数量。一个案件中，犯罪嫌疑人只有一人的，加1分；犯罪嫌疑人为二人以上的，每增加一人加0.5分。

（3）罪数。一个案件只涉及一罪的，加1分；涉及数罪的，每增加一罪加0.5分。

（4）犯罪次数。一个案件中同一犯罪有数次的，每增加一次加0.2分。

（5）被害人数量。一个案件中，每增加一名被害人加0.3分。

（6）证人数量。一个案件中，每增加一名证人加0.3分。

（7）案件的处理情况。批捕案件，无论捕与不捕，每个案件均加1分。公诉案件，作不起诉处理的，每个案件加1分；以简易程序、速裁程序提起公诉的，每个案件加1分；以普通程序提起公诉的，每个案件加1.5分。

检察官A：办理王某盗窃被害人李某一案，有目击证人两人，王某依法应当判处3年以下有期徒刑、拘役或者管制。最终，检察官A对王某作微罪不起诉处理。检察官A的办案得分情况是：轻罪案件，1分；犯罪嫌疑人只有一人，1分；只涉及一个罪名，1分；被害人只有一人，0.3分；证人二人，0.6分；作微罪不起诉处理，1分。因此，检察官A办案工作量得分：4.9分。

检察官B：办理张某、余某盗窃被害人李某、抢劫被害人刘某一案，有目击证人4人。张某、余某依法应当判处3年以上10年以下有期徒刑。最终，检察官以普通程序对张某、余某提起公诉。检察官B的办案得分情况是：中等程度的重罪案件，2分；犯罪嫌疑人为二人，1.5分；被害人二人，0.6分；涉及二个罪名，1.5分；证人四人，1.2分；以普通程序提起公诉，1.5分。最终，检察官B的办案工作量得分：8.3分。

虽然两名检察官都是办理了一个案件，但检察官B办理的张某、余某盗窃、抢劫案中，涉及的罪名有二个，被害人二人、证人四人，并且应当以普通程序提起公诉。检察官 B 的办案工作量明显大于检察官 A，故检察官 B 理应得到更高的分数。

当然，这只是一种简单化的计算方法，目的旨在提供一种思路，以便较为合理地计算各个检察官办案的工作量。具体在考核检察官的办案工作量时，不仅要考虑检察官办理案件的数量、办理每个案件的投入，还要考虑检察官非办案的工作量，如参与犯罪预防、化解矛盾纠纷等，从而对检察官的履职情况进行准确的评价。

三、议"办案质效"

所谓办案质效，简单地讲，是指办案的质量、效率与效果。从检察官的办案情况看，办案的效率、效果如何，直接影响到检察官的办案质量。正因如此，笔者倾向于将办案质效与办案质量作为同一概念对待。

在《现代汉语词典》中，质量是指："（1）表示物体惯性大小的物理量；（2）产品或工作的优劣程度。""办案质量"中的质量，显然指第二层含义。所谓办案质量，就是指检察机关办案的优劣程度，即检察机关办理的案件遵循程序法和实体法要求，体现法律效果、社会效果与政治效果相统一的程度。

检察机关的办案过程，本质上是提供公共服务、生产"公共产品"的过程。检察机关的"服务"或"产品"的质量如何，需要满足产品的一般属性，即符合性、适应性、魅力性和全面性等特性。符合性，就是检察机关办理的案件符合实体法和程序法的要求，符合法律的目的和精神，符合一般道德原则。适应性，就是检察机关对案件的处理决定能够满足当事人及社会公众对司法公正的需要。魅力性，一般指顾客对品牌的忠诚度。"这种忠诚度实际是出于对以往产品质量的判断，而与现在即将购买的产品无关，但会对是否购买产品产生重大的影响。"① 检察机关通过高质量地办理案件，形成了较高的公信力，在人民群众心中树立起对检察工作的信任感，这就是检察工作的"魅力性"所在。全面性，就是指检察机关办理的各个案件，每个案件的诉讼流程，都要确保案件质量，真正让人民群众在每一个案件中都能感受到公平正义。

检察官办案质量是优还是劣，必须有一个明确的评判标准，即质量标准。质量标准是指，在检察机关办案活动的各个环节，按照一定的程序和一定的方

---

① 张军主编：《人民法院案件质量评估体系理解与适用》，人民法院出版社 2011 年版，第 5 页。

法，对案件质量优劣进行评价和估量所依据的具体标准。① 质量标准可以划分为一般标准与具体标准，政治标准、法律标准和社会标准，实体性质量标准和程序性质量标准等类型。下面主要探讨办案的实体标准、程序标准和效果标准。

（一）检察官办案质量的实体标准

1. 案件事实清楚。案件事实清楚是检察官审查案件、评判案件质量的首要标准。案件事实有客观事实与法律事实之分。尽管司法机关应当以客观事实为价值取向，但囿于人类认识能力的局限性，在作出处理决定时只能根据证据来认定事实，即所谓的"法律事实"。对于刑事案件而言，案件事实包括定罪事实与量刑事实。

"清楚"相对于模糊而言，它是一种主观认定，不同的主体主观认识存在不同。就刑事案件而言，"清楚"是以证据被"排除合理怀疑"外化为可以衡量的标准。排除合理怀疑要求依据定罪量刑的事实都有客观证据予以证明、定案证据经查证属实、证据之间的矛盾被合理排除。

2. 证据确实、充分。证据确实、充分是从质与量两个方面来说明的，证据"确实"是从质上要求认定检察官定案的证据符合客观性、关联性、合法性的要求，具有证明力。证据"充分"是从量上的要求，但证据充分不是单纯从数量上、种类上予以衡量，而是相当数量的证据能够达到的证明程度。正如霍夫曼所言，"放在天平上的分量不是证据的数量，而是证据产生的盖然性以及案件的全部环境。"②

3. 适用法律正确。适用法律正确是检察官办案的基本要求，也是检察官审查案件、评判案件质量的重要标准。对于刑事案件而言，"适用法律正确"主要指刑事案件在实体法上定性准确，包括认定的犯罪性质和罪名准确；认定的一罪或者数罪正确；认定从轻、从重、减轻或者免除处罚的法定情节准确；认定共同犯罪的各被告人在犯罪活动中的作用和责任恰当等。

（二）检察官办案质量的程序标准

程序公正是实体公正的前提。没有程序公正，就不可能有实体公正。因此，程序标准理应成为评判检察官办案质量的基本标准。

程序标准可以从两个方面来评价：是否符合法律规定、是否符合正当程序

---

① 田欢忠、秦天宁：《论合理构造动态的检察案件管理》，载《法学》2010年第5期。

② 沈达明编著：《英美证据法》，中信出版社1996年版，第46页。

标准。程序合法是对程序评价的最低标准,程序正当则是程序的内在要求,程序合法未必符合程序正当性要求,如用尽办案期限虽然符合程序规定,但如果是不当延长期限造成对犯罪嫌疑人不必要的羁押则违反了程序正当原则。

(三)检察官办案质量的效果标准

法律的运行必须达到一定的效果,这是立法之目的所系。否则,法律无异于一纸空文,不如没有法律。检察官执法办案也是如此。办案效果包括三个方面:法律效果、社会效果与政治效果。实现"三个效果"的统一,是对检察机关执法办案的基本要求。

"法律效果"是指检察官通过严格按照刑事法律、司法解释查办案件,做到实体公正、程序合法、符合刑事司法政策精神,以实际行动践行"依法治国"和"公平正义"的基本理念的实际效果。"社会效果"是指检察官通过依法查办案件使案件当事人和社会公众能够普遍接受某一案件的处置结果,实现刑罚的基本职能,实现案结事了、有效化解社会矛盾、修复受损的各种社会关系,以实际行动践行"执法为民""构建和谐社会"理念所取得的实际效果。"政治效果"是指检察官通过依法办案,切实履行自身的法律监督职能,对内树立并维护党和国家,以及司法机关的良好社会形象,维护社会秩序的稳定,对外维护国家依法治国的良好形象,服从国家对外交往和斗争的现实需要,以实际行动践行"服务大局"和"党的领导"理念所取得的实际效果。[①]

对检察官办理的每一个案件,都应当根据案件质量标准确定质量等级。案件质量等级是确定案件质量责任,进行赏优罚劣的基本依据。案件质量等级的划分应当坚持客观性原则、统一性原则和简易性原则。所谓客观性原则,就是案件质量等级的划分应当符合检察官办案的实际情况。统一性原则,就是案件质量等级的划分应当统一,不能各自为政。简易性原则,就是案件质量等级的划分要注重简便易行,具有可操作性、可比较性。尽管属于不同类型的案件,但在质量等级上能够相互比较,并作为评优、评先、惩戒的依据。基于上述原则,笔者认为,可以将检察官办案质量划分为优秀案件、合格案件、基本合格案件和不合格案件四个等级。

案件质量等级的评鉴,应当严格依照实体法和程序法的规定进行细化和量化,把审查案件过程中办案人员执行法律的情况细分为可量化的若干项,并以打分的形式进行逐项考评,以每个案件总分的高低来确定案件的等级。一般来

---

① 苗生明、王春风主编:《检察机关案件质量评价体系研究》,法律出版社2013年版,第74、76、79页。

说，得分在 9 分以上的可以评为优秀案件，得分在 7—9 分的为合格案件；得分在 6—7 分的为基本合格案件；得分在 6 分以下的为不合格案件。当然，在确定案件质量等级时，要注意将定性与定量有机结合起来，避免以分值作为确定案件质量等级的唯一依据。

四、议"司法技能"

所谓司法技能，指检察官收集审查证据、认定案件事实、准确适用法律、制作法律文书等的能力与水平。只有具备较高的司法技能，检察官才能将案件办准办好，才能保证案件质量和效果。

在域外国家和地区，普遍重视对检察官司法技能的考核，以促进检察官不断提升司法技能。以美国宾夕法尼亚州为例，对检察官司法技能的考核主要包括四个方面：（1）调查研究，分析与判断的能力。这一指标主要评估检察官展示良好判断力和使用理论方法解决问题的能力，包括信息分析能力、创造性解决问题的能力、研判事实真伪并得出可靠结论的能力。（2）沟通能力。这一项目主要评估检察官与他人交流沟通的表现，例如是否注重沟通的实际效果，对分寸的把握，其及时性，以及是否简单明白和是否有纲领。（3）工作量的把握能力。这一指标主要考察检察官有效管理工作量，包括按照期限组织和规划工作，以及管理多个任务技能的能力。还可以评估检察官最大限度地利用现有的时间和资源的能力。（4）专业精神与人际交往能力。这一指标主要评估检察官开发维护富有积极性和建设性的内外关系的能力。主要表现在其愿意作为一个团队成员给予和接受建设性的批评意见、征求意见，及时化解矛盾，认识到他人的需要和感受，并以公平和公正的方式对待他人。还可以测量检察官对个人专业发展的投入程度，对眼下和工作相关的事物的了解，以及改善其自身知识和技能的愿望。这四个指标又包括若干不同的细目，并分别设定五个考核等级：总是超标、经常超标、达标、需要努力才能达标、不及格。[①]法国检察官的考核项目共分为九项：专业知识、理解能力、口语表达能力、文字表达能力、处理能力、待人接物、沟通技巧、贯彻能力及吃苦耐劳，每一项目设 28 个标准。每个标准分别按照六个等级来划分，并分别评定为：极为称职、非常称职、相当称职、称职、不太称职、不称职。[②]

从各地检察机关出台的检察官绩效考核办法看，对检察官司法技能的考核至少存在以下问题：（1）司法技能在绩效考核中所占比重过低。如某市检察

---

① 么宁：《检察官业绩考评机制研究》，西南政法大学 2014 年博士学位论文。
② 刘林呐：《法国检察制度研究》，中国检察出版社 2015 年版，第 195 页。

机关制定的《检察官、检察辅助人员业绩考评办法（试行）》第 10 条规定："检察官业绩考评包括业务工作评价、司法作风评价、司法技能评价和职业操守评价，分别占 70 分、10 分、10 分、10 分。"司法技能在检察官业绩考评中仅占 10 分，难以充分发挥激励的导向作用。（2）司法技能评价内容不全面。如前述《检察官、检察辅助人员业绩考评办法（试行）》第 8 条规定："司法技能评价是对参加素能培训、岗位练兵、业务竞赛，开展法律适用研究、课题研究以及撰写信息简报等情况进行评价。"可以看出，该规定对司法技能的考核内容十分狭窄，重结果而忽略过程。鉴于此，有必要进一步完善对检察官司法技能的考核规定。一是提高司法技能在检察官绩效考核中的比重，建议司法技能所占分值为 30—40 分。二是完善司法技能的考核内容。可以借鉴美国、法国等国的做法，将司法技能的考核项目分为七项：调查研究能力、分析判断能力、口头表达能力、沟通协调能力、庭审应变能力、贯彻执行能力、人际交往能力。每一项目设计若干标准，每条标准对应若干分值。

检察实务视野下对"办案"界定的探讨

范思力[*]

检察机关办案的界定原先一直不是检察基础理论研究的重点和热点,本轮司法体制改革启动前理论界对什么是办案,既没有观点争议,也没有全面、深入地进行过理论构建。之所以现在成为实务界的关注点,是因为司法体制改革纵深推进后,各项改革任务开始逐渐显现出共通性。比如员额检察官必须在一线办案,员额检察官办案达不到标准要退出员额,进入员额的领导干部办案数量必须达到一定比例等。这些要求都会涉及办案的界定。所以,对办案的界定进行分析探讨在当前阶段具有一定必要性。

一、当前实务界对"办案"的理解存在几个误区

一是形而上学式地理解"办案"。在马克思主义哲学中,形而上学同辩证法相对立,一般指用孤立、静止、片面、表面的观点看待事物。形而上学地理解办案很容易陷入一种以偏概全,不深究其里的状态。最典型的就是将案件作为办案的"必备产品",认为没有案件就不是办案。这种理解无法从案件这一载体推理出检察机关在办案活动应有的唯一主体地位。比如审查起诉案件,审查逮捕案件中的刑事案件,立案主体和立卷主体均是侦查机关,按照有案件才是办案的逻辑,侦查机关和检察机关都是该案的办案主体。

二是类推式地理解"办案"。类推作为一种思维逻辑,通常是指根据一个事物的原理推理出类似事物的原理。类推式地理解办案最直接的后果就是弱化检察机关作为法律监督机关应有的主动性。最典型的就是认为检察权既然有司法属性,那么按照人民法院的办案模式运作肯定是办案。但法院作为审判机关,为确保态度中立,在制度设计时基本遵循"不告不理"原则,需要诉讼当事人主动提起才能启动审判程序,加之目前推行立案登记制改革,法院审判程序的启动更加处于一种被动状态,法官审理的案件一般会"自动上门",不

---

[*] 作者单位:贵州省人民检察院。

需要去"找案办"。检察机关作为法律监督机关,既可以依当事人申请履行监督职责,比如受理控告、举报,又需要主动履行职责,比如立案侦查直接受理的刑事案件。

三是偷换概念式地理解"办案"。偷换概念作为一种辩论技巧,其通常做法是巧妙地变换定义的指向,达到顾左右而言他的目的。在理解办案时如果偷换概念很容易引起实践混乱。最典型的就是将工作时间、工作效果等原本用于衡量办案质效的指标替换为评估对象本身,认为涉法涉诉信访接待工作平均花费时间较少,不应算作办案,认为案件质量评查工作没有对当事人产生法律效果,不应算作办案等。这种理解容易陷入反复论证、自说自话的漩涡。如果说时间长短、效果有无是界定办案的关键,又如何证明究竟应当耗费多少时间、产生多大效果才可算作办案。

二、检察实务中"办案"理解分歧产生的源头

造成实务理解分歧较大的原因是多方面的,一方面由于我国复杂的检察权属性,需要平衡检察一体与检察官客观公正义务的关系,另一方面改革过程中不同层级主体在权力责任重新划定后还需较长时间过渡和磨合。除这些原因外,分歧还与当前办案的客观表现、主体范畴、行为构造有关。

(一)现阶段办案运行模式存在客观复杂性

按照"谁办案谁负责,谁决定谁负责"的司法责任制改革要求,应突出检察官的办案主体地位,减少审批环节,赋予检察官对所办案件作出决定的权力。这里的权力以权责一致为导向,基本以办案事项决定权为主。《关于完善检察官权力清单的指导意见》第3条规定,"检察官权力清单应当以明确检察委员会、检察长(副检察长)、检察官办案事项决定权为主要内容"。但这并不意味着检察官的办案事项承办权与办案事项决定权已完全合为一体,无论是《关于完善人民检察院司法责任制的若干意见》(以下简称《意见》),还是各省级检察院制定的权力清单,都强调办案事项决定权是在权限范围内。也就是说,在委托授权范围内,检察官可以像检察长一样行使决定权,权限范围外仍由检察长审批决定,检察官在该办案事项上依然只有承办权。当然,这种审批按《意见》规定,副检察长、检察委员会专职委员受检察长委托也可以履行相关职责。所以现阶段检察机关的办案活动大体可分为两种运行模式,一种是检察官独立决定模式,另一种依然是过去的案件审批模式。这两种模式由于各省级检察院权力清单授权范围的差别,导致各省不同业务条线检察官职权范围不完全相同,检察长审批决定事项的范围也不相同,客观上造成各地办案模式运行变得很复杂。

（二）脱离于独任检察官或检察官办案组之外时检察长身份定位的复杂性

按《意见》规定，一般情况下，检察权运行的载体应以独任检察官或检察官办案组两种形式为基础。一名员额检察官要么以独任检察官身份办案，要么以检察官办案组内的主任检察官或检察官身份办案。如前文所述，由于目前还存在案件审批模式，无论是独任检察官还是检察官办案组在不同业务条线中均会将一些办案事项决定权交由检察长审批决定，客观上作为一级审批决定主体的检察长并没有在办案组织中行使检察权，按《意见》规定，此时检察长无须对事实和证据负责。但检察长的决定毕竟是在办案组织之外作出。如果将这种决定行为视为领导行为，检察长就是在以单位负责人的身份承担责任，如果将这种决定行为视为办案行为，检察长就是以办案组织负责人的身份承担责任，此时检察长与承办案件的独任检察官或检察官办案组可视为形成一个新的办案组织。两种角度都有明显的局限性，前一种角度将决定行为排除于办案范围之外，连带否认了办案组织中独任检察官和主任检察官的决定行为，后一种角度将一些操作性的、职责性的内容排除于办案范围之外，连带否认了亲历性事项在办案中的必要地位。可见，无论是否承认检察长的独立办案主体地位，都很难进一步合理划定办案主体的范畴，在这种情况下定义办案容易因立场不同发生分歧。

（三）检察机关履行法律监督职责过程的复杂性

目前实务界一般认为，检察权既有司法属性也有行政属性和监督属性。这是因为在履行法律监督职责时，检察机关的办案流程基本构造比较复杂。在案件入口上，检察机关目前至少有三种入口：一是自动立案。检察机关接到其他机关移送的工作事项，经形式审查后必须接收并进入办案流程的情形。二是依申请立案。检察机关根据公民、法人或其他组织的申请和诉求，经审查后认为该诉求涉及的法律关系属于检察机关职能调整范围，依法予以办理的情形。三是依职权立案。即检察机关在履行职责过程中自行发现线索或情况，经依法履行特定审查程序后决定是否立案的情形。[①] 在办案方式上，检察机关至少可采取四种方式：一是现场核实，如对监所监管违法情形进行现场核实和处理；二是书面审查，如根据求助申请人提供的书面材料审查是否需要发放救助金；三是听证审查，如作出不起诉、不批准逮捕决定前听取各方意见后决定；四是调

---

① 范思力：《检察机关立案职能整合路径探析》，载《山西省政法管理干部学院学报》2016 年第 19 期。

查取证，如对案件缺失的证据自行补充侦查。在办案结果上，目前检察机关至少有通知、答复、决定、意见、建议五种处理结果。这里所列举的办案方式和办案结果之间并不是一一对应，而是可交叉可重复的对应。比如办理公诉案件，可能既要书面审查也要调查取证，对应的处理结果既有公诉意见，也有起诉决定。这种履职过程的复杂性直接导致目前无法建立一个统一、标准的检察机关办案流程供实践理解、参照、对应和判断什么是办案。

三、检察实务中准确把握界定"办案"的关键

如前文所述，"办案"的界定基于现实需要会具备相当的弹性和复杂性。从实务角度考虑，以一种标准化的方式定义办案，在目前检察监督体系面临调整、司法责任制形态未完全成型、法律制度有待修改的背景下，即便能在理论上构建出模型，模型的稳定性还是很难保证。稳定后观测波动、再稳定后再观测波动的方法在自然实验中可行，但在关系人身财产的诉讼活动中要慎行。对当事人而言，任何案件都不可能经受实验。因此笔者认为，目前保持一种发展的眼光看待什么是"办案"比较现实。

（一）辩证看待分类界定"办案"的现实必要性

从目前司法责任制改革方向看，突出检察官办案主体地位这个目标已获得理论界和实务界的认可。以检察院内部视角看待突出检察官主体这一改革路径，可以明显发现，只要越突出检察官办案主体身份，作为一级审批主体的检察长包括受检察长委托的副检察长、检察委员会专职委员决定权的范围就会越小。理想状态下，检察官与检察长等主体的权力范围应相同，检察长无须审批决定。按照此方向，可将办案事项完全纳入到办案组织中，将办案组织的业务工作等于办案，特殊情况下由检察长决定的事项也应直接转移给检察长主办的办案组织负责。但目前地区差异、责任落实等因素导致这种状态短期内不宜实现，检察长在现行规定的办案组织外履行职责不仅必要而且必需，《意见》就明确规定检察长对职权范围内作出的有关办案事项决定承担完全的司法责任。既然规定检察长的决定责任与办案存在直接、排他的关系，将对应行为纳入到办案也符合实行检察院司法行政事务管理权和检察权相分离的改革方向。综上，目前作为一种实然选择，可采取过渡性方法界定办案，将其分为不同类型，同时在制度框架上突出司法规律的重要地位，不断突出和强化办案组织的履职能力和责任。

（二）以办案事项流程为核心界定什么是"办案"

无论各省自行制定的权力清单如何划定检察长和检察官的权限，本质上都是在划定办案事项决定权。以决定权与承办权的分离状态为界，当承办权与决

定权集于一人时，按各省权力清单划定的各类检察官办案事项决定权，以启动程序为起点，以作出决定为终点，其间办案组织推动程序、得出结论的行为总和就是办案，办案组织的主体就是办案主体。当承办权与决定权分离时，包括检察长改变属于检察官决定造成的被动分离，以及检察官根据检察长要求进行复核并改变原处理意见造成的事实分离，按各省权力清单划定的各类检察长办案事项决定权，在不同的业务范围内，以启动程序为起点，履行完职责为终点，其间承办人的履职行为和检察长的履职行为都属于办案，承办人和检察长都是办案主体。在事实清楚、证据充分的情况下，对承办人来说，提出处理建议报上级决定就是履行职责的终点，对检察长来说，根据下级提出的建议作出决定就是履行职责的终点。统计办案量时要根据各省制定的权力清单，分两类统计。对权力清单中承办权与决定权合一的办案事项，统计办案量时以各办案组织的受理量为基础。对承办权与决定权分离的办案事项，在统计办案量时以承办量作为办案组织的办案量，以决定量作为检察长的办案量。

（三）将来检察长收取职权后亲自办理应作为直接改变或要求检察官改变决定的前提

只要检察一体的领导体制还存在，检察机关内部检察长和检察官的关系就必然是上命下从的关系，检察官的权力实际就处在一种可撤销状态，是否存续、存续多久基于检察长或检察委员会的意志。在其他国家和地区，这种基于检察一体的权力变更往往伴随办案主体的变更。比如有的地区，检察长行使职权收取和转移权，主要是采取变更承办人的方式实现职权的收取和转移，但这里变更后的新承办人并不是检察长本人，而是转移给其他检察官负责。① 从长远看，作出司法决定前如果没有亲自经历必要工作就很难充分考虑各方当事人的立场，相应就难以选择一个合适的中立立场形成内心确信。增强检察官办案的亲历性，就是尽可能实行办案与定案相统一，减少办者不定或定者不办。② 随着司法文明的不断进步，下步在检察一体的前提下保证检察长决定权，其前提条件应是尽可能地让检察长亲历相关工作，逐步实现办案主体身份的转移，即在特定情形下由检察长决定的办案事项、检察长直接改变或要求改变的办案事项，检察长在行使决定权的同时，检察长应在其他办案组织中以办案主体的身份重新办理该事项，同时应像检察官一样履行必要的亲历性事项。此时，该办案事项应计入检察长的办案量，不再计入原办案组织中办案主体的办案量。

---

① 万毅：《台湾地区检察制度》，中国检察出版社2011年版，第59页。
② 朱孝清：《与司法亲历性有关的两个问题》，载《人民检察》2015年第19期。

检察官办案责任制相关问题研究

——以万柏林区人民检察院为参考样本

冯晓文　田　甜[*]

司法体制改革的核心在司法责任制的落实，具体到检察机关，即是强调检察官的办案责任制。目前，万柏林区院已经按照高检院、省院、市院关于落实司法责任制的相关要求，建立了新的办案组织，所有已入额的检察官均已调整至业务部门，实施了新的案件分配机制，检察官办案责任制的相关配套制度初步建立。以下将以万柏林区院的制度规定为参考样本，对检察官办案责任制的相关问题进行简单探讨。

一、检察官办案的界定和类型

（一）检察官办案的界定

按照万柏林区院《关于落实司法责任制的实施办法》规定，检察官应当在司法一线办案，即检察官特别是担任院领导职务的检察官，应当直接承办案件及其他法律监督业务具体事项，亲自经历特定检察业务类型或者业务环节的全部或主要流程，并制作相关法律文书及其他工作文书，在职权范围内依法依规作出决定或者提出处理意见，同时承担相应的司法责任。

检察官的办案责任，具体是指检察官从事案件办理和其他法律监督事项工作，在领导指挥、组织协调、调查取证、认定事实、适用法律、审核决定、风险防控、涉检信访、内部监督等方面应承担的司法责任。

（二）检察官办案的类型

从基层院检察官办案的具体类型来看，主要分为侦查监督类、公诉类、民行类、控告申诉类和刑事执行检察类五大类。

1. 侦查监督类。主要包括：（1）讯问犯罪嫌疑人、询问证人及对诉讼活

---

[*] 作者单位：山西省太原市万柏林区人民检察院。

动具有重要影响的其他诉讼参与人、听取辩护律师意见；（2）要求侦查机关对证据收集的合法性作出说明；（3）要求侦查机关补充完善证据；（4）对刑事案件介入侦查引导取证；（5）对非重大、疑难、复杂、敏感性的普通刑事案件犯罪嫌疑人批准逮捕；（6）对不捕案件提出补侦意见；（7）建议有关机关变更强制措施；（8）向超期羁押的办案机关提出纠正意见；（9）要求说明（不）立案理由；（10）对情节较轻的侦查活动违法行为提出口头纠正意见；（11）其他经检察长授权由独任检察官决定并负责处理的事项；（12）对重大刑事案件犯罪嫌疑人提出批准逮捕建议的，报请检察长或者检察委员会决定；（13）提出不批准逮捕建议，报请检察长或者检察委员会决定；（14）提出追捕漏犯、撤销逮捕的意见，报请检察长或者检察委员会决定；（15）认为公安机关（侦查部门）不立案或者立案理由不能成立的，报请检察长或者检察委员会讨论决定，通知公安机关（侦查部门）立案或者撤销案件；（16）对层报最高人民检察院核准追诉的案件提出意见，报请检察长或者检察委员会决定；（17）对公安机关提请复议案件提出处理意见，报请检察长或者检察委员会决定；（18）提出向公安机关（侦查部门）发出（撤销）纠正违法通知书的建议，报请检察长或者检察委员会决定；（19）提出重新计算侦查羁押期限的建议，报请检察长或者检察委员会决定。

2. 公诉类。主要包括：（1）许可律师以外的辩护人和诉讼代理人查阅、摘抄、复制案卷材料；许可律师以外的辩护人同在押、被监视居住的犯罪嫌疑人会见或者通信；许可辩护律师向被害人或者其近亲属、被害人提供的证人调查取证；（2）因事实不清、证据不足退回补充侦查或者自行补充侦查；（3）要求侦查机关对案件专门性问题进行鉴定，自行补充鉴定或者重新鉴定；（4）要求公安机关复验、复查或者自行复验、复查；（5）发现需要逮捕犯罪嫌疑人的情形，移送侦查监督部门办理；（6）排除非法证据；（7）延长或者重新计算审查起诉期限以及其他办案期限；（8）主持不起诉案件公开审查；（9）对符合起诉条件的非重大、疑难、复杂案件决定起诉；（10）对非重大、疑难、复杂案件提出量刑建议；（11）对符合变更、追加、补充起诉条件的非重大、疑难、复杂案件变更、追加、补充起诉；（12）对符合和解条件的案件建议当事人进行和解，对和解的自愿性、合法性进行审查并主持制作和解协议书；（13）申请证人、侦查人员、鉴定人、有专门知识的人出庭；建议法庭对出庭作证人员采取保护措施或者进行庭外调查核实；（14）对被不起诉人进行训诫或者责令具结悔过、赔礼道歉、赔偿损失；（15）出席法庭；（16）在法庭审理中，建议休庭、延期审理或者恢复审理；（17）书面要求侦查机关（部门）补充提供法庭审理需要的证据材料；（18）建议或者同意适用简易程序、普通程序简易化审理；（19）对侦查活动、审判活动中的轻微违法行为提出口头纠正意见；（20）对非重大、疑难、复杂案件，同意判决意见；（21）检察长授权的其他案件事项。

3. 民行类。主要包括：（1）对裁判结果监督案件：决定调阅、复制法院案卷材料、调查核实证据、指令下级院调查核实证据；决定组织当事人听证、引导当事人和解；决定出席再审法庭或者指派下级院派员出席再审法庭；对案件提出处理意见；（2）对民事、行政审判活动、执行活动监督案件：决定转下级院办理；进行线索评估；决定调查方案及调查措施、组织指挥调查取证；决定委托专家咨询；对案件提出处理意见；（3）对损害国家、社会公共利益的案件和审判、执行人员有贪污受贿、徇私舞弊、枉法裁判行为的案件，提出依职权监督的意见；（4）对人民法院对民事行政诉讼监督案件的处理结果，提出跟进监督或者提请上级院监督的意见；（5）提请检察长审核以检察院名义发出改进制度类检察建议以及就审判工作中一类问题提出检察建议或者情况通报；（6）对在履行职责中发现的行政机关违法行使行政职权或者怠于履行职责的监督案件，以及对侵害公民人身、财产权益的行政强制措施进行法律监督的案件，提出处理意见；（7）决定中止审查、恢复审查；（8）对不支持监督申请的案件，配合相关部门做息诉工作；（9）对民事、行政公益诉讼案件：决定转下级院办理；进行线索评估；决定调查方案及调查措施、组织指挥调查取证；委托专家咨询；提出支持起诉、督促起诉以及提起公益诉讼等意见；出席法庭履行相关职责；（10）对各类民事、行政诉讼监督案件和公益诉讼案件，进行风险评估，制定风险预案；对在办案中发现的职务犯罪或者其他犯罪线索，提出移送职能机关（部门）查处的意见；签发中止审查决定书、各类通知书、送达回证、指令出庭通知书等程序性法律文书；（11）对交办、督办、下级院书面请示案件，提出案件处理意见；（12）检察长授权的其他事项。

4. 控告申诉类。主要包括：（1）接待与受理公民、法人或者其他组织的报案、控告、举报、申诉和犯罪嫌疑人投案自首；（2）审查、办理、答复信访案件（事项）、应急处置重要信访案件；（3）审查、办理、答复辩护人、诉讼代理人对本院管辖的阻碍其依法行使诉讼权利的控告或者申诉案件；（4）审查、办理当事人和辩护人、诉讼代理人、利害关系人对本院办案中违法行为的控告或者申诉案件；（5）审查、办理对本院或者下级人民检察院违法行使职权问题的控告、申诉、举报；（6）审查、初核、管理本院管辖的相关的举报线索；（7）审查、办理相关不立案举报线索；（8）答复实名举报人；（9）审查、受理本院管辖的民事、行政监督案件；（10）审查、受理、答复不服人民检察院刑事不立案决定的复议申请或者申诉，要求人民检察院对公安机关实行刑事立案监督的控告或者申诉；（11）审查、受理、答复认为需要侦查部门说明不立案理由，或者认为需要公安机关说明不立案或者立案理由的案件；（12）向来访人民群众提供法律咨询和开展法制宣传；（13）其他应当由主任（独任）检察官享有的案件决定权；（14）决定刑事申诉案件的立案；（15）决定刑事申诉案件的不立案；（16）对无须改变检察机关处理决定的案件，决定予以维持；（17）对无须监督纠正的人民法院生效刑事裁判，决定不予抗诉；（18）询问原案当事人、证人和其他有关人员，听取原案承办部门、原复查部门或者原承办人员意见；（19）复核与案件有关的勘验、检查、辨认、侦查实验等笔录，对专门问题进行鉴定或者补充鉴定；（20）组织收集、调取、审核证据；（21）接待律师及案件相关人员；（22）代表检察机关出席审判监督程序法庭；（23）主持刑事申诉案件公开审查；（24）审查下级院的备案材料后认为有错误的，决定听取案件汇报或者调卷审查；（25）对赔偿请求人提出的申请进行审查，决定是否立案办理；（26）决定调取案卷、调查核实、收集证据等司法活动的实施；（27）代表检察机关开展赔偿协商；（28）审查赔偿复议申请并提出处理意见；（29）对赔偿监督申请进行审查后，决定是否立案办理；（30）审查下级院的备案材料后认为有错误的，决定听取案件汇报或者调卷审查；（31）审查司法救助申请并提出审查意见；（32）对申请人生活状况、所受损失、民事赔偿等情况开展必要的核实工作；（33）代表检察机关向申请人发放司法救助金；（34）代表检察机关监督司法救助金的使用，确保救助效果。

5. 刑事执行检察类。主要包括：（1）对刑罚执行机关提请减刑、假释、暂予监外执行活动实行监督；（2）审查人民法院减刑、假释裁定以及人民法院、监狱管理机关、公安机关暂予监外执行决定；出庭并监督人民法院开庭审理的减刑、假释案件，发表检察建议；（3）对公安机关、社区矫正机构管理监督监外执行罪犯活动实行监督；（4）对执行死刑实施临场监督；（5）对人民法院执行罚金刑、没收财产刑以及执行生效判决、裁定中没收违法所得及其他涉案财产的活动实行监督；（6）对人民法院、公安机关、监狱、看守所、社区矫正机构的交付执行、留所服刑、终止执行和监管执法活动实行监督；（7）对发生的监管事故（事件），依法组织开展审查、调查和相关处理工作，对被监管人死亡事故（事件），组织鉴定或者补充、重新鉴定，书面报告调查处理情况；（8）对指定居所监视居住执行活动实行监督；（9）对公安机关、人民法院办理的犯罪嫌疑人、被告人在押案件的羁押期限和办案期限实行监督；（10）对被逮捕后的犯罪嫌疑人、被告人进行羁押必要性审查；（11）对强制医疗执行活动实行监督；（12）对刑事执行活动中职务犯罪案件立案侦查工作，其具体职权分别参照职务犯罪侦查、检察官职权配置执行；（13）对罪犯又犯罪案件审查逮捕，对立案、侦查活动实行监督；（14）对罪犯又犯罪案件审查起诉，对审判活动实行监督，其具体职权参照公诉业务检察官职权配置执行；（15）受理辩护人、诉讼代理人对看守所阻碍行使诉讼权利的申诉、控告以及被监管人及其近亲属、法定代理人的控告、举报和申诉；（16）负责本办案组承办案件的组织、指挥以及对办案组成员的管理工作；（17）检察长授权的其他事项。

二、检察官办案数量的确定

（一）检察官办案数量的确定原则

入额检察官每年均应当按计划完成一定数量的办案任务。不同检察官其办案数量的确定，应当以部门（不同的案件类型）为单位，综合考虑上一年度办理的案件数量、本年度配备的办案人员、案件办理的难易程度等因素进行科学测算和合理分工。其中，担任院领导职务的入额检察官，不仅应当直接承办一定数量的案件，而且应当带头办理重大、疑难、复杂和新类型案件。检察长年度直接办理案件量一般不低于上年度本院检察官人均办案量的10%，或者不少于5件；副检察长、检察委员会专职委员等担任院领导职务的检察官一般不低于上年度本院检察官人均办案量的30%，或者不少于8件；业务部门负责人年度办案量一般不低于上年度所在部门检察官人均办案量的50%。若副检察长、检察委员会专职委员直接办理不同业务条线案件的，案件数量可以累计，直接办理案件数量按照上年度不同业务条线人均办案数量的平均值计算。若副检察长、检察委员会专职委员兼任部门负责人的，直接办理案件数量按照院领导的任务量及计算方式予以核算。

（二）检察官办案数量的具体测算

以万柏林区院刑事侦查监督二部为例，2016年公诉科（改革前）全年受案数量674件，办案人员6人，人均办案数量112件。实行检察官办案责任制改革后，现有办案人员4人，其中部门负责人1人，办理上年度部门检察官人均办案量50%案件；其他办案人员3人，办理100%案件，参照2016年办案数量，按照现有人数计算，员额检察官2017年人均应当办理193个案件。考虑到因每办理一起案件需经提审、告知、审查、起诉、出庭相关程序以及准备相关文书、填写案卡信息及文书公开等工作，按此任务分解，难以保证案件质量。因此综合人员配备、案件数量各项因素确定：刑事检察二部业务负责人年度办案数量为 60 件，其他办案人员年度办案数量为 120 件。对剩余 254 件案件在 4 个办案组和一个独任检察官（检察长）中间进行分流。年度增量部分按比例在以上人员中间进行分配。

三、检察官办案质量的评查

（一）检察官办案质量的评查方式与内容

为强化检察官的办案责任，加强案件质量管理，万柏林区院对于检察官已经办结的案件开展办案质量评查。评查以法律、司法解释以及相关司法规范为依据，对检察官办案的合法性、准确性、规范性和公正性进行细致核查、分析和评价。通过发现、评析案件质量问题，形成客观、明确的案件质量评查报告，提出评查意见和建议，形成评查结果。评查结果纳入检察官绩效考核范围。

案件质量评查以综合采取随机评查、重点评查、专项评查、个案评查等方式进行。案件质量评查的内容主要包括：证据采信、事实认定、法律适用、办案程序、风险评估、案卡填录、文书使用和制作、案件信息公开、涉案财物管理、诉讼权利保障、办案效果和办案安全等。其中，万柏林区院对办结的案件定期开展随机评查。随机评查的范围覆盖至各业务条线不同类型的案件。案件管理部门对本院办结的除重点评查、专项评查案件外的案件，原则上每年应当按照不低于检察官年度办结案件总数 5% 的比例随机选取案件进行评查，不足 1 件时评查 1 件。对于投诉本院有关业务部门办案质量问题的案件，案件管理部门经检察长或者检察委员会决定，可以进行个案评查。

案件管理部门对本院办结且具有下列情形之一的案件，应当逐案开展重点评查：（1）犯罪嫌疑人被决定或者批准逮捕后，作不起诉处理的；（2）不捕复议、复核或不诉复议、复核后，改变原审查决定的；（3）提起公诉后，撤回起诉的；（4）提起公诉后，被告人被宣告无罪的；（5）提起公诉后，诉、判定性不一或者跨幅度量刑的；（6）刑事申诉案件复查后，改变原处理决定的，或与原作出处理决定的业务部门存在重大分歧意见的；（7）适用刑事诉讼特别程序办理的；（8）对民事、行政生效判决、裁定、调解书提出再审检察建议，法院未启动再审程序，上级院也未跟进监督提出抗诉的；（9）决定国家赔偿的；（10）其他需要进行重点评查的案件。

开展案件质量评查应当依据下列标准，客观、公正、全面评价办案质量：（1）证据采信与排除符合法律规定，组织与运用符合逻辑和办案规律，瑕疵证据已依法补正，证明标准达到法律要求；（2）认定事实清楚，已排除合理怀疑，无遗漏罪犯、遗漏罪行；叙述详略得当，用词注重法言法语；（3）适用法律正确，引用法律条文、司法解释准确；（4）办案程序合法、规范；（5）风险评估预警及时、准确，等级判定合理，应对处置积极有效；（6）案卡填录及时、准确、规范；（7）文书制作基本要素完整，释法说理充分，文书使用正确、规范；（8）依法、全面、及时、规范公开重大案件信息和法律文书；（9）及时、依法处理涉案财物，手续完备；（10）依法保障当事人的合法权益和辩护人、诉讼代理人的诉讼权利。最高人民检察院已经印发相关案件质量认定标准的，按照其标准进行评查。

开展案件质量评查活动应当依托全国检察机关统一业务应用系统和电子卷宗系统，以网上评查为主、以审查纸质卷宗为辅，结合座谈、调查、听证、组织专家论证等方式灵活开展。随机评查实行每月一报告制度。案件管理部门应当于次月5日前将本院案件质量评查情况报市院领导小组办公室。半年进行一次综合报告、通报制度。在每年的9月前完成对上半年、次年的3月前完成对下半年的案件质量评查。重点评查和专项评查实行一评查一报告制度。

（二）检察官办案质量的评查程序和结果

检察官办案质量的评查可以依照以下程序进行：（1）安排部署。评查领导小组办公室组织召开工作会议，确定评查范围、评查方式、评查员组成及时间安排，明确评查标准和相关要求。（2）调阅案卷。案件管理部门或者开展专项业务评查的业务部门制发评查方案、调卷函等文书，通知要求本院相关业务部门及时将相关的案卷材料送交案件评查组。（3）案件评查。全面查阅案件材料，客观、公正、全面评价办案质量，认真填写案件质量评查登记表，准确、详细描述存在的问题及相关依据；对照评查标准得出被评查案件的评查总分；提出初步评查意见。（4）讨论评议。集体讨论、评议评查员对被评查案件的综合分析，提出评查意见。对于案件差错性质认定有重大分歧或者研究认为差错严重、责任重大的，提请领导小组决定。（5）汇报审议。汇总评查意见并提交领导小组审核评议，形成评查结论。（6）反馈意见。领导小组办公室向案件承办部门和承办检察官反馈评查结论并听取意见。（7）通报结果。形成综合性案件质量评查报告，提交检察长或者检察委员会审议；形成案件质量评查情况通报，在本院发布；向检察业务绩效考核和检察官绩效管理部门通报评查结果。

决定采取重点评查或者专项评查的案件，办案部门应当在接到评查通知后的15个工作日以内，将案卷材料送交本院案件管理部门。评查员应当在收到案卷材料之日起15个工作日以内完成评查，案件重大疑难复杂的，报经评查领导小组办公室批准，可以延长10个工作日。被评查案件的承办部门或者承办检察官对评查结论有异议的，可以在收到反馈意见10个工作日以内书面申请复查；复查申请书应当层报组织评查该案件的领导小组办公室审批。

案件质量评查结果分为优秀、良好、合格、不合格四个等级。案件质量评查结果应当记入检察官司法档案，作为评价检察官办案能力、水平的重要依据。同时，作为检察官个人评优、晋级和部门评先的参考依据。案件质量评查中发现的问题，由案件管理部门或者开展专项评查的业务部门形成综合分析报告，提请本院检察长或者检察委员会审议。案件质量评查中认定的司法瑕疵和检察官司法办案中反复出现的同类问题，应当及时向本院办案部门送达案件质量问题整改通知书，跟踪督导其整改工作开展情况，并以书面形式向检察长或者检察委员会报告。本院办案部门应当自收到案件质量问题整改通知书之日起30日以内以书面形式提交整改情况报告。评查中发现承办案件的检察官或者检察官办案组成员办案中存在违法行使职权行为的，应当责成承办单位、承办检察官予以纠正并记录；涉嫌滥用职权、徇私舞弊、刑讯逼供以及其他违法犯罪的，应当移送纪检监察部门。

以上是万柏林区院在司法体制改革过程中，针对基层院对检察官的办案类型、办案数量和办案质量等内容进行的制度设计，仍有待实践的检验和完善。在配套制度方面，还需要将以上内容与检察官的绩效考核相结合，通过奖惩机制倒逼检察官落实办案责任制。

科学编制案件类型清单与绩效考核精准对接

王荣华　唐良光　杨　波[*]

实行检察官办案责任制以后，检察官都面临办案业绩考核最关心、最迫切的现实利益问题。案件交到检察官手上，从哪些类型、哪些指标、哪些方面来综合评定检察官业绩，直接关系到个案的公正，也关系到检察官主体地位的尊荣感。案件类型如何确定，案件范围如何划分，办案与检察官绩效考核如何有效对接，都需要结合司法办案自身特点和规律进行研判，要按照"标准严、判定准、灵活用"的总要求，切实找准各单元组织普遍规律、类比特征和差异判定的着力点，精心编制案件类型清单，更加夯实检察官绩效考核的根基，更加精准地考核检察官绩效，让检察官更加追求司法事业的卓越贡献。

一、精准界定与资源配置对接

实行员额检察官分类管理之后，检察官对"办案"二字的界定都普遍关心，何为"办案"？大家也有不同的解读。必须对办案作出科学合理的界定，才能为绩效考核指明方向。

（一）正确理解办案的内涵

综观世界各国通行的司法制度和中国特色检察制度的司法实践，笔者认为，司法办案的内涵或者外延就是行使执法司法权力的起点，就是对所产生的事实通过实体和程序路径加以分辨与判断，因而需要考虑办案事实产生的原由、主客观因素、经历过程、执法司法主体、层级指引和法律依据来综合评判，终结于对办案事实作出最后认定，从而让案件得以公正处理。这样就能对办案进行合理的划分，按照履职结构性资源配置，先确定出各单元组织条线，再结合各单元组织条线的司法权力资源，然后划定出实体、程序和指引性办案类型，不仅它具有司法办案的普遍规律，而且还能找出办案的类比特征，从而为检察官绩效考核提供根本遵循。

---

[*] 作者单位：四川省遂宁市人民检察院。

（二）确定单元组织构成

根据各级院内部办绩效考核的实际操作，结合检察业务分布的具体情况，倾向于按照各级院内部机构的编制序列，先划定出结构性资源配置。笔者认为，可以将检察业务和综合业务管理划为八个单元组织，即侦查监督、公诉、未成年人检察、民事行政检察、刑事执行检察、控告申诉检察、检委办和案件监督管理等八个单元组织，便于统筹各单元组织之间绩效考核档差及分值。

（三）阐释办案类型分布

根据对办案定义的理解与各单元组织之间的织密度，办案实体和程序难以割舍，精准定位办案类型，分别赋予其内涵，用以指导绩效考核实践。笔者认为，对各级院内部机构设置的单元组织办案可以划定出以下三种类型：第一种类型为实体性办案。就是检察官经讯问、询问、会见律师、调卷阅卷、收集证据、认定事实、适用实体法律后，对案件提出处理意见或者直接作出处理决定，办案周期体现阶段性、过程性和结果性相互衔接或者相互递进的案件。第二种类型为程序性办案。就是检察官对案件内容进行程序性审查，办案周期阶段性不明显，原则上履行文书审批、签发法律手续职务行为办理的案件；对需要通过讯问（询问）、调查取证等办案活动开展的，也可以认定为实体性办案，但应从严灵活掌握。第三种类型为指引性办案。就是检察官具有对下业务指导或者对上业务请示沟通职能，并通过对个案进行程序和实体指引把关、提出具体意见办理的案件。

总之，把握好办案定义、单元组织架构和类型分布的科学定位，既能消除检察官理解办案定义的困惑，又能对检察官绩效考核起到"定海神针"的作用。

二、精细测算与种类核定对接

基于对办案类型分布普遍规律的综合分析，结合各单元组织、检察人员分类和岗位职责等具体实际，找出各职能条线检察官办案的类比特征，最后准确测算出办案不同种类的核定范围，便于所在单元组织的检察官确定权重系数，各单元组织对比平衡办案数（质）量，各级院统筹检察官绩效考评。按照业务职能排序，测算出以下八个单元组织的相关办案共计360余种（类），具体分布如下：

一是侦查监督案件绩效考核测算的重点为68种（类），其中实体性办案34种（类），程序性办案26种（类），指引性办案8种（类）。二是公诉案件绩效考核测算的重点为49种（类），其中实体性办案38种（类），程序性办案 3 种（类），指引性办案 8 种（类）。三是未成年人检察案件绩效考核测算的重点为 55 种（类），其中实体性办案 43 种（类），程序性办案 4 种（类），指引性办案 8 种（类）。四是民事行政检察案件实体性办案绩效考核测算的重点为 45 种（类），其中实体性办案 33 种（类），程序性办案 7 种（类），指引性办案 15 种（类）。五是刑事执行检察案件绩效考核测算的重点为 36 种（类），其中实体性办案 12 种（类），程序性办案 21 种（类），指引性办案 3 种（类）。六是控告申诉检察案件绩效考核测算的重点为 19 种（类），其中实体性办案 14 种（类），程序性办案 2 种（类），指引性办案 3 种（类）。七是检委办案件绩效考核测算的重点是程序性和指引性办案 30 种（类）。八是案件监督管理案件绩效考核测算的重点是程序性和指引性办案为 26 种（类）。

上述八个单元组织的案件类型清单附后。以上测算出的办案种类数据，必须结合新增检察职能和上级院年度工作计划目标进行动态编制，并与上年度各项绩效考核数据对接核定，防止办案数据大起大落，有效减少绩效考核误差。

三、精心施策与差异评判对接

办案种类分布划定既是基础性工作，又是检察官绩效考核的重点和难点，如何把办案种类划定与检察官绩效考核有机结合，最终要靠办案效果来检验。从司法责任制改革实践看，充分放权之下，加强管理监督的一种主要做法，就是加强对检察人员的绩效考核，应采取"以案定员""以案定责"和"以案定补"的方法，对检察官绩效考核区别对待、档次差别、量化计分、兑现奖惩，兼顾绩效考核精细化及数字化管理，确保检察官绩效考核相对合理或者精准化，应致力于在"四个统一"上狠下功夫，定会收到事半功倍的效果。

（一）坚持数量与质量统一

实践中，检察官绩效考评更多是看办案数量，检察官的职业特性和司法规律没有很好地体现。检察官专司办案，数量是主要指标，但不能成为唯一指标或关键指标。在考核检察官办案数量、质量和效率三者中，质量是第一位的，质量是基础，公正是前提。检察官的成就感和职业尊荣感、社会对案件的满意度，都必须通过高质量的检察监督效果来实现。因此，检察官绩效考评要直指案件质量，应秉持公正优先、兼顾效率的价值取向，保证检察官有精力和时间专注案件质量。特别是在案多人少、诉讼激增的情形下，有必要对检察官办案的案件数量设置基本的底线，进行量化管理，鼓励检察官多办案、快办案和办好案。但绩效考评，不能以完成工作量的多寡来评定检察官法律素养的高低，不能仅以数量来考评检察官绩效。过度强调数量，追求办案数量的排名，会导致考核结果失真、考核机制失灵。所以，对检察官的办案绩效考核权重应逐步由数量型向质量型转变。质量能反映检察官法律知识的广度和深度，能体现检察官驾驭庭审能力、控制能力、平衡能力、解纷能力的高度和力度，还能说明检察官在对案结事了人和上的注意，在法律效果、社会效果方面的把握，在沟通技巧、合作意识、工作效率、文书写作以及在待人接物、言行举止等方面的经验和方法。案件质量才是检察官综合素质和全方位能力的检验。因此，以质量为重点的考评，能引导检察官往高处走，能培养检察官更加卓越或优秀。

（二）坚持主观与客观统一

一是正视问题短板。原有的检察官绩效考评，套用公务员的考评标准，群众评议、领导考核，这种考评方法使人际关系和利益背景成为决定考评结果的重要因素，考评容易受到一些人为因素的影响，容易滋生人际关系的内耗，不利于团队合作。而主观评价因人而异，难以量化，对检察官的勤勉尽责难以做到客观精准。检察官绩效考评要减少主观评价的不确定性，改变只凭印象、关系、情感评价的方法，通过非人为主观的、靠科学的精准管理，展现出看得见、摸得着、查得清的量化分值。而在主观评价方面，应尽可能客观或细化。比如采用抽查卷宗、庭审观摩、法律文书评比、业务学习培训等方式，将法律文书上网、出庭多媒体示证、课题调研等内容纳入评估体系，用数据和事实说话。二是创新评价方法。为确保考评客观和精准，要充分注重运用信息软件系统来采集检察官办案的数量、质量和效果等相关数据，探讨"院评价部门，部门评价检察官"的方式。对部门与检察官的评价指标有所差异，对部门的评价指标可以宏大、宽泛一些，以总体性客观评价为主，侧重办案质量、效率、效果等内容。对检察官的评价指标可以微观或简约一点，以个体性的主观评价指标为主，兼顾考评检察官的职业道德、司法技能等内容。三是建立定性与定量评价体系。在绩效考评方面主要适用客观指标，在职业素养考评方面主要采用主观指标。在考评指标设置上，粗中有细、细中有粗，避免绝对化，保持灵活度。如此，才能对检察官绩效作出最客观、最精准的评价。

（三）坚持类型化与差异性统一

一是区分难易程度。由于受地域以及案件自身特点的影响，各级院及每个单元组织的办案数量是不一样的，案件的难易程度也有所不同，很难评价谁好谁坏。二是确定办案数量指标。应当针对各级院各单元组织的特点分别对待，应考虑案件性质及工作量的差异，进行类型化和差异化的调控，使检察官的办案负荷不至明显失衡。可依据检察官所处岗位和所属部门案件等情况，类型化地设定考评指标，同时对重大、疑难、复杂和特殊案件，按照一定的系数进行折算，使绩效评价的衡量具有公正性和可比性。三是设置权重系数。根据单元组织的职责和办案的难易程度，设置不同的考核系数标准。一般情况下，采取办案检察官自行测算、单元组织内部平衡、各级院统筹档差的方法，在区分不同层级、不同类型的前提下，对检察官饱和工作量进行测算，分别确立底线标准和评优标准，当工作量超出时，采取补充人员等方法予以平衡，通过抓"两头"的方式，要动态编制办案数（质）量，及时调整补充各种资源，采用分类考评与分级考评相结合的方法，按照不同单元组织内部的特点，适用不同的标准分类考评。

（四）坚持导向与运用统一

实践中，考评指标分类不清晰、量化不科学、操作性不强。要解决这个问题，必须定位好考评导向。在导向上，应防止搞平均主义、"大锅饭"和"轮流坐庄"，应将考评作为一项重要的激励机制，使优秀人才脱颖而出，最大限度地激励检察官创造性地努力工作。考评的目的是激励优秀、鼓励先进，应将考评结果运用作为评定等次、兑现奖惩、评先授奖、晋职晋级的主要依据，促进检察官的专业化管理，为检察官成长进步打开晋升通道。要避免"一管就死，一放就乱"，防止管理过度，影响检察官独立司法人格养成和团队精神的打造。要把握好度，通过设计底线标准，激发办案的动力和活力，对于有些指标，可以实行"一票否决"，如办错案的，必须退出办案；对于有些指标，可以设置封顶系数，使考评更加科学、合理、公开、透明。

总之，坚持科学编制案件类型清单制度与绩效考核精准对接，应把办案单元组织、办案种类定位和差异化评判贯穿于绩效考核的全过程，注重问题导向与目标导向同步，注重持续修正与创新方法同步，注重传递责任与传导压力同步，注重严实管理与从严治检同步，努力实现检察官绩效考核效果的最优化和最大化，最大限度地确保检察官司法清正、办案清廉、做事清明。

附：八个单元组织办案类型清单

第一单元组织：侦查监督办案绩效核定种类的重点

（1）实体性办案包括：审查逮捕案件；复议、复核案件（包括不批准逮捕复议、复核案件；立案监督复议、复核案件；自侦不立案复议案件；（不）批准逮捕申诉审查案件；批准延长侦查羁押期限类案件（包括提请批准延长侦查羁押期限案件、批准延长侦查羁押期限案件、重新计算侦查羁押期限案件）；诉讼监督类案件（包括立案监督案件、侦监适时介入侦查案件、侦查活动监督案件、督促行政机关移送及监督立案的监督案件，基层院对监督立案、监督撤案、书面纠违、纠正漏捕四类案件的实体审查案件，上级院对监督立案、监督撤案、书面纠违、纠正漏捕四类案件的备案审查案件等）；侦查监督报请核准追诉案件；控申转交的信访案件（包括上级院、本院检察长、副检察长以职权交办以及其他应当由侦查监督部门调查核实的案件）；阅卷审查的报备案件。

（2）程序性办案包括：备案审查类案件（包括逮捕案件备案审查、侦查活动监督复查案件、侦查活动监督复查结果的审查案件，也包括第4项中的备案审查案件）；侦查监督综合监督案件（包含挂牌督办案件、扫黄打非、打黑除恶、禁赌禁毒等专项监督事项的办理、上级院交办、党委政府各牵头单位转办、同级机关或部门转办综合监督事项的办理等）。

（3）指引性办案包括：书面请示案件；听取下级院汇报案件；提前介入、听取意见，并对卷宗进行审查的案件；相关部门会商案件（海关、公安行政机关等）。

第二单元组织：公诉办案绩效核定种类的重点

（1）实体性办案包括：一审公诉案件、认罪认罚和速裁程序案件、二审上诉案件、法院决定再审（提审）案件、发回重审案件；二审抗诉（含既有上诉又有抗诉）案件、审判监督程序抗诉案件；公诉适时介入侦查案件；不起诉复议案件、不起诉复核案件、撤回抗诉复议案件；自侦不起诉审批案件；撤销（不）起诉审查案件；证据合法性调查案件；公诉报请核准追诉案件；违法所得没收申请案件、没收违法所得启动监督案件；强制医疗申请案件、强制医疗启动监督案件；刑事和解案件；上级院或本院检察长（副检察长）以职权交办的案件；公诉环节信访案件；诉讼监督案件（包括纠正侦查违法、审判违法、纠正遗漏罪行、纠正遗漏同案犯、提出检察建议等）；阅卷审查的报备案件；重大专案；需要阅卷审查的其他案件。

（2）程序性办案包括：指定管辖案件；职务犯罪一审判决监督案件；备案审查案件。

（3）指引性办案包括：书面请示案件；听取下级院汇报案件；质量评查案件；庭审考核案件；相关部门会商案件（法院业务庭、海关、行政机关等）。

第三单元组织：未成年人检察办案绩效核定种类的重点

（1）实体性办案包括：审查逮捕案件；复议、复核案件（包括不批准逮捕复议、复核案件；立案监督复议、复核案件；（不）批准逮捕申诉审查案件；批准延长侦查羁押期限类案件（包括提请批准延长侦查羁押期限案件、批准（决定）延长侦查羁押期限案件、重新计算侦查羁押期限案件）；侦查监督类案件（包括立案监督案件、适时介入侦查案件、侦查活动监督案件、纠正侦查违法、督促行政机关移送及监督立案的监督案件等）；审查起诉类案件（包括一审、二审、再审、抗诉案件）；附条件不起诉复议、复核、申诉案件；

上级院或本院检察长（副检察长）以职权交办的案件；控申转交的信访案件；国家司法救助案件；审判监督类案件（包括监督审判违法、纠正遗漏罪行、纠正遗漏同案犯等）；民事、行政诉讼监督案件；制作犯罪预防报告、开展类案分析；制发检察建议。

（2）程序性办案包括：指定管辖案件；社区矫正执行监督案件；异地协助案件；备案审查案件。

（3）指引性办案包括：书面请示案件；听取下级院汇报案件；质量评查案件；相关部门会商案件（法院、公安、行政机关等）。

第四单元组织：民事行政检察办案绩效核定种类的重点

（1）实体性办案包括：生效判决、裁定、调解书监督案件（本院直接管辖受理的案件；下级院提请抗诉的案件；本院决定受理的下级院具有管辖权的案件；上级院交（转）办的案件；本院检察长（副检察长）以职权交办的案件）；跟进监督案件（包括人民法院审理民事抗诉案件作出的判决、裁定、调解书仍符合监督条件的、人民法院对人民检察院提出的检察建议未在规定的期限内作出处理并书面回复的、人民法院对检察建议的处理结果错误的）；执行监督案件；审判程序中审判人员违法行为监督案件；复查复核类案件（包括依职权启动以及案件当事人不服下级院作出不支持监督申请决定而向上级院申请的案件、不服本院决定更换承办人复查的案件）；督促履行职责案件；支持起诉案件；督促起诉案件；虚假诉讼案件；公益诉讼案件（包括民事诉前程序案件、行政诉前程序案件、提起民事公益诉讼案件、提起行政公益诉讼案件等）。

（2）程序性办案包括：指定管辖案件；普通犯罪线索移送案件；对依职权发现的民事诉讼监督案件是否符合受理条件进行审核并到案件管理部门登记受理；对是否符合公益诉讼案件立案条件进行审查并到案件管理部门登记立案。

（3）指引性办案包括：书面请示案件；听取下级院汇报案件；相关部门会商指导案件（法院业务庭、行政机关等）。

第五单元组织：刑事执行检察办案绩效核定种类的重点

（1）实体性办案包括：临场监督执行死刑案件；刑事执行活动中监管事故检察及刑事被执行人死亡检察案件；刑事执行活动中职务犯罪案件；罪犯又犯罪案件；由刑事执行检察部门依法处理的举报和申诉案件；强制医疗执行监督案件；上级院或本院检察长（副检察长）以职权交办的案件。

（2）程序性办案包括：羁押必要性审查案件；羁押期限监督案件（含超期羁押、清理久押不决案件）；指定居所监视居住执行监督案件；交付执行检察监督案件；减刑、假释、暂予监外执行监督案件（减刑、假释提请审查案件；减刑、假释提请审查/开庭案件；法院裁定审查案件；暂予监外执行提请审查案件；暂予监外执行决定审查案件）；社区矫正执行监督案件；财产刑执行监督案件；其他履行职责中书面提出纠正违法通知书、检察建议案件。

（3）指引性办案包括：书面请示案件；听取下级院汇报案件。

第六单元组织：控告申诉检察办案绩效核定种类的重点

（1）实体性办案包括：控告案件；刑事申诉案件；赔偿案件（包括刑事赔偿、刑事赔偿复议、赔偿监督）；国家司法救助案件；上级院交办的信访案件；举报初核、举报线索不立案审查、举报线索复议申请审查及对立案（不立案）不服的申诉案件；信访终结案件。

（2）程序性办案包括：控申审查后作出受理（不受理）的控告申诉案件。

（3）指引性办案包括：控告请示案件审查；书面请示案件。

第七单元组织：检委办办案绩效核定种类的重点

程序性和指引性办案包括：对提交检委会审议的案件进行实体审查并提出法律适用意见；请示案件（包括个案请示、类案请示、由研究室负责起草的案件请示）；司法协助（作）案件；对本院以及下级院检察业务规范性文件提出审查意见；对司法办案中适用法律、执行政策问题开展调研、理论课题研究，提出意见建议；研究需要提出咨询意见的重大、疑难、典型案件或多发性类案，起草风险排查研判报告；审查、编写拟在全市发布的典型案例或拟报送上级院的指导性案例、典型案例；起草检察业务规范性文件；提出法律法规、司法解释和检察业务规范性文件等的论证修改意见。

第八单元组织：案件监督管理办案绩效核定种类的重点

程序性和指引性办案包括：质量评查案件；流程监控案件；案件监督管理部门受理案件；业务数据管理和应用（分析研判报告）；审查下级院不许可辩护律师会见犯罪嫌疑人申请的案件；异地律师网上阅卷案件；统一业务应用系统监督管理案件（包括对系统内删除案件申请进行审查的案件、对统一业务应用系统分配案件调整监管的案件、对涉案款物出入库处置的案件、对法律文书统一制作和监督的案件、对信息发布和监管的案件）；协调、督查督导典型案件或者参与业务条线相关联的请示、答复和专题报告等。

检察官绩效考核考评机制的构建与运行

刘 斌[*]

实行司法责任制后,建立科学、公平的检察官绩效考核考评制度成为当前改革的重点,成为提升司法质效、落实司法责任、完善奖惩机制的前提,是充分调动检察人员的积极性,体现奖勤罚懒的重要激励途径,也是完善司法责任制改革的一个重要支撑点。为此,包头市检察院在以往绩效考核考评制度的基础上,结合中央、自治区的相关改革要求,对检察官绩效考评机制建设进行了积极探索。

一、检察官绩效考核考评的办案考量

检察官绩效考核考评是一项系统工程,包括检察官的办案数量、质量、效率、效果及廉洁自律等诸多方面,而办理案件是检察官主要、最核心的职能。

(一)检察官办理案件的分案方式

均衡分案是科学考核考评的前提,实行内设机构扁平化管理是保证分案均衡的基础,只有在案件资源分配上实现科学公正,才能实现每个检察官工作量的实质均衡。内设机构扁平化管理改革最根本的变革体现在,将过去按照承担的具体诉讼职能设置部门的格局,改革为以所承担的监督任务为依据设置机构,以此适应检察监督体系的构建。包头市检察院根据自身工作实际,结合有效管理和专业化建设及对下业务指导的需求,设置6个业务类部门为:侦查监督部、公诉部、刑事执行检察部、民事行政检察部、控告申诉检察部、业务监督管理部(履行案件管理、法律政策研究、检委会办公室职能)。基层检察院设置的业务类部门为:刑事检察部(履行侦查监督、公诉、刑事执行检察职能)、民事行政检察部,业务监督管理部(履行控告申诉、案件管理、法律政策研究、检委会办公室职能)。对于总人数35人以下、业务量较少的基层检察院,设置三个或两个业务类部门。

---

[*] 作者单位:内蒙古自治区包头市人民检察院。

改革分案机制，探索实行扁平化随机分案与指定分案相结合的分案方式，一般案件随机分案到具体检察官，特别重大、疑难、复杂的案件由分管院领导指定分配给具体承办检察官。案件管理部门统一受理各类案件后，根据不同案件的性质、特点和承办人办案量，通过统一业务应用系统将案件分配给具体检察官办理。实行自动分案为主、指定分案为辅；当日受理、当日分配；按照文书文号先后顺序依次一次性均衡分案。自动分案过程中出现原承办检察官因法定回避情形需要回避的；因工作变动、健康、外出工作学习等原因不能在办案期限内办结案件的；提前介入侦查的案件，需要提前介入的办案检察官办理的；共同犯罪案件或有追捕、追诉同案犯，需要分配给原办案检察官的；未成年人、外国人犯罪案件等特殊类型案件，需要分配给专门办案组办案检察官的；原承办检察官不宜继续办理案件或由新承办检察官办理更为适宜的情形时，由办案部门在统一业务应用系统中拟制《变更承办检察官申请表》，经分管检察长审批后，由案件管理部门执行变更操作。

改革分案方式，实行自动分案，其目的是防止人为选案，避免"关系案""人情案"，加强事前监督防范，强化内部监督制约，案件管理部门与纪检监察部门共同对案件分配情况进行监督检查，发现违反规定分配案件的，计入检察官业绩考核档案，涉嫌违法违纪的，报请检察长决定后，由纪检监察部门进行查处。

（二）检察官办理案件的界定、类型及数量计算方法

检察机关现有业务部门包括侦查监督、公诉、刑事执行检察、民事行政检察、控告申诉检察、案件管理等部门。这些业务部门办理的127类案件中，经常办理的案件类型有：审查逮捕案件、不捕复议复核案件、立案监督案件、批准（决定）延长侦查羁押期限案件、一审公诉案件、二审上诉案件、二审刑事抗诉案件、审判监督程序刑事抗诉案件、不服民事行政生效裁判监督案件、民事行政执行监督案件、审判程序中违法行为监督案件、行政机关不当履行职责监督案件、举报案件、控告申诉案件、国家赔偿案件、刑事被害人救助案件、羁押必要性审查案件、减刑假释提请审查案件、暂予监外执行审查案件、流程监控案件、不予接收案件等。笔者认为，进入统一业务应用系统办理的案件，都应当作为考核考评的案件，计算办案数量，规定办案标准和办案质量，如果仅仅将审查逮捕、审查起诉、提出（提请）抗诉、刑事申诉案件作为案件进行考核考评，势必会出现以下问题：一是从事案件管理、刑事执行检察、控告申诉检察等工作的员额检察官大量的工作量得不到应有的评价；二是这些工作理应由员额检察官来承担，如果让非员额检察官的辅助人员承担，势必出现辅助人员监督员额检察官的情形；三是如果这些工作不计入办案量，办案量

基数少，在确定检察长、副检察长、部门负责人办案指标时，会出现检察长、副检察长不用办理案件的尴尬境遇。

将进入统一业务应用系统办理的案件全部作为案件进行考核考评界定，纳入全部自动轮案范畴，会形成所有员额检察官繁简案件的均衡办理格局，避免有的员额检察官仅办理备案审查案件、指定交办案件、请示案件、督办案件等较简单案件的现象出现，造成考核考评工作的不公正，挫伤检察人员的工作积极性。同时，根据当事人（嫌疑人）人数、卷宗、涉嫌罪名、作案次数、金额多少等因素，将案件划分为一般案件、疑难案件、特别疑难案件不同等级，并按照3:2:1的比例计算案件数量，在统一业务应用系统中进行自动轮案分配。

（三）检察长、副检察长办案指标设置及办案类型

为落实司法办案责任制，切实发挥检察长、副检察长在司法办案和法律监督中的示范引领、监督管理、业务指导作用，进入员额的检察长、副检察长（含专职委员，下同）应当直接办理案件。检察长、副检察长直接办理案件是指作为案件的承办检察官亲自办理案件、决定案件、制作和签发文书，履行检察官的岗位职责，其在权限范围内研究、审核、决定独任检察官或检察官办案组报请审批的案件及出席检察委员会讨论案件等不计入直接办理案件数量。

检察长、副检察长直接办理案件可以采取独任办案或编入办案组的方式办理案件。独任办案，是作为案件的独任检察官，应当参与办理案件的全过程。包括亲自审查案件材料；讯问重要犯罪嫌疑人、被告人；询问关键证人；收集、复核主要证据；听取辩护律师或诉讼代理人的意见；制作和签发法律文书；出席法庭或主持案件公开审查；对重大、有争议的案件开展释法说理，接待答复反复来信来访、情绪激烈的控告、举报和申诉人，做好答复、稳控和息诉罢访工作等。编入办案组办案的，作为主任检察官，采取在职权范围内对办案事项作出处理决定或提出处理意见的方式办理案件，依法履行对办案组承办案件的组织、指挥、协调以及对办案组成员的管理职责。检察长、副检察长直接办理案件，需要提交检察委员会讨论决定的，应当由检察长、副检察长作为案件承办人进行汇报。

检察长可以直接办理所在院任何一个业务部门办理的案件，市检察院检察长年度直接办理案件量应当达到本年度本院检察官人均办案量的5%，旗县区检察院检察长年度直接办理案件量应当达到本年度本院检察官人均办案量的10%。副检察长可以直接办理所分管的一个业务部门办理的案件，经检察长指定，也可以办理不分管业务部门办理的案件。市检察院副检察长年度直接办理案件量应当达到本年度本院检察官人均办案量的25%，旗县区检察院副检察

长年度直接办理案件量应当达到本年度本院检察官人均办案量的35%。以上人均办案量包括进入统一业务应用系统的全部案件量，但检察长、副检察长办理的案件应为审查逮捕、审查起诉、提出（提请）抗诉、刑事（民事、行政）申诉案件而不是其他类型案件。检察长、副检察长办理案件的分案方式，由案件管理部门层报检察长决定后，按照一定的比例通过统一业务应用系统将案件分配给承办的检察长、副检察长。

二、检察官绩效考评工作的组织及程序运行

（一）检察官绩效考评工作的组织

绩效考核考评工作在院党组的统一领导下，由绩效管理考核委员会负责。市检察院成立绩效管理考核委员会，负责指导旗、县、区检察院绩效管理考核委员会的工作。绩效管理考核委员会由检察长、副检察长、非员额院领导、检察委员会专职委员、各部门负责人、司法行政人员和司法警察代表组成，人员应为单数，检察长担任绩效管理考核委员会主任。

绩效管理考核委员会履行的职责为：组织制定检察官绩效考核及奖金分配办法；审核研究各部门制定的岗位职责任务说明书、业绩评价办法及具体评分标准；审核研究纪检监察部、检察行政部、业务监督管理部制定的检察官廉洁纪律、遵规守纪、考勤奖惩、案件质量管理监督、检务公开等各项工作的评分办法及评分标准；组织开展绩效考核工作；定期检查、抽查各部门的绩效考核工作；办理检察官对绩效考核结果的复议及申诉等。绩效管理考核委员会办公室设在检察行政部，负责绩效考核及奖金分配具体组织工作。

各检察业务部门应当细化量化绩效考核内容，制定具体且具有可考性的检察官业绩评价办法，同时制定体现岗位职责、岗位任务的检察官岗位职责任务说明书。各部门在制定绩效考核评分标准时，要区分检察官的工作性质和岗位职责，合理设置并量化工作实绩及综合表现的各项考核指标和分值，重点考核工作实绩，考核指标要具有可考性和可操作性。检察官的廉洁纪律、遵规守纪情况、考勤、奖惩、案件质量监督管理、检务公开等各项工作的评分办法和评分标准分别由纪检监察部、检察行政部、业务监督管理部负责制定，报绩效管理考核委员会审核。

（二）检察官绩效考核考评工作的运行程序

考核考评采取个人自评、群众评议和组织考核相结合、平时考核与定期考核相结合、定性考核与定量考核相结合、统一尺度与分级分类考核相结合的方法进行绩效考核。考核时，应当注重司法办案、注重实绩考核、注重群众公

认。绩效考核考评应每月进行一次。

绩效考核考评工作的运行程序如下：

一是各检察业务部门制定检察官岗位职责任务说明书、业绩评价办法及具体评分标准，建立以工作质量、工作效率、工作任务量等为主要内容的绩效考核评价指标体系，报绩效管理考核委员会审核。

二是每位检察官每月末对照个人岗位职责任务说明书、业绩评价办法及具体评分标准进行工作完成情况自评得分，报部门负责人。

三是纪检监察部、检察行政部、业务监督管理部于每月末向各检察业务部门出具每位检察官廉洁纪律、遵规守纪、考勤奖惩及办案质量、检务公开等情况的加减分书面评分意见，并报绩效管理考核委员会办公室。

四是部门负责人对本部门人员的自评得分召开部门会议进行审查，依据纪检监察部、检察行政部、业务监督管理部出具的加减分意见，对每位检察官工作业绩和履职情况在0—100分之间进行评分，并确定绩效考核等次建议。

五是各部门提出的评分及绩效考核等次建议，经分管院领导签署意见后，于次月5日前报绩效管理考核委员会办公室。

六是绩效管理考核委员会办公室公示绩效考核结果，公示期为5个工作日。

对绩效考核结果有异议的，可在公示期内向绩效管理考核委员会申请复议，绩效管理考核委员会办公室应当在5个工作日内作出复议决定。经调查后认为维持原评定等次的，经分管绩效管理考核委员会办公室的院领导同意，报请检察长决定；认为需要改变原评定等次的，提请院绩效管理考核委员会研究决定。对复议结果不服的，可向上一级检察院绩效管理考核委员会申诉。上一级检察院绩效管理考核委员会应当进行调查并作出书面答复。

将绩效考核考评工作权限下放给各业务部门，由各业务部门自主决定检察官的考核记分标准、等次及奖金分配发放，充分体现管人与管事相结合，契合现代管理理念和管理方式。只有出现考核考评有异议和有重大分歧意见时，才启动绩效管理考核委员会进行干预和解决，必要时召开党组会决定。

三、检察官绩效考评结果及运用

（一）检察官绩效考核考评结果及评价等次

检察官的绩效考核考评结果按照其办案的数量、质量、效果、效率、规范等情况，同时对其工作责任心、研修成果、司法技能、外部评价等进行全面评定，分为"优秀""良好""合格""不合格"四个等次。并分别确定"优秀""良好""合格""不合格"的具体标准和要求。办案数量参照统计分析执行,办案质量按照高检院、自治区检察院的相关标准执行,办案的效率、效果、司法技能,按照政治、经济、社会、法律效果,结合案件评查、案件抽查、个案评鉴、案件评奖、岗位技能竞赛、外部评价、投诉举报等内容进行评定。研修成果包括撰写案例、业务分析报告,撰写调研论文、完成课题研究以及业务研修等。外部评价主要是征求公安机关、人民法院、司法行政机关、监管场所、律师协会、人民监督员等相关部门和人员对检察官司法技能、办案效果等方面的意见。

绩效考核考评实行百分制,基础分为100分。每个检察官基础分为100分,根据设定标准进行加减分。加分不封顶;对同一问题涉及多条规定的,以减分较多的规定计分,不重复减分;每个检察官不计负分。绩效考核考评各等次具体记分标准由各业务部门根据本部门实际情况确定,其中评为"优秀"的人员应为90分以上,70—89分为"良好",60—69分"合格",60分以下为"不合格"。合理设置检察官绩效考核考评等次的人员比例。其中,评为"优秀"等次人员不超过本部门同类人员的25%,其余人员评为"良好""合格""不合格"等次。绩效考核结果被评为"不合格"等次的,应当对其进行诫勉谈话,并在一定范围内予以通报。必要时,调整工作岗位。

检察官具有下列情形之一,应当评定为不合格等次:应当接受人民监督员监督而未经监督程序作出处理决定的案件;应当由检察委员会讨论决定而未经检察委员会讨论或未执行检察委员会决定的案件;承办案件应当回避而未回避的;重要犯罪嫌疑人或者重大罪行遗漏的;因检察人员个人原因导致涉案人员自杀、自伤、行凶的;违法违规剥夺、限制当事人、证人人身自由的;违法违规限制诉讼参与人的诉讼权利;超越刑事案件管辖规定初查、立案的;非法搜查或损毁当事人财物的;违法违规查封、扣押、冻结款物,或者违法违规处理查封、扣押、冻结款物及其孳息的;违法违规使用武器、警械的;以暴力、威胁等非法手段取得的证人证言、采用刑讯逼供等非法手段取得的被告人供述作为定案根据的;其他违反诉讼程序或者司法办案规定,造成严重后果或者恶劣影响的。

(二)检察官绩效考核考评结果运用

绩效考核结果作为检察官绩效考核奖金分配的重要依据。检察官绩效考核奖金分为两部分:基础性绩效考核奖金和奖励性绩效考核奖金。其中,基础性绩效考核奖金占绩效考核奖金总量的40%,按月随工资发放;奖励性绩效考核奖金占绩效考核奖金总量的60%,根据绩效考核结果,按月逐次发放。奖励性绩效考核奖金根据绩效考核结果分档发放,按照检察官绩效考核结果确定的"优秀""良好""合格""不合格"四个等次,分别对应发放A、B、C、

D档奖金。A、B、C档奖励性绩效考核奖金分别为本岗位检察官人均水平的120%、100%、80%，D档不发放奖励性绩效考核奖金。检察官的奖励性绩效考核奖金应按照核定的数额发放，与辅助人员、司法行政人员相互之间不得挤占。入额院领导参照其承担办案工作的部门标准进行考核，其奖励性绩效考核奖金不按照"优秀"等次对应的A档奖励性绩效考核奖金发放。未入额院领导的奖励性绩效考核奖金不高于其他同类人员平均水平。两级检察院可以从本院当年绩效考核奖金中计提适当数额设立检察长特别奖金。对于工作业绩突出、表现特别优秀的检察人员，每季度或半年评定立功授奖人员，由绩效管理考核委员会提请院党组决定，发放检察长特别奖金。

正在接受组织调查的，暂不评定等次，不享受奖励性绩效考核奖金。调查结束后，根据处理结果补定等次，按规定应当发放奖励性绩效考核奖金的予以补发。因违法违纪受到党纪、政纪处分的检察人员，在政纪处分期间及党纪处分影响期内，取消参与绩效考核评定等次的资格，停发基础性和奖励性绩效考核奖金；对于没有履职或履职严重不到位的检察人员，扣发当月基础性绩效考核奖金。已发放的，要如数追回。

检察官绩效考核的指标设置

广西壮族自治区南宁市人民检察院绩效考核课题组

随着司法体制改革全面铺开,检察机关绩效考核工作重心转向检察官个体,之前沿用的公务员绩效考核指标显然已难以继续适用,必须重新设置。司法体制改革深化时期,对于检察官绩效考核指标该如何设置,目前学界尚未展开深入探讨。各地检察机关虽然积极探索,形成各具特色的检察官绩效考核指标体系,但对于新时期下检察官绩效考核指标设置的一些基础性问题,亦未形成共识,出现"各自为政"的局面。为积极适应司法体制改革要求,寻求符合检察机关司法权运行规律及特点的检察官绩效考核指标设置方法,应当立足检察机关法律监督职能,在探寻其价值内核基础之上,明确绩效考核指标设置基本原则,遵循科学合理的设置程序,结合检察工作自身特性,以分级分类分岗的考核方式为主体,形成立体化、多维度的检察官绩效考核指标体系。

一、检察官绩效考核指标设置面临的问题及解题思路

司法体制改革,不仅是检察机关人财物或内部管理制度层面的改革,更体现在一系列司法理念更新上,由此带给检察机关绩效考核工作的转变是整体和深层次的,由此而产生的问题和矛盾也同样具有复杂性和系统性。

(一)面临的问题

1. 理论基础"先天"不足。从近年来检察机关绩效考核方面论文来看,多数侧重引进现代绩效考核理论展开实证分析,利用现代统计学对检察机关绩效考核进行指标筛选、权重确定等,真正从绩效考核的内部价值体系及基本原则等基本问题入手展开探讨的文章比较少。因此,当前在检察官绩效考核指标设置问题上的基础性理论准备"先天"不足。

2. 整体统一规划不够。从检察官绩效考核指标的设置来看,目前并没有统一规划和现成样板,而是出现了"百花齐放"的局面。虽然各地检察官绩效考核指标设置形式不断推陈出新,但却终因缺乏一致价值指引和构建原则,在发挥检察官绩效考核积极作用上难以做到步调一致。

3. 公务员考核模式难以继续沿用。长期以来，检察官个人绩效考核沿用的是公务员考核模式，主要从"德、能、勤、绩、廉"等方面进行全方位考核，发挥了一定积极作用。然而，因公务员考核"以自我考核、同一标准考核、围绕政治表现和工作态度考核为特色的考核机制政治色彩重于职业特色，理想成分大于可操作性，未能与检察机关特有的工作规律相结合"，反而在"很大程度上影响了我国检察官职业化、专业化的建设进程"[1]。随着司法体制改革去行政化的进程，公务员年度考核模式对当下检察官指标设置的借鉴意义不大。

4. "数""率"指标的惯性影响。以往检察机关绩效考核长期以批捕数、起诉数、有罪判决数和不捕率、捕后不诉率等为主要指标，并通过上级指令方式形成条线考核的"硬性"指令。这种考核方式虽然对提高检察官办案质量起到一定督促作用，但却因其人为控制"不同诉讼阶段的处理比例"而"导致一系列违反诉讼常态的'连锁反应'"[2]，严重背离了刑事诉讼原理和司法规律。在检察官绩效考核转轨时期，这些旧指标的惯性作用不容忽视。

（二）解题思路

首先，结合十八大以来国家层面法治发展的总体目标和要求，明确检察官绩效考核的核心价值，并以此为基础展开检察官绩效考核的内在价值维度，为检察官绩效考核指标设置及其体系的重构确定、统一价值取向。

其次，结合检察机关司法权运行规律和特点，明确检察官绩效考核指标构建的基本原则，为检察官绩效考核指标设置、确定统一基准。

最后，结合绩效考核实际需要，明确检察官绩效考核指标设置的程序和方法，通过灵活多变的多角度、立体性指标配置，具体实现检察官绩效考核的价值追求和实际功用。

二、检察官绩效考核指标的价值维度

检察官绩效考核指标的重新设置，需要统一的价值指引，这些价值内核将决定检察官绩效考核指标体系的内在结构和展开层次，并贯穿于检察官绩效考核指标设置及其体系运行的始终。

---

[1] 参见万毅、师正清：《检察院绩效考核实证研究——以S市检察机关为样本的分析》，载《东方法学》2009年第1期。

[2] 参见黄永茂：《检察机关考核考评问题探析》，载《国家检察官学院学报》2013年第6期。

（一）检察官绩效考核指标的核心价值

自"强化法律监督，维护公平正义"于2003年被最高人民检察院首次提出以来，就成为检察机关持续坚持和不断强化的工作主题。它立足检察机关履行宪法赋予的法律监督职能，以维护公平正义为终极目标，反映了检察工作的本质属性和最高价值追求。"强化法律监督，维护公平正义"也同样是检察官绩效考核工作的核心价值。检察官绩效考核指标的设置，应当围绕"强化法律监督，维护公平正义"这一核心价值追求，通过对检察官个体履职状况的考察，来评价检察机关整体是否实现法律监督的职能，并达成维护公平正义的效果。

（二）检察官绩效考核指标的价值维度

党的十八大以来，围绕如何强化法律监督这一主题，最高人民检察院根据党中央全面推进依法治国总体目标，先后提出了"严格执法、公正司法""促进司法公信力显著提升"等新要求。这既是检察机关必须担当的重大历史使命，也是当前检验检察官履行法律职责状况的重要标尺。

1. 严格执法——规范的要求。所谓严格执法，就是"要求检察机关必须严格按照法律规定的程序和标准执行法律，做到程序合法，以及适用法律条文处断案件合法。"[①] 其要求执法人员在执行法规或掌握标准时严格遵照法律规定及程序，做到公平、公正。曹建明检察长曾指出："如果政法机关自身执法不严、司法不公，不仅不能制止违法，还会严重损害政法机关形象和国家法制权威，甚至影响社会公众对法治的信心。"[②] 这一价值维度要求在检察官业绩考核指标中，应当配置相应指标考察检察官自身能否严格按照法律规定和程序办案，在司法办案过程中能否尽职尽责地认定和追究违法犯罪。

2. 公正司法——效果的要求。"公正是法治的生命线。司法公正对社会公正具有重要的引领作用，司法不公对社会公正具有致命破坏作用。"[③] 司法公正是指"司法权运作过程中各种因素达到理想状态，"[④] 其基本内容是程序公正和实体公正。这一价值维度要求在检察官业绩考核指标中，应当配置相应指

---

① 参见邓洪涛：《推进检察机关严格公正执法的对策和建议》，载《法制与社会》2014年第9期。

② 参见曹建明：《坚持严格执法公正司法确保法律统一正确实施》，载《人民检察》2014年第9期。

③ 《中共中央关于全面推进依法治国若干重大问题的决定》，中国共产党第十八届中央委员会第四次会议，2014年10月20日，第四点第1段。

④ 载百科词条 http://kb.kkyuyin.com/item/中搜索"司法公正"。

标考察检察官在司法办案中能否严格确保诉讼当事人实体权利和程序权利处置公正。

3. 司法公信——群众满意的要求。司法公信力是"社会公众凭借对公权力或司法权信赖基础的期望、认识、参与、体验，而形成的认可及信赖程度，以及通过相关主体、程序以及结果的运行、调试，适应、满足社会公众认可及信赖的程度和状态。"[①] 简言之，司法公信力就是群众对司法机关的工作是否满意。其包括民众对司法机关的信任、对司法过程的信赖及对司法结果的自觉服从。这一价值维度要求在检察官业绩考核指标中，应当配置检察官接受人民群众评价的考核指标，来具体反映人民群众对检察官履行法律监督职能及检察机关工作成效接不接受、满不满意。

三、检察官绩效考核指标设置的基本原则

检察官绩效考核指标的设置既要符合公共管理部门绩效考核指标设置的基本原则，又需要尊重检察权运行的独特规律，在双重原则制约和指引下进行构建和配置。

（一）检察官绩效考核体系构建的一般原则

1. 科学原则。所谓科学原则，一般是指检察官绩效考核指标设置依据科学、考核方法科学、结果评定科学。从设计依据层面来看，检察官绩效考核体系中的每个指标都应有相应的法律依据或是政策性要求。从方法层面来看，检察官绩效考核体系中具体指标的"选取和设计、权重的确定、数据的收集和计算方法的确定应以相关管理学科的理论为依。"[②]

2. 系统原则。系统原则是指绩效考核指标应当作为一个整体，以系统整体目标的优化为立足点，协调系统中各指标的关系，保持系统的完整和内部平衡。该原则要求，绩效考核指标既要抓住检察官履职的主要点和关键点，又能集中体现法律监督、严格执法、公正司法等价值追求。同时，各指标之间应当层级清晰、衔接顺畅、简洁明了。

3. 比较原则。比较原则是指检察官绩效考核指标之间可以进行横向或纵向的量化比较。横向来看，同一业务条线下各类检察官绩效考核指标具有不同量化配置；纵向来看，同一业务条线上下级之间的考核指标具有优劣比较和排名的功能，为绩效考核奖优罚劣提供依据。

---

① 参见刘亚昌、董晓玲：《司法体制改革视域下的检察公信力及其测评体系建构》，载《河北法学》2015年第5期。

② 参见黄永茂：《检察机关绩效评价体系研究》，江苏大学2014年博士学位论文。

4. 激励原则。激励原则是指检察官绩效考核中应配置激励性指标,通过激励指标的正向肯定调动检察官积极性,并让激励指标的实际评价作用发挥良好示范效应,在检察官队伍内部形成良性竞争环境。

(二)检察官绩效考核指标设置的特殊原则

1. 方向原则。我国检察机关是国家法律监督机关,接受党的领导和同级人大监督,具有鲜明的政治属性。因此,政治方向性是检察机关开展各项工作的基本立场。该原则在检察官绩效考核指标设置中的作用是两个方面:一是导向体现作用,绩效考核指标要围绕党中央和当地党委政府工作大局,将党委政府工作重点及相关要求具体体现出来。二是效果反馈作用,即检察官办理案件效果受到当地党委或上级党委肯定时,应当赋予权重较高的加分值,反之则赋予负面评价分值。

2. 监督原则。从外部监督关系来看,检察机关对其他司法行政机关或部门负有监督职能,因此大量检察官业绩考核具体指标应集中反映这种监督关系和监督作用。从内部监督关系来看,检察机关上下级之间领导与被领导、监督与被监督的关系在检察官业绩考核指标设置中也应当有所反映。如上级对下级备案或请示案件发现有错误时,依法进行监督纠正。

3. 目标原则。检察机关除了具有监督性和司法性,还具有行政性的特点,即自上而下的内部行政管理。该原则在检察官绩效考核中的作用体现在两个方面。一方面,单位目标具有整体制约性,一个单位检察官绩效考核指标要体现单位整体目标。单位整体目标通过层层分解,具体落实到检察官的岗位上。另一方面,单位管理目标还具有优先性,当检察官绩效指标与单位管理目标内容相比较时,单位的管理目标应优先存在或满足。

4. 分类原则。分类原则是指,检察官绩效考核应当根据检察机关业务条线、业务类别及岗位等情况区分考核的差异性,分别设置考评指标,以体现不同业务条线工作特点,以及不同司法办案类型跟不同工作岗位之间的工作差异。

5. 分级原则。因层级不同,检察机关内部由下至上,呈现出司法业务范围和重点分布不同的特点。如层级越高的检察机关,涉及指导性、复查性的法律监督事项越多,层级越低的检察机关,直接性、决定性的法律监督事项越多。因此,在检察官绩效考核指标的配置上,也必须反映这种内部司法业务变化特征,灵活调整相应考核指标权重比例。

四、检察官绩效考核指标设置的一般程序

除了基本原则对检察官绩效考核指标的设置具有指导和制约作用,设置程

三、检察官办案的界定和指标设置

序的选择也将对其产生重要影响。笔者认为，检察机关绩效考核指标，可以以检察官岗位职责分析为起点，通过"确定考核指标→考核指标赋值→考核体系测试→考核体系论证→考核体系运行→考核指标调整"六个步骤进行设置。

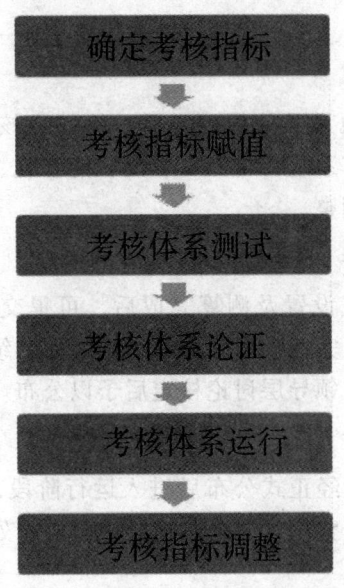

图1：检察官绩效考核指标设置程序

（一）确定考核指标

绩效考核部门应当以检察机关职责定位、党委政府工作重点及要求、本单位工作目标分解等为依据，以检察官岗位分析为中心，按业务条线明确每个岗位检察官的具体职能有哪些，履行职责的权力有哪些，每项工作要求达到的理想效果是什么，最终以书面分析形式确定检察官绩效考核项目范围。在此基础上，对各项检察官绩效考核项目进行归类整理，进而形成检察官绩效考核指标体系。

（二）考核指标赋值

一是权重赋值。首先是考核项目权重赋值，以办案数量、办案质量、办案效率、政治表现、职业操守以及业务研修等内容为基本考核项目，综合平衡各类考核项目之间分值比例和权重关系进行赋值。考核项目权重赋值要注意在分类、分级原则指引下，体现考核内容的差异性。其次，根据检察官司法业务及相关工作的工作量、难易程度、本级检察机关工作管理要求等，按照各自业务条线分类，确定具体绩效考核指标分值。

二是导向赋值。对需要鼓励检察官做的事或达成的某种效果，赋予正向加分值；对需要防止检察官去做的事或出现的后果，赋予反向减分值。

三是计算方法。在确定每个考核指标的分值及加减情形之后，需要确定检察官总体绩效分值的计算方式和方法，以得出每名检察官考核期内绩效考核的总分值。

（三）考核体系测试

在检察官绩效考核项目及分值确定后，绩效考核部门应采集一定历史数据，对检察官绩效考核体系进行检测，看是否能客观、合理地对检察官绩效进行评价，以便及时作出调整。

（四）考核体系论证

在考核指标对应分值设置及测算完成后，可提交各业务条线进行内部讨论，再次查漏补缺和修正完善。条线内部讨论之后，绩效部门将检察官考核文件定稿提交本级检察机关领导层讨论核定后予以公布。

（五）考核体系运行

检察官绩效考核指标经正式公布后进入运行阶段，对运行中发现的问题，绩效考核部门要及时收集整理，并采取临时措施进行处理。

（六）考核指标调整

绩效考核部门将检察官绩效考核指标实际运行存在的问题及解决建议报本级检察机关领导层审议后，及时进行修订，在下一个考核时段内更新启用。

五、检察官绩效考核指标设置的方法

内在价值维度、基本原则及设置程序明确后，检察官绩效考核指标可转入具体设置环节。

（一）考核指标的分类搭建

检察官绩效考核指标根据作用不同，总体上可以分为定性用的绩效指标和定量用的分值指标两个大类，在绩效考核指标和分数指标下，再逐级搭建下一层级指标（见图2）。

三、检察官办案的界定和指标设置

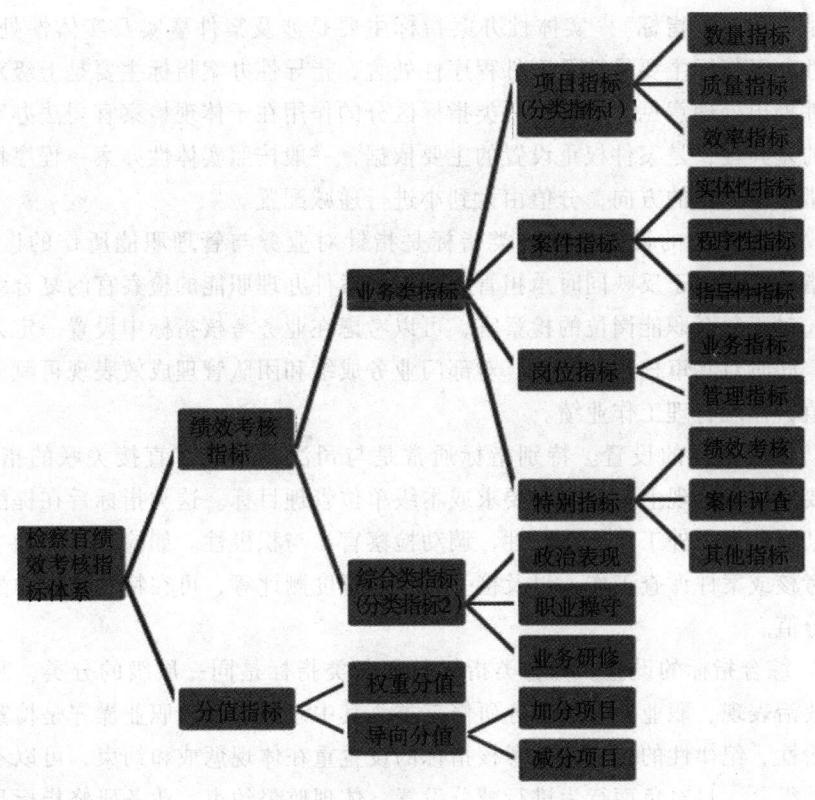

图 2：检察官绩效考核指标分类体系

（二）绩效考核指标的设置

绩效考核指标是专门负责实体性项目的考核，根据是否直接与业务考核相关，分为业务类指标和综合类指标两个分支。在业务类指标中，根据检察机关内部业务类型不同，又可分为项目型、案件型、岗位型和特别型指标 4 种。

1. 项目指标的设置。项目指标是检察官业务绩效考核的基本框架，一般以数量、质量和效率作为业务类指标的三大考核方向，属于项目指标中的一级分类指标。业务类指标中的案件、岗位和特别三种指标，是处于数量、质量和效率三大指标之下的二级分类指标，用以辅助数量、质量和效率指标更好地反映检察业务的复杂状况。数量指标以案件或工作的数值进行设置，用于体现检察官办案或工作数量；效率主要以法律赋予的程序时限为基准进行设置，用于体现检察官办案时效状况；质量指标主要以案件的终结性裁决结果为依据，体现检察官履行法律职能的效果状况。

2. 案件指标的设置。案件指标中细分为实体性案件指标、程序性案件指标和指导性案件指标。① 实体性办案指标主要是涉及案件事实及实体性处置，程序性办案指标主要是涉及案件程序性处置，指导性办案指标主要是上级对下级案件提出处理意见建议。这一类指标区分的作用在于体现检察官司法办案工作量的差异性，是案件权重设置的主要依据，一般按照实体性办案→程序性办案→指导性办案的方向，分值由大到小进行递减配置。

3. 岗位指标的设置。岗位类指标是指针对业务与管理职能所作的区分。该类指标主要用于反映同时承担管理职能和案件办理职能的检察官的复合绩效情况。对于复合职能岗位的检察官，可以考虑在业务考核指标中设置一定办案基数，同时对其审核把关案件、对部门业务成绩和团队管理成效表现再赋予一定分值，体现管理工作业绩。

4. 特别指标的设置。特别指标通常是与司法办案没有直接关联的指标，其主要作用是体现上级方向性要求或本级单位管理目标。这类指标旨在提醒检察官某项办案之外工作的重要性，调动检察官参与积极性。如检察官参加上级绩效考核或案件评查工作，以及接受人民满意度测评等，可在特别指标中配置相应分值。

5. 综合指标的设置。综合类指标与业务类指标是同一层级的分类，具体分为政治表现、职业操守、业务研修三类。其中政治表现和职业操守是检察机关政治性、纪律性的要求，其考核指标的设置重在体现惩戒和约束，可以不设置基础得分，只对负面行为进行减分设置，体现监督约束。业务研修指标是对业务工作之余进行理论钻研和信息宣传的检察官给予一定加分，以体现激励和鼓励。

（三）指标分值的设置方法

分值指标是技术性指标，主要负责实现考核指标的量化和调整。其涉及的层面有三个：一是分类指标之间权重比例的设置；二是具体考核指标分值的设置，其中包括考核指标分值的权重设置和考核指标的导向分值设置；三是指标分值计算的方法。

1. 权重指标的设置

一是考核项目分类之间权重的设置。该项权重设置主要针对业务类考核项目与综合类考核项目之间权重比例及两者内部考核子项目之间权重比例配置，一般以 100 分为总分。考核项目分类之间的权重比例，应当根据分类、分级原

---

① 《江苏省检察官办案绩效考核量化规则（试行）》附件 3.《江苏省检察机关案件清单》（2017 版），前言段。

则,按照各业务条线、各级检察机关职能业务等情况进行具体调整。从业务条线分类方向来看,不同业务条线在业务数量、质量、效率上的要求各有不同。从检察机关层级来看,检察官自下而上在直接办案数量和指导性办案数量上通常呈现反转关系。因此,不同条线和不同层级的检察官考核项目权重配比必然存在差异。

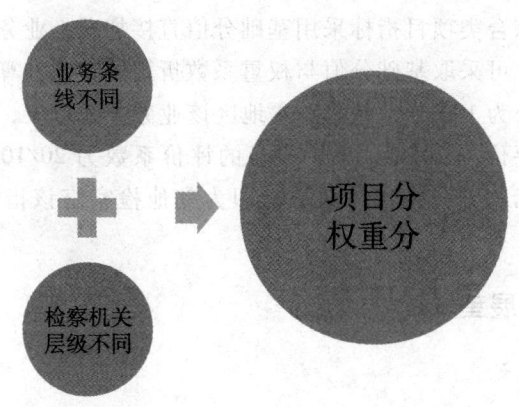

图3:考核指标项目分类权重配置影响关系图

二是案件类权重指标的设置。不同案件类型之间工作量权重的匹配,可以在历史数据、现状统计分析的基础上,根据不同案件诉讼程序或环节、涉及具体罪名、涉案人数、案件材料等不同所反映工作量的差异,设置不同业务类型等工作量权重系数。

表1:检察机关部门内部案件类型权重系数确定表

	案件诉讼程序或环节权重系数	罪名权重系数	涉案人数权重系数	案件材料权重系数
案件类型1	A1	B1	C1	D1
案件类型2	A2	B2	C2	D2
案件类型3	A3	B3	C3	D3
案件类型N	……	……	……	……

2. 导向分值的设置

考核指标的导向分值分为正向加分和负向减分项目,通过加减分直观体现考核指标的正向指引和负面评价功能。其设置方法在案件类和综合类指标中各有不同,在案件类指标中,以法律监督职能履行结果的好坏或办案效率高低等来配置增减分。在综合类指标中,政治表现和职业操守方面主要是负面评价为主进行设置,即明确哪些行为不得为、不该为;在业务研修中以正面评价为主,对积极主动进行业务研修的各项行为及表现设置为加分项,发挥激励作用。

3. 计算方法的设置

检察官绩效考核指标实行百分制权重考核,在业务和综合考核项目中进行权重配比,其中综合类项目指标采用基础分值直接加减,业务项目指标考虑到条线内纵向比较,可采取基础分值与权重系数折算的方法计算。如某检察官某一办案数量基础分为 100 分,且排在本地区该业务条线首位,则该检察官得到此办案指标最高评价分 20 分,该子项目的评价系数为 20/100 = 0.2,其他检察官用此考核指标基础分乘以该系数,即为其他检察官该指标项目的折算评价分。

六、结论及展望

(一) 主要结论

1. 新型检察官业务类考核指标主要以具体法律监督职能为关键性事项,以法律监督的终结性结果为评价对象,能体现"强化法律监督,维护公平正义"核心价值的指引作用。同时,业务考核指标中接合检察官履职过程和结果,配置相应质量和效率考核项指标,直观反映严格执法、公正司法的价值追求。

2. 分级分类分岗的检察官绩效考核指标从差异性着手,全面体现了检察机关上下层级之间、检察机关内部各业务条线之间,以及同一业务条线内部不同检察官之间履职的不同,能较完整地体现检察权运行规律和特点,客观公正反映不同层级、不同业务条线以及岗位的检察官司法业绩状况,对检察官真正起到科学评价、奖优罚劣的考核管理功用。

3. 新型检察官绩效考核指标通过围绕业务指标配设实体性、程序性、指导性指标,区分业务岗指标与管理岗指标以及增设特别指标,从不同方向和角度分化了考核维度,能比较全面地反映检察官职能设置的丰富性以及检察官岗位分工的复杂性,有利于实现不同岗位检察官履职考核以及相同岗位检察官个体履职的差异性评价。

(二) 研究展望

要让新型检察官绩效考核指标在实际考核中发挥真正效用,除了设计科学合理的考核指标之外,还需要相应配套措施。

1. 考核主体方面。检察官绩效考核指标体系最好由省级院主导自上而下进行统一设计和组织实施，一是符合检察官省级统管的改革要求，体现各项工作的权威性；二是确保全省检察官绩效考核指标设置结构一致、标准一致，确保考核工作步调一致；三是便于在三级检察院中开展检察官条线业绩的纵向评比，发挥好激励作用。

2. 考核结果方面。检察官绩效考核指标运行形成的评价结果，应当与检察官法律职务晋升、工资、绩效奖金及相关荣誉直接挂钩，在检察官绩效考核结果基础上，建立健全与之相对应的检察官退出、检察官法律职务晋升、检察官工资变动、检察官绩效奖金分配以及检察官职业荣誉授予等配套制度，真正把检察官绩效考评指标的激励作用落到实处。

3. 技术支撑方面。检察官绩效考核指标的实施，应当辅以信息化和智能化技术的支撑，主要是结合检察官绩效考核指标体系设置情况，开发专门的配套管理软件，实现检察绩效考核指标数据采集、管理和分析的自动化和智能化，减轻检察官和绩效考核人员工作负担，高效利用检察官绩效考核大数据。

检察官绩效考核机制之建构考量

魏可严　周孙章[*]

中国特色法治体系中，检察机关是专门的法律监督机关，担负审查批捕、公诉以及诉讼监督等诸多职能，对构建法治社会、维护司法公正、保障社会安定、保护人民生命财产安全发挥着重要作用；检察官则是检察机关开展各项检察业务工作和履行各项职能的主体和中坚力量。党的十八届三中、四中全会明确提出完善司法办案责任制"落实谁办案谁负责"，标志着检察机关办案组织从传统意义上的"人民检察院"整体渐趋转向"检察官"个体，检察官成为检察权运行的基本主体。目前，司法责任制改革已经全面铺开，如何对入额检察官绩效进行科学合理考核，是当下改革面临的全新问题以及亟待解决的关键难题！细究之，检察权兼具行政权与司法权的性质决定了检察官作为履行客观公正义务的追诉者，其绩效表现应当受到某种形式的考核评价。而检察官绩效考核作为司法生态系统的重要"显规则"，其与各类规范交错运行于检察活动之中，必定催生诸多检察工作和刑事诉讼的"潜规则"。探究检察官绩效考核，实质是将研究视角从静止抽象的法规范层面转向动态的法实践层面，其对于司法公正、检察构造、公民诉讼权利等方面的作用不仅深刻影响着刑事诉讼法的实施与实现，也深刻影响着检察改革的深入推进，需要理论和实务界的充分关注；且将有助于破解司法责任制对检察官权责相统一提出的新命题，解决实践中长期存在的上下级检察机关角色混同、公检法重配合轻制约等诸多理论和实务难题。建立对检察官科学合理的绩效考核机制，显然有利于充分调动检察官工作热情和工作积极性，提高工作效率，令检察官更加胜任时代赋予的角色和使命；有利于促进各项履职工作顺利开展，全面提升整体检察工作水平。

一、检察官绩效考核机制的逻辑构建

事物的逻辑构建不仅需要着眼具体内核的本体剖析，也要置身特定环境的

---

[*] 作者单位：福建省平潭县人民检察院。

三、检察官办案的界定和指标设置

对象解构。探究检察官绩效考核机制的逻辑构建同样需要明确检察官绩效考核的核心内涵，并需立足司法责任制背景对考核的对象检察官进行重新定位和解读。

（一）本体视角：检察官绩效考核机制的概念研析

对于事物的认知，首先涉及概念本身。通过深层梳理检察官绩效考核机制的概念内涵和外延，有助于厘定其基本边界。

1. 语义分析。从语法结构上，检察官绩效考核机制涵涉检察官、绩效、考核机制等基本构成。① 其一，检察官。依据现行《检察官法》第2条规定，"检察官是依法行使国家检察权的检察人员，包括最高人民检察院、地方各级人民检察院和军事检察院等专门人民检察院的检察长、副检察长、检察委员会委员、检察员和助理检察员"。由此可见，检察官是检察权行使的主体，对于检察官的绩效考核应当指向其行使检察权情况。其二，绩效。在管理学领域中，"绩效"意指成绩和效果，即组织从事特定活动获取的成绩和效果。强调检察官"绩效"，应全面囊括检察官履职取得的全部成绩和效果。② 检察官在多大程度上承担政务和事务工作取决于检察官角色定位，但其从事司法办案等检察业务情况无疑是绩效考核的核心组成。其三，考核机制。"考核机制"主要涉及具体指标构造，可从两个层面理解。狭义上，应作"考核指标"，意指由表征考核对象各方面特性及其相互联系的多个指标，所构成的具有内在结构的有机整体；广义上，不仅应包括指标体系的本体认知，还应涉及指标体系的实践运用，即理论与实践相统一的整体体系。鉴于服务实践是理论研究的目的与归宿，宜从广义层面上理解和构建考核机制。

2. 机制构建。从语义上解读"检察官""绩效"与"考核机制"等关键词，检察官绩效考核机制的概念并非跃然纸上。实践中，存在多个与检察官绩效及其考核相关的概念，诸如检察机关绩效考评、检察业务考评、办案质量评

---

① 该部分所涉概念解读主要参考《辞海》、"百度百科"等相关资料。
② 行使检察权是检察官履职的核心组成，但二者并不能直接划上等号。检察官行使检察权体现为检察业务，而与"业务"相对的还有"政务""事务"概念，三者并无权威规范予以明确，但有约定俗成的界限划分。检察业务一般指检察机关行使检察权而开展的专业工作，如职务犯罪侦查、审查批准和决定逮捕、审查起诉、民事行政检察、刑事控告申诉检察、刑事执行检察等。检察政务则包括检察机关的一切行政管理活动，如综合管理、领导决策、队伍建设、纪检监察等。检察事务主要体现为维持机关运行所开展的系列基础性工作，如承办会议、后勤保障、归档记录等。参见么宁：《检察业务考评机制研究》，西南政法大学2014年博士学位论文。

查以及检察干警执法绩效档案、基层检察院考评,等等。相邻概念之间有何异同有待继续分析,但根据上述概念的共通之处,可以大致归纳出组成检察官绩效考核机制的必备要素,主要包括:考核主体和对象、考核的内容、方法及考核结果的运用。其考核主体需要考虑利害因素的综合权衡而定;考核对象则为检察官,但其内涵随时代变迁有所不同;考核内容需要涉及客观绩效和主观能力两个层面,可大致归为客观业务实绩和主观司法能力;考核方法和结果运用涉及具体程序设计。因此,完整意义上的检察官绩效考核机制应当包括下列环节及内容:其一,检察官绩效考核机制的规范构建。规范是制度运作的基础,决定着后续活动的效力和权威性。这一环节主要包括考核主体和对象、绩效考核的具体指标和内在关系(内容和标准),是科学合理考核检察官绩效的制度基础。其二,检察官绩效考核机制的具体实施。这是考核机制由抽象规范转化为具象考核的过程。即由考核主体根据需要对考核对象实施考核的内容,收集相关数据、信息进行整理,根据考核标准进行分析,最后得出考核结论。其三,检察官绩效考核结果的反馈与运用。完整的检察官绩效考核机制必然包括考核结果的具体运用,包括将绩效考核结果反馈给考核对象,促其查找解决工作中存在的问题;将绩效考核结果作为检察官考核、晋升、奖惩的基本考量,以此促进检察官履职,推动检察工作整体发展。其四,与检察官绩效考核相关的制度保障。检察官绩效考核机制的顺利实施需要相应配套制度的支持,形成交互作用、互相关联的制度体系。

据此,"检察官绩效考核机制"可大致界定为,以检察官司法办案情况为基础,结合其他与检察官履职相关的工作,从中抽取表征检察官履职特性及其相互联系的指标形成预设标准结构,而由特定主体按照预设标准,对检察官履职情况进行全面考核,并将考核结果加以运用,促进检察官提高履职成效、推动检察权科学运行的制度体系。

(二)对象视角:司法责任制背景下的"检察官"解读

司法责任制围绕检察官展开,检察官定位较传统语境下大有不同。检察官既是检察权运行的行为主体,也是不当运行后果的责任主体,即兼具责任担当与责任承担双重意涵。因此,有必要立足时代背景对检察官进行重新定位和解读。

1. 传统视域下的检察官。传统视域下的检察官定位与检察权运行方式或办案组织形式直接相关,取决于办案程式和诉讼地位两个关键要素。我国在长期的检察实践中,形成了"由检察人员承办、部门负责人审批、检察长或检察委员会决定"的三级审批制办案程式。这种办案程式带有强烈的行政审批色彩,办案检察官虽然负责具体事项操办,实际上也有相当部分案件由检察官单独办理，但办案检察官并无所谓的定案权，而由检察长审签决定，从而形成了"审者不定，定者不审"的尴尬现实。此外，传统检察实践中，仅仅明确了检察机关整体具有独立性，并未确立检察官个体具有独立诉讼地位。也正因如此，难以对检察官履职行为及其结果作出科学合理考核，而在传统考核考评中，也较少以"检察官"为基本单元，更多侧重检察机关整体考核，或以检察业务为考评对象。

2. 司法责任制背景下的检察官。司法责任制下的检察办案组织逐渐由"人民检察院"整体转向检察官个体，考核对象也相应转向突出"检察官"个体。2015年9月高检院下发《关于完善人民检察院司法责任制的若干意见》，实行独任检察官和检察官办案组两种办案组织形式，破除传统行政审批式桎梏，赋予检察官独立的诉讼地位。其中，在独任检察官办案形式中，无疑可对检察官履职行为直接进行考核，且就不当履职后果予以追责；在检察官办案组中，虽然设置主任检察官作为办案组负责人，但仍以检察官作为基本单元，且主任检察官为应然检察官。所不同的是，检察官办案组中需要梳理普通检察官与主任检察官的责任界分，明确二者的权力清单（责任担当）和责任承担。①亦即，司法责任制背景下，检察机关的基本责任机制始终应是承办负责制，由检察官承办案件，并在承办权限内对案件质效负责。这种承办负责制，将办案与决定、权利与责任有机统一，体现了"审理者裁判，裁判者负责"的司法规律，凸显了检察官的主体地位，有利于祛除长期以来我国检察权运行机制行政化过重而司法性不足的沉疴。而在权责相统一前提下推进承办负责制，将责任担当与责任承担由检察官共同承受，无疑对办案一线检察官业务素质和综合素能提出更高要求，促使对优秀检察官的考核和引导成为当务之急。

二、检察官绩效考核机制的主体选择

架构检察官绩效考核机制，主要涉及"人"与"事"的具体设置，即考评主体设定与考评指标配置。首先是由谁来组织或负责考核才具有中立性与公正性？考核主体为一人独任还是多人合议，内部考评还是外部兼容，难以一概

---

① 我国台湾地区的检察官论述台湾的主任检察官与检察官的关系时称"台湾地区检察官的基本办案组织，在于单一检察官的'独立官署制'，大部分的案件均由一位检察官单独承担，个别运作，虽应受主任检察官及检察长的监督，惟主任检察官、检察长相当信任并尊重检察官对事实的认定及法律见解，给检察官很大独立办案空间……主任检察官行使主管权责时，必须注意不得侵犯检察官司法事务上之独立判断权责，并保护检察官免于行政干扰。"参见施庆堂、林丽莹：《台湾地区的主任检察官制度》，载《国家检察官学院学报》2014年第6期。

而论,需要综合权衡而定。

(一) 主体选择的本土因素

司法责任背景下,我国检察改革虽大幅吸收了域外司法经验,但仍保留了中国特色检察制度的法治菁华。这就决定了对于检察官绩效考核的考量既要契合现代司法的基本规律,又要体现检察权运作的中国特色。司法责任制改革意在检察官主体地位,保障检察官独立履职,且在其职权范围内承担责任。在此基点上,中西方检察制度发展态势趋于一致。但检察制度创设离不开总体的权力架构,即便域外国家和地区对于检察官的管理亦有司法、准司法与行政管理等不同定位,造成管理方式的实际不同。也只有厘清制度创设上的本源区别,才能为制度构建完善找到较为科学合理的本土化道路。新一轮司法改革紧抓"司法责任制",配套推进多项重大改革。可以说,此次改革规模和力度空前,除了与国体、政体相关的基本制度之外,其他只要有利于司法制度、司法职权、司法组织优化的改革探索都应有考量的余地。

1. 关于党的领导。依据党的十八届四中全会精神以及新近研究表述,党的领导在检察工作中更为理性、更为持久的体现应当是确保党的意志上升为立法规范并在检察工作中得到践行,但这毕竟是一种远景追求。况且,如何衡量检察官依法履职情况也是需要考量的关键。目前,虽然司法责任制的推行削弱了检察行政管理的约束,但科层制并未消失也不可能完全消失,只是通过另外方式得以体现。基于上命下从、检察一体原则,从检察官到主任检察官(部门负责人)再到检察长(分管副检察长),至少是另一层面的科层制,或者称之为不同位阶。既如此,推进改革不可能略过旧有管理方式。如果对于检察官的绩效考核区分为客观办案情况考核与主观司法能力考核,那么二者就应当交付不同的考核主体。涉及专业的,由专业人员进行考核;涉及思想形态的,由"高阶长官"或经检察首长授权进行考核。

2. 关于人大监督。新一轮改革中,各试点省份相继设立检察官遴选委员会,但其派生主体(挂靠机构)却不尽一致,有的挂靠政法委、有的挂靠人大机关,两种选择各有理由。单从宪法制度权力设定角度看,人民代表大会选举产生"一府两院",且原有检察员亦由人大产生。据此,检察官遴选委员会挂靠人大机关或作为人大机构应当更为适宜,也是人大监督原则在司法责任制配套改革中的具体体现。另一层级的问题则是,遴选产生检察官机构是否负有监督检察官之责?答案显然是肯定的,但在何种程度上实现监督却不无争议。从传统运作模式来看,检察机关作为检察权运作的整体接受人大监督,但一般趋于程序并不涉及实体。如人大机关有权听取检察机关整体工作报告及专项工作情况,却不宜介入个案办理。司法责任制改革更多体现对于检察官主体履职的尊重，对检察官履职考核同样不应介入过深，较为妥当的办法应当是赋予人大机关（遴选机构）知悉检察官绩效情况之权，如要求备案、定期抽查等。

（二）主体选择的实践考量

1. 传统模式中的考评主体。1995年《检察官法》中即专章规定检察官考评委员会，负责对检察官的能力、绩效和操守进行评鉴。高检院同年下发《检察官考评委员会章程（试行）》《检察官考核暂行规定》，对考评委员会的组成、职能和考评内容、程序作了进一步明确。但长期以来受行政化管理等因素影响，上述规定并没有得到严格贯彻。目前，不少检察机关未设检察官考评委员会，一些地方即便设置相应机构，也基本依附政工部门，对检察官考评基本采取公务员年度考核方式。大部分检察人员年度评定均为"称职"，而是否评定"优秀"基本取决于民主推荐和党组决定。这种考评结果显然无法全面准确反映和体现检察官的职业能力、职业操守和业务实绩，非但无法起到应有的激励作用，反而可能诱使检察人员舍本逐末，将更多精力从办案绩效转移到人际关系上。然而，早期关于检察官考核主体的设定虽因种种原因未能得到践行，但其制度创设的专业自治和民主性，仍可为现行检察官绩效考评提供借鉴。结合现实要求，可相应更名为"检察官绩效考核委员会"。

2. 改革背景下的考评主体。司法责任制背景下，检察官绩效大体上可以区分为客观业务实绩考核与主观司法能力考核，应由不同主体介入考核。其中，业务实绩考核侧重客观层面的专业考核，应当引入专业考核要素，可交由检察官考核委员会进行评鉴；司法能力考核侧重主观层面的德行、操守与技能，应当注重行政管理，可交由主管领导评鉴。此外，由于基层检察机关受行政化约束等情况与省市检察机关不同，应当区别不同层级主管领导进行考核。对于检察长（副检察长、检委会专职委员）绩效考核，若仍由本院组织考核考评难免有失公允，建议采取检察首长考核或上级考核模式。政工部门作为传统负责干部人事的专门机构，在检察官考核中应当负有程序保障职责，应赋予其程序性审核权力。

（三）主体选择的具体操作

依据上述分析，检察官绩效考核总体上区分为业务实绩考核和司法能力考核，且根据考核内容及检察官位阶分别由不同主体进行。

1. 考评主体之完善。遵循法例，新时期检察官绩效考核仍可交由检察官考评委员会（检察官绩效考核委员会）进行，但应对原有制度进行改进完善。依据《检察官考核暂行规定》，"考核委员会或考核领导小组由院领导、政工等部门负责人和检察官代表组成。检察官代表由民主推举产生，人数不少于考核委员会或考核小组总人数的三分之一。"这种主体构成兼顾行政与司法属性，符合司法责任制改革对于检察官绩效考核的新要求，仍可沿用。如《福建省检察机关检察官绩效考核及奖金分配办法》要求设检察官绩效考核委员会，委员会主任由检察长担任，副主任由党组副书记、副检察长担任，委员由负责检察官管理、检察业务管理、纪检监察等部门的主要负责人和检察官代表担任。值得注意的是，新时期检察官绩效考核区分业务实绩考核和司法能力考核，对于两种考核机制应当设立前置程序，尤其在司法能力考核中体现管理者意志。此外，应当规定检察官绩效考核形成司法绩效档案，供检察官遴选委员会备查。

2. 检察长绩效考核。检察长作为最高指挥监督者和行政管理者，不宜过多强调具体业务实绩，其考核机制应有所不同。随着省级以下检察机关人、财、物统一管理体制的推进，市县级检察长应由省级统一任命和管理，且更多倾向行政化管理。因此，对市县级检察长绩效考核宜由省级检察院政工部门根据其本人和全院司法办案情况提出等次建议，且经省检察院党组讨论确定。但一省所辖基层检察院检察长动辄近百人，由省检察院统一考核存在实践操作难题。宜由省级检察院根据实际情况，委托市级检察院对县级检察院检察长进行考核考评，并将考评结果报送省检察院备案，更为妥当。

3. 检察官绩效考核。依据高检院《关于完善人民检察院司法责任制的若干意见》，检察官对应不同位阶的主管领导，且省市级检察院与基层检察院情况不尽相同，可分别设定，具体如下：其一，副检察长、检察委员会专职委员的司法能力考核由检察长负责，业务实绩考核由政工部门根据评分细则的规定计算汇总，检察官考评委员会审核；其二，省市两级检察院业务部门主要负责人的司法能力考核由分管副检察长负责，业务实绩考核由政工部门根据评分细则规定计算汇总；其三，其他检察官的司法能力考核由所在部门主要负责人负责（基层检察院因检察官人数较少且为保证履职独立性可由分管副检察长负责），业务实绩考核由所在部门主要负责人（基层检察院为分管副检察长）根据评分细则规定计算汇总，政工部门审核。政工部门根据检察官考评得分情况，结合检察官岗位实际及本院实际，提出检察官绩效考评等次建议；检察官考评委员会对考评等次建议进行讨论审核，并提出考评等次意见。

三、检察官绩效考核机制的量化思考

客观合理构建事物的考核机制，需要依赖"质"与"量"的权衡考量。构建完善检察官绩效考核机制，既需要"质"的定性，也需要据此作出的"量"的设计。业务实绩与司法能力是考核检察官绩效的两大内容，需要分别

进行"质"的定性，并相应设计量化指标，据此作出整体考量，形成有机联系的完整体系。值得一提的是，2017年4月福建省检察院制定《福建省检察机关检察官绩效考核及奖金分配办法》，其将考核内容区分为检察业务考核、公共目标考核和领导综合评鉴，按照8∶1∶1折算权重得分；随后出台量化计分考核细则，构建较为完善的检察官绩效考核机制。这种考核内容的区分对于目标评价具有积极意义，但也容易造成逻辑上的不周延。而从客观业务实绩和主观司法能力方面进行考核评价则可较好地避免上述逻辑上的尴尬。实际上，检察业务考核、公共目标考核大致与业务实绩考核、司法能力考核相当，而单列领导综合评价大类则有待商榷，业务实绩考核应以客观实绩为依据，不宜掺杂领导综合评鉴等主观评价因素；而司法能力考核体现为内外综合评价，可将领导综合评鉴纳入其中。

（一）检察官绩效考核指标的整体设计

业务实绩与司法能力分别从主客观方面体现检察官绩效，构建了检察官绩效考核的完整内核。但业务实绩应包含哪些方面、司法能力又该涵盖哪些内容，均有必要进一步研究和探讨。

1. 检察官绩效考核指标内容设计。检察官绩效大体上包含客观业务实绩与主观司法能力，探究二者的细项设计，需要深究其概念内核。

其一，业务实绩。业务实绩既是检察官绩效的基本构成，也是检察官履职工作的具体反映。业务办案情况是检察官业务实绩的基本构成，但检察官所处位阶及其岗位不同，履职方式均有所不同。业务实绩应以业务办案情况为基础，同时兼顾检察官履行岗位相关职责情况。依据高检院《关于进一步加强司法责任制的若干意见》规定，司法责任制背景下检察官仍有"检察长、副检察长（检察委员会专职委员）、主任检察官（部门负责人）、检察官"等不同位阶，虽然检察官均需从事一线办案业务，但不同位阶检察官在履职重点和履职方式上有所不同。担任领导职务的检察官，因其实际承担了部分检察指挥监督以及行政管理职责，不应笼统将业务实绩限定为业务办案成绩，可相应设置"办案得分"和"履行岗位相关职责情况得分"两项。此外，部分检察官虽未担任领导职务，但因履行岗位职责长期承担与检察业务工作紧密相关的非司法办案工作以及实行双岗履职的检察官，对其业务实绩考核应当适当考虑非司法办案任务工作量。

其二，司法能力。司法能力概指司法主体依照法定职权和法定程序完成适用法律处理案件体现司法职能的专门活动的本领，表征着一个国家对法律正义的捍卫能力和公民权利的保障能力。① 检察官的司法能力体现检察官胜任岗位职责应当具备的素质，应是检察官职业群体所具有的能在法律诉讼程序中正确适用法律增进社会和谐、维护公民权利与实现公平正义的能力。作为一项高度专业化的实践活动，检察工作中检察官所依赖的并非仅限于"目的—手段"关系的工具理性，更高度依赖基于实践智慧的实践理性。司法能力既是检察官遴选的重要考量，更是检察官考核的重要组成。我国台湾地区对于检察官职务评定项目，包括学识能力、品德操守、敬业精神及裁判品质。② 其中，学识能力、品德操守、敬业精神可归入司法能力范畴。学识能力是司法能力的核心，可通过研修成果情况进行体现；敬业精神是司法能力的前提，品德操守则是司法能力的保障，二者又可以归入职业操守范畴。检察官职业操守指向从事职业活动必须遵从的最低道德底线和行业规范，既有道德层面的品德操守、廉洁自律要求；也有规范层面的敬业精神、规范履职要求。也就是说，司法能力考核可大致通过职业操守和研修成果加以体现，同时还应理性结合外部评价要素。其中，职业操守涉及品德情况，是检察官履职的思想基础；研修成果涉及技能操作，是检察官履职的核心构成；外部评价涉及群众公评，是检察官履职的外部证成。

2. 业务实绩与司法能力权重设计。业务实绩与司法能力作为检察官绩效的两项构成，如何配置权重值得深入考量。从各典型国家和地区检察官考核的经验来看，几乎都对业务实绩进行倾斜。如我国台湾地区对于检察官考核以办案成绩考评为基本方式。然而，司法能力是检察官履职的基础，其重要性并不亚于实际办案。尤其在中国特色的检察制度下，如何保证检察官在依法履职中追求执法办案政治效果、社会效果和法律效果的有机统一，甚为关键，而司法能力恰恰是其中的关键要素。但对于司法能力的考核往往带有较强的主观色彩，虽然可以进行相应门类的量化设定，却始终无法进行科学准确考核，若设置过高比重难免因主观人为因素影响考评工作的指引价值。兼之既为"绩效考核"，还是应当侧重实绩成绩的取得，而司法能力表征的更多恰恰是一种预期结果的能力。因此，在业务实绩和司法能力的权重设计上，应突出业务实绩，但也不可过多抑制司法能力，建议按照7∶3配置权重。

（二）检察官业务实绩指标的量化设计

根据指标内容设计，业务实绩量化得分主要包括办案得分和履行岗位相关

---

① 参见陈波：《法官遴选制度与司法能力建设——以两大法官遴选制度建设为例》，载《北京社会科学》2014年第1期。

② 我国台湾地区"法官法"第73条规定。

职责得分。具体设计如下：

1. 办案得分设计。办案得分，顾名思义需要反映具体办案情况，主要针对检察官办案数量、质效作出全面考核。

其一，核心数据。办案得分需要依托核心数据进行折算。我国台湾地区将检察官考评项目具体分为结案件数、结案速度、办案维持率、实行公诉四项，并制订了四个项目的具体成绩计算方法，同时又根据检察官具体职务的不同，以所办案件类别的不同将成绩配之以百分比，对于大陆地区检察官办案得分设计具有较强的参考价值。但计分量化考核本身存在指标设计与权重配置科学性的质疑，在权衡利弊之后，高检院2014年出台《关于进一步改进检察业务考评工作的意见》，取消了计分考评方式，代之以9类26项核心业务。高检院所确立的虽然是省级检察院检察业务核心数据，且业务范围亦未详尽，如未涉及研究室以及具有区域特色的涉台（刑事司法互助）等相关业务，但相应业务核心数据无疑应当成为办案得分设计的重要考量。

其二，计分方式。其考核对象为业务办案，应当借鉴吸收业务考评工作规则及经验做法。考虑到办案考核的专业性及工作负荷，检察官遴选委员会或政工部门均难以承担具体办案考评任务。且当前全国检察机关建立较为完善的案件管理模式，实现对案件质效的有效考核。新的办案考核中应当引入案件管理要素，即由案件管理部门对检察官办案情况组织专业评查，办案得分则以案件评查结果为基础，相应设定成绩折算的具体方式。如《湖北省检察官绩效考评办法（试行）》设计了较具操作性的折算方式，可供具体操作借鉴。即结合案件评查结果，比对办理本部门（检察官办案组）案件其他检察官的办案情况，结合考评年度本部门司法办案与全院司法办案整体比对情况确定分数。设定计算公式："办案得分＝评查总分/部门基准分×100×部门办案权重系数。"且对于检察官所办案件原则上实行一案一评，所有案件评查得分之和即为评查总分；在办案量大、检察官所办案件多的情况下，也可实行一案一评和随机抽评相结合。部门基准分为所有办理本部门案件的检察官中所办案件难度系数之和的最大值乘以100；部门办案权重系数根据考评年度检察官所在部门司法办案情况与全院司法办案整体对比情况确定。可由各实施考评单位根据本院实际设定评查总分、部门基准分以及部门办案权重系数等指标确定方式。

2. 履行岗位相关职责情况得分设计。司法责任制背景下，普通检察官可专司司法办案之责，其业务实绩得分基本为办案得分；但担任领导职务的检察官，如副检察长、检察委员会专职委员、部门主要负责人等，需要另行承担领导岗位相关职责。其中，检察委员会专职委员依其职责定位，履行领导岗位职责基本接近副检察长，在不少地区按副检察长同等配置，二者可归为同一层级；而在司法责任制背景下，基层检察院内设部门主要负责人的行政管理职责实际弱化，更多强调办案职责，可暂不设定基准分。据此，依据不同位阶难易程度，对担任领导职务的检察官分成四类，同类设定相同基准分：一类省级检察院检察长；二类省级检察院副检察长、检察委员会专职委员以及地市院检察长；三类省级检察院内设部门主要负责人以及地市检察院副检察长、检察委员会专职委员、基层检察院检察长；四类地市检察院内设部门主要负责人以及基层检察院副检察长、检察委员会专职委员。第四类设基准分合格线 60 分，往上一类层加 10 分，以此类推。为免评分随意性，应要求考评对象提供"履行岗位相关职责情况说明"，作为评分参考。另外，对于因履行岗位职责长期承担与检察业务工作紧密相关的非司法办案工作的普通检察官以及双岗履职的检察官，同样应当适当给予履行岗位相关职责加分。为免恣意加分，可由各相应单位检察机关根据本院实际设定加分细则提供规范依据。

（三）检察官司法能力指标的量化设计

根据指标内容设计，检察官司法能力指标细分为：职业操守、研修成果、外部评价。其中，研修成果是司法能力的核心指标，应在权重配置中突出体现；职业操守是司法能力的基本前提，但存在较大的主观弹性空间，不宜设计过高比例；外部评价反映了检察官个体的社会公评，体现了民主考评的基本要求，也应占据重要位置。因此，职业操守、研修成果、外部评价三者初步设定权重 2:5:3，突出司法研修的核心地位，避免司法能力评分的随意性。

1. 职业操守得分。检察官绩效考核机制中的职业操守，应是检察官在职业活动中所遵守行为规范的总和，既是对检察官履职活动中的行为要求，又是其对社会所承担的道德、责任和义务。由考核主体根据检察官贯彻执行党的路线方针、依法履行检察职权以及自身敬业精神、品德操守等情况进行评分。通常情况下，检察官个人职业操守情况难以准确认定，对于职业操守的考核具有很强的随意性，可调高基准分设为 80 分，视情进行加分或减分，并根据权重折算得分。其中，加分项目主要包括非业务性精神奖励、见义勇为等特殊事件以及因执法办案成果获得表彰，等等；扣分项目主要包括考评年度因违法违纪被查处或受到各类处罚，等等。加分或减分项目需要各地结合本院实际具体设定，避免加分或减分的随意性。

2. 研修成果得分。"研修"本意指以某专业硕士研究生主要课程为教学内容，对具有大学本科毕业或相当学历程度的在职研究生进行较系统的基础理论、专业知识与能力培训的一种教育形式。检察官绩效考核机制中的"研修成果"应指检察官通过继续学习、教育培训、竞技活动等各种方式所取得的成果，是彰显司法技能的核心要素。主要包括检察官在考核年度内获得的业务性表彰奖励、理论调研成果以及参加各类业务培训表现等情况。鉴于检察官研修成果具有较大的弹性空间，为激励和调动检察官研修积极性，可将基准分设为合格线60分。根据不同层级研修成果情况，设定加分项，并根据权重折算得分。

3. 外部评价得分。对于检察官的考评需要反映公评与监督履职情况。外部评价主要依据民测评结果计算得分，其中，院领导、中层干部和一般干部分别代表了不同的评价主体，可按其重要性和群体代表性设定相应比重。即区分院领导评价、中层干部评价和一般干部评价。在民主测评中区分三类得票情况，折算得分。目前，考核结论分为优秀、称职、基本称职、不称职四种，并未相应对应分数，且民主测评不具有选拔性，应视为合格性测试。可简单设计"称职"和"不称职"两个选项，以"称职"票为有效票。

综上，检察官绩效考核指标体系设计大致如下表所示：

检察官绩效考核指标体系表

绩效考核项目	细项	参考指标	权重	备注
业务实绩	办案情况	案件评查结果折算计分	70%	满分封顶
	履行岗位相关职责情况	检察长、副检察长、检察委员会专职委员、部门负责人（设基准分60—90分）		
司法能力	职业操守	敬业精神、品德操守（基准分80分）	20%	满分封顶
	研修成果	理论成果、竞技表彰、素能培训（基准分60分）	50%	
	外部评价	民主测评（院领导、中层干部、一般干部评价）	30%	

（司法能力权重30%）

随着法治进程的不断深入，人民群众对检察机关和检察官的期待越来越高，司法责任制改革的全面推行更是赋予检察官充分权力与相应责任，实现权责统一与权责相应。作为检察权责的承受者和担当者，检察官比以往任何时候更加需求科学合理的考核机制，既可实现执法办案的有效约束与准确指引，又可契合人民群众对于检察权运作新方式的要求与期待。当然，制度改革与创设最终需要服务实践、接受实践检视。目前，司法责任制改革已经全面铺开，亟须配套对于检察官的科学合理考核制度机制。期冀对于检察官绩效考核机制的探索完善有助于指导改革实践，并在改革的深入推进中不断完善制度体系！

如何对副检察长等分管院领导进行绩效考核

杜小刚*

内蒙古作为第二批司法体制改革试点地区，为适应检察人员分类管理、司法责任制改革、司法人员职业保障和省以下地方检察院人财物统一管理改革等四项改革任务的新要求，制定了一系列配套的改革制度，使改革取得明显成效。比如 2017 年，自治区检察院出台了检察人员绩效考核办法和绩效奖金分配的指导意见，对检察人员的考核原则、考核组织、考核标准内容和程序、考核结果的运用、奖金分配的原则等提出了宏观的要求，具有很强的指导性。赤峰市院也制定了检察人员绩效考评办法。上述办法和意见均以检察人员分类管理为依据，主要针对检察官、检察辅助人员和司法行政人员三类人员如何考核进行规范，实践中，随着司法体制改革的深入，副检察长等分管院领导不仅要作为案件承办人直接参与办案，还要继续承担很多其他工作，如何科学合理地对副检察长等分管领导进行考核，需要进行认真探索。本文试对此做简要分析。

一、科学定位副检察长职能职责

职责是考核的依据，实现对副检察长的绩效考核，首先要明确副检察长在工作中承担的职责，以此为基础确定考核内容和标准。

根据《人民检察院组织法》的规定，地方各级人民检察院设检察长一人，副检察长和检察员若干人。检察长统一领导检察院的工作。该法虽未对副检察长的职责进行明确，但在实践中，副检察长一般承担以下职责：协助检察长工作，对检察长负责；协助检察长抓好全院的队伍建设，贯彻执行党的方针、政策和国家法律；协助制订全院工作计划并付诸实施；按照院党组决定和检察长的授权，负责分管的日常工作；对重大、疑难案件提请检察委员会讨论；负责签发分管业务的法律文书和有关文件；协调分管科室与有关部门的工作关系；

---

* 作者单位：内蒙古自治区赤峰市巴林右旗人民检察院。

参加检察长办公会议、检察委员会会议、院务会议，参与研究、布置、检查和总结工作；对检察工作进行调查研究；负责处理检察长接访日群众的来访来信；完成领导交办的其他工作。归纳起来，副检察长的职责主要包括党风廉政等队伍建设工作、司法办案等业务工作、其他综合管理和调研工作等。因此，建议以这三方面职责为依据，对副检察长等院领导进行全面考核。为此，巴林右旗人民检察院在制定对副检察长等分管领导考核考评办法时，确定了综合工作、分管工作业绩、司法办案工作等三项内容作为考核依据，以实现对其全面考核评价。

二、合理确定各项职责考核占比

职责明确后，如何确定各项工作在副检察长工作中的比重，确定考核比例，需进行认真研究。队伍建设、业务工作、综合工作在检察工作中都非常重要，不能厚此薄彼，应统筹兼顾，但要实现绩效考核，需要确定各自的占比，这样才能发挥绩效考核的激励引导作用。

2017年，自治区院制定了《内蒙古自治区人民检察院关于入额领导干部办案数量的规定（试行）》，其第2条第（二）项规定，基层院副检察长、检委会专职委员办案数量应不少于本院检察官平均办案数量的35%。基于此，确定副检察长等院领导司法办案工作占比为35%。这样虽不是绝对正确合理，但整体上兼顾了副检察长的工作量、难易程度等因素。由于分管工作有所不同，为便于领导协调分管工作，对此进一步予以细化。分管自侦办案工作、刑事执行检察工作的分管领导，办案数量为一个分管部门检察官人均办案数的35%，由于本院诉讼监督部门无员额检察官，因此，分管本院诉讼监督办案工作的分管领导办案数为本部门办案数的100%。今后的实践中，根据各自分管部门的调整、员额检察官数量的变化，再进行适当增减。

党风廉政及队伍思想政治建设工作等方面占比35%。干警的思想政治认识、意识形态、职业道德等方面不仅决定着司法办案工作的质量，更决定着检察工作的政治方向、队伍的整体形象，副检察长对此应守土有责。我们的考核考评办法中，对此项细化为落实意识形态责任制，遵守政治纪律和廉洁自律，政治及业务理论学习，遵守工作纪律，理论研修成果，公安、法院、人大代表、政协委员、案件当事人等外部评价等方面，对副检察长本人及分管干警的相关情况进行考核。诸如党风廉政建设和廉洁自律情况、保密情况等设置为一票否决项目，研修成果等设置为加分项目。积极进行调节引导。

分管工作业绩项目占比30%。实施员额制，落实司法责任制后，员额检察官办案取消了部门负责人的审核，"谁办案谁负责，谁决定谁负责"，实践中,既可能会出现员额检察官能力不足,不敢担责、不愿担责的现象,也可能会出现分管副检察长有所顾虑,不想轻易改变检察官决定,分而不管,降低法律监督成效。为此,我们的考核考评办法中,对副检察长的考核专门设置了分管工作业绩的考核项目。以其所分管部门的核心业务数据为依据,确定其分管部门司法办案工作的整体质量在全市检察工作中的整体排位目标,并落实到每名员额检察官的办案中。突出和强化检察监督主责主业。此外,针对有的副检察长分管扶贫、妇联、工会等行政性、综合性工作,也将相似工作整合为一项分管工作内容,确定工作目标,设立业绩档次。

三、公正设置考核主体和组织

巴林右旗检察院制定的检察人员绩效考核办法规定,成立考评委员会,负责本院的考核工作。但在对副检察长的考核中,要有所区别,以体现考核的公平公正。主要原则有二:一是突出检察长对副检察长的考核责任;二是注重副检察长与其他检察官的平等。

首先,在司法办案评价项目中,无论副检察长承办什么类型的案件,均和其他检察官一样参与考核,只是办案数量与普通检察官不同。按照其所在部门对员额检察官办案数量、办案难度系数、监督成效、办案质量等要求进行评价,同样参与统一业务应用系统的办案单元轮案,全程管理。每季度的案件质量评查、反馈、整改,年末的汇总、评分。

其次,党风廉政及队伍思想政治建设工作等方面,以检察长考核为主。因为有些情况,别人可能不了解或了解的不全面。如其本人和分管干警廉政建设情况、意识形态和政治纪律方面等。其他方面,如政治及业务理论学习情况、研修成果、外部评价等,要按照政工科、研究室、监察室等考核职能部门的考核标准和要求进行统一评价。

最后,分管工作业绩考核项目,要把上级院考核和本院考核结果有机结合,公正评价分管副检察长的工作。由于各基层院所在地区的人口、办案数量、硬件建设、干警数量等不同,个别部门的核心业务数据在全市检察机关中并不乐观,因此,要高度重视上级检察机关的考核结果,再结合本院实际,扣除非人为因素导致的考核结果失衡,综合确定每个分管副检察长的分管工作业绩项得分。充分调动分管领导的积极性,不断提高分管工作成效。

四、规范执行考核方法和程序

绩效考核是一项十分重要的工作,也是十分困难的。考核的标准、主体、程序、结果等不可能尽善尽美。其间,难免有考虑不周全的地方,尤其是对分管领导的考核，一些职能部门可能存在顾虑，是否会标准不一、尺度不同？因此，我们的做法是尽量减少考核中的人为因素，充分利用信息化系统，实现人为考核和科技考核有机结合，实现考核程序和方法的规范化。

又如综合工作考核中，我们利用 OA 办公系统进行政务工作全面考核，公文收文项目中，系统记录着分管领导审签文件的时间、意见、处理结果等，以考核其公文处理工作；公文发文中，记录其撰写信息调研宣传的内容，审批、发表情况，对其研修成果进行考核；公务用车申请、办公用品采购、公务接待申请等事务工作，也全部在系统中流转审批；考勤系统，记录其签到签退时间。年末考核时，调取其所有办公办事台账，依据台账进行相应赋分考核，准确而科学。

又如司法办案工作考核中，我们建立了全市首家同步录音录像中心，对所有办案人员的所有讯（询）问、调解、接待等司法办案工作全部同录，年末自动提取每人办案数据；应用法律文书集中打印管理系统，在哪台电脑申请、何人打印文书全部在后台台账记录；应用多功能会议系统，在召开检委会、羁押必要性审查听证、"听审式"审查逮捕、不起诉公开宣布时，全程记录会议情况；另外，结合统一业务应用系统的全程全面监控，每人的每一个司法办案工作，从受理到结案，全程留痕，信息化监控，尽量减少人为干预，充分利用信息技术的程序性强、标准化高、透明度高和不可更改的特点，实现科学评价。

绩效考核是一项需要不断探索和完善的工作，检察人员的绩效考核尚在探索阶段，今后我们要边实践、边总结、边完善，使绩效考核工作不断趋向科学。

论基层院刑事执行检察官绩效考评

赵 刚[*]

2015年9月28日，高检院印发了《关于完善人民检察院司法责任制的若干意见》，规定了检察机关司法办案责任制。其第28条规定："建立以履职情况、办案数量、办案质效、司法技能、外部评价等为主要内容的检察官业绩评价体系。"笔者试结合该意见，就基层院刑事执行检察官绩效考评课题略陈管见，希冀能对建立科学完备的刑事执行检察业务员额检察官业绩评价体系有所裨益。

一、基层院刑事执行检察官办案的界定和类型

（一）绩效考评必须以刑事执行检察监督案件为基本考核对象

检察机关是国家的法律监督机关，也是司法机关，而行使法律监督和司法职能是通过具体的司法办案来实现的，检察机关内设机构和员额检察官的工作数量和质量表现为其办理的各类案件，检察官办案绩效考评的对象只能是案件。刑事诉讼法修改前，总体上看，监所检察人员办案意识没有树立起来，监所检察业务大多作为日常事务性工作来处理，主要表现为刑事执行违法监督不作为案件办理，与批捕、起诉部门相比，绩效考评的对象主要限于自侦案件和服刑罪犯又犯罪案件。刑事诉讼法修改后，很多新增重要职能如减刑假释暂予监外执行同步监督、羁押必要性审查、社区服刑人员脱管漏管检察等，都必须作为案件来办理和管理。特别是在2014年以后，随着监所检察向刑事执行检察更名转型，高检院执检厅提出"由办事模式向办案模式转变"的要求，刑事执行监督案件逐步纳入绩效考评范围。所谓刑事执行监督案件，是指在刑事执行活动中发生的，经过刑事执行检察部门开展调查或审查，认定其中存在违法行为，需要追究执行机关及其人员责任并进行监督纠正的案件。因刑事执行监督具有认定事实、收集证据、适用法律、解决纠纷的司法属性，表现为独立

---

[*] 作者单位：天津市滨海新区大港人民检察院。

性、证据性、程序性和期限性，属于诉讼监督范畴，已经纳入检察统一业务应用系统的执检子系统，为实行绩效考评奠定了基础。可以先从刑罚变更同步执行监督和羁押必要性审查入手，再逐步将纠正违法和检察建议等监督事项纳入绩效考评的案件范围。

（二）刑事执行检察监督案件类型多样

刑事执行检察监督案件从监督的活动性质上看，包括对所有刑罚执行活动（死刑、监禁刑、社区矫正、资格刑、财产刑等）的监督、拘禁性刑事强制措施执行活动（拘留、逮捕后羁押与监管活动，指定居所监视居住）的监督和特殊刑事处遇措施执行活动（强制医疗）的监督；从监督对象看，包括公安看守所、强制医疗机构，司法行政部门的省级监狱管理局、监狱、司法所、法院等司法机关及其工作人员的执法活动；从承担责任看，办理三类案件（发生在刑罚执行和监管活动中的职务犯罪案件的侦查，服刑人员又犯罪案件批捕、起诉，受理被监管人及其近亲属、法定代理人的控告、举报和申诉）以及刑事执行检察特有的职责（监狱检察、看守所检察、监外执行和社区矫正检察以及其他刑罚执行和监管活动检察）。近期，羁押必要性审查、重大案件合法性核查等新增业务不断被纳入刑事执行检察业务范围，刑事执行检察案件的范围不断拓展，类型日趋多样，办案绩效考评的综合性色彩也日益浓厚。

二、基层院刑事执行检察绩效考评指标设计

（一）刑事执行检察官办案数量的计算方法

数量考评是基础，对于员额检察官，首先要考评其办理自侦案件、服刑罪犯又犯罪案件和羁押必要性审查案件、减假暂同步监督案件的数量，制发纠正违法通知书和检察建议书等刑事执行检察监督文书的数量。根据实践经验，为减少绩效考评中的凑数、造假等违规现象，对办案数量不宜强制性地规定最低数量，更不宜直接下达办案指标，而是应规定一个浮动指标，且是在动态比较中浮动，笔者设计为如下表格：

表 1　刑事执行检察官办案质量考评表

办案数量	计算方法
绝对数量	分类统计：办理自侦案件数、办理服刑罪犯又犯罪案件数、书面提出纠正违法（检察建议）数、羁押必要性案件办理成功数等
相对数量	超过本省同类岗位或本部门三年人均办案数量
	与本省同类岗位或本部门三年人均办案持平
	低于本省同类岗位或本部门三年人均办案数量

（二）刑事执行检察官办案质量考核的记分方式

在考核办案数量的同时，又要考评其办理案件的大要案率、有罪判决率、刑事执行检察监督文书回复率、纠正率等质量和效果指标，对监督意见事实是否清楚、理由是否充分、法律依据是否充足、监督效果是否达到等来评价检察官履行刑事执行检察监督职责的质效[①]。办案质量更多地表现为相对数，对其可以有效地进行加减分考评。主要办案质量指标和记分方式参见以下表格：

表 2　查办职务犯罪案件计分方式

绩效考评项目	加减分值
在查办发生在刑事执行领域职务犯罪案件过程中，受理（自行发现）贪污挪用、索贿受贿、失职渎职等案件	+20 分/件
通过初查立案查办职务犯罪	+50 分/人
对提供案件线索的非办案单位经其他单位初查立案后	+10 分
在办理案件过程中，向发案单位提出检察建议，给予责任人党纪政纪处分	+10 分/人
在办理案件中，发现相关单位存在管理漏洞，提出书面纠正意见并采纳	+2 分/件
在查办发生在刑事执行领域职务犯罪案件过程中，受理上级交办职务犯罪线索的	+2 分/件
对上级交办的职务犯罪线索通过初查立案的	+50 分/件
法院作出有罪生效判决的	+2 分/件
法院认定金额在 20 万元以上 300 万元以下，或涉案人员系处级（含副处级）以上的	+5 分

---

① 祁云顺：《论刑事执行检察司法责任制的构建》，载《刑事执行检察工作指导》2016 年第 2 期。

续表

绩效考评项目	加减分值
法院认定金额 300 万元以上或涉案人员系局级（含副局级）以上的	+10 分
立案后又撤案的	减去立案加分
法院作出无罪生效判决的	减去本案的全部加分
在查办发生在刑事执行领域职务犯罪案件过程中，发生办案事故	减去本案的全部加分

表 3　办理服刑罪犯又犯罪案件计分方式

绩效考评项目	加减分值
在办理服刑罪犯又犯罪案件中，批准逮捕	+2 分/人
在办理服刑罪犯又犯罪案件中，提起公诉	+2 分/人
在办理服刑罪犯又犯罪案件中，出庭支持公诉	+2 分/件
在办理服刑罪犯又犯罪案件中，发现侦查机关应当立案而不立案的，发出《要求说明不立案理由通知书》后，侦查机关主动立案的	+5 分/件
在办理服刑罪犯又犯罪案件中，发现侦查机关不应当立案而立案的，发出《要求说明立案理由通知书》后，侦查机关撤案的	+5 分/件
在办理服刑罪犯又犯罪案件中，纠正漏捕犯罪嫌疑人	+5 分/人
在办理服刑罪犯又犯罪案件中，追诉犯罪嫌疑人	+5 分/人
在办理服刑罪犯又犯罪案件中，追诉漏罪的	+2 分/件
在办理服刑罪犯又犯罪案件中，提请抗诉得到支持的	+2 分/件
在办理服刑罪犯又犯罪案件中，抗诉后法院改变原判决、裁定的	+5 分/件
在办理服刑罪犯又犯罪案件中，案件起诉后撤诉的	-5 分/件
在办理服刑罪犯又犯罪案件中，法院作出生效无罪判决的	减去本案批捕、起诉的全部加分

表 4　办理羁押必要性审查案件计分方式

绩效考评项目	加减分值
各基层院全年成功办理数量占本地区执行逮捕数比例应不低于 4%，高于达标比例的	+5 分/件
低于达标比例的	-20 分

表5　办理被监管人死亡、监管事故检察计分方式

绩效考评项目	加减分值
在办理监管人员死亡、监管事故检察中,发现监管漏洞提出书面纠正的	+2分/件
监管场所办理非正常死亡和监管事故案件	比照查办职务犯罪案件相关规定计分

表6　办理羁押期限检察案件计分方式

绩效考评项目	加减分值
在羁押期限检察中,提出纠正超期羁押意见或通知案管部门后得到纠正的	+2分/件
在久押不决检察中,督促加快案件办理进度或通知案管部门的	+2分/件

表7　办理指定居所监视居住执行活动检察案件计分方式

绩效考评项目	加减分值
开展指定居所监视居住执行活动监督	+2分/人
纠正指定居所监视居住执行违法情形的	+2分/人

表8　办理强制医疗交付、执行活动检察案件计分方式

绩效考评项目	加减分值
在强制医疗交付、执行活动检察中,提出纠正强制医疗交付执行违法、医疗和监管活动违法、解除强制医疗活动违法情形意见后得到纠正的	+2分/件

表9　依法监督死刑执行案件计分方式

绩效考评项目	加减分值
依法履行临场监督执行死刑职责	+10分
在临场监督执行死刑工作中,发现执行人民法院具有违法情形,依法及时提出纠正违法意见的	+5分/件
依法建议执行人民法院停止执行的	+10分/件

表10 办理申诉案件计分方式

绩效考评项目	加减分值
改变原刑事判决裁定	+5分/人
改变减刑假释裁定或暂予监外执行决定	+5分/件
改变刑期计算结果	+5分/人

表11 办理财产刑执行检察案件记分方式

绩效考评项目	加减分值
在立案活动检察中，纠正履职不当情形	+2分/件
在执行活动检察中，纠正履职不当情形	+2分/件
在变更执行检察中，纠正履职不当情形	+2分/件
在减刑假释中考量财产刑执行情况，被提请机关或法院采纳从严掌握减刑检察意见	+2分/件
在减刑假释中考量财产刑执行情况，被提请机关或法院采纳从严掌握假释检察意见	+2分/件
在减刑假释中考量财产刑执行情况，被提请机关或法院采纳从宽掌握减刑检察意见	+2分/件
在减刑假释中考量财产刑执行情况，被提请机关或法院采纳从宽掌握假释检察意见	+2分/件

表12 刑事执行活动（非监外执行）检察案件记分方式

绩效考评项目	加减分值
在刑事执行检察活动中，提出纠正交付执行活动违法、收押违法、出监所违法、监管活动违法情形意见后得到纠正的	+2分/件
对存在规章制度不完善、安全隐患、执法办案不规范等其他问题，提出检察建议得到采纳的	+2分/件
看守所存在安全隐患导致发生重大事故，对导致重大事故的隐患未书面督促整改的	-5分/次
看守所发生超期羁押未及时纠正的	-5分/次
对办案机关或部门办理的致使在押人员久押不决、超期羁押的案件，没有及时督促加快办案进度或通知案管部门的	-5分/次
办案工作出现重大失误，被省院责令检查、整改	-10分/次
办案工作出现重大失误，被高检院责令检查、整改	-20分/次

表13　办理监外执行与社区矫正监管活动检察案件记分方式

绩效考评项目	加减分值
在调查评估检察中，纠正调查评估不当	+2分/人
在交付执行检察中，纠正履职不当情形	+2分/人
在监督管理和教育矫治检察中，纠正履职不当情形	+2分/人
在监督管理和教育矫治检察中，纠正因监管不当导致脱管的	+3分/人
在变更执行检察中纠正履行职责不当情形	+2分/人
在终止执行检察中，纠正终止履职不当情形	+2分/人
办案工作中发现刑事执行工作中存在严重违法情形，隐瞒不报或未提出纠正意见的	-10分/次
办案工作出现重大失误，被省院责令检查、整改的	-20分/次
办案工作出现重大失误，被高检院责令检查、整改的	-50分/次
办案工作不力，影响高检院对本省综治考核成绩的	-50分

（三）检察官、办案组、部门负责人、检委会专职委员、副检察长和检察长的办案指标设置

《关于完善人民检察院司法责任制的若干意见》明确规定，在实行检察人员分类管理、落实检察官员额制的基础上，根据履行职能需要、案件类型及复杂难易程度，实行独任检察官或检察官办案组的办案组织形式。检察官办案组可以是固定的，也可以是临时的。办案组由两名以上检察官组成，办案组负责人为主任检察官。进入员额的基层院检察长、副检察长、检察委员会专职委员、部门负责人（正职）是领导干部，其参加检察官办案组办案的，依序担任主任检察官。根据"谁办案谁决定，谁决定谁负责"的司法责任制原则，主任检察官和独任检察官应对所办案件的数量和质量指标承担责任，是绩效考评的客体。

基层院领导干部必须直接办理案件，即领导干部依据法定职权，以承办人的身份，通过亲自阅卷、讯问（询问）诉讼参与人、审查案件事实证据、制作审查报告、对案件作出决定、出席法庭、制作和签发法律文书等亲历性方式直接办理刑事执行检察等案件或监督事项。而领导干部组织、领导办案，研究、审核案件，或者主持、参加检察委员会讨论决定重大、疑难案件的，不属于直接办案。进入检察官员额的领导干部每年应当直接办理一定数量的案件。从各省实践来看，各省院一般要求基层院检察长每年直接办理案件应当累计达到所办案件类别中检察官平均办案数量的5%，副检察长、检察委员会专职委

员每年直接办理案件应当累计达到所办案件类别中检察官平均办案数量的30%，业务部门负责人每年直接办理案件应当累计达到所办案件类别中检察官平均办案数量的50%。笔者认为上述指标是底线，不能低于上述办案指标。同时，领导干部办理案件应当纳入本院案件考评范围，其办案数量、质量、效率、效果等情况，应当记入检察官司法档案，作为绩效考评的依据。

三、基层院刑事执行检察绩效考评工作的组织和程序

（一）对基层院刑事执行检察官的绩效考评要体现综合业务性

根据司法责任制改革精神，检察机关应建立员额制检察官业绩评价体系和管理办法，建立员额退出机制，对离开办案部门、入额不办案或者能力素质不胜任、业务考核不达标的，要及时退出员额。但高检院《关于完善人民检察院司法责任制的若干意见》更多地适用于基层院的自侦、批捕、起诉、未检等纯办案部门中，对这些部门员额检察官办理具体案件如何承担司法责任规定得较为具体，对其他法律监督规定的较为原则。特别是刑事执行检察部门员额检察官既涉及办理自侦案件、办理服刑罪犯又犯罪案件，又涉及许多刑事执行监督职责，而后者与司法办案职权运行特点不尽一致①。为了更好地适应司法责任制改革的需要，上级院必须根据刑事执行检察职权特点完善基层院刑事执行检察业绩考评体系，体现综合性业务特色，并与检察官权力清单相结合，使司法责任落实到员额检察官个人。

（二）建立对部门和个人业绩的双考评机制

上级院不仅要对基层院刑事执行检察部门进行绩效考核，进行档位排名，以促进本条线工作的整体推进，同时还应当根据员额检察官在刑事执行检察工作中从事岗位、承担的任务、岗位职责标准来制定相应的考评标准，评价检察官个体履职情况和工作效果，并将其作为晋级晋职的基本依据。

（三）分类分岗考评为主

目前各级检察院已经将监狱检察职责上移给分院和地州院，基层院的刑事执行检察职责主要是对辖区看守所、社区矫正等进行检察监督。因其业务广泛，可以按照派驻看守所检察、监外执行检察、办理案件工作、综合工作等员

---

① 刑事执行检察实质上是对刑罚执行和监管活动实行监督。由于行刑和监管活动的性质，兼有行政性与刑事性、诉讼性与非诉讼性，是一种独立的复合性法律监督权，包含了职务犯罪侦查权、公诉权和诉讼监督权，除此之外还包括对刑罚执行和监管活动的监督权。

额检察官承担的不同岗位职责进行分类考评。最后根据分类考评结果进行综合考评。

（四）静态考评和动态考评并重

上级院对员额检察官侦办职务犯罪案件和办理服刑罪犯又犯罪批捕案件可以根据办案结果进行静态考评，但对派驻检察、巡回检察和专项检察等日常性刑事执行检察工作因其履职情况并非体现在具体案件中，而是带有事务性，且权力运行呈现一个动态的过程，故不能完全套用静态考评，必须辅以上级院的巡视检察，每季或半年通报考核结果，以促进检察官依法履职。

（五）基层院刑事执行检察绩效考评的组织形式

笔者认为，省级院应顺应人财物省级统管的改革趋势，利用统一业务应用系统升级的大数据，在刑事执行检察等核心业务绩效考评工作中实现省级统管的扁平化模式。就刑事执行检察业务而言，在省院成立由刑事执行检察处和案管办、政治处等部门组成的刑事执行检察绩效考评工作领导小组，办公室设立在刑事执行检察处，对全省包括基层院在内的所有刑事执行检察机构的员额检察官实行统一的绩效考评，以保证考评标准的统一性和公平性。

（六）基层院刑事执行检察绩效考评的具体程序

省级院对基层院绩效考评工作遵循"全面考核，公开公正；导向正确，科学合理；突出重点，统筹兼顾；简便易行，注重实效"的原则，在考察看守所检察、监外执行（社区矫正）、查办案件等基础工作的同时，适当提高高检院考评项目的加分权重。各基层院考核成绩由看守所检察、监外执行（社区矫正）、查办案件等单项得分组成，各项考核分数上不封顶。各业务类别考核成绩不单独排名，全省各基层院刑事执行检察部门和员额检察官考核成绩按照各业务类别考核成绩相加得分，根据总分数确定最终考评等级，如优秀、称职、基本称职、不称职等级。

省级院对基层院刑事执行检察部门和员额检察官的绩效考评以网上考评为主、网下考评为辅。高检院的上线运行的检察机关统一业务应用系统[①]是主要

---

① 看守所检察工作、监外执行（社区矫正）检察工作中办理案件的计分统一以统一业务应用系统刑事执行检察情况基础表和相对应的案卡为依据，无须向省院报送备案材料。而查办案件工作以统一业务应用系统刑事执行检察情况基础表和工作实际情况为依据，需要及时向省院报送相关备案材料。对于因系统差错导致案卡数据未被提取的，各基层院可将情况上报省院，经省院核实案卡填报无误的，纳入考核计分。对于考评办法中没有规定计分标准的工作内容，工作效果突出的，各基层院可形成书面材料，视采用情况，按考评标准相关条款计分。

依据,因未使用统一办案系统、办理案件流程不规范、未填报案卡或案卡填报错误导致未进入报表统计的,原则上不予计分。而网下各基层院的工作、文书备案材料、考核专报材料以及省院的巡视检察、工作通报等情况,是考核评分的重要依据。省院刑事执行检察处还可以单独或联合案管办等部门应定期或不定期地开展案件质量评查,以常规抽查、重点评查、专项评查等方式对办案质量进行专业评查,评查结果应当在一定范围内公开。省院的业务月报数据是作为加减分值的依据之一。

省院于当年7月通报各基层院上半年统一业务应用系统刑事执行检察情况基础表(共11张)的数据,及查办案件等考核数据,次年1年公布绩效考评分数和等级。考核材料备案时间为7月10日、次年1月10日前;全年考评结果在次年1月底公布。省院考评工作领导小组及其办公室负责确认审核结果,各基层院对省院公示的考评情况有异议认为需要调整的,应当在公示期内提出并报送相关材料。

检察官、检察辅助人员业绩评价体系研究
——兼以渝中区检察院的实践为考察对象

夏 阳 范志飞[*]

一、检察人员业绩评价制度的共识基础

本轮以司法责任制为核心的检察改革的基础是检察人员分类管理制度，将检察人员分为检察官、检察辅助人员和司法行政人员三大类，人员分类管理的目的是在突出检察官办案主体地位的情况下，同时建立不同类别人员的单独职业发展通道，以实现检察队伍专业化，而检察人员业绩评价制度则是构建不同类别检察人员职业发展通道的基石，而且在以下几个方面的问题上，应当说已经达成了共识。

（一）对检察工作的考核应由"集体"的"机关"转向具体的"个体"的检察人员

长期以来，检察工作考核更多体现为上级检察机关对下级检察机关的考核，进一步具体为上级部门对下级部门的考核，难以看到检察官个体的身影，检察官的意志和利益必须服从于部门的意志和利益，失去了个体能动性的发挥空间，也就难以彰显检察官所行使权力的司法属性。以员额制改革为核心的检察人员分类改革的目的就是要突出检察官的办案主体地位，从而为侧重以检察官个体业绩进行评价提供了基础；检察辅助人员是检察官办案不可或缺的助手，并且其除了单独的职业发展通道外还可以经过遴选成为员额制检察官，因而也应参照检察官的业绩评价内容设计评价指标。

（二）对检察人员的业绩评价应当尽可能以可考评甚至是可量化的方式进行

检察机关的人员考评一直都是采用普通公务员的考核标准和程序，即

---

[*] 作者单位：重庆市渝中区人民检察院。本文为2015年度重庆市人民检察院重点课题《检察官、检察辅助人员业绩评价机制研究》（项目编号：CQJCY2015B17）成果。

"个人自述—民主(群众)测评—部门推荐—机关领导审定"的方式来进行,缺乏量化指标,也缺乏客观性。对检察人员从事特殊的司法办案活动未进行客观评价,容易产生干多干少一个样的"大锅饭主义",或取决于个人人缘、领导青睐等不合理因素,无法促使检察人员将着力点放在办案主业上来。以可考评甚至是可量化的方式对检察人员进行业绩评价能够最大程度地将检察人员的办案工作予以客观化呈现,也能最大程度地将办案主力的检察官、检察辅助人员的办案能力可视化。

(三)对检察人员的业绩评价应设计相应的考核指标,同时这种考核指标也应是科学合理的

考核指标设计是业绩可考评或可量化的具体体现,完全不要考核的观点实质上是一种"大锅饭主义"思维,很少有人再坚持不要考核的观点,对考核的反对意见实质上是对考核指标不合理的反对而非对考核本身的反对,因而考核的指标设计必须合理,在国家层面已经废除对批捕率、公诉率、无罪判决率等不合理指标进行考核的情况下,对作为办案主体的检察官也不再适宜进行这些指标考核,而应将重点放在执法办案活动的量化评价和效果评价,既能引起检察官的重视,也能有效指引检察官规范司法行为、提高工作效能。①

(四)对检察人员的业绩评价结果应当着重予以激励意义上的运用

这包括两个层次的含义:第一个层次是检察人员的业绩评价应当以相应的结果来体现。在之前检察机关实施行政化管理体制之下,对检察人员的业绩评价结果并没有体现出其作用,没有作为检察人员职务晋升、检察官等级晋升和工资待遇晋升的依据,这就导致了业绩评价的虚无化,使得检察人员对考评持有"不求有功,但求无过"的无所谓心态。第二个层次是这种结果运用更多体现为激励意义上而非惩罚意义上。比如在收入保障上,根据《公务员法》的规定,检察人员依然属于国家公务人员,享有基本的工资和福利待遇保障,这是只要具备国家公务员身份的人都可享有的,而且已经按照级别、区域和岗位进行了等级划分。同时,检察人员业绩表现还要作为绩效考核奖励的依据,而这部分奖励就应根据检察人员业绩评价不同而予以差别对待。

二、以司法档案为中心构建检察官和检察辅助人员业绩考评体系

司法机关的主业是司法活动,检察人员的主业是检察办案活动,对检察人

---

① 重庆市黔江区人民检察院课题组:《检察官及辅助人员业绩评价机制的完善》,载《检察工作实践与理论研究》2016年第6期。

员业绩评价也应聚焦其办案活动。检察人员办案活动的客观化应体现在其司法档案中,司法档案是全面反映检察人员尤其是检察官和检察辅助人员办案数量、质量、效率和效果的载体,通过对司法档案内容的评价,可以更加客观化反映检察官和检察辅助人员的业绩。在西方法治较为发达的国家如法国,也为每位司法官建立了行政档案,包括司法官的公民身份、任命文件、司法级别、所受培训以及司法事故和纪律惩戒,司法官行政档案最核心的部分就是业绩考核。[1] 以司法档案为中心构建检察官和检察辅助人员业绩考评体系,同时需要注意处理好以下几个方面的问题:

一是司法档案记载内容的全面性。根据《检察官法》第26条之规定:"对检察官的考核内容包括:检察工作实绩,思想品德,检察业务和法学理论水平,工作态度和工作作风",司法档案应当围绕上述内容以办案为中心全面反映检察官和检察辅助人员的业绩。以公诉检察官为例,应从检察官的办案数量反映其总体工作量,从其案件起诉后被撤回起诉、被判无罪、诉判不一案件数量来反映其工作质量,从其提交检察官联席会议讨论情况和提交检委会讨论情况反映其独立承担办案责任情况,从其所办案件在本院和上级院的司法规范化检查中发现的问题反映其履职规范化情况,从其向侦查机关发出纠正违法通知书、向法院提出纠正违法建议和提起抗诉、向涉案单位提出检察建议的情况反映其履行法律监督职责情况。对于检察辅助人员,同样可以在司法档案中记载上述协助检察官办案的内容,虽然检察辅助人员不具有独立的办案决定权,但依然有机会参与协助检察官的办案活动,这些活动都可以反映在其司法档案中,并作为其单独职级晋升和参加检察官遴选的依据。

二是对司法档案记载业绩予以评价的科学性。有观点指出:"检察官的业绩考核办法亟需完善,否则司法责任制不可能真正落实。"[2] 虽然已有一些地方出台了检察官业绩考评办法,但最大的问题在于,如何确定不同业务条线检察官的合理工作量?当司法档案全面记载其办案活动后,应当建立合理的业绩评价指标,也即尽可能将其业绩内容予以客观化评价,尽可能避免对业绩内容的主观性评价。

三是保障档案被记载人的权利。不同于人事档案无法由被记载人查询,司法档案记载的都是可公开的业绩评价内容,并且关系到被记载人职级和薪酬晋

---

[1] 施鹏鹏:《司法行政事务管理与司法权的独立运行》,载《江苏社会科学》2016年第5期。

[2] 王玄玮:《检察机关司法责任制之规范分析》,载《国家检察官学院学报》2017年第1期。

升,理应赋予被记载人查询和提出异议的权利。司法档案内容由综合管理部门填写和个人填写两个部分组成,对于如办案量、司法规范化检查情况、是否被追究司法责任、是否有违反检察纪律行为、业务研修情况等客观内容,可直接由相关业务和综合管理部门为检察官和检察辅助人员填写,也可以减轻办案人员工作量,但应经档案所有人核对;对于有些只能由档案所有人自己掌握的办案内容,应当由档案所有人自己提供。

三、业绩评价结果的运用

马克思说过:"人们奋斗所争取的一切,都同他们的利益有关。"对检察人员进行业绩评价除了评判相关人员是否胜任其岗位,还应作为其职务晋升和薪资待遇的依据。重视业绩考评和注重考核结果的运用是世界各国检察官考核考评的两大特征,① 在法国,司法官业绩评价机构会综合司法官行政档案及其个人陈述作一书面的综述材料,包括对司法官员的总体评价以及所擅长的职位建议和是否需要进行培训,并在 28 个不同等级的评价标准中进行定级评价,晋升委员会则根据评价材料做出决定。② 业绩评价结果的运用应契合当下的司法改革要求,服务于司法改革,因此,在业绩评价结果运用上,应当注意以下几个方面:

一是建立考核优良和称职者的职务等级和薪资定期晋升制度。检察人员晋级制度一直存在一个缺陷,即职务等级与行政职级严格捆绑,但行政职级通常囿于公务员干部管理体制和检察机关自身级别而非常难以突破。这种问题在审判机关也同样存在,有学者实地调研发现,在三个法院的近年被提拔人员中,连续三年考核均为"优秀"的人员在竞聘上岗中并没有明显优势,相反只有一年获"优秀"的人员提拔概率更大,这说明考评结果与晋升提拔是相脱钩的。③ 在本轮改革中,应当以检察人员分类后的单独职务发展通道为契机,建立以业绩考评结果作为职级、薪酬晋升依据的制度。业绩考评结果可以分数为基础,按比例分为优秀、良好、称职、不称职等几个级别并计入其个人档案,并按照等级对应作为该年度绩效奖励的依据,以及职务晋升的依据。尤其是长

---

① 王欣、黄永茂:《国外检察官考核考评制度之比较及启示》,载《江苏大学学报》2013 年第 2 期。

② 施鹏鹏:《司法行政事务管理与司法权的独立运行》,载《江苏社会科学》2016 年第 5 期。

③ 王飞:《论法官考评机制的职业化构建——以激励理论为分析视角》,载《法治社会》2016 年第 1 期。

期考核优秀者,应奖励其比称职者更短的晋职时间和更多的加薪幅度,以及培训、休假方面的机会,从而激发其工作积极性,这是业绩评价结果运用的应有之义。

二是建立上下级检察机关检察官之间的流动制度。根据目前的司法改革政策,对各级检察院检察官和检察辅助人员等级设置了比例和最高限制,这显然受到了原有公务员管理体制的影响,即在建立检察官单独职务晋升通道的情况下,检察官的最高等级也不得高于所在地区的最高行政级别。这种限制使得检察机关的级别越高,检察官的级别普遍也越高,其他检察人员也如此,基层检察人员面临晋升级别的"天花板",容易使下级检察机关人员产生"干到底也不过如此"的消极想法。在确立检察官办案主体地位的要求下,其解决方法应是建立上下级检察院检察官之间的流动制度。按照司法改革要求,要建立上级检察院检察官从下级检察院遴选的制度,这就为优秀检察官获得更大的职级晋升提供了渠道。这种渠道应视为对优秀检察官的一种奖励,上级检察机关应在征求本人同意的情况下,根据检察官平时业绩表现,择优遴选检察官到上级检察机关任职,打造"能者上"的检察官等级晋升之路。对于除检察官外的其他检察人员,因其办案工作的辅助性,可通过第一点的逐渐晋升制度来逐步提高待遇。

三是根据业绩评价建立检察官与其他类别检察人员之间的流动制度。在人员分类管理和员额制改革已经实施的情况下,检察机关会将资源向作为办案主体的检察官倾斜,但由于并没有建立单独的人员分类招聘和发展制度,不同类别的检察人员依然可以进行流动,其他人员在符合检察官任职条件下,可以作为检察官候选对象,而业绩表现就应成为其最重要甚至是唯一的考评依据。

四、渝中区检察院业绩评价制度构建的探索与反思

(一)渝中区检察院业绩评价制度的实践探索

重庆市渝中区人民检察院是全国第二批司法责任制改革试点单位,在检察人员分类改革、检察官权力清单梳理、院领导和部门负责人带头办案等方面的改革走在了全国前列,积累了丰富的经验,也总结了很多有价值的研究成果,目前正在积极进行检察人员业绩评价体系构建,主要做了以下三方面的工作:

一是健全和完善检察官司法档案。渝中区检察院为检察官建立司法档案已有十余年的探索,2004 年以来已开始构建检察官执法档案工作机制,2008 年出台了《渝中区人民检察院检察官执法档案管理办法》,是重庆市首家建立推行检察官执法档案的单位,出台文件之初的目的即是"为了进一步完善检察官办案责任制,健全业务管理机制,加强对检察官执法工作质量的档案管理和

监督制约，使对检察官的绩效考核工作更加规范化、科学化"，但由于绩效奖惩制度的不到位，导致该制度在实际运行过程中形同虚设。在原来的司法档案中，除了检察官个人简历、自我个人年度总结和案件质量抽查记录这三样外就没有其他内容，导致司法档案几乎无运用价值，司法档案实际上对检察官毫无意义可言。在本轮司法改革过程中，根据重庆市检察院修订印发的《重庆市检察机关检察官司法档案管理办法（试行）》，渝中区检察院率先以司法档案为中心构建检察官业绩评价体系，并修改了原有的《检察官司法档案管理办法》，为不同业务条线的检察官设计了九大类表格，主要包括：检察官履行司法办案工作基本情况、检察官履行检察监督职责工作情况、检察官司法办案质量监督检查总体情况、执法办案绩效考核决定事项通知书、案件讨论和审议情况、执行办案纪律及司法责任追究情况、检察官司法技能情况登记表（调研、信息、宣传业绩，培训业绩和获奖情况），从而能够全面反映《检察官法》所要求的"检察工作实绩，思想品德，检察业务和法学理论水平，工作态度和工作作风"。

二是为每位检察官设计《岗位职责规范》和《业绩评价指标得分》。在最高人民检察院《关于完善人民检察院司法责任制若干意见》和重庆市《检察官、检察辅助人员业绩考评办法》的基础上，要求每个部门对每位检察人员设计《岗位职责规范》，设计专人专岗专责；在《岗位职责规范》基础上，以工作评价为核心，细化考评内容。以《公诉科检察官业绩考评办法》为例，设置满分100分，分为办案效率、案件质量、执法规范、诉讼监督四个考察部分，分别赋予分值10分、35分、20分和35分（为了突出检察机关的监督主业，赋予案件质量和诉讼监督同等分值）。每个部分再细化具体考核指标。在指标评价上，前三个部分主要实行扣分制，比如在"案件质量"部分，规定"收集、举示的证据被法院认定为非法证据予以排除的，1件扣1分""生效判决改变指控罪名、犯罪事实或者法定量刑情节的，经审查，检察官存在过错的，出现1件扣1分"等。在"诉讼监督"部分，主要实行加分制，如规定"排除非法证据的，1件加0.5分""按二审程序提出抗诉获上级法院支持的（由上级法院通知抗诉的除外），提请或建议提请按审监程序抗诉被上级院采纳的，1件加0.5分；抗诉案件获得上级院改判，1件再加5分"等。此外，检察官的司法作风评价、司法技能评价和职业操守评价各占一定比例，另有专门的考评办法和考评机构。

三是在全院以检察官为主体构建"一对一"办案组。除院领导外，基本上为每位检察官单独配备一名检察辅助人员协助办案，因而可以检察官《岗位职责规范》和《检察官业绩考评办法》为基础，设计检察辅助人员的协助办案规范，并对其协助参与的案件进行业绩考评打分。相对于检察官业务工作评价占总分100分的70分，检察辅助人员的业务工作评价分值稍低，占60分，而在司法作风评价中比检察官高10分，即占20分，司法技能评价和职业操守评价与检察官一样，均占10分。

（二）渝中区检察院业绩评价制度的反思

渝中区检察院的检察人员业绩评价体系构建尚在探索阶段，其面临的问题和未来的发展方向主要体现在以下三个方面：

一是非常依赖顶层设计和政策支持。无论是业绩评价内容和指标的构建，还是业绩评价结果与职务晋升的挂钩，都既是涉及检察人员切身利益的重大变革，又是涉及检察人事制度的重要改革，即使基层检察机关的热情再高，也无法在"于法无据"的情况下进行，否则可能引发各种不稳定因素。渝中区检察院在本轮司法改革中的检察人员分类改革和检察官权力清单改革中之所以能顺利推进，一方面可归因于十多年来积累的经验，因为渝中区检察院曾是全国首家检察人员分类管理改革试点单位，最早将检察人员划分为检察官、检察事务官和检察行政人员三类，并建立起了以检察官为核心的办案工作机制，与目前的改革方向和思路完全一致。另一方面也是因为这种单纯的检察权运行机制改革并没有过多涉及"利"的因素，在检察机关整体适用公务员管理方式的背景下，单纯的检察权运行结构改革并未触及到每个人最核心的利益问题。在构建检察官司法档案过程中，渝中区检察院是按照上级检察院的文件要求才使得改革"有法可依"，而进一步的检察辅助人员单独定级甚至各类检察人员的职务晋升制度，都有待顶层设计出来的制度和政策才能推行下去。

二是除检察官外，检察辅助人员的绩效考核指标尚不明确。由于前述顶层设计不足，检察辅助人员并没有自己的司法档案，其考评对象很大程度依赖自己的书面材料汇报，主观内容多于客观内容。此外，检察辅助人员绩效考评还存在与检察官办案职责界限不明的问题。按照相关文件规定，为检察官配备的检察官助理除了不享有决定权之外，可以承担法律文书草拟、复核证据等绝大多数工作，基层检察机关承办的大部分案件为适用简易程序处理的事实清楚、证据充分的案件，在实践中存在检察辅助人员可以完成一个案件绝大部分工作量的现象，但因其不具备决定权而没有自己的司法档案，也无法反映出其办案情况，显然并不合理，如果再与检察官的待遇差距过大，则会显得更不合理。

三是定性考评的科学性问题。除了业绩考评内容可根据办案数量、质量和效果等内容予以量化评分外，还有思想品德、工作态度和工作作风等方面的考评只能采用定性评分，这就涉及考评方法的科学性问题，只有合理的定性考评方式才能保证对被考评对象的公平性。由于定性考评的内容更多体现为外界的评价，可采用民主测评的方式进行，并引入案件有关联人的评价内容，如案件当事人、律师、侦查人员和法官等检察系统以外的人参与考评，但目前尚未建立一种合理的定性或定量考评体系。

五、结语

检察官、检察辅助人员的业绩评价机制虽不如检察体制改革那么理论深邃，也不像司法责任制改革那样居于核心地位，但业绩评价机制依然是检察体制改革的重要组成部分，直接涉及每个检察人员的切身利益，是实现司法体制改革权、责、利相统一的必不可少的组成部分。业绩评价机制是在检察人员已有公务员身份保障的情况下，试图通过激励机制来增强检察人员行使检察权的责任心和积极性，促使检察权公正且高效地被行使。对于这样一种既涉及检察人员切身利益，又要保障检察权行使的业绩评价机制，其建构既依赖于顶层设计，也依赖于科学合理的制度架构，还依赖于受影响群体的支持，牵扯内容繁多，需要全面的系统设计才能取得预期的效果。

部门负责人、检委会专职委员和检察长办案指标设置研究

徐莉莎[*]

习近平总书记 2015 年在中央政治局第二十一次集体学习时对司法责任制作出重要批示"凡是进入法官、检察官员额的,要在司法一线办案,对案件质量终身负责",孟建柱书记在多次讲话中都强调了领导带头办案的重要性。各地在落实一线办案要求时,仍然呈现出普通检察官落实一线办案要求较好、领导干部落实一线办案要求较差的现象。为推动领导干部办案,中央政法委出台了《关于严格执行法官、检察官遴选标准和程序的通知》(中政委〔2017〕9号,以下简称中政委通知),初步明确了部门负责人、检委会专职委员和检察长有关办案数量的指标,并提出了探索对领导干部办案情况进行考核的要求,各地也出台了规范性文件促进领导干部办案常态化,这对领导干部落实一线办案职责的改革要求起到了很大的促进作用。

一、部门负责人、检委会专职委员、检察长办案和设置办案指标的意义

部门负责人、检委会专职委员和检察长是依法履行检察职责的检察官,办案是其必须履行的职责。[①] 长期以来,部门负责人、检委会专职委员和检察长办案通过审批案件、参与检委会讨论案件、组织和指挥办案等方式来实现,诚然这也是履行办案职责的方式,但这种办案方式与司法责任制改革"凡是进入法官、检察官员额的,要在司法一线办案,对案件质量终身负责"要求不符。要改变部门负责人、检委会专职委员和检察长办案的现状,必须对其办案的各项指标予以明确,并以领导干部办案指标为标准对其进行考核,督促部门负责

---

* 作者单位:广东省人民检察院。

① 参见肖玮:《检察长直接办案体现司法活动亲历性》,载《人民日报》2007 年 12 月 11 日。

人、检委会专职委员和检察长带头深入一线办案,充分发挥示范引领作用,从而实现司法责任制改革的目标,构建公正、高效的检察权运行机制。

(一) 遵循司法规律的必要要求

完善人民检察院司法责任制改革的基本原则是坚持遵循司法规律。检察机关是国家法律监督机关,其职能是维护法律的正确实施,在履行审查逮捕、审查起诉、法律监督等职能时,检察人员需要对案件事实进行判断并准确运用法律,这就要求作出司法决断的检察人员必须亲身经历案件办理的全过程,直接接触和审查各种证据,直接听取诉讼当事人的陈述和辩解、诉讼参与人的陈述,即要遵循司法亲历性原则。① 部门负责人、检委会专职委员、检察长作为检察官对案件作出决定,通过听取案件承办人汇报、审核等方式来实现,这种办案方式与司法亲历性的要求矛盾,不利于检察职能的履行,不利于实现法律的公平正义。区别于审核等办案方式,合理设定部门负责人、检委会专职委员、检察长一线办案指标,可以引导领导干部回归检察官的身份,发挥其作为业务骨干的专业优势,提升办案质量,减少司法办案行政化。

(二) 引领检察业务发展的指挥棒

检察权是一种复合性权力,与法院审判权相比,它更为复杂,且有主动性的特征,没有确定的指标进行指引,检察业务很难做到全面发展。设置部门负责人、检委会专职委员、检察长办案指标,明确检察工作的关键环节和侧重点,不仅可以明晰不同案件工作量,且可对检察官、部门负责人、检委会专职委员、检察长工作进行合理分工,合理划分检察权力,使司法责任承担更加清晰,从而做到"谁办案谁负责,谁决定谁负责"。另外,部门负责人、检委会专职委员、检察长办案指标设置也是对其他检察官办案的指引,领导干部发挥带头办案的示范作用,推进检察业务全面协调深入发展。

(三) 领导干部考核的重要依据

对领导干部进行考核,除了考核影响其领导能力的管理绩效外,还应当回归检察官本身,对其办案绩效进行考核。办案数量和办案质量等办案指标是对检察官业绩考核的重要内容,部门负责人、检委会专职委员、检察长作为检察官,对其考核必然以办案指标作为主要内容,合理设置这些人员的办案指标,对领导干部的办案业绩进行考核,可促进部门负责人、检委会专职委员、检察长以办案为重点,提高办案责任感,着力提升检察机关业绩。

---

① 参见朱孝清:《与司法亲历性有关的两个问题》,载《人民检察》2015年第19期。

（四）对其他地区检察制度的借鉴

我国台湾地区在设置检察官的考核指标时，将办案成绩作为考核的重要内容，且办案成绩考核指标设置得非常详细，包括结案件数、结案速度、办案维持率等，以结案件数作为其办案数量的考核指标，由各检察署确定每月最低办案件数，以办案维持率作为其办案质量评判的重要依据。无论在年终考核、还是选任检察官时，我国台湾地区都将办案成绩作为考量的重要因素，以保证台湾地区检察官均为能办案的检察人员。① 检察长、检委会专职委员、部门负责人作为检察官，更需要对其办案指标进行合理设定，以指标为导向，提升检察长、检委会专职委员、部门负责人的检察业务能力，从而发挥其作为业务骨干的优势，促进检察业务发展。

二、现行办案指标设置现状

（一）办案指标设置的总体情况

为完善检察官办案责任制，落实入额检察官均需到一线办案的要求，上海、重庆、江苏、内蒙、广东②等地制定了关于领导干部直接办案的规范性文件，均设置了领导干部办案指标，各地检察机关领导干部按照规范性文件逐步落实直接办案的要求。中央政法委通知的规定和其他各省级院的规范性文件，或规定了办案数量指标，或规定了办案类型、办案要求指标，为领导干部践行一线办案要求提供了标准，也对领导干部从办案绩效的角度进行考核提出了明确的依据，一定程度上改变了领导办案责任制。

1. 关于办案数量。司法体制改革初期，上海市、江苏省检察院未明确规定具体数量标准，只原则性规定领导干部需要办理一定数量的案件，具体标准由各级院根据领导干部承担的管理事务和行政事务工作量参考其分管部门检察官人均办案数量确定；而重庆市、广东省、内蒙古自治区等检察院根据领导干部所处职位不同、所属检察院层级不同规定了有关办案数量的不同标准，除内蒙古自治区规定的标准符合中央政法委通知要求外，其他省份所规定的数量标准均少于中央政法委通知要求；此外，广东省检察院还区分了珠三角地区检察机关与其他地区检察机关领导干部办案数量的要求，重庆市检察院对直辖市院领导干部的办案量未做规定。中央政法委下发通知后，各地检察机关迅速按照

---

① 参见最高人民检察院法律政策研究室课题组：《我国台湾地区主任检察官制度研究》，载《人民检察》2016 年第 23 期。

② 本文关于各地实践探索材料来源于最高人民检察院内网上刊登的各地司改规范性文件和司改经验。

中央政法委的要求调整了本地区关于领导干部办案指标的设定，以检察官平均办案量为基准，从少到多对检察长、副检察长、检委会专职委员、部门负责人最低办案数量进行了规定。虽然中央政法委通知未对省级院领导干部办案数量标准作出规定，广东省检察院出台的领导干部办案规范性文件修订版中，仍规定省级院领导干部办案数量不少于检察官平均办案量的一定比例，江苏规定了省级院入额院领导每年直接办案不少于2件。

2. 关于办案类型。中央政法委通知要求领导干部要带头办理重大疑难复杂案件，而上海、广东、内蒙等地检察机关对领导干部办案重点的类型做了规定，即具有重大影响案件、重要监督事项、疑难、复杂案件、首例、新类型案件、在法律适用或证据运用方面具有指导意义的案件、上级检察院交办或本院提办的案件等，但这些规定均不是强制性规定。江苏省检察院将办案分为实体性办案、指导性办案和程序性办案三类，规定了领导直接办案必须是实体性办案，而重庆市检察机关则规定领导干部办理请示案件、评查案件等，也属于直接办理案件。

3. 关于办案要求。中央政法委通知对领导干部如何履行办案职责没有作出明确规定。各地在制定规范性文件时，均将亲历性要求作为领导干部办案的强制要求，即领导干部直接办案需要审查案件材料，依法提出案件处理意见或作出案件处理决定；收集、复核主要证据，讯问重要犯罪嫌疑人，询问关键证人；听取辩护律师或诉讼代理人意见；制作和签发法律文书；出席法庭或主持案件公开审查；对重大、有争议的案件开展释法说理，接待答复回复来信来访、情绪激烈的控告、举报和申诉人等。以避免领导干部办案走过场、走形式，遵循检察权运行规律。

4. 关于办案质量。对于办案质量指标，各地在探索时并未作出特别的规定，为了保证领导干部办案质量，规定了领导干部也如其他检察官一样接受监督，同时在绩效考核规范性文件中规定了所有检察官办案质量的标准。各地规定办案质量指标区别较大，有的仅作原则性规定，只要办案未出现瑕疵、未违反程序，且事实认定、证据采信、法律适用不存在问题即符合办案质量标准，如果案件被评为优秀案例，则对办案质量进行考核时，给予承办案件检察官予以加分；有的规定了较为细致的办案质量规定，区别公诉、侦查监督、职务犯罪侦查、民事行政检察、刑事申诉等案件的不同，设定了不同的办案质量标准，如将公诉案件将有罪判决率等作为办案质量指标，民事行政检察以检察建议采纳率、抗诉采纳率作为办案质量指标。

从办案数量上看，各地均根据部门负责人、检委会专职委员、检察长的党政事务、行政事务、管理事务多少区分其具体办案量。从办案类型来看，各地并未将领导干部办理疑难复杂案件作为领导办案的强制性要求,仅作为倡导性规定,部分检察机关考虑到检察机关案件类型的复杂性,区分了实体性办案、程序性办案和指导性办案,要求领导干部从事实体性办案。从办案要求来看,为推进司法责任制改革,均规定了检察官办案的亲历性要求,明确领导审批案件不属于直接办案。从办案质量来看,领导干部办案质量指标与其他检察官不无区别。

(二)办案指标设置存在的问题

司法责任制改革以来,各地检察机关逐步开展探索,部门负责人、检委会专职委员、检察长办案指标的设置已经日趋完善,但各地检察机关按照这一办案指标落实领导干部直接办案要求时,仍然存在一些无法解决的问题。

1. 办案指标设定标准不统一。仅规定了以检察官平均办案量为基准计算领导干部办案量,但未明确以哪个年度的检察官平均办案量来计算,有的地区以当年检察官平均办案量计算,有的地区以上一年度检察官平均办理量计算。而对于办案类型,一些地区规定只有实体性办案才能计入领导干部直接办案的类型,一些地区不仅将实体性办案计入领导直接办案的类型,而且将指导性办案也计入领导干部直接办案的类型,这必然会影响到领导干部直接办案考核的公平性。办案质量指标设定也不统一,有的规定得较为细致,有的规定的较为笼统,而规定较为细致的,办案质量具体指标设置又不太统一。

2. 办案指标设置过于笼统。由于检察机关职能较多,检察机关每个部门之间办案类型差异很大,平均办案量的计算标准,很多地区仅以办案件数进行计算,未考虑具体案件类型的复杂程度,也未考虑不同部门办案数量不能简单相加。这导致按照现有办案指标规定存在漏洞,对领导业绩考核可操作性不强。

3. 办案指标设定与工作实际脱节。按照中央政法委通知规定的要求,基层院副检察长办理案件要达到检察官平均办案量30%—40%,以广东珠三角地区公诉部门为例,很多基层院检察官平均办案量都达到150件以上,分管公诉案件的副检察长直接办案量要达到45件以上,而由于广东省的管理模式,副检察长还要承担大量的党务、行政、管理事务,能否承担这个数量的直接办案数还需要进一步论证。[①]

---

① 根据广东省人民检察院2014年《全省公诉部门人案匹配情况调研分析报告》显示,基层公诉部门检察官人均办案量46.1件较为合适。

三、办案指标设置需明确的几个问题

(一) 办案内涵的界定

司法责任制改革以来,对于办案内涵的界定就争议不断,在对部门负责人、检委会专职委员和检察长办案指标进行设定时,必须对办案内涵进行科学界定,才能设计科学合理、可操作性强的指标,为对领导干部考核提供切实可行的依据。就广义的办案而言,包含四个方面的内容:一是作为案件的承办人通过阅卷、讯问犯罪嫌疑人、听取辩护人意见、出庭等方式对案件进行审查、判断的行为;二是对办案进行审批、审核的行为;三是指挥、组织办案过程的行为;四是参加检察委员会对案件发表意见的行为。中央政法委通知并未对办案作出界定,各地检察机关在规范性文件中设置检察长办案指标时多数规定的是第一种行为的指标(即直接办案指标),后三种方式是部门负责人、检委会专职委员、检察长在司法责任制改革前办案的主要形式,司法改革后,通过区分检察长、检委会、检察官的职权即可以确定院领导这方面的办案量,无须对这些办案指标进行设定,且由于司法责任制改革后,为突出检察官的主体地位,对检察官授权幅度大,院领导通过后三种方式办案逐渐减少,为领导干部通过第一种方式进行办案提供了可能。另外,习近平总书记提出的是进入员额的检察官需要在一线办案,后三种办案方式不属于一线办案,只有第一种才是一线办案,符合司法亲历性原则。只有对这一种办案形式相关指标进行合理设定,才有利于部门负责人、检委会专职委员、检察长像普通检察官一样履行办案职责,减少行政性,提升司法性,提高司法公信力。因此,在设定部门负责人、检委会专职委员、检察长办案指标的情形下,对办案应当作狭义的定义,界定为办案检察官直接承办、审查并对案件作出决定。

(二) 办案类型的认定

从设置部门负责人、检委会专职委员和检察长办案指标实践情况可知,对办案类型的规定各地均不是强制性的规定,只是倡导性要求院领导带头办理一些疑难复杂的案件,这样的指标设置过于松散,且有可能导致部门负责人、检委会专职委员和检察长办理简单案件,不能发挥其作为业务能手对检察业务的推动作用。司法责任制改革的目标之一,即为突出检察官办案主体地位,落实"谁办案谁负责,谁决定谁负责"的目标,改变过去办案权与决定权绝对分离的情形,实现办案权与绝对权相对分离,使得真正承办案件的检察官成为简单案件的决定权主体。通过改革,以公诉部门为例,很多授权幅度较大的基层检察院普通检察官审查决定起诉案件达到90%以上。在规定部门负责人、检委会专职委员、检察长直接办案类型时，可作出强制性规定，即规定检察长、检委会专职委员、部门负责人必须直接办案决定权不能下放给普通检察官的案件，这有利于实现办案权与决定权的进一步统一，更符合司法规律，有助于提升检察办案的公平公正。另外，考虑到我国基层院公诉、侦监部门案件量较大，可作出倡导性规定，引导领导干部尽量办理公诉、侦查监督等诉讼属性较强的案件。

（三）办案数量指标考量

有观点认为无须设定办案数量指标。[①] 实际上，办案数量是最直观体现检察官办案业绩的指标，相比其他指标，这一指标更具有操作性，且更能体现检察官的工作量。[②] 在设定办案数量指标时，需要明晰以下几个问题：

第一，根据领导干部管理事务工作量设定领导办案数量指标。为增强办案指标设定的可操作性，增强对领导干部进行考核的合理性，考虑到与普通的检察官相比，部门负责人、检委会专职委员、检察长还需履行案件指导、审核、决定等办案工作，而由于各级院工作实际不同，关于办案数量指标设置不宜过于机械，以本院检察官平均办案量的一定比例来要求领导干部办案最低数额外，可以要求各级院根据本院工作实际来规定检察官办理案件的具体件数。

第二，明确基准的具体计算期间。对于检察官平均办案量计算区间应当予以明确，应当以本年度的检察官平均办案量为计算区间，因为设定办案数量指标后，对领导干部履职情况进行考核是以本年度工作情况为考核对象，与其他检察官比较考核成绩时也是当年的年度工作业绩作为比较对象，因此以过去三年，或者上一年度检察官平均办案量为基数计算均会有显失公平的嫌疑。

第三，进一步明确同部门不同办案类型件数比值计算标准。仅规定以检察官平均办案量比例设置领导干部办案指标，未明确检察官平均办案数计算的标准，不利于现实操作。同一部门检察官办理案件类型差别很大，一件案件分属于不同案件类型，那么其工作量不能直接对等，同一类型案件案情不同，工作量也不能直接对等。在计算检察官平均办案件数时，首先应当明确同一部门不同种类案件的件数比值，其次可以通过犯罪嫌疑人数量、案卷多少、案件涉及罪名的难度系数等指标计算同一种类案件不同案件之间因情况不同的件数比值，从而计算出同一部门的检察官平均办案数。

---

① 参见万毅、师清正：《检察官绩效考核制度实证研究——以 S 市检察机关为样本的分析》，载第四届国家高级检察官论坛论文集。

② 参见谢鹏程：《树立正确的办案数量观与办案质量观》，载《检察日报》2005 年 1 月 18 日。

第四,进一步明确不同部门办案指标计算。当检察长选择不同部门办案数时,如何计算是否达标仍然存在争议。由于不同部门办案职责差别很大,办理的案件类型差别很大,仅仅以案件数量简单相加计算不同部门检察官之间的平均办案量不符合实际。可考虑分别计算检察长在不同部门办案案件数占不同部门检察官平均办案量的比例后,二者相加更加公平合理。如检察长办理 A 部门案件为 a 件,A 部门检察官平均办案量为 A1,检察长办理 B 部门案件为 b 件,B 部门检察官平均办案量为 B1,该检察长达到检察官平均办案量比例为 $a/A1+b/B1$。

(四) 办案质量考量

各地检察机关对办案指标进行设定时,对于办案质量问题标准不一,不同部门之间办案质量标准设置也不统一。不同诉讼阶段诉讼职能不同,诉讼理念和标准也不一样,检察机关只要在诉讼中尽其所能发挥了职能作用,就不应当有其他的过多顾虑,不宜以无罪判决率以及改判率等诉讼结果作为办案质量的指标。司法实践千变万化,经常会出现某些影响定罪的不确定因素或者是案件上的认识分歧,若承办案件的检察官审查起诉时透彻分析了案件证据,对有分歧的问题提至集体讨论研究,最终决定对该案提起诉讼而法院判决无罪,那么该检察官已经较好地履行了自己的职责,不能否定该检察人员的审查起诉工作。笔者认为可设置指导性的办案质量标准,设置基础分和增减分。只要案件质量评查时,案件未有问题即检察官办理案件符合办案质量要求,可得到基础分,增分标准即为案件被上级机关、本级机关评定为优秀案件、指导性案件的,减分标准即在质量评查中被评查出问题的,根据具体问题的性质进行减分。

为检察机关绩效考核"正名"和"扬名"

许慧君[*]

检察机关绩效考核是对各级检察机关、检察机关各业务部门和检察官个人工作完成情况进行评估的一种司法管理手段。上可追溯至宋朝的官吏考核制度，近则分立于党委主导的传统人事考核方式。直至1995年，《中华人民共和国检察官法》专设第八章"考核"，明确对检察官的考核内容是"检察工作实绩，思想品德，检察业务和法学理论水平，工作态度和工作作风。重点考核检察工作实绩。"检察机关的绩效考核由此走上正规化、专业化的发展道路。最高人民检察院和地方各级检察机关先后出台了多个考核方案，借助信息化操作平台，作为上级检察机关领导下级检察机关以及一级检察机关内开展检察官晋职晋级和奖励惩戒工作的有效方式，得以普遍应用并形成常规化运行机制。

近年来，随着司法改革的进一步深入，检察机关绩效考核逐步接洽司法责任制和人员分类管理制度，新增为进入和退出员额提供依据的功能。为了更科学、合理地开展遴选，2017年9月最高人民检察院《最高人民检察院机关检察官业绩考核办法（试行）》，部署新一轮的绩效考核工作。地方各级检察机关也正在按照该办法的指导原则，紧锣密鼓地制定新办法、新指标。

就在检察机关绩效考核在司法管理中的权重日益增长的同时，质疑之声也愈演愈烈。从最初的废除之争，所谓"业务考评制度属法律规则之外的'规则'……缺乏正当性"[①]，到如今的效果存疑：有批评以三机关"流水作业"为立论，提出考核指标导致刑事程序倒流，进而异化为打击犯罪指标的累加，对保障人权的激励不足[②]；也有学者表达对于量化指标的隐忧，认为"简单的数字化管理，不符合案件的复杂性和多样性，以及司法受社会时空条件影响的

---

[*] 作者单位：最高人民检察院检察理论研究所。

[①] 禹得水：《关于检察机关绩效考核制度的调查报告——以H省L县人民检察院公诉绩效考核制度为样本》，载《中国刑事法杂志》2015年第2期。

[②] 禹得水：《关于检察机关绩效考核制度的调查报告——以H省L县人民检察院公诉绩效考核制度为样本》，载《中国刑事法杂志》2015年第2期。

现实情况，容易扭曲诉讼行为，以致产生'好事变坏事'效应，即办案不以司法公正为标准而以符合考核指标体系为导向，采取种种不当举措，功利化地追求指标排名"①。

虽然角度不同，但上述质疑均隐藏着同一个逻辑，即检察机关绩效考核被理所应当地划拨到法律规则和司法公正的对立面。更准确地说，是检察机关绩效考核所代表的"司法管理"，被放置于"司法"的"千里之外"了。就源起而论，这种认知和现实与前述我国检察机关绩效考核发轫于党委主导的人事考核不无关联。绩效考核的基本单元是检察官而非检察权，以人事作为出发点和落脚点的考核体系由于不能紧密贴合检察权的配置与运行，不仅难以放眼检察制度全局，还常常成为"局外"的负累。所以承受造成"流水作业"、过度的程序倒流、重打击轻保护、妨碍诉讼、不当追求排名等司法乱象之责难在所难免。但是这些问题的起点并非绩效考核制度或者数字化管理模式本身，杜绝司法乱象的终点更加不能"一刀切"地废除制度或者转变模式。实行这一制度和模式是承继历史经验和顺应时代要求的必然之举，同样需要承继和顺应的还有我国的司法体制和制度环境。在现有的制度环境下，检察机关绩效考核拥有着比立法更及时有效的管理优势。以此优势作保，如果可以突破人事的窠臼，以检察权配置运行为基点铺排考核指标，通过调整考核指标的内容和分布——对于应当坚守的特色制度、优良传统，在考核中进行强调和鼓励；对于需要摒弃的错误做法、滞后理念，将其作为否定性指标进行惩戒和预防。使考核指标紧贴法律规则并统一于司法公正的功能定位，检察机关绩效考核将成为我国司法体制扬长避短的利器和检察公信继往开来的良机。本文正是以此立场为检察机关绩效考核"正名"和"扬名"。

一、以检察机关绩效考核修正司法体制

1979年刑事诉讼法第5条规定："人民法院、人民检察院和公安机关进行刑事诉讼，应当分工负责，互相配合，互相制约，以保证准确有效地执行法律。"1982年《宪法》第135条对此加以明确。分工、配合、制约由此成为指导和处理检察机关与人民法院、公安机关相互关系的首要原则。这一原则也被借鉴应用到检察机关各业务部门的相互关系中。最高人民检察院《人民检察院刑事诉讼规则（试行）》（以下简称《刑诉规则》）第5条规定："人民检察院按照法律规定设置内部机构，在刑事诉讼中实行案件受理、立案侦查、侦查

---

① 陈光中、龙宗智：《关于深化司法改革若干问题的思考》，载《中国法学》2013年第4期。

监督、公诉、控告、申诉、监所检察等业务分工,各司其职,互相制约,保证办案质量。"除了分工、配合、制约关系,1983年《人民检察院组织法》第5条还率先确立了检察机关在刑事诉讼中的监督权,这就意味着检察机关与公安机关、人民法院之间产生了另一层关系——监督与被监督的关系。检察机关既是监督者,自身也要接受监督,检察机关的内部同样也形成了监督关系。

上述体制曾在"文化大革命"后担当起重建检察制度的使命,为恢复法制建设、稳定社会秩序作出了重要贡献。然而应激式诞生的体制,对于检察制度的理论储备并不充分。

对照现代法治理论立即显现出结构上的缺陷——"法官不中立,审判不独立","控审不分离,控辩不平等"①;在我国司法实践中也显现出各种弊病,比如"不能严格依照法定分工开展诉讼活动""侦查权过于膨胀,形成'一家独大',事实上难以制约"②"过度强调互相配合""制约失衡现象严重"③等等。

为了解决诉讼结构的理论问题,检察研究达成了"一元二能论"的大致共识:检察机关行使诉讼职能,与公安机关、人民法院是分工、配合、制约的关系;行使诉讼监督职能,则是监督与被监督的关系。④并且,在检察机关内部同样存在这两层关系。由此实现了我国特色司法体制的理论自洽。然而高屋建瓴的学术归纳毕竟难以直击林林总总的实践难题。即使了解个中分晓,一线办案人员依然有可能各行其是。难道"一元二能论"只能止步于理论的高阁?并非如此。实际上除了理顺上述关系,这一理论还树立了一个检察研究的范本:相较于拔高视域对检察制度进行整体定性和分析,从"职能"切入更加贴近我国检察机关身兼数职、职权多元的配置,更能获取与配置相容、于运行有现实指导意义的理性思考。在这一点上,与职能几乎一一对应的绩效考核制度可以比"一元二能论"走得更远。加之其与检察机关或检察官的利益攸关,利用绩效考核正确落实检察机关在对外和对内分工、配合、制约、监督关系中的职责,具有纯粹灌输理论或是调整规范无可比拟的时效优势。

---

① 卞建林:《健全司法权分工配合制约机制的思考》,载《河南社会科学》2015年第1期。

② 卞建林:《健全司法权分工配合制约机制的思考》,载《河南社会科学》2015年第1期。

③ 左卫民:《健全分工负责、互相配合、互相制约原则的思考》,载《法制与社会发展》2016年第2期。

④ 参见卞建林、许慧君:《论刑事诉讼中检察机关的职权配置》,载《中国刑事法杂志》2015年第1期。

（一）明确分工

对于"分工"的理解，一般是各尽其职、各负其责，在职责范围内进行活动。检察机关对外涉及与公安机关、人民法院以及其他机关的职权区分，对内根据具体职能的不同有部门分工。除了厘定职责，法律中的"分工"还有另一层含义——对于不属于职责范围内的部分事项，具有移送的义务，以此作为对职责分工的强调和补充。

1. 关于"职能分工"。就外部而言，在我国检察制度初建时期，专门机关职权分工一度陷入混乱，先是将检察机关的公诉权交由公安机关，随后又将兼行侦查权和公诉权的公安机关与审判机关合署办公，最后在"砸烂公检法"的错误口号中被全盘废除。吸取历史的沉重教训，1979年通过的我国第一部刑事诉讼法第3条规定了专门机关的职权分工，其中，"批准逮捕和检察（包括侦查）、提起公诉，由人民检察院负责"。1996年刑事诉讼法修改时将第3条表述调整为"检察、批准逮捕、检察机关直接受理的案件的侦查、提起公诉，由人民检察院负责"，并增加第8条："人民检察院依法对刑事诉讼实行法律监督"。这些职权在检察机关内部被细化为具体业务，形成业务部门。不同级别、地域的业务部门的设置不同，承担的工作内容也不同。以北京市人民检察院为例，其公诉部门承担的工作包括："负责对全市检察机关刑事犯罪案件审查起诉、出庭公诉的综合指导；负责对全市特别重大的一审刑事案件审查起诉和出庭支持公诉；对市高级人民法院开庭审理的死刑等二审上诉的刑事案件，履行出庭职责；负责刑事被害人刑事救助工作；办理下级人民检察院涉及定性定罪疑难刑事犯罪案件的请示；负责对本院侦查部门查办职务犯罪案件的介入侦查、引导取证工作；对下级人民检察院职务犯罪不起诉决定进行审查；研究制定全市公诉工作计划。"在设计其绩效考核时，应当为上述工作匹配相应的指标，进行记数和计量，以及进行效率和效果的把控，作为本院对于公诉业务的综合评价（如此类推至其他业务部门）。涉及不同级别或地域的同一业务部门的比较、排名时，则要以求同存异为原则，对于相同工作直接进行对比，不同工作可以综合数量、质量、效率、效果指标，转化后再作比较。

2. 关于"移送"。高检院《刑诉规则》出现"移送"共计194次，除了诉讼程序衔接上的"移送"比如侦查终结"移送"审查起诉，属于侦查权范围内的职责；还有因为超出职责范围而进行的移送，包括检察机关与其他机关之间的移送和检察机关各部门之间的移送。控告检察部门或者举报中心统一受理报案、控告、举报、申诉和犯罪嫌疑人投案自首。对不属于检察院管辖的，比如涉及公安机关管辖的犯罪，移送同级公安机关；未构成犯罪，决定不予立案，但需追究其党纪、政纪责任的，移送有管辖权的主管机关；因犯罪嫌疑人死亡以外的原因撤销案件时，对于查封、扣押、冻结的犯罪嫌疑人违法所得及其他涉案财产需要没收的，提出检察建议，移送有关主管机关处理。属于检察院管辖的，移送相应的业务部门比如发现自侦线索移送侦查部门；涉嫌阻碍辩护人、诉讼代理人行使诉讼权利或者有非法取证行为等情形，移送侦查监督部门；关于法院决定的强制措施存在违法的线索，则需移送公诉部门。

检察机关在处理此类"移送"时也需要投入一定的人力、物力，将其纳入绩效考核范围可以激励检察机关和检察人员尽可能地先接受案件、线索或者是控告、举报、申诉、意见等，对于提高争端解决效率、维护社会秩序稳定具有重要意义。根据移送的内容在检察机关的绩效考核中设置如下加分指标：移送公安机关立案（监督）线索；移送侦查监督线索、移送羁押必要性审查线索，移送审判监督线索，移送自侦案件线索（侦查部门除外）、移送没收违法所得线索等。除了移送数量，绩效考核还应当对移送前的审查是否完备、移送是否及时、移送的手续和材料是否齐全、移送的机关或部门是否正确等进行移送质量、效率、效果的综合评价。

（二）规范配合

"配合"二字对于司法体制，本就多受诉讼结构理论诟病。当它出现于统摄刑事诉讼法的总则中，并且位于"制约"之前，就更加吸引众目睽睽，进而被有意或无意地放大。所谓"重配合、轻制约"，甚至"只配合、不制约"便成为对这一关系的一种实践经验和理论直觉。但是法律词汇与经验、直觉并不能也不该一一对应，除了严格的语义解释，它还受制于体系解释、目的解释等多种解释方法。针对办案实际，高检院《刑诉规则》明文规定了公检法机关、异地检察机关以及检察机关各部门之间的各种协调、配合和协助的规则（详见表一：高检院《刑诉规则》中的"配合"），根据这些规则对"配合"进行限缩解释，不仅可以免于陷入根据经验、直觉全盘否定后又无法架构新制度的尴尬，也可以为检察工作秉承中国特色提供理性、可行的指导。至于历史上曾经出现的"以一长代三长，以一员代三员""下去一把抓，回来再分家"等三机关联合办案，以及现如今依旧存在的控审不分的暗箱操作或者检警关系的异化失调，本就超出了"配合"的法定界限。要解决这些问题，否定"配合"反而证成了其"合法性"，"制约"不力、"监督"不足才是症结所，对此将在后文展开详述。

三、检察官办案的界定和指标设置

表一：高检院《刑诉规则》中的"配合"

主体	事项	内容	高检院《刑诉规则》
检察机关与公安机关之间的配合	管辖	涉及公安机关管辖的刑事案件，移送公安机关；涉嫌数罪的案件，部分罪名属于公安机关管辖的，公检配合。	第12条
	手续衔接	如特别重大贿赂犯罪案件的犯罪嫌疑人被羁押或者监视居住的，送交看守所或者送交公安机关执行时书面通知看守所或者公安机关，安排会见需要经检察院许可	第45条
	强制措施	监视居住商请公安机关对犯罪嫌疑人采取电子监控、不定期检查等监视方法，以及对于自侦案件犯罪嫌疑人的通信监控	第117条
		拘留犯罪嫌疑人，必要时检察院可以协助公安机关执行	第131条
	其他侦查活动	邀请公安机关协助搜查	第223条
		商请公安机关参加或者协助辨认	第262条
		交公安机关进行技术侦查	第263条
		商请公安机关办理边控手续，防止涉案人员逃往境外	第271条
		检察可以派员适时介入重大、疑难、复杂案件的侦查活动，对收集证据、适用法律提出意见，监督侦查活动是否合法	第361条
		商请侦查机关派员参加检察机关自行进行的鉴定	第366条
		商请公安机关派员参加检察机关自行进行的复验、复查	第369条
	监督	报上一级人民检察院协商同级公安机关，处理本级公安机关在收到通知立案书或者通知撤销案件书后超期不予立案或者既不提出复议、复核也不撤销案件的，在检察院应当发出纠正违法通知书予后仍不纠正的情形	第560条

续表

主体	事项	内容	高检院《刑诉规则》
检察机关与法院之间的配合	管辖	人民检察院在立案侦查中指定异地管辖，需要在异地起诉、审判的，应当在移送审查起诉前与人民法院协商指定管辖的相关事宜	第18条
	开庭准备	配合法院证人保护工作	第428条
		二审开庭无法在一个月内完成查阅或调阅案卷材料，商请法院延期审理	第474条
异地检察机关之间的配合	例如管辖	对管辖不明确的案件，可以由有关人民检察院协商确定管辖	第16条
	例如查封、扣押	跨辖区查封、扣押，商请被查封、扣押财物和文件所在地的人民检察院协助执行	第235条
检察机关各业务部门之间的配合	手续衔接	例如对公安机关提请批准逮捕的案件，侦查监督部门将批准、变更、撤销逮捕措施的情况书面通知本院监所检察部门	第326条
	协助办案	例如监所检察部门在刑罚执行和监管活动中发现自侦线索，商请侦查部门协助初查	第169条

从表一可以看出，高检院《刑诉规则》中规定的"配合"针对的是程序

性事项。其中，对于检察机关与公安机关之间的配合规定的较多。公安机关具有实施侦查的人力、物力和技术优势，可以为检察机关采取强制措施和侦查行为提供相应支持；检察机关在证据收集、审查方面具有规范、系统的优势，能够帮助公安机关更好地收集、固定和完善证据。关于前种配合，虽是商请公安机关提供协助，但是商请、协商、协调也需要耗费一定的司法资源，应当在绩效考核中计入；至于后种配合，在实践当中更多地发生在检察院业务部门之间，例如上文提及的北京市检察院公诉部门的职责中就有一项："负责对本院侦查部门查办职务犯罪案件的介入侦查、引导取证工作"，但是并未提及对公安机关的介入侦查、引导取证。事实上，我国理论界对于公诉指导侦查的探索由来已久，但是鉴于历史上废除检察机关由公安代行追诉的教训，对"检警一体"的模式设置始终保持警惕。加之受一切服从于打击犯罪的主流刑事意识影响，实际上形成警主检辅，以侦查为中心，公诉职能在一定程度上是从属于、依附于侦查职能打击犯罪的。[①]绩效考核恰好为这种关系的转变提供了一个契机：公诉部门面临着审判对公诉质量的检验，对于侦查终结移送审查起诉的案件必须按照审判的证据、程序要求进行把控；公安机关出于内部考核的压力，必须调整观念服务起诉、接受公诉部门的指导，以避免在后续环节中出现对侦查行为和证据的否定性评价。这是通过减分指标由制约关系施加的配合的压力。从检察机关的角度，对介入公安机关侦查、引导取证设置加分指标可以再添激励。两种手段的结合将对向检主警辅的应然过渡大有助益。

检察机关与法院之间的配合则截然不同。控审不分是现代刑事司法的禁忌。高检院《刑诉规则》只对管辖和开庭准备事项规定了商请和配合需求。对检、法之间的配合应当以这些事项为界。设置相应的加分指标可以起到申明和强调的作用。

至于异地检察机关和本院各部门之间的配合。检察机关实行上下一体的领导体制。各地和各级检察机关之间具有职能协助的义务。检察官之间和人民检察院之间在职务上可以发生相互承继、移转和代理的关系。所以此类配合在规范和实践中是极为频繁的，上表所列事项仅稍作举例。对此类配合也应当设置加分指标予以肯定。

（三）敦促制约

"制约"要求按照法律规定的分工和职权，互相约束，互相防止和纠正在

---

① 参见陈兴良：《警检关系的构造》，载樊崇义主编：《刑事审前程序改革与展望》，中国人民公安大学出版社2005年版，第388页。

诉讼过程中可能发生的错误，以保证正确地执行法律。分工、配合、制约机制中的"制约"关系发生在侦查、起诉和审判之间。

1. 关于侦查与起诉的相互制约。如前文所述，公安机关与检察机关之间的配合较多，对于检察介入侦查、引导取证的呼声也由来已久。有学者据此提出"改变过去那种'平行'制约的关系""减少甚至取消警察对检察的制约，重点加强检察对侦查的监督"。① 本文认为，我国的"分工、配合、制约、监督"是彼此依存的关系。取消制约、检警一体则意味着不分工，既是一体自然也不再是配合，侦查、起诉合二为一会使诉讼监督更难落实。反之，注重配合、规范制约、强化监督，此三者不但并行不悖而且相得益彰。本文基于该种思路开启绩效考核对侦查、起诉制约关系的调整。

在我国，侦查与起诉之间的制约关系主要集中于审查起诉环节。对大多数案件，侦查终结移送审查起诉是公诉权的起点，也是起诉与侦查制约关系的开端。没有侦查就没有起诉，起诉围绕侦查内容展开。侦查移送起诉后，检察机关需要查明多项内容，包括：犯罪嫌疑人身份状况是否清楚；犯罪事实、情节是否清楚，证据是否确实、充分；有无应当排除非法证据的情形；认定犯罪性质和罪名的意见是否正确；随案移送材料是否齐备，侦查的各种法律手续和诉讼文书是否完备；有无遗漏罪行和漏犯；是否属于不应当追究刑事责任的；有无附带民事诉讼；对于国家财产、集体财产遭受损失的，是否需要由人民检察院提起附带民事诉讼；采取的强制措施是否适当，对于已经逮捕的犯罪嫌疑人，有无继续羁押的必要；侦查活动是否合法以及涉案款物是否按照规定妥善处理等。检察机关可以要求侦查机关进行鉴定、复验、复查，提供获取物证、书证、视听资料、电子数据、制作勘验、检查、辨认、侦查实验等笔录的有关情况，对证据收集的合法性作出书面说明或者提供相关证明材料，认为犯罪事实不清、证据不足或者遗漏罪行、遗漏同案犯罪嫌疑人等可以退回侦查机关补充侦查或者自行侦查要求公安机关提供协助。经过上述审查之后，检察机关作出起诉与不起诉的决定，形成对侦查的最终制约结果。

运用绩效考核对侦查和起诉之间的制约关系进行调整，可以通过鼓励、控制和惩戒相结合的方式。首先，对于审查起诉工作的计量应以完成上述所有审查内容、并且流程规范、记录翔实为前提。反之，则要进行减分以作惩戒。其次，对于在审查起诉中发现漏罪、漏犯、附带民事诉讼线索（公益诉讼线索）、非法证据排除线索设置加分指标予以鼓励。最后特别强调的是，对于退

---

① 樊崇义：《"以审判为中心"与"分工负责、互相配合、互相制约"关系论》，载《法学杂志》2015 年第 11 期。

回补充侦查的限制。为了杜绝对退回补充侦查的滥用，避免侦查机关以此为由不必要地延长侦查羁押期限，刑诉法规定"对于退回公安机关补充侦查的案件，应当在一个月以内补充侦查完毕，补充侦查以二次为限。"有的检察机关进一步从严要求，对退补规定比例进行限制，一次退补率不高于30%，二次退补率不高于10%。对超出比例需要退补的案件，检察人员可以自行补充侦查或者作出不起诉决定，如果执意退补就必须承担减分的风险。本文认为，对于自侦案件也应当适用此限制，以此加强对所有案件侦查质量的制约。

2. 关于起诉与审判的相互制约。起诉与审判的相互制约存在于庭前审查、一审程序和二审程序。一是庭前审查中的制约。按照刑事诉讼法的规定，法院对于检察机关的起诉进行形式审查，审查的内容主要包括是否属于本院管辖，起诉书是否载明所需信息，侦查、审查起诉程序的各种法律手续和诉讼文书是否齐全；有无刑事诉讼法第15条第（二）项至第（六）项规定的不追究刑事责任的情形，等等。对于不属于本院管辖或者被告人不在案，裁定准许撤诉的案件，没有新的事实、证据，重新起诉以及符合刑事诉讼法第15条第（二）项至第（六）项规定情形的，裁定终止审理或者退回检察院。二是一审程序中的制约。起诉决定审判的范围，裁判评价起诉的质量。就前者而言，现代刑事诉讼普遍要求不告不理、诉审同一。但是这一指导原则在我国并未贯彻到底。最高人民法院《关于适用〈中华人民共和国刑事诉讼法〉的解释》在肯定检察机关补充、变更、撤回起诉权力的同时，还在第241条规定了审判改变起诉罪名的内容。同时，第243条规定："审判期间，人民法院发现新的事实，可能影响定罪的，可以建议人民检察院补充或者变更起诉；人民检察院不同意或者在七日内未回复意见的，人民法院应当就起诉指控的犯罪事实，依照本解释第二百四十一条的规定作出判决、裁定。"换句话说，审判中出现新事实，检察院未补充或变更起诉的，法院也可以自行认定作出判决。就后者而言，无罪判决是对起诉质量的直接否定，即使是有罪判决也存在与起诉的事实和证据有重大出入的情形。三是二审程序中的制约。在刑事诉讼法和高检院《刑诉规则》中，二审抗诉被视作是审判监督的内容。但是本文认为，检察机关对第一审判决、裁定的抗诉，实质上是提起公诉、支持公诉的继续，是为了维护和实现己方的诉讼主张。赋予公诉方上诉或抗诉的权力（利），既体现了对诉权的保障和救济，也是诉权对审判权制约的一种程序设计。

通过检察机关绩效考核调整起诉与审判之间的上述制约关系，可以从起诉质量指标切入。程序上的质量指标应当包括起诉符合庭前审查要求、未被退回检察院以及二审抗诉未被上级检察院撤回；对于结果上的质量指标，可以参照北京某区检察院拟定的内容，包括：无上级院以《案件质量复查专刊》等书面形式通报的质量不高的案件，无被案件评查认定为错案或者重大质量问题的案件；无撤回起诉、判决无罪或者被法院改变重大案件事实（如身份、案件数额、犯罪形态、主从犯、自首、立功、累犯等）及定性且未提起抗诉的案件（刑事和解、法律法规发生变化、关键证据发生重大变化、对法律规范及证据标准的理解和认识不一致在专业认知范围内能够予以合理说明的除外），以及不起诉案件复核改变或提请检委会意见否定并获得法院判决支持的不超过1件。

（四）强化监督

通过1996年刑事诉讼法的修改，检察机关在刑事诉讼中的法律监督地位得到明确和强化，先前检察机关进行刑事诉讼监督时依据不足、措施不力的局面有所缓解和改善。但与此同时，由于方方面面的因素，检察机关的监督工作依然面临着不少问题，监督不力的情况并未得到根本好转。在总结司法实践经验和理论研究成果的基础上，2012年刑事诉讼法强化了检察机关对刑事诉讼法的律监督，根据修改后的立法，高检院《刑诉规则》第十章和第十四章对诉讼监督细分为以下九个方面的内容：

1. 刑事立案监督。包括对应当立案而不立案的监督和对不应当立案而立案的监督。

2. 侦查监督。包括侦查活动监督和审查批捕。高检院《刑诉规则》第565条规定了20项有关侦查活动的监督内容。其中，涉及取证的包括：刑讯逼供，暴力取证，伪造、隐匿、销毁、调换、私自涂改证据或帮助当事人毁灭、伪造证据，徇私舞弊、放纵、包庇犯罪分子，故意制造冤、假、错案，非法拘禁他人或者以其他方法非法剥夺他人人身自由、非法搜查他人身体、住宅或者非法侵入他人住宅，非法采取技术侦查措施；对侦查中的程序性内容进行监督的有：不应当撤案而撤案，对与案件无关的财物采取查封、扣押、冻结措施或应当解除查封、扣押、冻结不解除，贪污、挪用、私分、调换、违反规定使用查封、扣押、冻结的财物及其孳息，应当退还取保候审保证金不退还，违反刑事诉讼法关于决定、执行、变更、撤销强制措施程序规定，侦查人员应当回避而不回避，应当依法告知犯罪嫌疑人诉讼权利而不告知影响其权利行使，阻碍当事人、辩护人、诉讼代理人依法行使诉讼权利，讯问犯罪嫌疑人依法应当录音或者录像而没有录音或者录像，对犯罪嫌疑人拘留、逮捕、指定居所监视居住后依法应当通知家属而未通知，等等。除了侦查活动监督，审查批捕一般也由侦查监督部门承担。侦查监督部门对是否符合逮捕条件、犯罪嫌疑人有无特殊情况（未成年人、盲、聋、哑人或者是尚未完全丧失辨认或者控制自己行为能力的精神病人等）、侦查活动有无违法行为等实行监督。

3. 审判活动监督。对于审判活动的监督主要是程序性事项和职权正当性内容,包括:违反管辖规定,违反法定审理和送达期限,法庭组成人员不合法或违反回避规定,审判违反法定程序,侵犯当事人和其他诉讼参与人的诉讼权利和其他合法权利,故意不收集、毁弃、篡改、隐匿、伪造、偷换证据或者其他诉讼材料,违反刑事诉讼法关于决定、执行、变更、撤销强制措施的规定,违反查封、扣押、冻结财物及其孳息的相关规定,以及索取、收受当事人方财物、利益或者徇私枉法,故意违背事实和法律作枉法裁判,等等。

4. 刑事判决、裁定监督。高检院《刑诉规则》将二审抗诉和再审抗诉都作为对刑事判决、裁定监督的方式。其中,二审抗诉主要针对的是事实不清、证据不足、适用刑罚明显不当、认定罪名、罪数不正确以及严重违反法律规定的诉讼程序等情形。再审抗诉在二审抗诉内容的基础上,还增加了据以定罪量刑的证据依法应当排除未排除、主要证据之间存在矛盾的、主要事实依据被依法变更或者撤销、违反追诉时效期限规定以及审判人员在审理案件时有贪污受贿、徇私舞弊、枉法裁判行为。但是如前所述,本文认为二审抗诉不属于诉讼监督,而是公诉权对审判权的制约。

5. 死刑复核法律监督。最高人民检察院对最高人民法院的死刑复核活动实行监督。发现在死刑复核期间的案件有不应当核准死刑,有新情况、新证据、可能影响被告人定罪量刑,严重违反程序规定、可能影响公正审判,或者司法人员在办理案件时,有贪污受贿、徇私舞弊、枉法裁判等行为的,向最高人民法院提出意见。省级人民检察院负责制作提请监督报告连同案件材料及时报送最高人民检察院。

6. 羁押和办案期限监督。检察机关对羁押期限和办案期限是否合法实行监督。犯罪嫌疑人、被告人被逮捕后,检察院要进行羁押必要性审查。

7. 看守所执法活动监督。包括对看守所收押、监管、释放犯罪嫌疑人、被告人的监督和对看守所代为执行刑罚的监督。收押、监管过程中出现监管人员体罚、虐待在押人员或通风报信、私自传递、帮助伪造、毁灭、隐匿证据或者干扰证人作证、串供,违法对在押人员使用械具或者禁闭,未将未成年人与成年人分别关押、收到申请、申诉、控告、举报,不及时转交、违反会见规定等情形,检察机关应当提出纠正意见。代为执行刑罚时,看守所将被判处有期徒刑剩余刑期在3个月以上的罪犯留所服刑、将未成年罪犯留所执行刑罚以及将留所服刑罪犯与犯罪嫌疑人、被告人混押、混管、混教等,也需要接受法律监督。

8. 刑事判决、裁定执行监督。包括在执行死刑、罪犯收押、暂予监外执行、减刑、假释、社区矫正以及对法院执行罚金刑、没收财产刑以及执行生效判决、裁定中没收违法所得及其他涉案财产活动中,对程序合法性、主体适格性、执行人员的规范操作实行监督。

9. 强制医疗执行监督。检察机关对强制医疗的交付执行和收治实行监督。

由上可见，由高检院《刑诉规则》规定的诉讼监督职能非常细致、全面。针对如此繁杂的内容进行考核，需要注意以下事项：首先，不同监督内容发生的频次、监督的难度、耗费的时间、人力、物力投入等并不相同，设计检察机关绩效考核指标时应当综合考虑这些因素，进行区分统计。其次，为了鼓励诉讼监督职能的行使。对于主动进行监督的绩效认定应当稍高于接到举报、控告、申诉或者接受移送等被动获得监督线索的情形。尤其是对于创新监督手段、积极履行监督职责的检察官在绩效考核中应当给予一定的奖励。再次，与监督的数量、质量同等重要的是监督程序的完备和规范性。包括发现或接收监督线索有无及时、规范记录，启动监督、调查核实监督线索的时间、地点、手段、方式是否合规，是否按照法律规定发放相关文书，被监督对象是否按期回复或纠正，以及是否及时将调查结果反馈举报人、控告人或申诉人等。对于监督程序的残缺或失范应当在绩效考核中作为减分指标以作约束。最后，上述诉讼监督内容实际上集结了刑事司法中所有可能影响当事人合法权益的非法职权行为。对于其中由检察人员实施的非法行为，应当在本部门业务考评中进行相应的否定性评价。

二、以绩效考核促立检察公信

《中共中央关于全面推进依法治国若干重大问题的决定》强调，要保证公正司法，提高司法公信力，努力让人民群众在每一个司法案件中感受到公平正义。检察公信力作为司法公信力的重要组成部分，是人民群众对检察司法是否公正的主观评价，承载着人民群众对于检察机关依法行使检察权、保障法律的统一与正确实施、维护国家与人民利益的积极诉求。对外，检察公信依托于司法体制的整体架构；对内，检察公信落脚于检察机关的自身建设。绩效考核作为修正司法体制的有力工具同时又是自身建设中的重要一环，本应在促立检察公信方面发挥制度能动性。但是同样因为功能定位的限制，长期被拘于人事考评、晋职晋升的狭小空间而一直未得重视，导致绩效考核借由检察公信的宽广视域拓宽定位的机会也受到阻滞。对于尚未成熟的检察公信力建设而言，如若不充分利用绩效考核等现有制度，极易滑向两个极端——或是理论束之高阁不堪实用，或是制度叠床架屋反受其累。检察公信与绩效考核的结合恰好可以弥补自身缺憾、接应对方需求：一方面，贴近检察工作的绩效考核可以成为检察公信的建构机制和展示平台，并且从接洽检察公信的过程中打破理论桎梏、丰富研究视角，从而更好地指导检察工作的开展，并进一步将法制发展的民主需求及时反馈至规范层面；另一方面，高屋建瓴的检察公信可以成为绩效考核的政策指引和价值取向,借助绩效考核的时效优势在检察工作中稳步落实高标准、严要求和宽格局,以改革反哺立法。因此两者在互动中实现了目的的统一:既强调规范执法,也呼吁制定良法。所谓的执法与良法,检察机关需要满足以下三个关键词:

(一) 高效

高效是从效率维度对检察权运行的约束。法谚有云"迟来的正义非正义"(justice delayed is justice denied)。这句话常常被当作调和公正与效率之间矛盾的缓冲剂。投射的画面多是无辜的被告深陷囹圄多年终于沉冤得雪。但是刑事司法中因效率低下而造成"非正义"远不止如此。延迟首先会加剧证据变异的风险,在有证人的案件还可能会面临证人记忆消退或突发状况无法出庭,专门机关也会因工作量的累积而出现工作分配和协调上的冲突,以及最重要的,伴随着延迟的不确定状态、可能的长期羁押、高额的律师费用,这些都会直接损害犯罪嫌疑人、被告人的切身利益(财产、隐私、名誉、自由甚至是生命),纵使这种损害是在法律授权的范围之内。

出于行使职权的需要,立法或者司法解释为大多数检察活动规定了相应的期限。包括采取强制措施的期限、审查起诉的期限、一审程序中检察机关补充侦查的期限、抗诉期限等。但是恰如马尔科姆·M. 菲利所言,"程序即是惩罚",这些期限本身就是私权的割舍。期限内或许尚可容忍甚至理解,超期限势必会引起私权主体的反感和不信任。所以遵守期限是树立检察公信的基本前提。在此前提之上,检察机关应当对自身提出更高的要求,尽可能提前、主动地履行职责,特别是实施与犯罪嫌疑人、被告人的切身利益最密切相关的一些检察活动时。比如强制措施,高检院《刑诉规则》第147条规定:"犯罪嫌疑人及其法定代理人、近亲属或者辩护人认为人民检察院采取强制措施法定期限届满,要求解除强制措施的,由人民检察院侦查部门或者公诉部门审查后报请检察长决定。"从字面来看,该条文是赋予犯罪嫌疑人及其法定代理人、近亲属或者辩护人申请权,但同时也默示了其申请义务,毕竟高检院《刑诉规则》第六章"强制措施"之第六节"强制措施解除与变更"中没有一条明确规定检察机关在法定期限届满前应当主动办理变更、解除手续。这就需要检察机关在实际工作中从严要求自己。既要守时也要省时,应答申请不如主动履职。守时、省时办案才可计入数量指标、接受质量审查,在效率指标中给予肯定,对主动履职通过效果指标进行鼓励。反之,则需面对惩罚的风险。如此规范高效履职,足可期待检察机关与诉讼参与人和公众之间真正建立信任关系、大步提升检察公信力。

(二) 公开

公开关注的是检察机关与私权主体之间的互动、交流,向诉讼参与人公开、向公众公开。从最广泛意义上来说,司法本身就是将立法凝结的统治者的核心价值观予以公开的过程。对此,耶鲁大学的著名教授、曾经的美国副总检察长 Thurman Arnold 有过一段经典表述,他认为司法作为政府精神的"剧场化"呈现、作为国家尊严和个人尊严的代表(尤其是个人与国家对立时——比如是持异议者、激进分子甚至罪犯),它优于其他所有的仪式(overshadows all otherceremonies)①。换句话说,司法的目的除了解决争议,还需要在解决争议的过程中普及法制观念、传播社会价值。因为只有公正的立法是不够的,公正必须要被看得见(It is not enough that the law be fair; it must be seen to be fair②)。只有看得见的公正才能获得认同、树立公信。这项任务,只能由司法机关主动来完成,也不得不完成。

现代刑事诉讼不是公权力闭门造车的国家机器,私权几乎已经深入到刑事司法的各个角落。司法机关必须多方位地公开信息,以便与私权主体进行交流、互动或合作。其一,犯罪嫌疑人。对于犯罪嫌疑人的"公开"主要发生在讯问当中,包括告知诉讼权利、告知涉嫌罪名和案件信息、告知诉讼程序等;对于拟不讯问的犯罪嫌疑人,高检院《刑诉规则》要求应当"送达听取犯罪嫌疑人意见书,由犯罪嫌疑人填写后及时收回审查并附卷";解除或撤销取保候审、监视居住的,将决定书送达犯罪嫌疑人等等。其二,辩护人。对辩护人的"公开"主要通过告知涉嫌犯罪信息,允许查阅、摘抄、复制案卷材料和听取辩护人意见三种方式。其中,高检院《刑诉规则》对于讯问未成年人、调查非法取证行为、庭前会议和法庭辩论中的听取辩护人意见另行规定以作强调。其三,被害人、举报人、控告人、申诉人,以及犯罪嫌疑人、被告人家属或者法定代理人。对犯罪嫌疑人进行传唤、拘留、指定居所监视居住、逮捕的,应当及时将原因和场所告知家属,讯问未成年人时要求法定代理人到场;解剖死因不明的尸体,通知死者家属到场等等。其四,对于无利益关联但参与到案件中的证人、鉴定人、翻译人员以及举报、扭送犯罪嫌疑人的公民,甚至与案件无任何关联的普通民众,检察机关也有不同程度的公开义务。

有学者据此对刑事诉讼中的"权力"概念进行重构,提出刑事诉讼中的

---

① Thurman Arnold, The Symbols of Government (New York: Harcourt, Brace and World, 1962), pp. 128 – 130.

② Herbert L. Packer, The Limits of the Criminal Sanction (Stanford, Calif.: Stanford University Press, 1968) p. 69.

权力既包括公权力,还有私权力;除了强制性,更有规范性;国家机关享有某项权力,必然构成的是自身行使职权的义务,而非私权主体的承受义务。① 本文强调的"公开"就是检察机关行使职权的一项重要义务。以社会核心价值作为理论指引,以重构的"权力"概念作为认知更新,要树立检察公信,检察机关的"公开"除了传统意义上的不隐瞒、不回避,对上述主体的公开,还需要进一步满足四项要求——通知到位、及时回复、释法准确、规范记录。对于这四项要求,同样可以借助绩效考核的加分和减分手段进行落实。

(三) 创新

创新是从发展的角度对检察机关提出的更高要求。习近平同志在党的十八届五中全会上提出"创新、协调、绿色、开放、共享"五大发展理念,将创新发展居于国家发展全局的核心位置,强调"创新兴则国家兴,创新强则国家强,创新久则国家持续强盛"。检察机关是国家专门机关,是国家强盛的必要组成,自然也面临着创新的任务和需求。不能引领时代、甚至与时代脱节的检察机关,不仅影响国家发展的战略全局,也不可能取得公众的认同与信任。因此现代检察机关普遍开始注重创新。例如美国检察官协会 2004 年发布的一份关于"检察性质变化"(Changing nature of Prosecution)报告,以表格的形式列举了检察官价值定位的发展轨迹(详见表二:美国检察官价值定位②)。其中多次出现与创新有关的内容。除了应用新技术,还要求开发新手段;不仅要探索检察理论新知,更要容纳社会理念更新。

表二:美国检察官价值定位

传统价值定位	当前价值定位(传统价值定位除外)	未来定位
在刑事案件中代表政府 追求正义 追究犯罪 实施适当的刑罚制裁 减少犯罪 确保社会控制 预防犯罪 改造罪犯	拓展非传统民事救济的适用 创新公诉手段 扩大侦查权 扩大自由裁量权 探索技术与社会革新	领导社区 加强对检察官的系统审查和管理 成为政策制定者 容纳理念更新 继续犯罪侦查手段创新 继续拓展检察官对热点争议的体系认知

---

① 万毅:《刑事诉讼法上的"权力"概念:反思与重构——以分析实证法学为中心》,载《政法论坛》2016 年第 5 期。

② See M. Elaine Nugent, Patricia Fanflik, DeleneBromirski, The Changing Natureof Prosecution Feb. 2004, p. 108.

我国检察机关，依托党的十八大以来的改革新形势，对于创新检察工作也愈加重视起来。例如北京某区检察院就在其拟定的绩效考核的效果指标中增加了"参与社会治理创新"的内容，具体包括：撰写上年度本地区社会治安专题调研报告、撰写集中反映特定行业领域社会治理问题专项调研报告、提出关于社会治理的检察建议、参与有关部门开展的专项领域违法犯罪整顿治理、参与社会治理公益宣传、咨询服务，参与党委政府重大项目和决策的研究论证过程，提出有针对性的防范违法犯罪风险意见等。"参与社会治理创新"虽然形式多样，但是就范围而言，相较于美国对于检察官在创新方面的广泛要求，依然有所局限，不利于检察机关总体的创新发展。本文认为，可以综合范围与形式的多样性，将绩效考核认可的创新扩大至检察理论研究、侦查技术探索、公诉手段革新、办案平台搭建、案件管理信息化等多个领域，设置相应的加分指标鼓励检察官进行创新。

综上，本文通过检察机关绩效考核与司法体制、检察公信的良性互动，打破以人事为中心的考核目标定位，将其置于司法的广阔格局，与检察权的配置与运行并轨。同时也借助绩效考核的时效优势，反哺司法体制与检察公信，实现检察机关由内及外的职能升级。于技术层面，传统的公务员考核平台显然无法承载如此细致、宏大的设计，如若与办案系统合并建成检察工作的系统数据库，则既能契合设计初衷，又可以最大限度地节省检察管理的资源投入。无论对案件或是人事都可以实现实时监控、不定期检查和同类数据快速整合。检察理论研究也可以借此获得全面、充足和准确的第一手信息，及时发现问题，对检察工作进行有针对性的指导。这种循环往复正是检察机关绩效考核未来"正名"和"扬名"的新格局！

四、检察官绩效考核的标准和程序

检察官绩效考核内容的选择与设定
——基于十份各地检察机关绩效考核办法的比较分析

何 君*

检察机关绩效考核是检察制度不可或缺的一部分，不仅包括考核内容设定、考核方式选择，还囊括了考核组织设立、绩效考评结果的运用等方面，其中考核内容的设定与检察人员有着最直接的联系。特别在司法改革背景下，科学合理的绩效考核内容全面体现检察人员工作实效，更是牵引检察人员工作方向和提升积极性的"牛鼻子"。在司法改革不断推进过程中，最高人民检察院围绕绩效考核这个核心，为全面落实司法责任制，突出检察官办案主体地位，建立与岗位职责、工作业绩相对应的绩效考核机制，出台了《检察官、检察辅助人员绩效考核及奖金分配指导意见（试行）》，各地检察机关依据最高人民检察院出台的指导意见，结合各自工作实际，制定了本地区绩效考核办案和实施细则，对绩效考核内容、方式、规则等方面进行了许多有益的探索和尝试。为全面了解和掌握各地检察机关对本地区绩效考核内容的规定，笔者以从检察内网查找到的十份检察机关印发的绩效考核文件为分析样本，探讨绩效考核内容存在的具体问题，进一步探究完善绩效考核内容的对策建议，从而找到既符合司法办案规律，又提升司法办案管理效率的绩效考核内容。

一、科学合理的绩效考核内容的价值分析

科学合理的绩效考核内容无论从激励检察人员还是促进司法办案等方面都具有诸多的推动和促进作用，其价值功能主要体现在以下几个方面：

（一）科学合理的绩效考核内容有利于明确工作目标，发挥"指挥棒"作用

科学合理的绩效考核内容明确了对检察官的工作要求，帮助检察人员更好

---

* 作者单位：广西壮族自治区钦州市人民检察院。

地明确工作目标,有的放矢地开展检察业务工作,促进检察工作处于动态的良性发展过程。考核内容为检察人员提供了工作指引,各类检察人员按照各自既定的目标任务,围绕绩效考核的重点工作安排时间进度,对检察工作将有更加深刻的认识,促使检察人员事业心、责任感和紧迫感得到极大提升。

(二)科学合理的绩效考核内容是推动检察工作持续发展的有力助推器

以绩效考核内容为导向和抓手,通过绩效考核促进检察人员管理,体现奖勤罚懒、奖优罚劣的原则。在绩效考核的驱动下,各检察人员将注重各项考核内容的考核要求,工作目标内化为共识和行动自觉,在与他人的纵横比较中,及时总结工作成效,调整工作状态,自觉按照符合法律规定、符合检察工作和发展规律的要求,不断拓展检察工作的工作方法,提升各自业务实效,实现个人绩效考核的最优成绩,从而整体推动各项检察工作长远发展。

(三)科学合理的绩效考核内容有利于引导和激励检察人员工作积极性

科学合理的绩效考核内容将检察人员的工作业绩实现量化和数据化,改变以往"干多干少一个样,多干少干一个样"的状况,绩效考核的激励杠杆作用将对各检察业务条线、各检察干警产生制约和促进作用,进一步调动检察干警的工作积极性。考核内容确定了检察干警的工作目标和任务,全面对检察干警工作实效进行评价,实现考核内容与考核结果的有效衔接,与检察干警的评选先进、干部提升、表彰推荐等相结合,成为驱动检察干警工作激情的动力。

二、实证中的差异化分析——基于十份绩效考核文件的比较分析

为全面掌握各地检察机关拟定的绩效考核的内容,进一步厘清各地检察机关绩效考核内容的同异,笔者利用检察专网资源,通过检察专网电脑随机从最高人民检察院内网网页的站内搜索和专网搜索处查找了多份各地检察机关印发的关于检察人员(检察官)绩效考核的办法或指导意见。考虑到样本选择的广泛性,笔者从省级(自治区级)、市级、县区级检察院随机挑选了十份[①]

---

① 十份样本分别是:《福建省检察机关检察官绩效考核及奖金分配办法(试行)》《广西检察机关工作人员绩效考核及奖金分配办法》《内蒙古自治区检察机关检察人员绩效考核办法(试行)》《四川省检察机关检察官绩效考核办法(试行)》《上海检察机关检察官绩效考核及奖金分配指导意见(试行)》《天津市检察机关绩效考核工作指导意见(试行)》《海南省三亚市人民检察院工作人员绩效考核及奖金分配实施办法》《重庆市人民检察院第二分院检察官、检察辅助人员绩效考核及奖金分配实施办法(试行)》《舟山市人民检察院绩效考核及奖金分配办法》《乐东黎族自治县人民检察院工作人员绩效考核及奖金分配实施细则(试行)》。

四、检察官绩效考核的标准和程序

作为样本,将从体系结构和绩效考核内容组成两方面对绩效考核对象设定、绩效考核内容设定、绩效考核内容选择、绩效考核分值设定等方面进行比较分析。

（一）绩效考核内容体系结构上的差异化比较

1. 绩效考核对象的差异

从随机挑选的十份绩效考核文件来看,各地印发的绩效考核办法名称不一,绩效考核的对象有所区别,笔者对十份样本的绩效考核对象进行了列表分析。

通过分析十份样本,笔者发现各地检察机关对于检察人员类别之一的司法警察均未列入绩效考核的对象,未将司法行政人员列入绩效考核对象的四份绩效考核办法将司法行政人员的绩效考核也做了规定,均规定参照检察辅助人员增资水平和增资方式进行绩效考核。此外,考核对象名称称谓一致的绩效考核办法对考评对象的范围规定也有所区别。以绩效考评对象是检察官为例,三份绩效考评文件中上海检察机关印发的绩效考评办法中将检察官的范围明确罗列为副检察长、检察委员会委员、检察员,检察长不列入该绩效考核的对象。

绩效考核对象	绩效考核文件名称
检察官	《福建省检察机关检察官绩效考核及奖金分配办法（试行）》《四川省检察机关检察官绩效考核办法（试行）》《上海检察机关检察官绩效考核及奖金分配指导意见（试行）》
检察官、检察辅助人员	《广西检察机关工作人员绩效考核及奖金分配办法（试行）》《海南三亚市人民检察院工作人员绩效考核及奖金分配实施办法（试行）》《重庆市人民检察院第二分院检察官、检察辅助人员绩效考核及奖金分配实施办法（试行）》《乐东黎族自治县人民检察院工作人员绩效考核及奖金分配实施办法》
检察官、检察辅助人员、司法行政人员	《内蒙古自治区检察机关检察人员绩效考核办法（试行）》《天津市检察机关绩效考核工作指导意见（试行）》《舟山市人民检察院绩效考核及奖金分配办法》

2. 绩效考核内容设置体系位置的差异

绩效考核内容作为绩效考核中的关键部分,各地检察机关在绩效考核文件中对绩效考核内容的设置位置不一。从笔者抽样的十份绩效考核文件来看,除两份①绩效考核文件外，其余八份均将绩效考核文件按照绩效考核总则、绩效考核内容、绩效考核组织、绩效考核程序等内容分章节进行了规定。绩效考核内容单列和合并罗列的情况如下图。

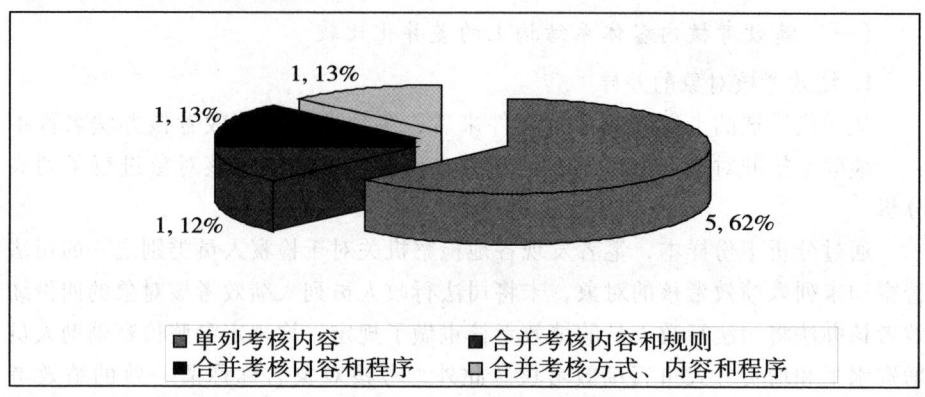

由此可见，将绩效考核内容单独罗列为一个章节进行规定的占到绝大多数，少数将绩效考核内容与程序、规则等其他合并规定。此外，五份单独将绩效考核内容列为章节的绩效考评办法有一份，即《上海市检察机关检察官绩效考核及奖金分配指导意见（试行）》中不仅单独罗列绩效考核内容，更将绩效考核内容分为一般规定和具体内容进行了详细规定。

（二）绩效考核内容组成上的差异化比较

1. 检察官绩效考核内容设定方式的差异

十份样本中有四份②样本采取原则化设定的方法对绩效考核的内容进行了规定，仅简单罗列列入检察官绩效考核应当考虑的因素和基本需要把握的考核内容设定原则性方向。四份采用原则性设定的绩效考核办法中除广西检察机关对检察官绩效考核明确参照《广西壮族自治区检察官和检察辅助人员业绩考评办法（试行）》有关规定执行外，另外三份样本均将考核项目、考核指标等考核内容设定的具体权限下放到各级检察院，由辖区内的各级院根据自己实际

---

① 《天津市检察机关绩效考核工作指导意见（试行）》共规定了十点，其中检察官绩效考核内容与检察辅助人员、司法行政人员绩效考核规定罗列在第四点；《内蒙古自治区检察机关检察人员绩效考核办法（试行）》共规定了二十九条，其中检察官、检察辅助人员、司法行政人员绩效考核内容分别规定在第八条至第十二条。

② 《四川省检察机关检察官绩效考核办法（试行）》《广西检察机关工作人员绩效考核及奖金分配办法（试行）》《内蒙古自治区检察机关检察人员绩效考评办法（试行）》《天津市检察机关绩效考核工作指导意见（试行）》。

四、检察官绩效考核的标准和程序

情况设定绩效考核的内容。其余的六份样本均采用具体化设定的方法对绩效考核的内容进行了详细规定。

2. 检察官绩效考核组成部分的差异

采用具体化设定绩效考核内容的六份样本中仅一份①样本将绩效考核内容组成部分设定为三部分，其余五份样本均设置为两个部分，虽然样本对两个部分的名称界定不一，但主要包括检察官办案实效考核和其他综合表现考核两个部分。其中检察官办案实效考核主要包括履职情况、办案数量、办案质效、研修成果等内容，突出对检察官业务水平和业务工作量的考核。综合表现方面考核主要包括司法技能、检察官职业操守、纪律作风、外部评价等。

3. 检察官绩效考核内容分值设定的差异

六份具体化规定绩效考核内容的绩效考核办法中有四份样本对绩效考核内容实行分数制，以百分制计算并对各绩效内容组成部分进行了分数设定，其余两份样本仅仅设定了考核内容部分所占的比例，并未规定绩效考核内容的分数。

	设置方式	各部分所占分值或比例
《福建省检察机关检察官绩效考核及奖金分配办法（试行）》	百分制	检察业务考核80分、公共目标考核10分、领导综合评鉴10分
《海南省三亚市人民检察院工作人员绩效考核及奖金分配实施办法（试行）》	百分制	工作实效80分、综合表现20分
《重庆市人民检察院第二分院检察官、检察辅助人员绩效考核及奖金分配实施办法（试行）》	百分制	检察业务考核70分、共性指标考核30分
《乐东黎族自治县人民检察院工作人员绩效考核及奖金分配实施细则（试行）》	百分制	工作实绩70分、综合表现30分
《上海检察机关检察官绩效考核及奖金分配指导意见（试行）》	比例制	检察业务考核占70%、公共目标考核占30%
《舟山市人民检察院绩效考核及奖金分配办法》	比例制	工作实效占70%、综合素质占30%

---

① 《福建省检察机关检察官绩效考核及奖金分配办法（试行）》将考核内容组成部分分为三部分：检察业务考核、公共目标考核、领导综合评鉴。

三、差异化比较中求同借鉴——对实践中检察官绩效考核内容设定和选择的建议

（一）绩效考核内容实行检察官专门化和人员分类化规定，突出司法责任制

建立和完善司法人员分类管理是司法责任制改革的"重头戏"，根据中央和最高人民检察院关于检察人员分类管理的要求，将检察人员分为检察官、检察辅助人员、司法行政人员三类，三类人员根据各自职位工作性质和检察活动中的地位作用，各司其责，检察官依法独立办案，对案件质量终身负责，落实办案责任制。随着最高人民检察院228名员额检察官的诞生，检察官员额制度改革在全国范围内已经全部实施。检察官作为办案的主体，是检察权运行和司法责任的主要承担者，无论检察辅助人员还是司法行政人员都围绕检察官履职开展工作，因此绩效考核必须以检察官为中枢实现考核专门化和分类化。在绩效考核内容设定时，建议根据人员分类管理要求，分别建立检察官、检察辅助人员、司法行政人员绩效考核办法，对人员实行分类别考核，利于强化分类人员的管理。针对检察官设立专门考核办法和内容，对个人承办的案件和决定的办案事项考核区别于其他分类人员，形成检察官案件负责制的专门考核评价。

（二）检察官绩效考核内容设定层级化和区别化，贴合各级检察机关司法办案实际

根据十份样本的差异化分析，不少省级检察机关将绩效考核内容的具体设定权限下放到各级检察院，由各级检察院根据各自工作实际设定考核内容。笔者较为赞同这种做法，四级检察院地位不同，检察工作的特点和工作的具体内容有所差异，这就意味着对各级检察机关检察官的考核不能搞"一刀切"。各地检察工作重点和偏向性不同，尤其是在地区化差异明显的地区，很难设定统一的检察官绩效考核内容。笔者建议由省级检察机关制定整体性考核指导意见，用原则性、统一性规定为各级检察机关绩效考核提供方向性指导，不对绩效考核内容进行细致分类。各级检察机关再根据本地区检察工作性质、工作特点的不同设定特定的考核指标与权重进行考核，体现和落实本地检察工作目标和计划。同时，对绩效考核内容的设定要注重区别化。根据办案工作性质、办案工作内容的不同，划分不同的检察官考核类别，促使检察官能够充分了解自身的工作性质、内容和要求，找准工作方向，明确工作目标。

(三) 检察官考核内容设定全面化和多样化，最大限度激发检察官工作潜力和积极性

从十份样本对考核内容设定的组成部分来看，均体现了考核的全面化和多样化，不仅考核检察官的工作业绩，也将检察官的政治素养、司法作风、职业操守、敬业精神等纳入绩效考核的内容范围。对检察官全面进行考核，不仅要考核其办案数量、办案质量、办案效率和效果等办案因素，体现检察官全面素质的思想政治作风、工作作风、职业道德、品德修养等也应纳入考核的组成部分。笔者建议对检察官综合素养的考核实行减分制，如没有发生违反的情况，则按照综合素养的分数给予满分，如有违反，相应地进行扣分。此外，对于检察官绩效考核不仅要考虑办案的量化，也需考虑任务的量化。现阶段基层检察院人少案多、人少事多的矛盾仍然非常突出，检察官除日常办案工作外，还需承担各类专项活动、法律宣传、扶贫等工作，因此对于绩效考核内容的设定应综合考虑办案量化和任务量化，对检察官的工作实绩进行全面、客观、如实的考核，体现检察官的工作量和成效，从而激发检察官工作的积极性和主动性。

检察官办案的数量标准和计算方式

任海新[*] 邓 萍 谭青松[**]

检察官办案责任制是当前司法改革和检察改革的重要内容,结合"检察官必须在司法一线办案"和"担任院领导职务的检察官办案要达到一定数量"之规定,我们不免会冒出疑问:检察官办案,应该办多少案才是达到一定数量呢?因此,这就涉及检察官办案的数量标准和计算方式问题,将其纳入检察官工作实绩评价,应当是贯彻落实检察官办案责任制改革的题中之义。本文以渝东北某县检察院结合工作实际制定的《检察官办案管理办法(试行)》为例,探讨如何科学界定司法责任制背景下检察官办案的数量标准和计算方式。

一、背景及意义

重庆市人民检察院为推动司法改革、责任制改革出台了《检察官、检察辅助人员业绩考评办法(试行)》,在检察官考评内容上,以评价业务工作为主,兼顾评价司法作风、司法技能和职业操守,规定业务工作评价占70%,并要求"根据基层院、检察分院和市检察院检察官岗位职责情况,采用案件量化评价、任务量化评价等方式进行。"同时规定案件量化评价,应当明确基本的办案任务并设置相应的基础分,同时设置反映办案数量、质量、效率、效果、规范等情况的加减分项目。在此背景下,该县检察院出台《检察官、检察辅助人员业绩考评工作方案(试行)》对市院文件精神加以细化落实,并制定《检察官办案管理办法(试行)》明确了检察官的办案范围和类型、最低办案数量、分案规则等,将其作为配套文件,与之同步实施。

通过量化评价的方式,特别是为检察官核定最低办案数量,可以直观反映并合理评价检察官的办案业绩,引导检察官把主要精力投入到司法办案一线上来,有利于调动检察官办案的积极性,合理配置办案资源,防止出现忙闲不均

---

[*] 作者单位:重庆市人民检察院。
[**] 作者单位:重庆市巫溪县人民检察院。

现象。同时，这也是科学考评检察院工作业绩的需要，保证检察官和检察院可持续发展，提升办案质量和司法公信力。

二、检察官业务岗位评价内容

曹建明检察长日前在大检察官研讨班上指出，要完善和规范检察官员额制，坚持"以案定额"和"以职能定额"相结合，完善员额配置标准和动态管理机制，加大省内员额统筹调配力度。市院《检察官、检察辅助人员业绩考评办法（试行）》也规定"以办案为主的业务部门检察官，原则上实行案件量化评价；以指导、管理、监督为主的业务部门及派驻基层检察室检察官，原则上实行任务量化评价。"因此，该县检察院为落实"以案定额"和"以职能定额"相结合的要求和市院文件精神，根据各业务条线检察官实际工作情况，区别制定评价内容，不搞入额检察官必须办理案件"一刀切"。例如，综合业务管理部门的检察官职能是以指导、管理、监督为主，加之日常任务繁杂，对其工作量与工作成效难以简单用办案数来衡量业务，若对其以案件量化评价则显得本末倒置，不太符合实际，以任务量化评价为宜；而对于侦监、公诉、反贪等条线的检察官，因其属于一线办案部门，职能是以办案为主，故对其予以案件量化单独评价；至于诉讼监督、未检及派驻基层检察室条线，考虑到这些部门的检察官有一定案源、有直接办理案件的机会，平时的职能工作既有相应案件要办理又有相应任务要完成，故对其实行案件量化评价与任务量化评价相结合为宜。该县检察院为符合检察职业特点不搞"一刀切"，还因为对基层院核定的检察官职数较少，如果入额都必须办案，那么就很难保证检察官完成本部门的工作职责和推进检察机关科学、协调发展，如该县检察院的综合业务管理岗、民行岗、控申岗、刑执岗、预防岗都各只有1名员额检察官。

三、办案的数量标准及计算方式

核定检察官最低办案数量，是该县检察院《检察官办案管理办法（试行）》的核心内容。那么，这就涉及数量标准和计算方式问题，该县检察院对院领导和部门负责人、不是院领导和部门负责人的检察官分别采用不同的标准和计算方式。首先，对院领导和部门负责人采用的是"上年度的办案量"这种单一标准，因此其计算方式也比较简单，只需要统计好上年度各部门的案件总数及检察官人数，得出本院业务部门、分管业务部门或本部门的上年度人均办案数量后，再按照《重庆市检察机关院领导和部门负责人直接办理案件的指导意见》中规定的直接办理案件数量的比例要求，即检察长不得少于本院业务部门上年度人均办案数量的5%、副检察长不得少于其分管业务部门上年度人均办案数量的 10%、反贪局长不得少于本部门上年度人均办案数量的 30%、专职委员不得少于其入额所属部门上年度人均办案数量的 30%、办案部门正职不得少于本部门上年度人均办案数量的 30%、副职不得少于 80%，即可确定院领导和部门负责人的最低办案数量。检委会专职委员兼任办案部门负责人的，以部门负责人的任务量予以核算。其次，对不是院领导和部门负责人的检察官采用的是"本部门近三年的办案量"和"再降低一定比例"这种复合标准，具体计算方式是，以本部门近三年办案量和本部门的检察官职数为依据，得出本部门近三年人均办案数量后，再根据本院实际情况，降低一定的比例（该县检察院确定为 10%）来核定不是院领导和部门负责人的检察官的最低办案数量。以下表为例加以说明：

年度	案件类型	案件总数	职数	人均办案量	降低比例（10%）
2014	侦监案件	205	2	102.5	—
2015	侦监案件	152	2	76	—
2016	侦监案件	173	2	86.5	—
平均数		176.6	2	88.3	79.47

由上表可以看出，一般检察官以侦监部门"近三年的办案量"为标准计算的人均办案量为 88.3 件，再降低比例 10% 后核定最低办案量为 79 件，部门负责人以"上年度的办案量"为标准计算的人均办案量为 86.5 件，再按"办案部门正职不得少于本部门上年度人均办案数量的 30%"的比例核定最低办案量为 26 件。

上述分别采用单一标准和复合标准，标准不同的原因是基于考虑到以"上年度人均办案数量"为参照，对于院领导和部门负责人来说，由于是按一定比例办案，对自身办案量的影响不大，但是对于其他不是院领导和部门负责人的一般检察官而言就显得不太合理。以该县检察院未检案件为例，未检综合岗检察官 1 名，2014 年办结 34 件，2015 年办结 23 件，2016 年办结 13 件，案件办结数量起伏较大，发展较不平衡，若仅以上一年度人均办案数量为依据，则该检察官本年度最低办案数量为 13 件，若取三年案件数量的平均数，则该检察官本年度最低办案数量为 23.3 件。相比较而言，前者降低了案件量化评价的门槛，容易造成其他检察官心理不平衡，损伤了其办案积极性，不利于检察队伍和谐稳定，后者以近三年办案量和本部门检察官职数为依据，并且在该基数上再下调一定比例，兼顾现实情况，平衡各方利益，较为科学合理。当然，设定最低办案数量并不是说检察官完成了本年度任务后就不再办案了，其仍须按照规定完成本部门剩余的案件,不能有积压案件。其中,考虑到民事行政、控告申诉、刑事执行、未检综合及派驻基层检察室这些部门的案源较少,其办结数量有可能还达不到规定的最低办案数量,在这种情况下,这些部门的检察官就需要在办结本部门已受理案件的基础上再跨部门去补充办理侦监、公诉案件,以达到最低办案数量。这样规定,一方面可以督促这些部门的检察官积极强化措施来应对本部门案源匮乏的现状,尽而努力提升本部门的工作业绩;另一方面补充办理侦监、公诉部门案件又可以缓解其他部门案多人少的矛盾。总而言之,最低办案数量是基础、是原则,必须完成。但是因当年办案总量减少、因生病短时间内不能履职等特殊原因,检察官无法完成最低办案数量的,经检察长或院党组研究同意,可对其最低办案数量做适当调整。

四、数量标准的结果运用

为鼓励检察官办案,充分提高其积极性和主动性,合理评价检察官工作实绩,在年度考评量化指标方面,该县检察院有所创新,年度考评实行案件量化加分制。例如规定检察官超额完成本人所在部门最低办案数量的,按年度考评量化指标加分;不是公诉、侦监的检察官在完成本人最低办案数量后又跨部门办理侦监、公诉案件的,按年度考评量化指标加分。可以累计加分,但加分要设定最高上限,并将其作为业绩评价的重要内容和晋职晋级、评先推优的重要依据。实行案件量化加分,一方面有利于调动检察官的办案积极性,另一方面也缓解了办案一线部门案多人少、疲于办案数量不能有效注重质量的矛盾,既保证"检察官必须在司法一线办案"的要求落到实处,又是"以案定额"和"以职能定额"相结合的体现。

检察官办案质量考核体系设置有关问题探究

——以郑州市管城区人民检察院案件质量考核工作实践为基础

张　东　王伶俐[*]

党的十八届三中、四中全会明确提出了司法体制改革的目标和要求。在改革推进过程中，司法责任制改革是本轮司法体制改革的重中之重，直接关乎改革目标实现和改革成效。2015年9月25日，最高人民检察院下发《关于完善人民检察院司法责任制的若干意见》，在健全司法办案组织及运行机制的基础上，明确了构建权责统一、权责明晰、权力制约的司法权力运行机制和司法办案责任体系。在一定程度上，司法责任制改革就是建立一套"权"和"责"相结合的司法办案运行机制。目前检察机关员额制改革已基本完成，在此基础上建立新的办案模式初步运行，检察官独立办案"权"已基本得到确立，但围绕"责"而配套的内外监督机制尚未完全落实。在办案内部监督机制方面，长期以来，检察机关围绕提升办案质量探索建立了一系列的案件质量管理办法和标准。但随着改革的深入推进，这些制度和标准已无法满足新的办案模式要求，需要不断调整和完善。

一、基层检察院开展案件质量考核工作实践及存在的问题

司法办案是检察机关履行法律监督职能的基本途径。办案质量是检察机关司法成效和检察官执法水平的体现，也是维护司法公正、提升司法公信力的重要基础，因而是检察管理的核心，某种意义上，可谓是检察办案工作的生命线。因此全面认识办案质量的重要意义，建立科学的办案质量考核工作机制，成为加强检察机关内部监督的重要手段和有效途径，也是全国各地检察机关不

---

[*] 作者单位：河南省郑州市管城回族区人民检察院。

断探索和实践的一项重要检察管理工作。近年来，河南省郑州市管城区检察院采取多种措施，强化案件流程管理，建立"每案必评"常态化案件质量评查机制，创新"司法办案关键节点细分评查"方式等措施强化对办案质量的内部监督，取得了良好成效。

（一）基层检察院案件质量考核工作实践

下面，对该院在案件质量考核工作中考核体系和考核标准设置问题做简要介绍。

1. 案件评查范围及方式

评查范围		本院全部办结案件
评查方式	日常评查	专职人员对所有案件常态化评查
	重点评查	不定期重点案件评查（"三不两撤一无一访"案件、自侦案件、捕后撤案件、上诉、抗诉案件、民行不提抗案件、刑事赔偿案件等12类案件）
	专项评查	上级部门开展专项活动
	个案评查	对反映有关案件办案质量问题的个案评查
评查方法	统揽式	对办结案件全面综合评查
	细分式	对办案过程关键节点评查
	内涵式	对办案法律效果、社会效果、政治效果深层次评查

2. 考核内容、标准设定

鉴于本文研究对象是检察官办案质量指标设置问题，而该院案件评查中统揽式评查可以综合涵盖案件质量考核的全部内容，因此仅就统揽式评查进行介绍分析。

统揽式评查是对全部已办结案件从实体、程序、法律文书制作、卷宗装订四个方面进行评查，是案件质量评查的基本方式。统揽式评查实行级别综合评定制度，由定性评价和定量评价两部分组成，案件实体质量和程序质量为定性评价，分为优秀案件、质量较高案件、达标案件、质量不高案件、质量较差案件、办理错误案件六个档次；法律文书质量和卷宗装订质量为定量评价，满分各为100分。

评查内容	实体（事实清楚、定性准确、无漏罪漏犯）	定性评价	优秀案件
			质量较高案件
			达标案件
	程序（证据确实、充分、适用法律准确、法定期限内办结、诉讼程序合法）	定量评价	质量不高案件
			质量较差案件
			办理错误案件
	法律文书制作（规范、正确、基本要素齐备）		百分制
	卷宗装订（符合归档要求）		百分制

3. 考核结果

统揽式评查级别综合评定分为以下六级十二等级：

一级：实体和程序定性评价为"优秀"案件，法律文书制作和卷宗装订定量评价累计扣分不超过 10 分的案件为"一级一等"，累计扣分超过 10 分的为"一级二等"。

二级：实体和程序定性评价为"质量较高"案件，法律文书制作和卷宗装订定量评价累计扣分不超过 10 分的案件为"二级一等"，累计扣分超过 10 分的为"二级二等"。

三级：实体和程序定性评价为"质量达标"案件，法律文书制作和卷宗装订定量评价累计扣分不超过 10 分的案件为"三级一等"，累计扣分超过 10 分的为"三级二等"。

四级：实体和程序定性评价为"质量不高"案件，法律文书制作和卷宗装订定量评价累计扣分不超过 10 分的案件为"四级一等"，累计扣分超过 10 分的为"四级二等"。

五级：实体和程序定性评价为"质量较差"案件，法律文书制作和卷宗装订定量评价累计扣分不超过 10 分的案件为"五级一等"，累计扣分超过 10 分的为"五级二等"。

六级：实体和程序定性评价为"办理错误"案件，法律文书制作和卷宗装订定量评价累计扣分不超过 10 分的案件为"六级一等"，累计扣分超过 10 分的为"六级二等"。

定性评价	定量评价（扣分制）	综合评定等级
优秀案件	≤10 分	一级一等
	>10 分	一级二等
质量较高案件	≤10 分	二级一等
	>10 分	二级二等
质量达标案件	≤10 分	三级一等
	>10 分	三级二等
质量不高案件	≤10 分	四级一等
	>10 分	四级二等
质量较差案件	≤10 分	五级一等
	>10 分	五级二等
办理错误案件	≤10 分	六级一等
	>10 分	六级二等

4. 近三年案件质量考评基本情况

年度	总数	考评结果											
		一级		二级		三级		四级		五级		六级	
		一等	二等	一等	二等	一等	二等	一等	二等	一等	二等	一等	二等
2014	1262					1251		11					
2015	643					639		4					
2016	583					583							

（二）案件质量考评实践中存在的问题

1. 考评内容涵盖不全面

在案件质量考评内容设置方面，主要包括实体、程序、法律文书、卷宗装订四个方面。主要考察案件处理结果的正确性、办案行为的合法性和规范性。评查员依据案件质量标准对检察卷宗分四个部分进行逐一对照检查考核，并进行定性、定量评价。这一检察卷宗，基本属于平面、静态介质。目前来看，由于载体自身局限性导致考评内容不能全面反映办案情况。检察机关的办案质量涉及办案工作的许多方面，包括办案活动、办案过程、决策和决定、法律文书、办案后果、服务水平、办案组织、办案人员素质、与办案相关的司法行政事务管理等方面的要求或特性，具有综合性和整体性。① 虽然当前四个方面考核内容基本可以体现办案质量，但随着司法改革的深入推进，办案质量不仅要确保结果的正确性、公正性，更严格的体现在合法性、规范化、标准化方面，质量与效率、效果相统一方面，而仅依靠卷宗载体已显然不够，需将考核内容丰富起来，真正全面、立体、动态呈现检察官办案情况，为科学考核奠定基础。

2. 考评结果差异性体现不足

我们从近三年考评工作数据来看，考评结果方面，一、二级案件属于空白。当然由于司法体制改革前办案模式是三级审批制，案件质量层层把关，严重问题案件一般不会出现，因此五、六级案件不会出现应属正常。绝大多数案件质量考核都处于中间位次，被评为"三级一等"。这样的考评结果整体呈现出来就是同质化现象明显、差异化体现不足。一般而言，考核工作价值主要体现在两个方面，一是监督管理，二是奖惩激励。现有考核过程中监督功能自然可以发挥，但结果同质化使得考核激励价值难以有效实现。

3. 定性评价存在一定滞后性

该问题主要是考评程序设计的先天缺陷。现行考评模式是定性评价和定量评价相结合。定性评价主要解决案件实体、程序方面的考核问题，依据是特定评价标准，该标准要求主要来源于两个方面设定，一个是案件结果要求，例如犯罪数额、刑期、追诉漏犯漏罪等，另一个就是各类优秀案件、精品案件评选结果。只有满足上述要求，才具备被定性评价为优秀、质量较高的条件。而实践中，对于各类优秀案件评选具有偶然性、不定期性，与案件考评工作往往不同步，基本都存在滞后问题，因此会出现日常考评结果与优秀案件等评选结果不相符情形，即"同案不同果"现象。

4. 考评结果运用效果不明显

考核的任务和目的是促进案件质量的提升，而结果运用是考核目标实现与否的关键。某种意义上，结果运用是否合理和科学直接关系考核工作质效。目前考评工作中，质量考核结果运用主要体现在两个方面：一是实行结果通报公示制度，定期对质量问题较多案件进行汇总整理，并实名通报。二是与绩效考核、评先评优挂钩，将考核结果纳入部门及个人业绩考评体系，与各项评先工作建立联系。通过以上措施，质量问题率已逐步下降，但从多次通报结果来看，有一些问题老生常谈、屡禁不止、反复发生，很多问题无关乎业务水平，主要反映的是办案责任心不强等问题，考核结果运用很大程度上未真正触动干

---

① 谢鹏程：《论检察机关办案的质量管理》，载《人民检察》2004年第5期。

警思想和心理，考核工作的监督和管理职能并未有效发挥。

二、检察官办案质量考核应当坚持的原则和要求

司法责任制改革后，检察官司法办案权限大了、责任重了，当然司法行为合法性、规范性要求更多，案件质量标准更高。为适应办案责任制改革要求，在开展检察官办案质量考核工作时，应当结合工作实际，坚持以下原则：

（一）坚持实事求是、公平公正原则

在案件质量监督和管理过程中，始终坚持实事求是的态度，对于办案质量的评价要以案件办理的真实情况为基础，以科学的评价标准为依据，不带个人偏见，尊重客观、事实，尤其是对待直接办理案件的院领导，也应采取平等对待的态度，坚持一把尺子、一个衡量标准，确保考核工作公平、公正。

（二）坚持全面考核原则

如上文所言，当前检察机关办案质量涉及办案工作以及办案行为的方方面面，以往注重实体、程序要求的标准已经明显不能适应现行考核要求，除最基本的实体、程序要求外，还有相当一部分规范性要求应当被统一纳入到考核内容中，如法律文书公开、办案效率、风险评估等，全面考核才能综合反映检察官的办案水平。

（三）坚持信息反馈原则

考核过程中，必须建立相关信息的反馈机制，考核意见需要反馈给检察官本人，针对考核意见，检察官可以就问题进行申辩，通过反馈和申辩，一方面有助于防止考核中可能出现的偏差、误差，可以使得考核结果更加合理；另一方面在信息交互过程中，考核工作的纠错、引导作用也可得以发挥。

（四）坚持结果公开原则

考核结果应对本人公开，这是保证考核工作科学、民主的重要手段。结果公开，可以促使检察官认识自己办案中存在的问题，了解自己与他人之间存在的差距，同时对于办案质量较好的检察官得到激励，增强争优创优意识，提升整体办案水平。

（五）坚持结果差异化原则

考核结果应当有较为鲜明的差别界限，如果绝大多数检察官的考核结果存在同质化问题，没有差别化，那么考核工作的价值便不能完全体现，也得不到有效发挥。此外，一般而言，考核目标往往通过奖惩结合途径得以实现，而奖惩措施落实必须依据差别化的结果。因而检察官办案质量考核结果必须采取差

异化的方式。

三、检察官办案质量考核体系中相关内容的完善与思考

针对当前案件质量考核实践中存在的问题，结合司法责任制改革要求，笔者认为应在以下四个方面对考核体系中相关内容进行改革和完善。

（一）完善考核内容

从实践来看，现有案件质量评价的内容主要集中在实体、程序、法律文书、卷宗装订等四个方面。但这种借助卷宗载体的考核是事后的、静态的、平面的，只反映办案质量的一部分。在坚持全面考核原则的基础上，应对考核内容和范围有三方面完善补充：一是增加网上办案行为规范考核。当前案件质量管控体系是将案件办理整个诉讼过程都纳入监督和管理范围，具有全程性、动态性。在质量考核方面，除了事后评价，还应强调事中过程控制，通过对网上检察业务办理过程中执行信息填录、文书制作、业务网上流转等相关操作的监督和管理，将案件在检察阶段的整个诉讼进程纳入监督范围。因此在考核内容设置方面，建议增加网上办案行为规范考核。二是增加相关信息公开考核要求。高检院开展检务公开工作，其中一个重要目的就是要通过公开促公正，通过外部监督强化内部行为规范，因此增加案件信息公开的考核要求实属必要。三是增加风险评估工作考核要求。对于案件风险评估工作，其重要意义在于准确防控风险，从办案效果方面考察办案人员对案件细节的把控，督促干警办案过程中做到准确判断、提前干预，确保质效。因此风险评估同样关乎案件质量，有必要补充到考核要求中。当然，上述案件质量考核内容所需信息的形成、提取、收集和利用必须具有真实客观性，需要强大的制度保障和技术支撑，目前全国检察统一业务应用系统已多次升级完善，网上办案等相关信息已逐步能实现准确提取、收集，为考核工作奠定了现实基础。

（二）改进考核程序

案件质量评查制度大都实行层级评查，就管城区检察院而言，实行三级评查制，分别是承办人自查自评（一级评查）、部门负责人审查（二级评查）、专职人员及检委会委员评查（三级评查）。这种模式主要是基于检察机关长期以来办案实行"三级审批制"，通过检察人员承办、部门负责人审核、检察长、检委会决定这种层层审批、事前把关的方式，在对案件处理意见作出决定的同时，对办案质量实现同步管控。检察官办案责任制改革后，检察官、主任检察官对经检察长授权的案件可以独立作出处理决定，不再实行层级审批，原先事前把关、同步监督模式显然已无法适应新的权力行使方式。此外，在实践

中，虽然实施三级评查，但一、二级的自查、核查效果并不突出。基于司法责任制改革新要求和评查实践，建议取消层级评查，强化检察官主体地位和责任意识，加强其对案件质量的自主管理。同时由于增加考核内容，一些考核数据和信息检察官并不能完全掌握，需要专门人员进行收集、统计，因此要强化考核程序中案管部门的主导职能。

（三）量化考核结果

管城区检察院在案件质量考核结果方面主要采取"六级十二等"的综合等级评定方式，虽然部分运用量化方式，但结果并未明显体现差异性，不利于考核目标和价值实现。因此在完善考核体系过程中，要加强对结果的量化设计，重点要合理体现差异化。一是在明确考核内容基础上，设定每项考核内容的考核标准，让检察官在办案过程中掌握考核标尺。本文讨论的考核内容系初步设想，有待实践中进一步讨论完善。二是合理、恰当设置各项考核内容的分值比重。三是实行基础项目和加分项目相结合的考核方式，在考察办案人员的基本办案技能基础上，加强对监督能力的考核，对办案效果、监督成效好的案件依据不同标准设置加分项目，加大差异性体现。下图显示为考核量化模式，当然对各项分值和比例的设置还需进一步讨论，也应在实践中检验、完善。

综合定量考核结果（拟定百分制）	基础项目（分别设定每项分值区间）	实体	计分
		程序	计分
		法律文书制作	计分
		卷宗装订	计分
		网上办案	计分
		信息公开	计分
		风险评估	计分
		……	计分
	加分项目（设定不同情况加分分值）	如对立案监督、侦查监督、抗诉、追诉等案件依据相关标准加分评价	计分
总分	计分		

（四）完善考核结果运用

历来，只有将考核结果与所获回报挂钩，才能真正使考核发挥应有的作用。将考核结果作为正确评价检察官办案能力，实施奖励、培训以及职务调整依据，是维护考核权威性、调动检察官工作积极性、不断提高工作质量和效率必不可少的环节。因此考核结果如何运用，直接关系到考核本身的意义和价值。实施检察官办案责任制后，如何建立科学的检察官业绩考评机制是检察机关研究的热点。对于案件质量考核的结果，笔者认为应该采取"刚性"和"柔性"相结合的运用方式。一方面要纳入到检察官整体工作业绩的考核范围，成为考察检察官司法办案绩效的重要甚至关键指标。这应成为质量考核结果"刚性"运用方式。另一方面还应给考核结果留下"柔性"多样化应用空间。在内部管理方面，可以针对办案质量开展专项的评优奖优工作，同时也可以将结果作为检察官职业培训、职级晋升、职务提拔等方面的重要参考依据。

浅议检察官办案数量、质量评估指标

刘莎莎[*]

检察官绩效评估体系的构建是一项系统工程,其中检察官办案数量、质量评估指标客观直接反映了检察官绩效情况。综合上海、江苏等地的先进经验和太原市杏花岭区检察院办案实际,笔者对检察官办案数量、质量标准和计算、计分方式作如下建议:检察官的绩效考核应遵从公正优先、兼顾效率的价值准则,在指标设定、权重分配、评价标准、考核方式上均应有所侧重,突出办案质量在考核体系中的核心地位,发挥绩效考核保障办案质量的正向引导作用。

一、开展岗位分析与素能要求分析

厘定不同部门、不同层级检察官的岗位职责和素能要求,是确定检察官质量、数量标准的前提,是实现对检察官"案"和"人"全面考评的逻辑起点。以公诉工作为例,部门负责人岗位职责包括:负责本部门行政和业务管理事务,直接办理重大、疑难、复杂案件,直接办理重要监督事项,召集检察官联席会议,协调本部门与相关职能部门之间的工作关系,完善各项工作机制,负责岗位目标考核,落实本院的各项工作部署,有效组织完成各项检察工作,完成岗位素能轮训和业务研究任务,完成其他领导交办的任务;岗位素能包括:公诉伦理、法律思维、专业认知能力,通用能力——依法裁量能力、定分止争能力、语言表达能力,管理能力——业务管理能力、综合指导能力、组织统筹能力、梯队建设能力,办案能力——案件审查能力、罪责认定能力、出庭公诉能力、诉讼监督能力。各检察官岗位职责包括:独立办理各类审查起诉案件,依据检察官权力清单依法独立行使办案权,依法开展侦查监督和审判监督工作,结合办案积极开展综合治理工作,指导办案组内检察官助理、书记员工作,完成岗位素能轮训和业务研究任务,完成其他领导交办的任务;岗位素能与部门负责人相同。

---

[*] 作者单位:山西省太原市杏花岭区人民检察院。

二、确定数量、质量指标

检察官绩效评估指标的设定是构建检察官系统评估体系的主体部分，指标设计的基本思路是以上级院、本院及部门重点工作为核心，以检察官岗位职责和素能要求为原点，尽可能用客观数据描述，进行量化评价，辅之以定性评价，评价标准可度量、可预测，客观公正地对检察官在履职过程中的结果表现和行为表现进行综合评价。

检察官绩效评估的主要内容为办案（工作）业绩、工作能效、职业素养、业务研修四项，分别占比55%、30%、10%及5%。其中办案（工作）业绩是对"案"的评价，工作能效、职业素养、业务研修是对"人"的评价，两者结合，形成对检察官的全面评价。从各项考核内容所占的比重来看，重点考核检察官办案业绩。

（一）办案数量指标

基于检察业务复合型特点，将数量考核分为案件量化考核和项目化考核两种方式。对公诉、侦监、民行等可以量化的业务部门检察官采用案件量化的考核方式；对驻所、驻监、控告申诉、社区检察、案管、研究室等无法量化的部门检察官采用项目化考核方式。

案件量化考核不对案件数量做硬性要求。由于检察机关的案件数量往往不以检察机关的意志为转移，往往取决于整个社会的政治、经济、文化环境和法治化水平的高低，因此我们以所在部门检察官在考核期内的办案平均量为基准值，达到即得基础分，每超出或低于标准一件，相应加、减分。通过相对性比较的方式，体现检察官的工作量和在部门中所处的位置。以公诉检察官为例，检察官办案数量达到考核基准数得基础分，超过基准数的，每件加0.5分；低于基准数的，每件减0.5分。

考核规则在计算办案数量时还适当考虑到案件的繁简程度（犯罪嫌疑人人数、罪名数、案件类型等），并设定了具体的折算案件数规则。以公诉业务为例，适用普通程序开庭的，每案多计1/5件；公开听证（审）一次，按1/5件案计；办理案件每增加一名犯罪嫌疑人或一罪名，多计1/5件，封顶计5件案件；办理侵犯知识产权罪（《刑法》第三章第七节）、渎职罪（《刑法》第九章）、危害食品类犯罪（生产销售伪劣产品罪，生产、销售不符合安全标准的食品罪，生产销售有毒有害食品罪）、合同诈骗罪等案件的，每件按2件计；办理本区首例的新罪名、新类型案件（不包括"两高"关于罪名补充规定中将原有罪名更换为新罪名的情形），每件按2件案件计。

项目化考核方式，以部门进入全市条线考核前三名为目标，年初由部门负责人确定检察官的具体考核工作项和单项工作权重。工作项目分为静态性和动态性两类，静态性工作属于例行性、常规性工作，比如控申部门检察官办理各类信访案件、社区检察官办理两项监督案件等；动态性工作属于阶段性、临时性工作，比如落实上级院和本院的重点工作、交督办工作等。由部门负责对检察官工作项目按等级评定法进行评价，并折算成相应的分数。

（二）办案效率指标

基层检察院往往面临案多人少的情况，提高办案效率既能缓解案多人少矛盾，鼓励检察官多办案，又能督促检察官养成良好的办案习惯和时间管理能力。因此我们笼统地规定了半年度结案率和年度结案率作为衡量标准。以公诉业务为例，办结率考核基准值设定为半年90%，全年98%，达标加分，不达标扣分。

（三）办案质量指标

办案（工作）质量实行扣分制，如出现质量问题，依规定扣分。评价的依据是流程监控和案件质量评查的结果，并具体规定了不同质量情形的扣分标准，与检察官办案质量考核相对接，以实现对检察官"实体+程序""过程+结果"的全面评价。流程监控侧重于过程性评价，主要针对涉案财物处理、当事人诉讼权利保障、办案期限、履行法律监督职责、司法办案场所使用等九个方面进行评价，质量问题分为瑕疵、一般违规、严重违规三种情形；案件质量评查主要侧重于结果性评价，从事实认定、证据采信、法律适用、文书使用和制作、出庭情况等九个方面进行评价，质量问题分为瑕疵、一般过错、重大过错、错案四个等级。

考虑案件质量评查的案件范围尚未全覆盖所有业务实际，驻所、驻监、控告申诉、社区检察、预防、案管、研究室等综合业务部门检察官的工作质量评价，由部门结合条线考核的要求予以评价。比如，检察官履行案件质量评查职能，本院评查时未及时发现，但市院抽查或专项评查发现已经评查过的案件存在司法瑕疵或质量问题，属质量问题。

（四）办案效果指标

办案效果实行加分制，对检察官延伸检察职能、开展创新工作、转化办案（工作）成果等检察工作成效进行考核，指标的设定围绕本院及上级院的重点工作，紧扣市院条线考核核心指标，鼓励检察官加强法律监督。如侦监业务的检察官为监督立案（撤案）、追捕防漏情况；公诉业务的检察官为追诉、抗诉情况；民行业务的检察官为提抗案件得到分院支抗的情况、执行监督检察建议法院采纳的情况等。

三、核算方式

（一）排序法+权重法

不同部门、不同岗位检察官由于工作性质不同，如何确定量化指标，如何进行横向比较，比如公诉部门办一件起诉案件与侦监部门办理一件批捕案件如何评判工作量？我们给出的解决方案是排序法+权重法。具体而言，对不同业务条线检察官设定不同的考核项目，分别评价排序，排名第一的赋予最高考核分，对同部门检察官再按权重依次递减换算分数，尽可能追求考核的相对公平，平衡业绩差异性和职能多样性。以P区检察院为例，将所有检察官的业绩考核分均定为100分，办案数量、办案质量、办案效果各占40分、40分、20分，总分折合为综合评价的55%。三个单项下，不同部门、岗位、层级检察官的得分项目不同，计算出原始分后按权重折算考核分，计算公式为：

$$检察官 A 考核分 = \frac{权重分}{第一名原始分} \times 检察官 A 原始分$$

（二）等级评定法

检察工作的职业特点决定了其工作无法全面量化，所以针对公诉、侦监、民行等可以量化的业务部门检察官采用案件量化的考核方式，针对驻所、驻监、控告申诉、社区检察、案管、研究室等无法量化的部门检察官采用项目化考核的方式。然而，不同于案件量化的考核具有明确的计分公式，在项目化考核无法量化计分的情况下，如何解决打分的问题？我们借鉴了绩效管理学上的等级赋值法，也就是按达到指标标准的程度划分若干等级，并按每个等级进行打分的方法。等级赋值法又有实质赋值与等矩赋值、弹性赋值与刚性赋值之分。在项目化考核的计分规则下，先对不同的等级做出定义，然后根据等级定义进行评估再赋予相应分值。以P区检察院为例，项目化考核的结果评定为A、B、C、D四个等级，检察官能够按照工作要求并超过预期目标完成工作的，评定为A等，赋值95分；检察官能够按照工作要求较为高效完成工作的，评定为B等，赋值85分；检察官虽然能够按要求完成工作，但工作效率较低，存在一定瑕疵的，评定为C等，赋值65分；检察官未能按要求完成工作的，评定为D等，赋值50分。同理，针对外部评价、听庭评议等主观性较强的评价，亦可参照上述方式进行赋值。这可以在平时的案件评查和流程监控中完成。

公诉部门员额检察官绩效评估方案设计

陈绍斌[*]

在公共部门中,绩效测量存在固有的困难,绩效指标很容易受到批评,因为它试图详细说明模糊的问题。[①] 因此,绩效评估中,如何确定关键绩效指标至关重要。在确定关键绩效指标时,应注意 SMART 原则[②],S 代表的是 specific——"具体的",是指绩效指标要切中特定的工作目标,适度细化,并且随着情境的变化而发生变化;M 代表的是 measurable——"可度量的",是指绩效指标是数量化的或行为化的,验证这些指标的数据或信息是可以获得的;A 代表的是 attainable——"可实现的",是指绩效指标在付出努力的情况下可以实现,避免设立过高或过低的目标;R 代表的是 realistic——"现实的",是指绩效指标是现实存在并可验证的,并不是假设的;T 代表的是 timebound——"有时限的",是指绩效指标中要使用一定的时间单位,即完成这些指标的期限。

《江苏省检察机关检察官办案绩效考核量化规则(试行)》规定,对检察官办案绩效考核以评价司法办案为主,兼顾评价司法作风、司法技能和职业操守,分别占 70%、10%、10%、10%。其中,司法办案评价是对办案数量、质量、效率、效果、安全、规范等情况进行评价;司法作风评价是对工作态度、团队协作、敬业精神等方面的表现进行评价。司法技能评价是对参加素能培训、岗位练兵、业务研修,开展法律适用研究、课题研究以及撰写调研信息简报等情况进行评价。职业操守评价是对职业道德、遵章守纪、廉洁自律等方面的表现进行评价。

根据 SMART 原则,将公诉部门员额检察官绩效的量化考核中的关键性指标确定为办案的工作量、办案的质量情况,其中办案的工作量包括办案的数量

---

[*] 作者单位:江苏省无锡市人民检察院。
[①] [澳] 欧文·E. 休斯:《公共管理导论》,彭和平等译,中国人民大学出版社 2001 年版,第 215 页。
[②] 孙柏瑛、祁光华:《公共部门人力资源管理》,中国人民大学出版社 2004 年版,第 177 页。

与效率，办案的质量包含案件质量、效果、安全、规范等内容。

一、办案类型的划分

根据不同的标准，办案类型可以有多种。《江苏省检察机关检察官办案绩效考核量化规则（试行）》列明的公诉部门案件清单分为三大类25小类，三大类分别是实体性案件、程序性案件、指导性案件。

（一）实体性案件

1. 一审公诉案件、二审上诉案件、法院再审（提审）案件、发回重审案件；

2. 二审抗诉（既有上诉又有抗诉）案件、审判监督程序抗诉案件；

3. 公诉适时介入侦查案件；

4. 不起诉复议案件、不起诉复核案件、撤回抗诉复议案件；

5. 自侦不起诉审批案件；

6. 撤销（不）起诉审查案件；

7. 证据合法性调查案件；

8. 公诉报请核准追诉案件；

9. 违法所得没收申请案件、没收违法所得启动监督案件；

10. 强制医疗申请案件、强制医疗启动监督案件；

11. 刑事和解案件；

12. 上级院或本院检察长（副检察长）以职权交办的案件；

13. 公诉环节信访案件；

14. 诉讼监督案件（包括纠正侦查违法、审判违法、纠正遗漏罪行、纠正遗漏同案犯、提出检察建议等）；

15. 阅卷审查的报备案件；

16. 重大专案；

17. 需要阅卷审查的其他案件。

（二）程序性案件

18. 指定管辖案件；

19. 职务犯罪一审判决监督案件；

20. 备案审查案件。

（三）指导性案件

21. 书面请示案件；

22. 听取下级院汇报案件；

23. 质量评查案件；

24. 庭审考核案件；

25. 相关部门会商案件，包括法院业务庭、侦查机关（部门）等。

二、办案数量的量化方案

案件情况千变万化，审查起诉的工作量也不尽相同，有时一个案子的工作量是另一个案子工作量的数倍，如一件交通肇事案与由数十人组成的团伙盗窃案的审查起诉工作量差别就很大，为此要根据一案中的犯罪嫌疑人数量、卷宗册数、罪名种类与数量、案件类型与难度、程序与案件处理情况等因素来确定工作量的系数。下面以一审公诉案件为例，来确定办案人员的工作量。本文在工作量的量化方案中，是以系数为基础设计的，再通过一定规则转化为百分制，主要是由于影响工作量的多个因素之间是倍数关系，所以适合以系数相乘的方式来确定影响数。一审公诉案件的基本系数为 1.0。

（一）工作量基础系数

工作量基础系数由基本数（1.0）、犯罪嫌疑人人数影响数、卷宗册数、涉案罪名数等影响因素数组成。

1. 犯罪嫌疑人数量的影响数。犯罪嫌疑人数量增加时，会增加办案工作量。一案中犯罪嫌疑人数量超过 1 名时，每增加 1 名，工作量基础系数增加 0.2。

2. 卷宗册数的影响数。标准卷宗每册在 200 页，卷宗册数增加，将会增加办案工作量。在 2 卷以内的，不增加也不减少；在 2 卷以上的，每增加 1 卷，工作量基础系数增加 0.05。增加封顶值为 1.0。

3. 罪名数的影响数。一案中同一犯罪嫌疑人涉及数个罪名的，每增加 1 个罪名，增加 0.1。

工作量基础系统 = 基本数（1.0）+ 犯罪嫌疑人数量的影响数 + 卷宗册数的影响数 + 罪名数的影响数

表 1　工作量基础系数影响表

序号	影响因素	增加	基础系数
1	犯罪嫌疑人数量的影响数	1 人	+0.2
2	卷宗册数的影响数	1 卷	+0.05
3	罪名数的影响数	1 个罪名	+0.1

(二) 案件类型与难度系数

办案类型的影响：

1. 一审普通刑事案件系数设为 1。
2. 一般的上诉、抗诉和请示案件，每件系数为 0.3。
3. 其他程序性案件和指导性案件，每件系数为 0.1。

案件难度的影响：

各个案件审查起诉的难易程度是不一样的，有的案件需要专门知识，如财会、金融、贸易、证券、税务、计算机、互联网等方面的知识，为此我们把一般案件的工作系数确定为 1.0，其他案件审查起诉的工作量系数按以下方式确定：比较复杂案件，每件系数为 1.3—1.5；特别疑难复杂案件，每件系数为 1.8—2。"比较复杂""特别疑难复杂"的案件标准由公诉部门主要负责人确定。

表 2　案件类型与难度影响系数表

序号	影响因素	一般案件	比较复杂案件	特别疑难复杂案件
1	实体性案件	1	1.3—1.5	1.8—2.0
2	一般的上诉、抗诉和请示案件	0.3	0.5	1.0
3	其他程序性案件和指导性案件	0.1	0.1	0.1

(三) 案由影响系数

案由基础系数基数为 1.0。有下列情形的，在案由基础系数上调整：

1. 新类型犯罪案件。对于在县、区院范围内的新类型犯罪案件，即首次审查起诉的案件，增加案由系数 0.5；对于在市（地）院范围内的新类型犯罪案件，增加案由系数 1.0。
2. 职务犯罪案件，增加案由系数 0.8。
3. 金融证券期货类犯罪案件，增加案由系数 0.8。
4. 走私类犯罪案件，增加案由系数 0.6。
5. 涉税类犯罪案件，增加案由系数 0.6。
6. 涉及高科技类型犯罪案件，如利用计算机、互联网等涉及高科技类型犯罪案件，增加案由系数 0.6。
7. 涉及知识产权类型犯罪案件，增加案由系数 0.5。
8. 诈骗类犯罪案件，增加案由系数 0.2。

9. 危险驾驶犯罪案件，减少案由系数 0.5。

10. 容留吸毒犯罪案件，减少案由系数 0.4。

11. 其他犯罪案件，案由系数无增减。

表3　案由影响系数表

序号	影响因素	影响结果	备注
1	新类型犯罪案件	+0.5 至 1.0	县 0.5，市 1.0
2	职务犯罪案件	+0.8	
3	金融证券期货类犯罪案件	+0.8	
4	走私类犯罪案件	+0.6	
5	涉税类犯罪案件	+0.6	
6	涉及高科技类型犯罪案件	+0.6	
7	涉及知识产权类型犯罪案件	+0.5	
8	诈骗类犯罪案件	+0.2	
9	危险驾驶犯罪案件	−0.5	
10	容留吸毒犯罪案件	−0.5	
11	其他犯罪案件	无增减	

（四）程序与案件处理影响系数

1. 改变管辖案件（移送上级院或其他检察院），系数为 0.2。

2. 同意侦查机关撤回案件，系数为 0.3。

3. 认罪认罚类案件，系数为 0.4。

4. 简易程序案件，系数为 0.6。

5. 作不起诉处理案件，系数为 0.6。

6. 其他情况，系数为 1.0。

表 4　程序与案件处理影响系数表

序号	影响因素	系数值	备注
1	改变管辖案件（移送上级院或其他检察院）	0.2	程序与案件处理影响系数值，根据情形直接适用左侧数据。
2	同意侦查机关撤回案件	0.3	
3	认罪认罚类案件	0.4	
4	简易程序案件	0.6	
5	作不起诉处理案件	0.6	
6	其他情况	1.0	

综上所述，工作量系数 = 工作量基础系数 × 案件类型与难度系数 × 案由影响系数 × 程序与案件处理影响系数

（五）工作量的计算实例

举例1：检察官王某某办理了张甲、李乙贪污、受贿案，共10本卷宗，被告人翻供，经部门负责人认定为疑难复杂案件，一审适用普通程序。

（1）工作量基础系数 = 基本数（1.0）+ 犯罪嫌疑人数量的影响数（0）+ 卷宗册数的影响数（0）+ 罪名数的影响数（0.5）= 1.7

（2）案件类型与难度系数 = 1.5

（3）案由影响系数 = 1.6

（4）程序与案件处理影响系数 = 1.0

工作量系数 = 工作量基础系数 × 案件类型与难度系数 × 案由影响系数 × 程序与案件处理影响系数 = 1.7 × 1.5 × 1.6 × 1.0 = 4.08

举例2：检察官王某某办理了钱丙危险驾驶案，共2本卷宗，认罪认罚程序。

（1）工作量基础系数 = 基本数（1.0）+ 犯罪嫌疑人数量的影响数（0）+ 卷宗册数的影响数（0）+ 罪名数的影响数（0）= 1.0

（2）案件类型与难度系数 = 0.5

（3）案由影响系数 = 1.0

（4）程序与案件处理影响系数 = 0.5

工作量系数 = 工作量基础系数 × 案件类型与难度系数 × 案由影响系数 × 程序与案件处理影响系数 = 1.0 × 0.5 × 1.0 × 0.5 = 0.30

（六）办案工作量的确定

1. 办案数量的定额

（1）院主要领导：达到检察官（分管业务）平均办案数的10%。

（2）其他院领导：达到检察官（分管业务）平均办案数的35%。

（3）部门主要负责人：达到检察官平均办案数的50%。

（4）其他部门负责人：达到检察官平均办案数的70%。

2. 办案数量的分值确定

达到上述标准即得基本分，即100分；每超过1%，加0.5分，加分项最高不超过30%，即封顶30分；每减少1%，减0.5分，减分值不封顶。

三、案件质量的量化方案

《人民检察院案件流程监控工作规定（试行）》规定，流程监督的主要内容包括案件受理、强制措施、刑事涉案财物管理、文书制作和使用、办案期限、诉讼权利保障、履行监督职责、司法办案风险评估、统一业务应用系统使用等九个方面。《人民检察院案件质量评查工作规定（征求意见稿）》第15条规定，案件质量评查的主要内容包括：证据采信、事实认定、法律适用、办案程序、风险评估、文书制作和使用、涉案财物处理、诉讼权利保障等八个方面。

综合上述两个文件的规定，结合各个项目的属性，在设置案件质量量化方案时要考虑以下因素：

一是将固有项目设置为有基本分的项目。有的项目是每个案件必然发生的，如犯罪事实认定、法律适用、证据采信；有的是偶然发生的，如刑事涉案财物管理，多数案件没有此项内容，不能将其设定为基本分，只能设置为减分项目，即按照相关规定办理的不减分，有差错的据实减分。

二是对一些项目进行归并，如将证据采信、事实认定、法律适用归并为案件定性、犯罪事实认定、量刑情节认定，这样便于操作处理，也符合习惯。

三是将反映案件质量主要属性的项目设置为基本项目，如定罪量刑项目，其权重也占主要部分，其中案件定性占20%、犯罪事实认定占35%、量刑情节认定占10%、办案程序占30%、文书制作与使用占5%，其余偶发性项目不设基本分，除监督性质项目设置加分外，其余项目只有减分项。

为此，将案件质量的量化项目分为案件定性、犯罪事实认定、量刑认定、办案程序、文书制作与使用、其他影响案件质量因素等六个部分，前五个部分有基本分，其他影响案件质量因素无基本分。

质量分值=案件定性分值+犯罪事实认定分值±量刑情节认定分值±文书制作与使用分值±办案程序分值±其他影响质量因素分值

（一）案件定性

权重为20%，以满分为100分计算，基本分20分。

法院判决书改变起诉书定性的情况按以下方式处理：

1. 起诉书的定性是错误的

若该定性是由公诉部门员额检察官独立决定的，罪名每错一处减系数 10 分，以减满 20 分为限；若该定性是经有关程序讨论决定，即不是由公诉部门员额检察官独立决定的，若在讨论时公诉部门员额检察官的定性意见与后来法院判决书认定的罪名一致的，则不减权重系数；其他情况，罪名每错一处减 5 分。

2. 判决书的定性是错误的

经抗诉并被二审法院改回定性的，定性加 5 分。

3. 存在认识差异

定性改变是由于检、法两家认识上存在差异造成的，并经分管副检察长确认的，不减系数。

4. 法院宣告被告人无罪

法院宣告被告人无罪的，检察机关撤回起诉后作绝对不起诉处理或由侦查机关撤销案件的，扣除全部质量分，质量得分为 0。

表 5 定性系数影响表

改变定性情况	判决书改变起诉书的定性					公诉部门员额检察官改变移送审查起诉意见书的定性		备注
	正确			错误（经抗诉被改回起诉书的定性）	有争议	正确	错误	
	公诉部门员额检察官是否独立决定							
	是	不是						法院宣告被告人无罪的，扣完全部质量分数，质量得分为 0。
		公诉部门员额检察官定性意见与判决书的认定是否一致						
		是	不是			每改变1个罪名，加5分	按左侧的规定处理	
定性系数	减10分	无加减	减5分	加5分	无加减			

（二）犯罪事实认定

权重为 35%，基本分 35 分。

在确定事实系数时，我们要防止公诉部门员额检察官只做减法不做加法现象的发生,要激励公诉部门员额检察官重事实重证据、对被告人做到不枉不纵。

1. 法院对起诉书指控的犯罪事实做减法的处理

如果指控被告人的犯罪事实的个数是数个,对法院减去部分犯罪事实的,我们认为按以下情况处理比较合适:规定允许的减去率(正如工厂的产品合格率一样),初步设想为10%,即被法院减去的犯罪事实个数不超过总个数的10%;对于有犯罪金额的,法院减去犯罪金额不超过起诉书指控的总的犯罪金额的10%;对于没有犯罪金额的,法院减法的犯罪事实应不是主要犯罪事实。在上述范围内,不减基本分。

(1) 法院的减法是正确的

①超过上述范围的,法院每减去1个犯罪事实,则减3分;

②对于有犯罪金额的,按法院扣减犯罪金额占起诉书指控的总的犯罪金额的百分比相应扣减事实系数,如该百分比为30%,则减(30%—10%)×35 = 7分;

③对于没有犯罪金额,法院减去的是主要犯罪事实的,则减15分。

(2) 法院的减法是错误的

经抗诉并被二审法院改回的,则加10分。

(3) 对法院的减法存在争议

法院对犯罪事实的减少是由于检、法两家认识上存在差异造成的,并经分管副检察长确认的,不减分。

2. 公诉部门员额检察官对起诉意见书的减法的处理

减法是正确的,与上述规定相类似,相应增加事实系数:

(1) 每减去1个犯罪事实,则加3分,以加20分为封顶;

(2) 对于有犯罪金额的,减少犯罪金额占起诉意见书指控的总的犯罪金额的百分比相应加分;

(3) 对于没有犯罪金额的,减少的犯罪事实是主要犯罪事实的,加15分。

公诉部门员额检察官的减法是错误的(经讨论并被分管副检察长等确认),如果公诉部门员额检察官主观上为了包庇有罪的人,减30分;其他情况,则每错减1个犯罪事实,减3分。

3. 公诉部门员额检察官对移送审查起诉意见书的加法的处理

加法是错误的,按本条第一款处理;加法是正确的(得到判决书认可的),按以下规定处理:

(1) 每增加1个犯罪事实,则加3分;

（2）对于有犯罪金额的，增加犯罪金额占移送审查起诉意见书指控的总的犯罪金额的百分比相应增加事实系数，按此情况增加，累计加分不应超过20分；

（3）对于没有犯罪金额的，增加的犯罪事实是主要犯罪事实的，加15分；

（4）增加的事实，致使被告人的量刑提高档次的，如有金额或数额的，从数额较大上升至数额巨大、数额特别巨大，有情节的，从情节严重上升到情节特别严重等，每上升一个量刑档次，另加15分。

4. 漏诉犯罪嫌疑人的处理

漏诉犯罪嫌疑人，每漏诉1人减25分，累计计算，减满100分封顶。

表6 犯罪事实影响表

		对案件质量的影响数		
		有金（数）额，按增加或减少的犯罪金（数）额占总数的百分比	是主要犯罪情节	其他情况，每增加或减少1个犯罪事实
判决书减起诉书的犯罪事实数	正确	－百分比×35	－15分	－3分
	错误	经抗诉后被改正的，+5分		
	有争议	不增不减		
公诉部门员额检察官减移送审查起诉意见书的犯罪事实数	正确	＋百分比×35	＋15分	＋3分
	错误 过失	－百分比×35	－15分	－3分
	错误 故意	－35		
公诉部门员额检察官增移送审查起诉意见书的犯罪事实数	正确	＋百分比×35	＋15分	＋3分
	错误	－百分比×35	－15分	－3分
漏诉犯罪嫌疑人		每漏诉1人减25分，累计计算，减满100分封顶		

（三）量刑情节

权重为10%，量刑情节无差错的，得基本分10分。

在起诉书中每少认定1个量刑情节的，减5分，累计计算，减分不封顶。

1. 犯罪情节中的较轻、严重、特别严重。
2. 犯罪数额中的较大、巨大、特别巨大。

四、检察官绩效考核的标准和程序

3. 共同犯罪中的主犯、从犯、胁从犯。
4. 犯罪状态中的犯罪预备、中止、未遂。
5. 自首与立功：自首、坦白、立功、重大立功。
6. 累犯与其他：累犯、犯罪前科。

（四）文书制作与使用

权重为5%，文书制作与使用无差错的，得基本分5分。

在文书制作和使用方面，有下列情形，除特别注明外，严重的减2分，一般的减1分，较轻的减0.5分，累计计算，减分不封顶：

1. 法律文书、工作文书不完整、齐全；
2. 文书结构和版式不符合标准、规范；
3. 内容填写不完整、有错误；
4. 未能做到表述清晰、逻辑严谨、层次分明、繁简适当、说理透彻、引述法律条文准确等；
5. 文书审批手续不符合相关规定；
6. 应当制作的法律文书未制作的减2分，工作文书未制作的减1分；
7. 违反规定开具、使用、处理空白文书，每次减2分；
8. 违反规定在统一业务应用系统外制作文书，每次减1分；
9. 对文书样式中的提示性语言未删除、修改，减0.5分；
10. 在统一业务应用系统中制作的文书未依照规定使用印章、打印、送达，每次每项减0.5分。

（五）办案程序

权重为30%，基本分30分。办案程序包括强制措施适用、办案期限、权利保障、其他程序因素。

1. 强制措施的适用，有下列情形的，依照条款内容减分：

（1）适用、变更、解除强制措施未依法办理审批手续，减5分；法律文书不齐全，减1分。

（2）未依法及时通知被监视居住人、被拘留人、被逮捕人的家属，减2分。

（3）拘留、逮捕强制措施期满未依法及时变更或者解除，减10分；取保候审、监视居住措施期满未依法及时变更或者解除，减2分。

（4）审查起诉依法应当重新办理监视居住、取保候审的，未依法办理的，减5分。

2. 办案期限，有下列情形的，依照条款内容减分：

（1）超期羁押犯罪嫌疑人的，减20分；变相超期羁押犯罪嫌疑人的，减10分。超期羁押犯罪嫌疑人是一种严重违法行为，应当从严管理。根据高检院有关规定，对于超期羁押犯罪嫌疑人的，应当给予办案人员纪律处分。

（2）犯罪嫌疑人未被羁押的，超过法定审查起诉期限仍未办结案件，减2分。

（3）延长、重新计算审查起诉期限不符合法律规定，每次减2分。

（4）补充侦查决定不符合规定，变相延长审查起诉期限的，减2分。

（5）未依法就变更审查起诉期限告知相关诉讼参与人，每次每项减1分。

（6）建议法院延期审理不符合规定，变相延长法院审理期限的，每次减1分。

3. 诉讼权利保障，有下列情形的，依照条款内容减分：

（1）未依法告知当事人相关诉讼权利的，减3分；告知不及时的，减1分。

（2）未依法告知辩护人、诉讼代理人重大程序性决定的，减2分；告知不及时的，减1分。

（3）未依法答复当事人、辩护人、诉讼代理人的，减2分；答复不及时的，减1分。

（4）未依照规定保障律师行使知情权、会见权、阅卷权、申请收集调取证据权等执业权利的，减2分。

（5）未依法听取辩护人、被害人及其诉讼代理人、近亲属意见的，减1分。

（6）未依法向诉讼参与人送达法律文书的，减1分。

（7）未按照有关规定保障诉讼参与人的其他诉讼权利的，减1分。

4. 其他程序因素

（1）案件管辖不符合规定，无管辖权且未办理指定管辖的，减5分；无管辖权且办理指定管辖不及时的，减1分。

（2）讯问犯罪嫌疑人、询问证人、听取被害人和犯罪嫌疑人、被害人委托的人的意见不规范的，每次每项减1分。

（3）各办案环节审批手续不完整、不齐备的，每次每项减1分。

（4）不符合办案程序的其他规定的，每次每项减1分。

（六）其他影响案件质量系数

1. 履行监督职责

（1）追捕、追诉。每追捕或追诉1人，追捕每人次加5分，追诉每人次加15分。

（2）检察建议。公诉部门员额检察官向公安机关等单位发出《检察建议书》，每次加1分；被相关单位采纳并回复的，每次再加1分。

（3）纠正违法通知书。发现侦查、审判活动中有违法行为，公诉部门员额检察官提出向法院制发《纠正违法通知书》的建议，建议被检察长采纳的，每次加2分；被相关单位采纳并回复的，每次再加2分。

（4）应当抗诉未抗诉的，减10分；提出抗诉意见被检察长采纳的，加10分。

2. 涉案财物方面管理，有下列情形的，依照条款内容减分：

（1）涉案财物的查封、扣押、冻结不符合程序规定，严重的减5分，一般的减2分，较轻的减1分。

（2）扣押的物品和款项未按照有关规定及时交案件管理部门保管或者存入专门账户，减1分。

（3）对已查明与案件无关的财物，不按照有关规定及时退还或者解除查封、扣押、冻结，减3分。

（4）在诉讼程序依法终结之前，违反规定将涉案财物上缴国库或者作其他处理的情形，减3分；诉讼程序依法终结之后，不按照有关规定及时依法处理涉案财物，减2分。

（5）存在因不负责任造成涉案财物丢失、损毁、贪污、挪用、截留、私分、调换、违反规定使用涉案财物的情形，严重的减20分，一般的减10分，较轻的减5分。

3. 风险评估，有下列情形的，依照条款内容减分：

（1）未依法规范开展风险评估，减3分。

（2）风险评估意见不具有针对性，减1分。

（3）对存在的办案风险没有相应的防范工作预案，减1分。

（4）对出现的问题未能及时有效地应对处置，减2分。

4. 出庭效果

公诉部门员额检察官全年要选择1—2个庭参加统一考核评比，通过评比总结成功的经验，找出存在的问题，提高办案水平。量化考核的主要内容包括：（1）庭前准备是否充分，预测辩护观点是否准确；（2）文书制作质量是否符合要求，庭上形象是否得体大方；（3）庭上用语是否规范，讯问、举证是否到位；（4）认定犯罪事实有无遗漏，适用法律是否正确；（5）公诉效果是否良好，指控犯罪是否有力。结合案件难易程度，正确评价公诉部门员额检察官的办案水平。通过对庭审活动的考核，出庭效果差的，减5分；出庭效果好的，加5分。

（七）质量系数的说明

在确定质量系数时，有必要对定性和犯罪事实的改变做一探讨。我们知道，上级司法机关有权否定下级司法机关的司法决定，后道诉讼程序有权否定前道诉讼程序所作的司法决定，这是法律设定的规则，也是诉讼规律的要求。但是，有权否定前面所作的决定，并不一定必然意味着后面的决定才是正确的，因为大多数疑难案件，在法律的适用和事实的认定上都存在相当大的模糊性，即法学界长期争论不休的法律上的不确定性。[①] 仅仅根据后面的司法决定对前面的司法决定的否定便认定前面的司法人员办了错案，应当承担错案责任，不仅不科学、不合情理，而且在许多场合可能使承担责任的人员产生不满情结，严重挫伤其工作的积极性。为此，本文在确定公诉部门员额检察官的案件质量系数时，对于被法官改变定性、减少犯罪事实的部分，不是简单地看法院的判决，而是要提请分管副检察长、甚至检察委员会予以确认，对于存在"法律上的不确定性"的部分，不扣减公诉部门员额检察官的案件质量系数。

[①] 王晨光：《"错案追究制"的误区：兼谈法律运行的不确定性》，载张卫平主编：《司法改革评论》（第一辑），中国法制出版社2001年版，第35页。

新形势下检察官办案质量考核刍议
——以 C 市 W 区检察院案件质量评查实践为视角

刘 峰 余 颖[*]

一、C 市 W 区检察院案件质量评查现况简介

2013 年，C 市 W 区检察院为了规范执法行为、提高办案质量、加强内部监督、促进执法公正，根据法律法规、相关司法解释和最高人民检察院的有关规定，结合自身实际，制定了《C 市 W 区检察院案件质量评查办法（试行）》，共计 6 章 23 条规定，涵括了质量评查概述、评查组织、评查范围及内容、评查方式及程序、质量认定及考核结果应用等内容。此后，C 市 W 区检察院将其适用于各个业务条线的检察官个案质量评查中。

（一）案件质量评查概述

案件质量评查是对本院检察官具体所办案件实体处理意见是否准确、公正以及执法程序是否合法、规范进行评查。

在进行个案质量评查时应坚持实事求是、客观公正、有错必纠、奖优罚劣、科学规范、注重质效的原则。最终，通过案件质量评查，来探索执法办案规律，总结执法办案经验与教训，最终促进检察官办案质量的整体提高。

（二）评查组织

C 市 W 区检察院专门成立了案件质量评查委员会来负责全院的案件质量评查工作，在该质量评查委员会内部设主任、副主任职务，由检察长任主任、分管案件管理的副检察长任副主任。该质量评查委员会成员有纪检组长、检委会专职委员和政工、职侦、监察、侦监、公诉、刑事执行、民行、控申、案管等部门主要负责人组成。该委员会在本院案件管理科设置办公室，具体负责案

---

[*] 作者单位：重庆市万州区人民检察院。

件质量评查工作的筹备、组织协调，制作《案件质量综合分析报告》，开展调查研究。

（三）评查范围及内容

案件质量评查范围包括全院各业务部门办理的所有案件和执法活动。案件质量评查内容包括执法程序、事实认定、证据采信、法律适用、文书制作、强制措施适用、赃款赃物处理和案卷归档等方面。C市W区检察院将上述内容细化到各业务条线的质量评查表中。

（四）评查方式

C市W区检察院采取全面评查、随机抽查、重点评查、专项检查等方式进行案件质量评查。在进行评查时主要通过审查检察内卷的方法进行，也可以向业务部门、承办人了解案件相关情况，必要时可以调取案件材料。对自侦案件的评查可以调取讯问录像，对公诉案件的评查可以旁听庭审情况。上述四种评查方式中，专项检查由检委会专职委员负责，其余的三种方式均由案件质量评查委员会办公室负责。

全面评查是指针对全院或者某个业务条线整体或者同一个检察官或办案组办理的所有案件进行质量评查。随机抽查是指按照一定的抽样标准，在特定期限内在全院或同一业务条线内或者同一个检察官或办案组办理的案件中随机选出一件或者几件案件进行质量评查。

重点评查是指对应检察长的要求评查的案件或者具有特殊情形的案件进行案件质量评查，特殊情形包括：（1）侦查监督部门不（予）批捕、捕后作无罪处理的案件；（2）公诉部门撤回起诉、法院判决无罪，以及起诉后改变定性、改变指控事实、改变量刑情节的案件；（3）民事行政检察部门提出抗诉后法院没有改判的案件。

专项检查是指应上级院的要求或者本院检察长的要求对相应范围内的案件进行质量评查。

（五）质量评查程序

C市W区检察院分别针对上述四种案件质量评查方式制定了相应的评查程序。

1. 全面评查、随机抽查的程序。评查委员会办公室将拟评查的案件向业务部门发出《案件评查通知书》。各业务部门收到《案件评查通知书》后，应当进行自查，并在《案件评查通知书》规定的时间内，将已装订成册的案件内卷、自查表报送至评查委员会办公室。评查委员会办公室对案件质量全面评查。

2. 重点评查的程序。各业务部门每月 10 日前，将上月须重点评查的案件清单、已装订成册的案件内卷连同自查表，报送案件质量评查委员会办公室。评查委员会办公室进行全面评查。

3. 专项检查的程序。检委会专职委员根据市院的要求和本院检察长的决定，组织实施专项检查。

案件质量评查委员会办公室或检委会专职委员在评查完案件后，应形成书面的案件质量评查结果，并在报告案件质量评查委员会之后，将评查结果书面反馈给被评查业务部门，同时形成《案件质量评查通报》，并公示在本院内网《案管工作动态》栏目中。

业务部门若对案件质量评查结果有异议，应当书面提请评查委员会复议。评查委员会复议后，由评查委员会办公室将复议结果书面告知提出复议的业务部门。

案件质量评查委员会通过召开案件质量研讨会、联席会、座谈会等方式，听取人大、政协、上级检察机关、法院、公安、司法等相关部门及人民监督员的意见，了解检察官办案质量情况，并将意见及时反馈相关部门。

（六）质量认定及考核结果应用

C 市 W 区检察院将案件质量评查结果分为优秀、合格、质量不高、不合格四类。案件质量根据各业务条线案件质量评查表的内容和标准计分。

C 市 W 区检察院在该质量评查表中规定了直接确定为不合格案件的项目、质量不高案件的项目、扣分项目、扣分分值。一旦被评查案件具有上述两类项目的任一项目，即可直接确定相应的质量种类。同时也应按照基础分 100 分扣减相应扣分项目后得出案件质量评查得分，最终依据该得分来认定案件质量种类，其中得分为 100 分的为优秀、得分 95—99.5 分的为合格、得分为 90—94.5 分的为质量不高、得分为 89.5 分以下的为不合格。直接确定的等次与扣分的等次不同时，以较低质量等次为准。具体内容参照下列侦查监督案件质量评查表（见表 1）。

表1

犯罪嫌疑人		案由		检察官	
				书记员	
直接确定为不合格案件的项目					备注
1	应当申请回避而未申请的				
2	未讯问犯罪嫌疑人的（重新提捕的案件除外）				
3	超过法定的办案期限的				
4	批准逮捕后案件被撤销、作存疑不诉、绝对不诉，经审查确有错误的				
5	批准逮捕后案件被撤回起诉或被判无罪，经审查确有错误的				
6	批准逮捕人大代表未履行提请许可手续的				
7	违反审批制度擅自对案件作出处理的				
8	案卷、证据材料遗失、毁损的				
9	违反办案纪律、廉政制度、规定，违法办案的				
直接确定为质量不高案件的项目					备注
1	不（予）批准逮捕的案件，未制作《不捕理由说明书》或内容不全面、不规范的				
2	未排除非法证据而予以批准或决定逮捕，但尚未造成错捕的				
3	讯问未成年犯罪嫌疑人、询问未成年被害人、证人未通知法定代理人或合适成年人到场的				
4	讯问女性未成年犯罪嫌疑人，无女工作人员在场的				
5	附条件逮捕案件应当撤销批准逮捕决定而未撤销的				
6	批准逮捕政协委员未按规定通报的				
扣分制项目				扣分情况	备注
1	《审查逮捕案件意见书》制作不规范的，一处减0.5分，最多减10分				
2	应当向侦查机关发出《提供法庭审判所需证据材料意见书》未发出的，减2分				
3	应当向侦查机关发出《说明不立案理由通知书》未发出的，减2分				
4	应当向侦查机关发出《纠正违法通知书》而未发出的，减2分				
5	应当追捕漏犯而未追捕的，减2分				

续表

	扣分制项目	扣分情况	备注
6	发现其他犯罪线索应当建议移送而未建议的,减2分		
7	对逮捕或不捕决定执行监督不力的,减2分		
8	对执法检查提出的整改意见未及时、有效地进行整改的,减1分		
9	未按规定对案件备案备查的,减1分		
10	案卷装订不符合规定的,一处减0.5分,最多减5分		
11	其他违反侦查监督案件办理流程规定的,一处减1分,最多减10分		
12	未按规定及时、全面、准确录入案件管理系统的,减2分		

1. 案件经协调、请示、检察委员会决定的,或法律、法规、政策发生变化的,不作为确定等次或扣分因素。

2. 本表中的质量标准具体规定参见《人民检察院刑事诉讼规则(试行)》《人民检察院审查逮捕质量标准》《重庆市检察机关办理审查逮捕案件流程》以及相关法律法规。

3. 无特别说明的确定等次时一律以检查时的案卷卷面情况为准。

4. 扣分制项目以100分为基础按照标准扣分,案件质量分为优秀(100分)、合格(95—99.5分)、质量不高(直接确定为质量不高或90—94.5分)、不合格(直接确定为质量不合格或89.5分及以下)。直接确定的等次与扣分的等次不同时,以较低质量等次为准。

5. 对确定的等次或扣分有争议的由评查委员会决定。

分数、等次		被评查人签名	
评查人签名		评查时间	

C市W区检察院同时也规定了案件质量责任豁免条款,即当具有下述五种情形之一致使案件认定发生变化的,该案件可以不认定为有质量问题:(1)法律、法规、司法解释发生变化的;(2)法律规定不明确的;(3)非办案人员过错造成案件事实、证据发生变化的;(4)案件经协调、请示、检察委员会决定的;(5)本院检委会、案件质量评查委员会决定可以免责的其他情形。

案件质量评查结果由案件管理部门纳入本院业务部门目标考核,并记入检察官执法档案,作为办案人员评先晋级的参考。

二、C 市 W 区检察院案件质量评查模式评析

（一）构建了合法、公正的个案质量评查模式

综合上述简介，C 市 W 区检察院依据相应的法律法规，并结合本院的实际制定了针对个案的质量评查办法，成立了专门的案件质量评查领导及执行机构，并明确了其职责；具体规定了案件质量评查的范围及内容；设计了专门的案件质量评查的程序、方式、方法；详细规定了案件质量评查的标准、质量分类、救济模式，最终使得针对个案质量的评查有法有据可依。

C 市 W 区检察院制定了统一的类案质量评查表，使得针对类案的质量评查具有了统一的评查标准；同时在该办法评查程序中也规定了相应的公示、复议等救济程序，保障了被评查个案的检察官的知情权与救济权。

（二）设计了极富可操作性的类案质量评查表

C 市 W 区检察院具体制定了《职侦案件质量评查表》《侦查监督案件质量评查表》《公诉案件质量评查表》《民行案件质量评查表》《刑事申诉案件质量评查表》。监所部门（现改名为刑事执行科）案件的评查内容和计分方法参照业务部门。

上述案件质量评查表中规定了直接确定为不合格案件的项目、质量不高案件的项目、扣分项目、扣分分值。通过该案件质量评查表，案件质量评查人员将比较抽象的案件质量评查，变为直观的减法与比对的过程，这保障了案件质量评查结果的客观性与准确性，从而使得案件质量评查结果具有权威性。

（三）仍存在一些不足之处

C 市 W 区检察院形成的案件质量评查模式，在质量评查程序、随机抽查方式方法方面仍存在不足。

1. 评查程序方面存在的问题。C 市 W 区检察院在设置评查程序时没有明确规定是由单个或者多个质量评查员对同一案件进行评查。在对疑难复杂案件进行质量评查时，由于案件比较复杂，由单一的质量评查员进行评查，可能无法保证评查结果的正确性。同时 C 市 W 区检察院在设置复议程序时，并没有明确规定案件质量评查委员会复议的期限，也没有明确复议时再次进行案件质量评查应该更换质量评查员。

2. 随机抽查方式存在的问题。C 市 W 区检察院在规定随机抽查方式时，并没有明确规定随机抽取个案的标准、程序，这使得随机抽查变成了质量评查员的随意行为，极大地降低了随机抽查方式存在的意义。

3. 评查方法存在过于单一的问题。C 市 W 区检察院在进行案件质量评查

时主要是通过事后审查检察内卷,从而一定程度上忽视了案件管理系统存在的意义。虽然C市W区检察院注意到了要对公诉人进行跟庭评查,但这一规定过于简单,没有形成相应的程序,也没有设计相应的跟庭评查标准。

三、对新形势下检察官办案质量考核工作的借鉴

检察官办案质量考核是指对本院每一位检察官所办理的案件实体处理意见是否准确、公正以及执法程序是否合法、规范进行核查。虽然C市W区检察院形成的案件质量评查模式并非针对检察官个人进行的案件质量评查,而是针对部门的个案质量评查,但是由于案件质量评查与检察官办案质量考核方面在一定程度上存在重合,案件质量评查的对象是某一位或某几位检察官办理的案件,而检察官办案质量考核工作的对象是某一检察官所具体办理的个案,两者最终落脚点都在个案上,因而在开展检察官办案质量考核工作时仍然可以借鉴案件质量评查方式、方法、内容、程序、质量分类等方面的有益经验。

(一)构建合法、公正的检察官办案质量考核模式

1. 检察官办案质量考核组织。目前,在司法责任制改革的大背景下,各省市院、分院、基层院均成立了检察官绩效评价委员会,统一负责检察官的绩效评价,而检察官办案质量考核是检察官考核内容中的重中之重。因而应由检察官绩效评价委员会负责领导检察官办案质量考核工作,并在案件综合管理部门设置办公室具体负责这一工作。

2. 考核范围及内容。检察官办案质量考核范围是某一办案期限内(月度、季度、年度)该检察官所办理的全部案件和执法活动。而考核内容则与质量评查内容一致。

3. 考核方式及程序。检察官办案质量考核方式同样可以采取全面考核、随机考核、重点考核、专项考核四种方式,而这四种考核方式的内涵和程序与质量评查模式中的基本一致,只不过其中的部门变为了检察官个人。在进行随机考核时,同一办案期限内(月度、季度、年度),应在同一业务条线内采取同一的个案随机抽样方法,并多抽取几个个案,例如抽样方法中的等距抽取法等。在进行重点考核时,应该由至少两名以上的考核员先后分别进行考核来确定办案质量。

4. 质量认定及考评。检察官办案质量分为优秀、合格、质量不高、不合格四类。而这一办案质量考核结果的分类及得出的方式、办案质量责任豁免条款与案件质量评查模式中的基本一致。

检察官整体办案质量的最终评定依赖于检察官所有的被考核个案的质量。试举一例,某一检察官在这一办案期限内,共有4件案件被考核了,其中一件优

秀、2件合格、1件不合格，那么如何来确定该名检察官的整体办案质量呢？这一问题可能是检察官办案质量考核认定所面临的最主要问题了。但是仔细考虑一下，就会发现这个问题是个伪命题，没有任何意义。如果硬要据此对其整体办案质量进行一个整体的描述，则根本没有办法找到一个客观的、统一的标准。即使没有这个统一的描述，也不会影响该考核结果的应用。只需要明确具有不合格案件、质量不高案件的检察官一律不能参与评先评优即可；反之即具有评先评先资格。在具有评先评先资格的检察官中，应当由获得优秀个案数量较多的当选。

（二）设计同类检察官办案质量考核表

如前文所述，检察官办案质量考核与案件质量评查针对的对象均是某一具体业务条线的个案，因而个案的质量标准是同一的。据此，检察官办案质量考核表与其所在的业务条线的案件质量评查表内容与标准应是一致的，只须将相应业务条线的案件质量评查表表头改为业务条线检察官办案质量考核表即可。至于直接确定为不合格案件的项目、质量不高案件的项目、扣减分项目及分值，优秀、合格、质量不高、不合格的分值范围可以依据各级院的实际来进行相应的设置。具体参照如下公诉检察官办案质量考核表（见表2）。

表2

犯罪嫌疑人		案由		检察官	
	直接确定为不合格案件的项目				备注
1	违反管辖规定的				
2	应当申请回避而未申请的				
3	未依法讯问犯罪嫌疑人（被告人）的				
4	未依法听取辩护人、被害人及其诉讼代理人意见的				
5	未制作《公诉案件审查报告》的				
6	超过法定的办案期限的				
7	起诉遗漏影响定罪量刑的犯罪事实的				
8	收到判决后未及时填写审查意见表导致丧失抗诉权的				
9	撤回起诉或者法院作出无罪判决，经审查起诉确有错误的				
11	追诉漏犯作绝对不诉、存疑不诉的				
12	违反审批制度擅自对案件作出处理的				
13	案卷、证据材料遗失、毁损的				
14	违反办案纪律、廉政制度、规定，违法办案的				

续表

	直接确定为质量不高案件的项目	备注
1	未依照程序规定讯问犯罪嫌疑人（被告人），询问被害人、证人的	
2	适用强制措施错误或明显不当的	
3	未排除非法证据但尚未造成错案的	
4	起诉的犯罪事实部分未得到法院确认，确有错误的	
5	起诉适用法律不当，罪名认定确有错误的	
6	认定影响量刑的法定情节确有错误的	
7	未依法变更起诉、追加起诉，或适用变更起诉、追加起诉明显不当的	
8	适用法律条文不准确或不完整的	
9	依法应当提起附带民事诉讼而未提起的	
10	扣押款物未依法处理的	
11	职侦案件拟作不起诉决定，未向人民监督员报告的	
12	需向上级检察机关备案而未按规定报送的	
13	未依法公开宣布不起诉决定的；未向被不起诉人及其所在单位、被害人或其近亲属及其诉讼代理人送达的；未向侦查机关送达不起诉决定的；未及时释放在押被不起诉人的	
	扣分制项目	扣分情况	备注
1	延长审查起诉期限未按规定制作《延长审查起诉期限表》的，减1分		
2	《公诉案件审查报告》制作不规范的，一处减0.5分，最多减10分		
3	《起诉书》制作不规范、文字错漏的，一处减1分，最多减20分		
4	未准确运用量刑建议的，减2分		
5	出庭不规范的，未制作《出庭笔录》的，均减1分		
6	收到判决书5日内未填写《判决裁定审查表》，尚未丧失抗诉权的，减1分		
7	未将刑事附带民事诉状材料转交法院导致被害方无法参加诉讼的，减2分		
8	对执法检查提出的整改意见未及时、有效地进行整改的，减1分		
9	未按规定对案件备案备查的，减1分		

续表

	扣分制项目	扣分情况	备注
10	案卷装订不符合规定的,一处减0.5分,最多减5分		
11	其他违反公诉案件办理流程规定的,一处减1分,最多减10分		
12	未按规定及时、全面、准确录入案件管理系统的,减2分		

  1. 案件经协调、请示、检察委员会决定的,或法律、法规、政策发生变化的,不作为确定等次或扣分因素。

  2. 本表中的质量标准具体规定参见《人民检察院刑事诉讼规则(试行)》《人民检察院办理起诉案件质量标准(试行)》《人民检察院办理不起诉案件质量标准(试行)》以及相关法律法规。

  3. 无特别说明的确定等次时一律以检查时的案卷卷面情况为准。

  4. 扣分制项目以100分为基础按照标准扣分,案件办案质量分为优秀(100分)、合格(95—99.5分)、质量不高(直接确定为质量不高或90—94.5分)、不合格(直接确定为质量不合格或89.5分及以下)。直接确定的等次与扣分的等次不同时,以较低质量等次为准。

  5. 对确定的等次或扣分有争议的由业绩评价委员会决定。

分数、等次		被考核检察官签名	
考核员签名		考核时间	

检察办案数量初探

陈 冰 关建华[*]

落实办案责任制,是检察改革的重要内容之一,办案责任制必不可少的内容便是办案数量。笔者基于多年的办案实践,深感办案数量并不仅仅是数字的多少问题,数字的背后隐藏着办案本质和客观规律。笔者试图对此作一初步探索,供专家、学者、同行参考。

一、办案数量的自然属性

(一)办案数量的来源

显然,办案数量只能以检察官所经办的每一件司法案件的逐渐积累而成,也就是说办案数量有一个逐渐积累变化到形成的过程,在这个过程中司法案件经历了一系列的司法活动,也就产生了一系列的案件办理数字。在过去,这些数字是由经办检察官提供、统计人员手工汇总后填录统计报表而表现出来的。目前,检察机关的全国计算机网络统一办案系统已经建立,办案检察官必须在统一办案系统中处理案件,每一件司法案件所经历的司法活动,在计算机网络系统中全程留痕,计算机自动汇总各种办案数据、形成相应的统计报表而呈现出一系列的案件办理数字。

(二)办案数量的种类

在司法案件的产生、变化、形成过程中,随之而产生一系列的办案数字,有自侦部门的举报数量、线索数量、初查数量、立案/不立案数量、结案数量及其中的撤案/起诉/不起诉数量等;侦监、公诉、民行、控申等部门的接收案件数量、受理案件数量、审查案件数量、结案数量及其中的捕与不捕、诉与不诉、撤与不撤、抗与不抗、对原决定的维持/变更/撤销的数量等;执行部门的上述各种数量及执行判决的数量等。

---

[*] 作者单位:广东省广州市人民检察院。

（三）办案数量的呈现

司法办案中所形成的各种类数量，可以总量、分量、比重、增减、环比、同比、累计、规模、最大、最小、中位、平均、分布、系数等一列的数据呈现。

总量——具有相同特征或者属性的数据群的集合。总量由不同构成要素的分量组成，虽然各个分量因为具有相同的特征而对外呈现出总量所具有的一致性，但是各个分量却存在着相互不同的属性。因此在对总量的研究或者考核中，需要注意总量中不同分量的特殊性，如受理案件总数中自侦案件受理数与公诉案件受理数有很大的不同，甚至不具有可比性。不同涉案罪名、不同作案人数、不同作案次数、不同办结时间等均会对办案总量产生不同的影响乃至具有不同的含义，因此需要对总量进行分量的划分和研究。简单地考核总量往往陷于简单和粗疏。

分量——具有不同特征或者属性的数据群，这些不同的分量数据群组成总量。例如案件总量，可依据罪名划分出盗窃、抢劫、贪污等分量，依据程序划分为侦查、批捕、起诉、一审、二审、审监、死核、申诉、复查、复议、复核、执行等分量，依照部门划分为自侦、公诉、民行、控申、执行等分量，如此等等。每一个分量下还可分成不同的二级、三级、N级分量，一个具体的分量同时也是其下级分量的总量。例如，依据类型将控申案件总量划分出国家赔偿、不服检决、不服法判、司法救助等分量，国家赔偿案件分量亦包含了刑事赔偿、行政赔偿监督、民事行政诉讼赔偿监督等案件的分量。

比重——部分与总体的关系。例如，盗窃占全部犯罪的比重、不捕占呈捕的比重、被害人申诉占全部申诉的比重等。检察机关或者检察官办案数量中普通案件、专业案件、特殊案件所占的比重就反映检察机关或者检察官的办案能力、办案负荷、办案效果等，单凭一个办案总数并不能反映这些丰富的内涵，也不能客观地评价检察机关或者检察官的办案业绩。需要在考核办案总数的基础上同时进行办理案件类型比重的考核，才能客观地评价检察机关或者检察官的办案业绩。

增减——后来与先前的关系。例如，举报线索的增加、信访量的减少等。在考量事物增减变化时运用同比或者环比的方法，可以发现事物的运动和发展趋势，从而有利于及时地采取适当的措施加以调控。环比是指本期与上期数据之比，例如结案数五月比四月增/减3%。同比是指相同时间划分段数据之比，例如批捕数今年五月比去年五月增/减10%。在考核检察机关或者检察官办案总量的同时，进行同比或者环比的考核，对于检察机关或者检察官办案的持续发展具有积极的作用。

累计——以某一时间、数量为起点至另一时间、数量为止点进行数量计算的方法，累计数反映的是对象在累计项目上的水平，不同的累计数可以从不同的侧面综合反映对象的总体状况。例如三年来办案累计数，反映了三年来检察机关或者检察官办案的规模或者体量。完成案件考核数量累计所需时间，反映检察机关或者检察官的办案效率。两者综合反映出检察机关或者检察官的办案能力和水平。

规模以上——达到或超过设定数量以上的个体情况，反映规模以上部分在总体中的地位与作用，亦同时反映出总体的水平。考核达到及格标准以上人数、年办案百件以上人数、抢劫案发数超过千件的地区等。例如，通过制定办案数量考核的优秀标准，并对办案数量考核达到优秀标准以上（规模以上）人数进行统计，便可以客观反映检察机关办案队伍的整体水平，依照总人数固定比例确定的考核优秀人数则没有这样的效果。

平均数——以某一数据反映总体水平，计算方法上有算术平均、加权平均，计算范围上有年均数、人均数等。例如，公诉部门的年人均办案数（算术平均）反映的是公诉部门在某一办案年度中所办理案件总数量与该部门承办案件总人数的一般或者整体关系，公诉部门中单个人的最多办案量、最少办案量、中位办案量等个体办案情况，以及公诉部门所办各种案件的差异性等，均不能得到很好的反映，在对整体情况的考量时需要将一些影响因素加权进行修正，以便更好地评价整体情况，或者科学、合理地引导办案人员的办案行为。

分布——反映区域在全局中的地位与作用。全市各区国家赔偿案件分布情况、入额检察官人数/类别在各检察机关中的分布情况等。从办案数据的数值分布区间、案件类型分布区域、案件数量的时间分布期间等不同的分布状态，可以反映出相应的案件客观规律和发展趋势。例如不同案件实际办理时间数值的分布情况，反映了不同案件在实际办理过程中的工作量或者复杂程度或者程序控制力。

系数——对数据进行修正或者调整的量或者方法。例如案件复杂系数。可设普通案件组、专业案件组、特殊案件组，分别设置相应的案件复杂系数，以体现或者适应不同分量在总量中的地位和作用。普通案件组、专业案件组、特殊案件组可依据实际办案时间来测算，一般采取前三年平均数实际呈现的不同分布区间确定。假设公诉案件中盗窃和抢劫案件办结时间为10至15天、诈骗和贪污案为16至20天、专案为21天至30天等，据此可以将盗窃和抢劫案件复杂系数设为1，诈骗和贪污案件复杂系数设为2，专案复杂系数设为3等，依照区间划分的情况还可以将复杂系数细分至小数。对于盗窃、抢劫、诈骗、贪污、专案等分量组别中办案时间呈现离散状态的个别情况,则进行相应的特别分析,找出相应的离散因素并且设置相应的复杂系数。假设在盗窃案件分量中作案次数或作案人数对盗窃案件办理时间具有较大的影响,则可依据两者对办案时间影响的程度相应设置作案次数系数或者作案人数系数。具体某一盗窃案件的复杂系数由作案人数系数、作案次数系数对办案时间系数进行加权调整后确定。

二、办案数量的司法属性

每一个办案数量的背后都隐藏着司法活动的本质,并不只是一个数字,两组或者两组以上的数据的比较,并非只是数字大小的比较,大多数情况下对数量的多少不能简单地作出或好或坏的判断或者评价,甚至不存在好与坏的情形。结案数量多少并不意味着办案成绩的好坏,需要与案件受理的数量进行比较看结案率;结案率的高低也并不意味着办案成绩的好坏,需要考量退查、补查、调查的数量与内容,不经退补查直接作存疑不诉,该查可查的不查就批捕、起诉、维持,虽然结案但被害人、犯罪嫌疑人、被告人或者争议双方均不服等。这样的案件越多背离司法本质就越远,而这样的案件往往在退补调查的次数、退补调查事项的数量、审查时间的长短、发现问题的多少等方面的数量有直接的反映。有研究也指出,立案数、逮捕数、起诉数、结案数、抗诉数、有罪判决率、捕后轻刑率等一定程度上反映了检察官的工作量的多少、效率的高低,却不能客观说明办案质量的好坏,也不能真实反映办案人员工作能力水平,甚至不能作为评价办案人员工作量的唯一标准。[①] 司法办案的目的也不应仅仅从数字方面追求办案数量的增长,虽然我们不得不面对案件发生量增长的客观实际,然而司法机关应当并且可以通过司法办案减少案件的发生量。我们不应无视甚至是背离办案数量所隐藏的司法本质,以免导致办案行为偏离公平正义而沦为功利主义的数字追逐。

三、办案数量的实践考量

奥地利通过事先研究确定的标准评估法院审判组织审理每一案件所需时间、每年案件数量以及法官的全年工作时间,通过信息技术统计每一个审判组织审理案件数,把这些数字和审理案件所需标准时间进行对比,依据工作时间

---

① 林秀冰、沈威:《海峡两岸比较视野下检察官考核制度研究》,载《人民检察院组织法与检察官法修改——第十二届国家高级检察官论坛论文集》。

得出法官的工作量。① 而办案数量在检察改革中的应用，相当重要的一个方面就是司法办案责任制中的办案数量考核。对检察官办案数量的考核涉及合格标准及加减分标准的制定，合格标准可以基础分体现，加分是对办案行为的鼓励，减分则是对办案行为的提醒，在加减分的比例安排上要发挥其对办案行为的引导作用。对办案数量的考核，需要充分注意案件的专业难度、复杂程度及工作量的多少对办案的影响。

首先是时间段的选择。检察改革从试点至今三年有余，虽说并非全部检察机关均已依照改革的方案进行司法办案，但改革的框架已经呈现，也为广大检察官所关注及思考和探索，三年来所积累的办案数据为现今制定检察办案数量标准提供了不错的基础。我们可以运用辩证逻辑思维进行动态的分析考核，采取考核年度前三年平均数为基础连续滚动制定每一年的办案数量考核标准，而非简单地以某三年平均数为基础制定固定不变的办案数量考核标准。即使只是在一定时期内的固定标准，也会存在割裂或者静止考量事物的形而上学的弊端。

其次是办案基础数量的确定。检察官办案数量既受办案检察官的办案能力的影响，也受案件的专业性、复杂性以及工作量的影响，案件的受理数量、办案条件等也对办案数量产生影响。一段时期内、一定范围内、一定人群内的办案数量可以较好地反映办案数量的相应总体水平，因此办案数量的加权平均数可以作为检察官办案数量考核的基础数量，达到这一办案数量的即可获得办案基础分。

假设：办案基础数量为 P，不同的案件类型分别为 F、G、H……，这些不同类型案件的三年平均受理量为 S_f、S_g、S_h……，总和为 S，人均办结案件数量为 P_f、P_g、P_h……。

则有：$P = (S_f * P_f + S_g * P_g + S_h * P_h) / S$

再次是对影响检察办案的因素予以控制。为贯彻检察官以司法办案为主责的检察改革宗旨，检察官从事办案以外工作，必须经分管副检察或者检察长的批准，对于从事办案以外的工作对检察办案的影响，宜按实际工作日与每案平均办理日的比例相应抵扣办案基数并控制在30%以内，不宜以加分的形式予以考核，以免产生不良的引导效果。

最后无论是加分或者减分均应围绕基础分进行，加减分的比例安排要有利于正确引导办案行为。

---

① 范明志、张传毅：《奥地利保持案件数量均衡的措施》，载《人民法院报》2015年1月30日。

笔者结合所从事的控告申诉检察办案实践,对办案数量作一个剖析。

合格标准:

(1) 检察官每年办结案件数应达到下列办案基数:刑事申诉检察岗、国家赔偿检察岗、司法救助检察岗的检察官办理 A 件刑事申诉、国家赔偿、司法救助案件;控告岗检察官办理 B 件控告案件;兼任综合指导、内勤的检察官办理 C 件刑事申诉、国家赔偿、司法救助案件或者控告案件;

(2) 办结案件数以统一办案系统数据为准;

(3) 考核年度案件受理人均数低于前三年案件受理人均数的,以考核年度案件受理人均数考核;

(4) 经分管副检察长、检察长批准,检察官从事本岗位办案以外工作的,依照实际工作日与每案平均办理日的比例相应抵扣 30% 以内的办案基数。

加分项:

(1) 办结刑事申诉或国家赔偿或司法救助案件数超过办案基数的,每超 1 件加 80/A 分(奖励分);

(2) 刑事申诉案件公开审查的,每件加 80×0.2/A 分(工量分);

(3) 刑事申诉案件接受省检院指定办理异地审查的,每件加 80×0.5/A 分(工量分);

(4) 刑事申诉案件 1 人以上的,每增 1 人 80×0.1/A 分(工量分);

(5) 立案复查不服检决案件的,每件加 80×0.2/A 分(复杂分);

(6) 立案复查不服法判案件的,每件加 80×0.5/A 分(复杂分);

(7) 办理国家赔偿案件,每件加 80/A 分(难度分);

(8) 办结控告案件超过办案基数的,每超 1 件加 80/B 分(奖励分);

(9) 控告案件 1 人以上的,每增 1 人加 80×0.01/A 分(工量分);

(10) 控告案件应急访的,每件加 80×2/B 分(难度分);

(11) 办理涉外案件的,每件加 80×0.5/A 分或者 80×0.5/B 分(复杂分)。

扣分项:

(1) 办结刑事申诉或国家赔偿或司法救助案件数少于办案基数的,每少 1 件扣 80×1.1/A 分(提醒分);

(2) 办结控告案件少于办案基数的,每少 1 件扣 80×1.1/B 分(提醒分);

(3) 因调卷原因导致少办刑事申诉或国家赔偿案件的,不列入扣分范围。

注 1:办案基数 A 依照三年刑事复查岗、国家赔偿岗、司法救助岗的人均办结数加权平均后确定,达到合格标准可得 80 分。假设:刑事复查岗平均每年受理30/50/30件,人均办结10/11/10件,国家赔偿岗平均每年受理4/9/10件,人均办结2/3/10件;司法救助岗每年平均受理2/6/10件,人均办结2/2/10件,则有以下测算数据:

A1 = (10×30 + 2×4 + 2×2)/36 = 8.67≈9(件)
A2 = (11×50 + 3×9 + 2×6)/65 = 9.06≈9(件)
A3 = (10×30 + 10×10 + 10×10)/50 = 10(件)

注2:办案基数B依照三年控告岗的人均办结数确定。

注3:办案基数C依照A或B的35%确定(参照规定的承担办案以外工作人员的轮案系数及办案比例确定,部门正职领导轮案系数为1/4,办案比例为部门办案考核基数的30%,增加5%,部门副职轮案系数为1/2,办案比例为部门办案考核基数的60%,增加10%,兼任综合指导、内勤的检察官轮案系数为1/5,没有规定办案比例,参照部门正、副职轮案系数与办案比例的递增量,确定兼任综合指导、内勤的检察官的办案比例在轮案系数上增加15%即35%)。

公诉员额检察官办案质量评价之纬度

张 芸 金庆微[*]

当前,司法人员分类管理、司法责任制和职业保障等各项司法体制改革任务正在有序推进与落实中,改革已经取得了阶段性的成效。经过员额制改革,检察官队伍实现了一定的精英化、职业化,检察官办案主体地位进一步突出,办案权力与司法责任界限更加明晰,权责也更加统一。而以审判为中心的诉讼制度改革的核心是诉讼结构的转型,即诉讼中心由诉讼活动的开端向末端转变,[①] 这对公诉工作提出了更高要求的同时,公诉案件质量的评价标准也需发生调整。因此,如何科学地设置公诉员额检察官办案质量指标,科学评价公诉员额检察官办案质量业绩,成为改革中迫切需要解决的焦点问题之一。

一、当前公诉业务考评存在的问题

2010年1月,最高人民检察院印发了《最高人民检察院考核评价各省、自治区、直辖市检察业务工作实施意见(试行)》和《最高人民检察院考核评价各省、自治区、直辖市检察业务工作项目及记分细则》,[②] 随后各省级检察机关制定了相对系统化的检察业务考评制度。从现有的检察业务考评制度看,公诉业务案件质量考评主要存在以下问题:

(一) 考核指标过于强调办案数量

现行的检察考核细则在指标设置上,结果性指标过多,具体行为性和过程性指标较少,未达到定量与定性的平衡。当前多采取以"数"或"率"为衡量指标对检察业务进行考评,即立案数、起诉数、不起诉率、无罪判决率等,

---

[*] 作者单位:浙江省绍兴市人民检察院。
[①] 沈德咏:《以审判为中心的诉讼制度改革》,载《中国法学》2015年第3期。
[②] 施鹏鹏、王晨辰:《论司法质量的优化与评估——兼论中国案件质量评估体系的改革》,载《法制与社会发展》2015年第1期。

这往往容易导致公诉办案人员在追求案件数量的同时而忽略了案件的质量和难易度。质量是检察工作的生命线,是维护公平正义的保证,没有了质量的保障,数量上的增加只是无源之水,解决不了根本问题。在具体的办案过程中,由于案件本身的难易程度不同,难度较大的案件耗费的时间必然多于难度较低的案件,这就造成公诉办案人员考核基点的不平等,而公诉办案人员为了加快办案效率、提高办案数量,极易主观地将复杂案件简单化办理,甚至在办案中出现"多诉""从快从严打击犯罪"等倾向,造成片面追求办案数量GDP,这与刑事司法的谦抑性相冲突,偏离了刑事司法轻刑化价值追求和绿色司法的办案理念。

（二）办案质量考核指标不合理

以撤案率、捕后不诉率、无罪判决率等为指标对公诉案件质量进行考核,一旦出现撤销案件或法院作出无罪判决的情况,便被视为"案件质量不高",甚至视为"办错了案",这些考核标准一定程度上成为公诉办案人员办案理念更新的桎梏,催化了公诉办案人员证成被追诉人有罪的倾向。比如公诉部门为追求较低的捕后不诉率,经常会在未达到起诉条件或者是否起诉存疑的情况下,对已经批捕的案件提起公诉,这种做法有违司法公正。

（三）考核指标间存在冲突

现行的业务考核指标间存在冲突,从而使办案人员产生压力。例如抗诉率、撤回起诉率之间的冲突。规定抗诉率是为了解决抗诉太少的问题,而撤回抗诉率则是为了保证抗诉的质量,这是数量和质量之间的矛盾。但为了保证成功率,公诉办案人员往往会事先请示汇报,这就会架空审判监督程序,无法发挥其诉讼监督作用,从而减损检察公信力。另外,各部门职能、利益之间的冲突也会引起考评指标间的冲突。

二、域外国家和其他地区检察官办案质量考评

检察权能否得到充分高效行使,很大程度上取决于检察官的办案质量考评制度是否科学。我国检察机关作为宪法规定的法律监督机关,担负着保障国家法律正确统一实施的重要职责,必须加快推进检察官办案质量考核制度改革,为检察官依法独立履职提供优质保障。笔者通过对域外国家和其他地区检察官办案质量考评的研究,以期对我国的检察官办案考评机制有所助益。

（一）美国的检察官绩效考核

美国的检察绩效考评着眼于检察官个体，从考核项目设计上偏重于提升检察官个体的业务能力。美国对检察官实行年度考核，年度考核的主要内容包括工作数量、工作质量和工作适应力，并将其细分量化为 16 个指标，具体对工作完成情况、具体工作职责、工作效率、工作结果及潜在能力进行数量和质量分析。考评结果分为优异、满意、不满意等不同等级，考评结果与荣誉、奖金、休假等奖励挂钩，但并不直接与晋升挂钩。[①] 同时，主观评价在美国检察官绩效考核中占主导地位。以宾夕法尼亚州为例，该州将对检察官绩效考评的内容分为 5 个大项目，5 个大项目下面又细分为 61 个子项目，但是诉讼结果并不包括在这 61 个考核项目之中。此外，胜诉率等指标也没有出现在检察官考核项目之中；反之，检察官驾驭庭审的能力（如开展辩论、盘问证人等能力）是检察官绩效考评的重要内容之一。

（二）我国台湾地区的检察官办案质量考评

由于我国台湾学界及实务界一致认为检察绩效考核属于检察人事权的内容，因此很少从刑事诉讼法的角度来研究相关考评标准是否科学等问题。[②] 根据我国台湾地区"法官法"有关规定，检察官的任用实际上分为候补、试署、实授三个阶段，其中候补期间为 5 年，试署期间为 1 年。对于候补检察官、试署检察官，需要考核其服务成绩，服务成绩从学识能力、办案质量（详见表 1）、品德操守、敬业精神等方面进行评定。

[①] 樊崇义、吴宏耀、种松志：《域外检察制度研究》，中国人民公安大学出版社 2008 年版，第 428 页。

[②] 林朝荣：《检察制度民主化之研究》，台北文笙书局 2007 年版，第 396—397 页。

四、检察官绩效考核的标准和程序

表1：我国台湾地区候补检察官、试署检察官的办案质量考核表

项目	细目	具体内容	考核标准				
			10分	8分	6分	4分	2分
办案质量	分析	案件分析能力良好					
	判断	办案方向判断正确					
	论理	办案书类论理周延、完备					
	经验	办案经验丰富					
	深入	深入追查犯罪					
	仔细	详阅卷证，缜密收集并调查证据					
	计划	侦办案件计划周详					
	主动	积极侦办犯罪					
	言辞	言辞陈述有条不紊且口齿清晰					
	正确	办案遵守正当法律程序，定罪率良好					
	综合评分						

经实授成为检察官的，主要从开庭及执行职务态度、办案绩效、制作法律文书的质量等方面[①]进行考评；如果是主任检察官还需要对其核阅法律文书的质量和检察业务管理成效进行考核。其中，对办理公诉案件的实授检察官，其办案成绩主要由结案案件数和办案维持率构成，前者占65%，后者占35%。每提出论告书、补充理由书或者记载详细的论辩的出庭笔录一件，加0.5分；经法院通知后无故不到庭，每次扣5分。[②] 此外，我国台湾地区对严重违反办案程序规定或职务规定、违反检察官伦理规范等特定情形，应移送检察官评鉴委员会进行个案评鉴，作为对检察官是否进行惩戒的依据。[③]

---

① 我国台湾地区"检察官全面评核实施办法"第3条规定，对检察官的评核项目主要包括开庭及执行职务态度、办案绩效、制作检察书类品质、品德操守及敬业精神；对主任检察官的评核除上述项目外，还包括核阅检察书类品质和检察业务管理成效。

② 万毅：《台湾地区检察制度》，中国检察出版社2011年版，第6页。

③ 林钰雄：《检察官论》，法律出版社2008年版，第77页。

（三）上述考评机制的借鉴意义

域外国家和其他地区的检察考核制度覆盖范围较广，考核标准也十分细化。如美国宾夕法尼亚州将检察绩效考评细分为 61 个子项目；但是这 61 个考核项目以主观评价为主，并没有将诉讼结果等客观指标纳入考核依据，如胜诉率仅作为可能影响检察官是否选举连任的因素之一。而我国台湾地区则以办案维持率作为公诉检察官办案质量的重要指标，办案维持率和我国的无罪判决率和撤回起诉率相类似。兼之，我国台湾地区将制作法律文书质量、是否出席支持公诉以及是否违反程序规定也纳入办案质量的考核指标。

三、公诉员额检察官办案质量考核的记分方式

（一）公诉员额检察官办案质量的考核指标

根据流程监管和案件质量评查的结果，对公诉员额检察官办案质量考评应实行扣分制度，以实现对公诉员额检察官办案质量"实体＋程序""过程＋结果"的全面评价。公诉员额检察官办案质量考评指标主要包括三个方面：一是案件实体指标，主要从事实认定、证据采信、法律适用、处理结果及办案成效等方面对公诉案件进行质量评查，质量问题分为一般错误、较重错误、重大过错、特别重大错误四种情形（详见表 2）。二是文书及案卷标准，主要从法律文书是否齐全，法律文书的名称、格式等是否存在错误，相关笔录是否规范，审查报告内容是否完整，案卷归档是否及时等方面对案件质量进行评查，[1] 质量问题分为工作瑕疵、一般错误、较重错误（详见表 3）。三是办案程序指标，即根据流程监控对办案进行过程性评价，主要包括办案期限、当事人诉讼权利保障、办案司法场所等，质量问题分为工作瑕疵、一般错误、较重错误（详见表 4）。

---

[1] 夏登俊：《案件质量考评机制现状及完善建议》，载《人民检察》2013 年第 7 期。

四、检察官绩效考核的标准和程序

表2：公诉员额检察官办案质量考核的实体性指标

	一般错误	较重错误	重大错误	特别重大错误
事实认定方面	1. 应当依法排除的非法证据没有排除；2. 认定事实或者情节有错误或者遗漏，但不影响罪名认定及法定量刑幅度。	认定事实或者情节有错误或者遗漏，影响罪名认定及法定量刑幅度。		
法律适用方面	引用法律条文、司法解释错误或者遗漏，但未对罪名认定、量刑情节造成影响。	引用法律条文、司法解释错误或者遗漏，对罪名认定、量刑情节造成影响。		
案件定性方面	1. 应当起诉而拟作相对不起诉或附条件不起诉处理，被领导审批、审核或检委会改变；2. 应作相对不起诉或者附条件不起诉处理而拟提起公诉，被领导审批、审核或者检委会讨论案件改变。	1. 应作相对不起诉处理而提起公诉，后被法院判决免于刑事处罚或者单处罚金；2. 对法院确有错误的判决、裁定依法应当提抗而没有提请抗诉。	1. 拟作起诉或不起诉处理，经领导审批、审核或检委会讨论改变罪与非罪认定；2. 不起诉经复议改变成起诉处理；3. 出现错诉后撤回起诉并作不起诉处理。	出现错诉后被法院判决无罪或者造成国家赔偿。

表3：公诉员额检察官办案质量考核的文书及案件标准

工作瑕疵	一般错误	较重错误
1. 法律文书的名称、类型、文号、格式、文字、数字、语法、符号等存在不规范、遗漏、错误等情形；2. 未按照法律规定的签名、盖章、捺手印、注明时间等，但不影响案件结论的正确性和效力。	法律文书的犯罪嫌疑人、被告人、被害人姓名、涉及罪名、量刑情节、案件事实、适用法律条款等存在遗漏、错误等情况，或者存在三处以上工作瑕疵，影响法律文书质量的。	法律文书上存在三处以上一般错误，严重影响法律文书质量。

表 4：公诉员额检察官办案质量考核的程序性指标

工作瑕疵	一般错误	较重错误
涉案财物处理、当事人诉讼权利保障、办案期限、履行法律监督职责、司法办案场所使用等程序方面存在瑕疵，但不影响定罪量刑。	证据的收集、调取、保存、移送、使用等程序不符合法律和有关规定。	1. 应当申请四类人员出庭而未申请，严重影响庭审； 2. 没有落实未成年人特别程序规定； 3. 提请检委会讨论的案件，经检委会讨论认为，检察官可以作出相应处理决定，无需提交检委会讨论。

（二）公诉员额检察官办案质量考核的记分标准

根据不同情况，坚持实体与程序并重，起诉书必查和提起公诉办案情况抽查相结合，日常抽查和定期考评相结合的方式，对公诉员额检察官办案质量进行考评。办案质量考核的基本分为100分，在检察官业务考评绩效评价总分中占权重为40%。根据上述质量划分等级，工作瑕疵一般不予以扣分；每一处一般错误扣2分；每一处较重错误扣5分，每一处重大错误扣10分，每一处特别重大错误扣50分。此外，违反检察官职权运行相关规定，每一次扣5分；造成严重错误的，每一次扣20分；造成特别严重错误的，每一次扣30分。同一考核年度内，同一质量问题出现两次以上的，再次出现时加倍扣分。

对案件质量的考核应当以检察官办案当时的事实、证据、法律为依据。检察官所办理的案件，因法律调整，证据、事实发生变化，或者疑难案件认识存在分歧，导致案件定罪量刑发生变化，而检察官在办案中已经尽到注意义务的，则不作为质量问题进行扣分。提请检委会讨论的案件，公诉员额检察官对案件的事实和证据负责；检委会改变检察官意见的，根据相应情况扣减办案质量考核分。此外，检察官助理协助办理的案件出现质量问题的，检察官助理对协助办理部分负责，检察官对全案的案件质量负责，检察官与检察官助理各自按办案质量考核指标予以扣分。

（三）公诉员额检察官办案质量的计算方法

公诉员额检察官办案质量量化过程宜采取"排序法+权重法"，即对公诉业务条线的检察官根据前述设定的考核项目进行加减分，然后评价排序，排序第一的赋予最高考核分；再按照权重依次递减换算成分数，尽可能追求考核的相对公平，以平衡业绩差异性和职能多样性。根据不同质量情形的扣分标准，不同部门、不同岗位检察官的得分项目不同，计算出原始分后按权重折算考核

分,计算公式为:

$$\text{检察官A办案质量考核分} = \frac{\text{权重分}}{\text{第一名办案质量原始分}} \times \text{检察官A原始办案质量考核分}$$

以公诉和侦监部门检察官办案质量考核为例,公诉员额检察官的原始分最高为90分,折合成考核分为40分;侦监员额检察官的原始分最高为95分,折合成考核分也是40分(详见表5)。可见,虽然不同部门检察官基于业务特点设置了不同的考核指标,所得到原始分会有差异,但经过权重计算后,考核分的差异较小。

表5:公诉与侦监员额检察官办案质量考核分的折算表

公诉部门(办案质量分)			侦监部门(办案质量分)		
原始分	原始分排序	考核分	原始分	原始分排序	考核分
90	1	40	95	1	40
80	2	35.56	85	2	35.79
70	3	31.11	75	3	31.58
60	4	26.67	65	4	27.37
50	5	22.22	55	5	23.16

检察官公诉案件办理数量绩效考核机制

——以 C 市 J 区检察院公诉案件考核创新实践为例

朱　昆　王　聪[*]

人民检察院是重要的司法机关，担负着我国打击犯罪、保障人权、法律监督的重要使命，检察机关的工作成效对我国法治建设产生重大影响，检察官绩效考核机制是评价、考量检察机关工作成效的重要方式。十八届四中全会以来，随着司法体制改革全面部署，检察官员额制改革、检察人员分类管理制度改革、检察官遴选制度改革等系列措施的推进，[①] 对传统的以行政管理体制为蓝本的管理考核机制带来挑战。

检察官绩效考核机制中最主要的评价指标为办案质量优劣和办案数量多少，从质和量两个维度对检察机关工作进行评价，两者在考核方式方法上存在巨大差异。权重系数属于数学理论的概念，主要是显示若干数量在总量中所具有的重要程度，依据其重要性赋予不同的比例系数，有利于排除影响统计对象的主观因素，将抽象的内容具体化、数量化，保证其准确性、科学性。为了更清晰地阐述实证经验、模型框架运行，本文以公诉案件为例，仅就权重系数引入检察官办理公诉案件数量考核机制进行探究。

一、检察官公诉案件办理数量考核机制的重要性

绩效考核是管理学上的重要概念，属于现代管理体系中的重要评价准则，其主要目的是激发被考核人员的积极性以达到提高工作效率的作用，[②] 其基本

---

[*] 作者单位：四川省成都市金牛区人民检察院。

[①] 禹得水：《关于检察机关绩效考核制度的调查报告》，载《中国刑事法杂志》2015 年第 2 期。

[②] 李俊涛：《论我国检察机关绩效考核机制的完善》，西南政法大学 2015 年硕士学位论文。

目标模式为通过对事的评价最终完成对人本身的评价。① 最近，曹建明检察长明确指出：要根据检察官办案数量、质量、难易程度，建立科学合理的检察官绩效考核的办法。检察官公诉案件办理数量绩效考核机制是检察工作与现代管理体制结合的产物，其从量的维度将检察业务数字化，进而评价检察官的工作成效，具有重要的现实意义。

（一）精确反映检察官公诉案件办理数量的现状

检察机关内部按照业务类型分为检察业务、综合业务、技术保障业务；公诉业务检察官的内容更为繁多，审查证据、现场核实证据、退回补充侦查、延长审查起诉期限、提起公诉（或作不起诉处理）、庭审等办案环节。检察官公诉案件办理数量考核机制必须全面涵盖、反映各个环节的工作量，并将其精确量化，使之可评价、可对比，准确反映某地区、某单位以及某检察官的工作业绩。

（二）合理分配检察官办案数量的前提

全面掌握检察官办案数量是合理优化检察工作的前提，是制定检察工作计划的基础。通过检察官公诉案件办理数量考核机制掌握刑事案件的分布形态、案件难易比重、人均办案数量等内容，对于合理分配员额检察官数量、制定考核目标等都具有现实的意义，有的放矢地不断推动检察工作实现公平公正、提高工作效率。

（三）准确考评检察官年终业绩的依据

从绩效考核的内涵来看，其终极目标是为了实现对检察官个人业绩的考评，特别是在员额制检察官制度推进的背景下意义更为显著。检察官公诉案件办理数量考核机制能够准确量化检察工作量，采用数理模型准确评定检察官工作能力、工作数量、工作成效，实现优胜劣汰良性竞争，增强检察官的工作效率、提升检察工作质量。

二、检察官公诉案件办理数量绩效考核机制特性

检察官公诉案件办理数量绩效考核机制是绩效考核管理机制与检察工作实际的结合，既要体现管理学的规律，也应体现检察业务工作特性。

---

① 黄敬波、杨德斌、窦慧琴：《科学构建检察绩效考核制度的实践探索》，载《人民检察》2014年第24期。

一是明确性①。从办案数量考核机制整体运行看，考核体系、考核办法、考核目标以及考核结果都应是清晰、确定、可行的，能够做到无论是单位集体或检察官个人都能按照操作流程自主测评，且得出相对一致的结论。

二是可达性。检察官公诉案件办理数量考核机制涉及考核目标的完成，因此，既要符合检察工作实际，又不能超出检察官承受能力范围，检察官的办案数量也要实现实质上的均衡。

三是可调性。检察官公诉案件办理数量考核机制不应是呆板的测评体系，应能够依据检察工作现状设置调节、浮动机制，否则该机制就失去了自我修复能力，或因其他因素导致考核行为中断或者考核结果严重偏差。

四是周期性。检察官公诉案件办理数量考核机制必须具备周期性，一般情况下是以年为周期，如此既可以满足测评人员、被测评人员的心理预期，同时也能及时对考核结果作出回应，将绩效考核机制与检察业务的创新提高紧密结合起来。

三、现有检察官公诉案件办理数量考核机制的不足

现有检察官绩效考核机制具有其历史的沿革，自上世纪八十年代，我国检察机关绩效考核机制先后经历了探索尝试、初步建立、整体推进等阶段，② 对检察工作的发展作出贡献，这是不容否定的，同时这也是探讨创新检察官公诉案件办理数量考核机制的基础。随着改革外部环境、内部工作要求等方面的变化，现有检察官办案数量考核机制存在明显的不足，具体表现为以下几个方面：

（一）整体考核机制不适应模块化考核的新要求

我国现有的检察官公诉案件办理数量考核机制是以整体考核为主，主要表现为针对某地区检察机关整体办案数量进行测评，检察官个人办案数量的考核处于弱项，占比较低。比如对C市J区检察院的办案数量的考核多是集中在全院全年办理各类刑事案件总数、检察官人均办案量。随着司法责任制改革、员额制检察官制度的深入推进，办案数量直接与检察官业绩考评挂钩，办案数量考核呈现出模块化、条现状的新形式，考核机制要兼顾对检察机关和检察官个人进行精准考核，而不能如以往简单的取平均值，否则造成绩效考核结果无法

---

① 杨薇：《基层人民法院司法绩效考核体系的完善》，载《人民法治》2015年第13期。

② 禹得水：《关于检察机关绩效考核制度的调查报告》，载《中国刑事法杂志》2015年第2期。

反映检察官的实际工作量。

（二）简单类型化考核不适应精细化测评的新要求

现有检察官公诉案件办理数量考核机制属于简单的类型化考核，将案件分为简易案件和普通案件，案件数量也是以此为依据简单统计、换算。随着案件繁简分流、轻微刑事案件快速处理机制、专业办案团队建设等制度的推广，案件精细化管理势不可挡。现有简单类型化统计简易、普通案件不能满足检察工作精细化操作、考核要求，势必造成案件数量考核陷入困境。第一，简易案件与普通案件在案件数量上怎么换算才能实现公平，不能精确评估普通案件办案流程的复杂程度并量化各环节的工作量；第二，部分基层检察院进行有益的尝试，成立简易案件办案团队和普通案件办案团队，在精细化办案模式下，普通案件办案团队在单纯的办案数量上远远不及简易案件办案团队，但是因案件复杂并不代表工作量较少，如此，又按照怎样的办案数量考核机制来准确反映各自工作量并实现同一标准下的对比和评定？

（三）单一环节考核不适应庭审实质化的要求

现有公诉案件办理数量考核机制只是针对公诉案件证据审查单一环节，不能有效地涵盖案件办理的全部过程，在现实的检察业务全面改革、庭审实质化改革背景下，单一环节考核将对案件数量考核机制产生实质性影响。庭审实质化势必增加公诉案件在审查起诉环节之外的工作量，比如提前介入侦查、核实证据、庭前会议、多次庭审、多媒体示证、提请抗诉等，如果不能将以上工作内容准确地量化反映到案件数量考核结果上，就无法全面反映检察官的工作量，绩效考核的结果就会有失公允。

四、引入权重系数完善公诉案件办理数量考核机制的实证探索

通过前文阐述可见，检察官公诉案件办理数量考核机制理应进行完善和创新，以便适应基层检察工作的新要求。在检察理论研究不能回应现实诉求情况下，最直接的办案经验创新和总结可以为之提供可靠、有益探索。

C市J区检察院锐意改革、着力探索创新，率先成立公诉案件团队办理模式，将员额检察官、助理检察官、书记员按照1:1:1比例配备；率先进行繁简分流，成立简易案件办案团队和普通案件办案团队；率先按照罪名分类成立专业案件办案团队，深入挖掘案件精细化办理机制；率先引进权重系数创新案件数量考核机制，制定以"1:3.5"和"1.5+1.5+N"为内容的模块化考核体系，实现更精确的公诉案件数量考核。现就该考核机制运行模式进行阐述，为检察官绩效考核机制的完善提供实证经验。

（一）两个基点，一同量化

引入权重系数参评的办案数量考核机制中有两个基点，即"简易案件和普通案件的精准区分"和"以简易案件为基准对普通案件流程量化处理"，进而形成"1:3.5"和"1.5+1.5+N"两大基本测评模块。通过两个模块的运行，将普通案件的各个办案流程进行量化处理，赋予各自权重系数，将各个节点的工作量有效体现在案件数量上，将无形的工作转化成精准数字模型，保证办案数量考核的准确性，有效解决现有考核机制存在的不足。

（二）"1:3.5"模块

此模块比例的确定不是凭空想象的，而是在真实数据实证化统计的基础上得出的。C市J区位于省会城市的中心城区，案件的类型、简易案件和普通案件的比例有其自身的特点，根据近4年来案件类型比例的统计，2013—2016年办理的公诉案件中，普通案件与简易案件的比例分别为：1:4.3、1:4.7、1:2.3、1:2.3，加权平均运算后确定两者的比例约为"1:3.5"，此比例模块和科室制定的《办案业绩评分值量化表》比例基本一致。虽然不同地区的案件情况不尽相同，此模块具体比例在不同地区会出现差异，但差异不影响该模块的准确性。

该模块体现出以下几个基本内涵：第一，公诉案件办理数量考核机制的基础是繁简分流，即简易案件和普通案件分类评估；第二，以简易案件为基准，每件简易案件赋予权重系数为1；第三，普通案件在此基础上赋予权重系数，每个案件的最高权重系数最高不能超过3.5；第四，考核周期一年届满，简易案件办案组的实际办案数量就是其权重数量；普通案件办案组以实际办案数量乘以各自所赋予的权重系数得到权重数量，通过权重数量进行所有检察官办案数量的计算和评比。

（三）"1.5+1.5+N"模块

该模块主要是针对普通案件而言，其主要是针对上一模块中的"3.5"进行合理分解，将普通案件各个办案流程的工作量进行量化计算。将案件的每个环节看作一个信息点，"3.5"就是各个信息点的总和，通过信息点可以合理测算、科学评价检察官办理案件各环节的工作量。

该模块分为"1.5、1.5、N"等部分，第一个"1.5"表示基本信息点，即每个案件均要经历的办案流程，审查案件证据、起诉（或作不起诉处理）、出庭支持公诉（或检委会讨论），基本信息点对应为基本权重系数，数值"1.5"是固定不变的；第二个"1.5"与"N"是针对其他可变信息点，即不是每个案件都要经历的办案流程，该信息点对应是浮动权重系数，包括：一次退侦（延长审查起诉期限）系数为 0.25，二次退侦补充侦查系数为 0.5，出现场核实证据系数为 0.25，庭前会议系数为 0.25，再次庭审系数为 0.25，浮动权重系数总计为 1.5；"N"则是针对多次庭前会议、多次核实证据、三次以上庭审、多媒体示证、四类人员出庭等情况，为了避免为多加浮动权重系数而故意增加办案环节的情形，"N"的数值最高为 0.5，保证普通案件权重系数总和不超过 3.5，简易案件和普通件案在周期内保持基本均衡。

（四）机制运行实证分析

自 2017 年 5 月 8 日 C 市 J 区检察院员额检察官制度实施、专业办案团队推行以来，简易案件办理团队中每名员额检察官办理案件约 122 件，普通案件办理团队每名员额检察官办理案件约 39 件，整体比例控制在 1∶3.5 的范围之内。现通过案例直观展示权重系数下公诉案件办理数量考核机制的运行，如某甲因涉嫌贩卖毒品案被公安机关移送审查起诉，承办检察官审查案件证据之后，经一次退回补充侦查、二次退回补充侦查，后以涉嫌贩卖毒品罪提起公诉；法院受理案件后召开一次庭前会议，并于庭审当天宣判其有罪。该案件的权重数量计算方法为：案件的基本系数为 1.5，一次退回补充侦查系数为 0.25，二次退回补充侦查系数为 0.5，庭前会议系数为 0.25，权重系数总计为 2.5，即办理一件普通案件等同于办理 2.5 件简易案件。

五、结语

权重系数办案数量考核机制符合检察官绩效考核机制应具有的四个特性，在制度设计上具有可行性；能够根据不同业务部门进行比例和权重系数调整，实现动态契合，具有现实可操作性。引入权重系数下的公诉案件办理数量考核机制可以弥补现有机制存在的不足，是基层检察院在办案数量绩效考核机制上的有益探索。

浅谈检察官绩效考评体系的程序遵循

——从福建省检察机关绩效考核工作的组织切入探讨

吴金喜[*]

福建是第二批司法体制改革试点省份。2015年9月在福州、厦门、南平3个市级检察院和6个基层检察院启动改革试点,并于2016年7月在全省检察机关全面推开司法责任制改革,先后研究制定了《福建省检察机关检察官绩效考核及奖金分配办法(试行)》《福建省人民检察院检察官绩效考核量化计分细则(试行)》《福建省检察机关检察官司法档案建设管理办法》,对构建检察官绩效考评体系进行了积极探索。实施检察官绩效考评有赖于特定程序保障和遵循。2017年5月前,组织试点的3个市级检察院和6个基层检察院对入额满一年的检察官开展了绩效考核工作,为完善检察官绩效考评工作的组织和程序提供了实践样本。

一、检察官绩效考评的前期筹备

类似于传统考评程序,检察官绩效考评同样以一个年度为周期,在考评年度年末或次年年初进行,此前需要配套相应筹备工作。

(一)检察官权责之明晰

对于检察官的业绩考评首先应当明确其权责范围,才能有所针性对地实施考评。为此,每年初应由各考评单位组织本院检察官填写《检察官岗位职责说明书》《岗位承诺书》,明确本年度岗位职责和司法办案及其他相关工作应当达到的最低标准,作为考评依据。对于检察官权责的梳理,可参考权力和责任清单设定。目前,全国多个试点省份出台了检察官权力清单。2016年2月,福建省检察院出台《福建省人民检察院关于完善司法责任制的实施意见》和《福建省检察机关检察官办案权力清单》,其中《福建省检察机关

---

[*] 作者单位:福建省人民检察院。

检察官办案权力清单》中分14个业务类别,将检察权梳理为决定权、审核权、建议权、监督权四种权能。梳理列举检察长、检察官(主任检察官)的办案权力共计383项,授予检察官办案权力41项,基本做到了权责明晰;《福建省人民检察院关于完善司法责任制的实施意见》中则用12个条款强化了检察长对检察官办案的监督、业务部门负责人的监督、办案组织成员之间的监督、案件管理部门的动态监督,健全完善了检察管理和监督程序,防止检察官不履行或不正确履行岗位职责,基本实现了权责一致、权责相当。这也为各个岗位检察官填写《检察官岗位职责说明书》《岗位承诺书》提供了基本范本。

(二)考评主体之确认

考评主体是检察官业绩考评的组织者和实施者。如前文所述,检察官业绩考评可以沿用原有模式,由检察官考评委员会组织实施,但应结合新的考评内容进行相应调整。早在1995年检察官考评制度初创,即要求各地设检察官考评委员会,但长期以来该制度并未得到严格贯彻落实。实施新的检察官业绩考评,需要复原原有制度功能。考评前,应按规定组建本院检察官考评委员会,对委员会成员进行重新确认,组织制定考评工作方案。检察官考评委员会成员"主任由本院检察长担任,副主任由党组副书记、副检察长担任,委员由负责检察官管理、检察业务管理、纪检监察等部门的主要负责人和检察官代表担任。根据考核工作需要,本院检察长可以指定资深检察官等其他人员担任委员"。对于检察官代表应当体现群众公评,而不宜作为固定代表,可在每年度考评前由民主表决产生新的检察官代表,保障每个检察官均有机会参与到考核考评过程中。此外,关于各项考评数据的生成主体,应按照制度设计由主管领导、案件管理部门进行分别评价,汇总至政工部门进行程序初核后,报经检察官考评委员会讨论研究,依据考核考评基本结果确定考评主体考核等次意见。

二、检察官绩效考评的过程控制

考评制度良性运作的重要参数就在于过程控制与结果运用的有机结合。过程控制要求通过考评发现存在的问题,并提出改进的方案;结果运用则强调将考评结果作为职务晋升、人员奖励的依据。纵观域外绩效考评以及检察官考核评价,无论是过程控制还是结果运用,均有所体现。我国检察机关传统考评体系则更多强调结果运用,在过程控制方面较为忽视,考核考评的功利色彩较为浓厚，也在很大程度上限制了考评的效用。①

（一）检察官对其绩效考评的接受性

检察官个体是其绩效考评的直接受众，对于绩效考评情况的接受程度关系着过程控制的效果。发现问题、整改问题，必须立足于检察官对绩效考评过程和结果的心理认同。一方面要求绩效考评程序科学合理，避免因程序问题影响结果的公正性；另一方面要求考评结果客观公正，较为准确地反映检察官履职情况及存在的问题，也唯有如此才能有针对性地进行整改落实。从绩效考评的内容上看，办案实绩依托案件管理部门的专业评价，其评价结果应当具有相当的客观性和权威性。作为评价对象的检察官应及时从案件评查中发现问题，及时落实整改，避免重复再犯；对于评查中屡查屡犯的问题案件管理部门应当重点通报，从严扣分。其他评价内容，如履职相关绩效考评以及司法能力评价，不同程度地具有客观评分依据，考评主体应当结合客观依据，评价存在的不足，供考评对象对照整改，而不宜简单计算得分。

（二）考评主体实施评价的程序修正

任何制度的设计都不可能完美无缺，需要在实践中逐渐修正完善。在实施检察官绩效考评中，考评主体与考评对象应当良性互动，尽快促成制度的良性运作。考评主体（政工部门）应当致力测验考评机制运作效果，全面收集汇总制度运作中的意见建议；检察官则应及时提出评价体系存在的问题，重点针对指标设计、权重配置等问题进行思考论证。在开始新年度绩效考评时，检察官业绩考评委员会应当就上一年度考评中存在的问题及修正方案进行集体研究，形成新的考评方案，确保制度运作尽快进入良性轨道。

（三）检察官绩效考评与个案评鉴

个案评鉴是检察官绩效考评无法绕开的问题。狭义上，绩效考评为正面评价，个案评鉴则为负面评价；但广义的绩效考评包含个案评鉴的内容。在绩效考评体系设计中，检察官办案得分实际上包含了个案评鉴内容，个案评鉴结果一般属于重大扣分项。我国台湾地区专门设立"检察官评鉴委员会"，且其"法官法"第89条第2款规定，司法院因全面考核结果发现检察官有应付个

---

① 参见黄永茂：《检察机关绩效评价体系研究》，江苏大学2014年博士学位论文。

案评鉴之事由者,应移送检察官评鉴委员会进行评鉴。① 大陆地区同样设定了司法责任追究机制,对于在案件评查中发现检察官办理案件存在重大质量问题,或严重违反程序性规定的,应当及时作出处理,视情移送纪检监察部门作出纪律处分或者移送职务犯罪线索交由侦查部门立案。这种对于个案问题的追责,实质上与台湾地区的个案评鉴一致,同属于负面评价范畴,但在实体认定与程序追究等方面迥然不同。

三、检察官绩效考评的结果运用

检察官绩效考评体系要取得运行实效,不仅需要检察官通过考评产生内在动力、明确努力的目标与方向,还需要考评结果能够实际影响检察官的进退留转和薪酬升降。

(一) 评价结果认定

构建检察官绩效考评体系的价值在于立足新的时代背景实现检察官的科学合理考核考评,而不在于破除旧制度本身。因此,对于原有制度应当理性扬弃而不是一味地弃旧迎新。

1. 考评等次。传统考评模式将检察官考评结果区分为优、良、中、差,对应公务员考核的优秀、称职、基本称职、不称职,又能有所区分,基本能够满足新的考评需要。② 在绩效考评体系的具体建构中,设置了具体考评项目及其得分参考,其考评得分情况应当作为检察官绩效考评等次的主要依据。但检察官年度岗位承诺、本院及检察官个体实际等情况同样可能影响年度绩效考评,也作为具体等次确定的参考。为避免等次确定的随意性,应规定:考评得分低于90分的,不得确定为优秀等次;低于70分的不得确定为称职等次;低

---

① 我国台湾地区"法官法"第89条规定,检察官有下列各款情事之一者,应付个案评鉴:一、裁判确定后或自第一审系属日起已逾六年未能裁判确定之案件、不起诉处分或缓起诉处分确定之案件,有事实足认因故意或重大过失,致有明显重大违误,而严重侵害人民权益者。二、有第九十五条第二款情事,情节重大。三、违反第十五条第二项、第三项规定。四、违反第十五条第一项、第十六条或第十八条规定,情节重大。五、严重违反侦查不公开等办案程序规定或职务规定,情节重大。六、无正当理由迟延案件之进行,致影响当事人权益,情节重大。七、违反检察官伦理规范,情节重大。适用法律之见解,不得据为检察官个案评鉴之事由。

② 《湖北省检察官业绩考评办法(试行)》第13条将考评结果分为优秀、良好、合格、基本合格和不合格五个等次,相较原有考评等次,增加了"良好"这一等次,其余基本相应,但通观该《考评办法》并未见"良好"这一等次的结果运用与"合格"等次有所区别,故实无必要单独列出"良好"等次。

于60分的不得确定为基本称职等次。检察官司法办案等工作未达到年度岗位承诺标准的，一般不得确定为称职等次。检察官在考评年度内因职务行为受到惩戒或党政纪处分的，不得确定为基本称职以上等次；受到降低检察官等级以上惩戒、党内严重警告或记大过以上处分的，应当确定为不称职等次。业绩考评时，检察官因职务相关行为涉嫌违法违纪正在接受组织调查的，暂不确定考评等次，调查结束后，根据情况补定等次。

2. 结果确认。检察官考评委员会提出等次意见后应当经过公示、结果反馈等相应的程序确认才能作为最终结果，以实现检察官权利的有效保障。即检察官考评委员会应将提出的等次意见在本院范围内进行公示，公示时间可参考通行做法确定为5个工作日。检察官对考评委员会提出的等次意见有异议的，可通过本院政工部门向考评委员会提出复议申请，检察官考评委员会应及时进行复核，作出维持或变更决定。公示期满后，由本院党组讨论决定检察官绩效考评等次。且应及时将考评等次结果告知被考评检察官本人，由检察官本人签字确认；本人拒绝签字的，应注明原因。考评结束后，市县两级检察院应及时将本院检察官考评结果层报省检察院政治部备案。此外，还应依据检察官绩效考评情况，建立检察官司法档案，开发检察官司法档案软件平台，运用信息化手段，如实记录检察官个人基本信息、办案数量、质量、效率、安全、纪律以及履行综合业务管理职责等情况，司法档案实行一人一档，综合管理。同时，赋予检察官遴选委员会抽查、调阅检察官司法档案的权限，确保其对于遴选产生检察官的有效监督。

（二）评价结果运用

检察绩效考评结果应当与检察官的进退留转及薪酬密切相关，才能真正实现考评效果。即作为检察官考核、晋升、留转以及薪金发放的重要考量。可规定为：（1）检察官被考核确定为"优"等次的，同等级检察官晋升排位优先；提拔使用优先；获得"优"档次（系数1.3）的奖励性绩效考核奖金。（2）考核被确定为"良"等次的，按规定年限晋升；获得"良"档次（系数1）的奖励性绩效考核奖金。（3）考核被确定为"中"等次的，该年度不计入检察官等级晋升年限；获得"中"档次（系数0.7）的奖励性绩效考核奖金；分管领导对其进行约谈。（4）考核被确定为"差"等次的，不发放年终奖励性绩效考核奖金；退出检察官员额；5年内不得参加检察官入额遴选。

四、结语

随着法治进程的不断深入，人民群众对检察机关和检察官的期待越来越高，司法责任制的改革推行更是赋予检察官充分权力与相应责任，着力实现权责统一与权责相应。作为检察权责的承受者和担当者，检察官比以往任何时候更加需求科学合理的评价体系，既可实现执法办案的有效约束与准确指引，又可契合人民群众对于检察权运作新方式的要求与期待。当世界各国已经从司法独立的关注转移到司法责任，基于我国司法改革和检察改革的整体背景，如何完善科学合理的检察官业绩评价体系，并在程序的公正和组织实施层面上加以规范，值得进一步思考和探索。

当前检察人员绩效考核管理体系的检视与修正

田庆文　孙永刚　布　仁[*]

绩效考核起源于英国的文官（公务员）制度，广泛应用于现代企业管理中，主要内容是对职工进行考核，根据考核结果的优劣，实施奖励与升降。根据现代管理理念，绩效考核的核心目标是通过了解和检验现职工作人员以及组织的绩效，通过结果反馈实现人员绩效的提升和组织管理的改善，提高整体工作质量和工作效率。为了实现管理目标，在司法体制改革大背景下，检察机关也将绩效考核制度重新纳入改革路线图中，各地陆续制定和实行与司法改革相适应的绩效考核办法。检察机关的绩效考核是指为实现提升办案质效的最终目的，采取适当方式，对所有检察人员的行为效果及其贡献价值进行考核和评价，并且以此为依据落实薪金待遇的过程。通常根据考核对象分为对检察院整体的考核、对部门条线考核及检察人员个人的考核三种。其中，针对检察人员个人的绩效考核是本次人员分类改革、司法责任制改革的重点，也是构建检察机关考核制度的核心。

目前的改革思路下，"建立与法官、检察官等级挂钩的单独薪酬制度，构建等级工资、绩效奖金、职业年金等相结合的薪酬体系"被认为是落实司法人员分类管理改革、提高办案质效的重要手段和基本环节。虽然绩效管理制度在现代企业和国外的公务员管理中取得了效果，但是否适用于检察人员的考核以及如何适用等问题都存在争议。在绩效考核制度的制定和实施过程中，也发现了诸多急需解决的困难。本文试图梳理检察人员绩效管理的本源和实践，以期对研究如何科学设计绩效考核过程以及实现绩效考核目的有所裨益。

一、建立检察人员绩效管理考核体系的理论障碍

我国《检察官法》《检察官考评委员会章程（试行）》等规范性文件均涉

---

[*] 作者单位：内蒙古自治区鄂尔多斯市伊金霍洛旗人民检察院。

及检察人员的考评及其程序,以较为笼统、宽泛的规则形式对检察人员考核制度进行了规范和改进,个别地区检察机关也对此作了许多有益的探索和尝试。但一直以来,绩效考核在检察机关的实践中很少能达到设计之初的效果,也未出现有获得多方认可且可复制、可推广的经验。问题产生的原因是多方面的,其本身存在的诸多难以解决的缺陷和障碍是重要因素。

(一)违背司法被动性的职业属性

司法又称法的适用,是指国家司法机关及其司法人员依照法定职权和法定程序,具体运用法律处理案件的专门活动。绩效考核却是最典型的行政化管理方式。在检察人员绩效考核适用相对成熟的德国、美国等地,检察人员均隶属于司法部,是典型的行政机关公务员,采用行政化的考核方式也在情理之中。根据我国宪法,检察机关拥有法律监督机关的独立定位,采用工厂生产、行政管理的方式对检察业务工作进行考核,掩盖了部分检察业务工作的被动性、程序性等司法属性,甚至是与检察业务的司法属性相抵触的。行政化色彩极浓且简单笼统的考评体系不论如何细化具体,都难以反映检察人员的工作实绩。但在绩效考核的作用下,审判监督、侦查监督常常形同虚设。参照行政机关以工作量和工作积极性为基础指标制定的绩效考核体系,制定出的以办理案件数量为基准的考核体系与法律监督机关的属性严重不符。作为社会公平正义的最后一道防线,司法本身具有极强的补充性和被动性特点,尤其是在适用刑事法律更为侧重的检察机关,刑法的谦抑性更应是坚持的基本原则。如果存在考核指标,尤其是与自身薪酬挂钩的考核指标,极易导致检察办案人员、甚至是检委会在办案时首先考虑的不是法律规定,而是如何在考核中对自身有利,也就是说看考核细则如何要求的,容易出现考核细则在办案中的实际作用有时优先于法律规定的情况。

绩效考核本身具有导向、调节和激励作用。为了取得"好成绩",对一些考核所要求的法律监督数据造假、注水现象也难以把控。如侦查监督部门可以到公安部门"协调"立案监督数据、民事行政检察部门可以到法院"协调"执行监督数据等。在没有科学合理的预防途径前,如果出现因为考核而助推的检察机关主动造假行为,将会严重损害其维护社会公平正义的崇高形象。其实,办案数量的多寡更多地决定因素在客观实际,在办案人员态度端正的情形下,与办案人员的主观能动性联系不大。对此,有人提出办案数量的多寡可反映出办案人员的工作量，体现其劳动付出。① 事实上，现实当中办案数量的多寡是由各办案部门的忙闲不均造成的，而造成忙闲不均现象的主要原因是各部门检察人员编制的不合理配置造成的。如果由于检察人力资源的不合理配置而改变绩效考核制度的科学方法，不啻于起到削足适履的效果。

（二）违背检察机关"去行政化"的司法改革精神

在司法改革过程中，逐步剥离司法的行政管理职能，淡化和消除行政层级的影响，弱化行政控制，是机构和人员改革的基本目标。为此，检察人员分类管理、内设机构改革、人财物统一管理等改革举措陆续出台。但若是实行目前的绩效管理体系，将会使去行政化的效果大打折扣。绩效考核具有工厂流水线以"物"为中心的生产管理特色，与司法工作以"人"为对象的工作性质是严重相悖的。归根结底，检察业务考核是基于对检察人员能否高效地公平公正司法的"不信任"心理而产生的。其实真正实现检察官职业化改革，健全法律职务的晋级标准，加强个人执法档案建设，这种情况完全可以避免。也就是说，要将法律监督工作直接与其个人晋职晋级进行法治化挂钩，这样不仅不会导致不作为，还可以鼓励从事检察工作的检察官主动发现案件线索，调动办案检察官办理案件的主动性和积极性，也更有利于办案独立性和公正性。然而绩效考核是否能够避免握有考核权的人员不利用考核权来破坏普通检察人员公平司法也难以预料。

以目前的人员分类管理改革为例，检察长、副检察长大多分在检察官一类，但并未与行政管理工作完全脱离。如果检察长、副检察长参与行政管理，再形成继续主导绩效考核的情况下，容易出现为了达成行政管理、绩效考核目标而以行政管理权干预检察官本应在其职权内的办案活动的风险。甚至，绩效考核结果成为部分人取得高薪金、高待遇的背书。所以继续将绩效考核的优劣和检察官级别晋升进行挂钩，其结果不太可能实现检察官相对自主和独立的办案职权，检察人员分类管理也将失去本来应有的意义。绩效考核办法制定主体的局限性，还会导致偏离强化法律监督、维护公平正义的检察工作主题和明显的功利主义倾向。例如，有的地方将检察创新创优、特色亮点等作为考核内容，导致基层院投入巨资建设"盆景化"特色亮点，大搞"政绩工程"，以吸引社会与上级领导眼球，而把正常的检察业务工作放在次要位置，出现了本末

---

① 田源：《案不患多而患不均——以 s 省 a 县法院为样本探寻审判工作量均衡化的实现路径》，载《山东审判》2012 年第 3 期。

倒置现象，使检察工作偏离正轨，也背离了突出司法专业化的改革大方向。①所以，不解决绩效考核的行政化问题，破解司法内部行政化问题的改革目标将很难真正实现。② 有人担心不对检察人员进行考核，诉讼监督等岗位的检察官可能出现不作为现象，因为办的案越多，出错的可能性也越多，承担的风险越大。

（三）违背检察办案责任制精神

在推进检察改革过程中，如果以绩效考核为主要方式对检察人员进行管理，那此轮检察办案责任制改革必然成为一场"零和游戏"，办案责任制改革将难以实现。如果加大对检察人员的绩效考核力度，不管实行什么样的办案责任制，仍然无法防止领导干部以集体利益的名义、以行政化管理方式来约束办案活动。比如，继续对具体办案人员分解下达考核的目标任务，而具体办案人员也极易出现遵从于考核目标的选择。在行政化色彩浓厚的环境下，不管办案责任制是集体负责还是个人负责，在衡量能力水平和落实待遇上，最终工作的重点都还是要回到考核目标上，就会继续导致考核评价指标比法律更优先的结果。因为每年、甚至每半年、每季度的考核结果是直观的、现实的，涉及的是每位检察干警的切身利益。因为绩效考核的激励和导向作用，这样一来，检察办案人员的精力还会分散到如何完成考核的目标任务上，以"让审查者决定，让决定者负责"的办案责任制改革将会阻力重重，以办案责任制破解冤假错案问题的前提也会随之失去。在行政和办案责任的矛盾冲突和双重压力下，还极可能导致大量司法人员流失。

二、当前检察绩效考核管理体系的实践难题

在职能分类、工作分工如此复杂的检察机关，特别是面对工作岗位相同但工作内容不同的情况，如何科学地考核个人的绩效是一个普遍性的难题。可以说，真正解决这一难题的实例很鲜见。③ 虽然存在内在缺陷，但在目前的改革大潮中，除了"按兵不动"，还未找到优于绩效考核管理的个人评价体系。各地在实践中也在不断发现适用的难点和隐忧。经过总结，笔者发现的共性问题

---

① 刘刚、赵学刚：《浅谈检察机关管理体制改革的法治化调适——以改革检察绩效管理为视角》，载《法制博览》2016年第6期。

② 狄小华：《强化检察监督职能的思考——以内设机构与分类管理改革为视角》，载《江苏省法学会2014年年会论文集》。

③ 万毅、师清正：《检察院绩效考核实证研究——以S市检察机关为样本的分析》，载《东方法学》2009年第1期。

主要包括以下三个方面：

（一）绩效考核标准缺乏理论支撑

科学合理的考核考评内容和方法能对考评对象作出客观真实的评价，能够促进考核考评机制功能和作用的充分发挥。目前检察机关考核考评在内容和方法上普遍存在没有理论依据的问题，主要表现在两个方面：第一，受行政管理模式的影响，检察机关考核考评内容和方法大量借鉴和参考了行政部门的考评内容和方法，因而不能充分体现检察工作的自身特点尤其是法律监督的重要特征。比如以办理案件数量、质量作为考验办案人员主观能动性的最高权重，而对案件难易程度不加甄别和数据化。第二，具体考评细节中对分值的设定缺乏必要的论证。比如实践中最常见的案件质量评价体系的减分幅度、事务性工作的整体占比权重等，大多数没有经过专业的测评和研究，仅是利用对比分析的方法进行简单测算，甚至"拍脑袋决策"。这种情况与实现绩效考核的目的南辕北辙，考核的结论难以服众，甚至上下级之间、单位之间的简单借鉴还会出现邯郸学步的窘境。

（二）绩效考核体系制定程序和适用程序的适当性隐忧

1. 制定主体的广泛性问题。在制定绩效计划的过程中，应该确保被考核检察人员参与其中，只有干警自己参与并渴望实现的绩效目标才是我们检察事业不断前进的真正目标。实践中发现，基层地区绝大多数的绩效考核方案都是以上级机关的绩效考核方案为模板，而对考核分值稍加调整后制定的。诚然，这是基层院最稳妥也是最经济的办法，因为这样的结果会让个人绩效管理的结论与上级要求更易趋同，但是保证普通检察人员参与度的程序性和必要性设置很少。作为被考核对象的检察人员，其参与度不足容易导致实体存在瑕疵。

2. 考核组织的权威性和能力问题。按照《检察官法》中"人民检察院设检察官考评委员会"的规定，多年以来我国检察人员绩效考评管理都是以"部门负责人—政工部门—党组"作为考评主体，检察官考评委员会仅是作为领导机构的设置存在。这种考评方式虽然可操作性较强，但由于政工部门人员往往没有从事业务工作的经历，对检察业务工作人员的专业素质、能力和表现的考评权威性不足。而且政工部门工作繁忙，检察人员绩效考核管理需要处理大量的数据，仅靠政工部门考核难以满足需要。因此，在本次绩效考核体系改革过程中，许多地区开始实际运用考评委员会及其办事机构。但在现有已知方案中，并未对其中的人员选任、成员进退程序等内容有具体的涉及和扩展。即使设立了由检察长领导的绩效考评委员会的地区，配备了少量工作人员负责检察工作考核与检察人员考核工作，但人员主力仍然是纪检监察和检务督察部门、政工部门、后勤保障部门抽调的人员参与评判,且最终结果还需集体讨论决定,整个考核组织的公信力无法保证。

3. 考核方式的选择问题。目前实际中,绩效考核需经过个人申报、部门考核、整体评判、领导决策等程序。考核权限分散到办案系统、部门、考核小组及院领导。殊不知,具有权威性的考评机构是基本的程序保障。而检察机关考核考评内容和方法多样化,仅考核方法就包括主观考评法、客观考评法、岗位目标管理考评法、年终投票考评法、案件定量打分考评法等。但是多数检察机关对考核考评方法的选择和确定并没有体现科学的分析过程和必要的理论支撑。例如,岗位目标管理考评法虽然有利于工作目标的细化和分解,但不利于不同性质工作之间的比较和衡量;而对案件定量打分考评法主要是根据案件性质、办案环节等要素进行综合打分,虽然有利于通过分值迅速排列出优劣次序,但却难以比较办案过程的规范程度、案件的质量差距以及结案后的社会效果和政治效果。① 若以综合的方式设计和构建体系又存在互相衔接和融通的难度。

(三) 考核内容设置的合理性隐忧

1. 绩效目标缺失。按照绩效管理理论,确认合理的目标是进行绩效考核的前提。因为检察业务司法属性的被动性,难以在绩效体系设计之初就将案件数量与绩效目标匹配,对质量的目标设定衡量标准尚在不断完善中。如果在绩效考核方案中难以制定细致科学、有导向性的目标,检察人员则容易出现无所适从、无的放矢的局面。由于其自身性质和本源的缺陷,实践中探索的以办案量平均值为基准的考核,因初期没有确定的量化目标,且对案件总数算法也存在不同的认识,所以检察人员个体的绩效目标并不明确,导致绩效考核作用发挥非常有限。

2. 考核指标不合理。考核指标如何设置是衡量绩效管理体系是否科学合理最重要的因素。目前实践中,检察人员绩效考核指标既有应用系统的客观数据,也有完成质量和完成效果的主观评价。各项在权重分配上评价者的个人主观判断的因素极强。且针对完成办案数量等实体考核的多,而针对程序指标考核的少。检察官行为严格依照程序是检察官在法律内活动的主要标志,是防止司法专横的主要手段,正是行为的正当保证了结果正当的高概率。而且程序指标比结果指标具有标准明确、易于监控等优势。同时,现有的绩效考核办法没

---

① 黄永茂:《检察机关考核考评问题探析》,载《国家检察官学院学报》2013年第6期。

有将个人学历、文化程度、办案经验等基本素能纳入考核程序或涉及不多，也是指标设置片面的表现。

3. 考核类型和方式不科学。绩效考核的方法通常有分层和分类两种。分层考核主要是将全体检察人员按照行政职级分为院领导、中层干部、一般干警三个层面；分类管理是按照当前检察人员结构配置，大体将检察人员分为员额检察官、检察辅助人员、书记员、司法警察、司法行政人员等四类。实行分层、分类考评，可以解决部分检察人员的工作职责界限不清、职权特征模糊的状况。但分层考核已与当今人员分类管理的精神不相适应，目前实践中大多数是以业务性质为基础的分类考核。即将业务部门（主要指批捕、起诉、职务犯罪侦查、民行、控申、刑执等部门）分别根据相应的工作性质制定标准再按照人员类别进行考核。但是这种分类，对检察业务划分得过于细致将割裂检察业务工作的相互联系和评价标准的均衡性，繁琐的考评标准也会降低其可操作性，加大了检察官绩效考核的难度。不同类别同一部门的人员考核相对简单，而同一类别不同业务部门的人员如何比较，则较为困难。

三、检察人员绩效考核管理体系的修正与完善

虽然目前的检察人员绩效管理体系在理论和实践中存在许多难点和问题，但是在提高办案质效、科学待遇保障的总体目标指引下，如果检察人员绩效考核制度设计科学、实施到位、整改跟进，将有利于促进部门、全院完成各项目标任务。在当前的实践要求与理论研究的博弈中，对绩效考核直接弃用难以实现，所以修正完善是最现实的解决方案。

（一）基本原则

任何一项制度，如果无章可循或无经验可借鉴，原则在改革框架体系的作用和位置应该是凸显的。尤其是在具体改革方案的制定和检察人员绩效考核管理体系指标、规则的设置上，原则的适用应该是基础，至少应该包括以下几个方面。

1. 强化检察人员职务司法属性。此轮司法改革已明确把案件终身责任制作为目标之一。因此，在《人民检察院组织法》《检察官法》等修改过程中，应该明确行政管理人员、检察官、司法辅助人员的职责、权利、义务，明确检察官如果出现冤、假、错案及违纪违法问题，依法定程序作出处理。不应由对口部门再制定考核细则，即以法治化考核取代行政化考核。法治化亦可体现对

四、检察官绩效考核的标准和程序

检察人员个体考核的稳固化、刚性化、简约化。① 以对公诉检察官为例,只要依法理性地审查案件、不出现冤假错案、不出现违纪违法及司法腐败问题,那么就是基本合格的司法人员。其实,诉讼法、诉讼监督规则中的回避、管辖、上诉、抗诉、二审、再审等程序规定,已是对司法人员的法律约束。有违法情形的,依法对其追究即可,无须再制定考核细则进行重复考核和管理。目前,各地实行的考核机制大多是以案件数量为基础、以案件质量为补充的评价标准,这种考核带来的行政化弊端正如前文所述,已偏离了司法规律。当前推进的检察人员分类管理、检察官办案责任制改革,其目标是"让审理者决定,让决定者负责",办案权力和责任趋于个体化。此时应该顺应趋势,减少司法案件的行政管理程序,预防冤假错案,从而避免为考核而考核的本末倒置的尴尬,如此则内部行政化管理自然就失去了存在的基础,极有利于检察改革目标的实现。

2. 考核内容设置要兼顾效率与公平。在现有的已经成型或者正在制定的绩效考核体系中,大多数的导向和思路都将办案数量作为考核、评价检察官绩效的重要标准。事实上,检察业务量多未必代表法律专业能力和工作能力高,业务量少也不能说明检察官未能有效履行职责,以业务量的多寡为标准,考核评价检察官绩效的好坏,"明显违背了司法工作被动性的特征与规律,忽略了公平正义的司法价值取向。"② 目前出现的办案效率低、案多人少的问题,主要原因在于落后的审批制度和管理体制,而检察人员的能动性和积极性不足并非产生问题的根本原因。在职业化发展的今天,只要赋予检察人员合理的待遇和尊荣,减少行政管理的限制和压力,提升办案质效的目的则更容易实现。而绩效考核能够发挥的作用就十分有限。如果一味追求目标,过于强调数量,特别是阶段性地对"量"的强调,可能形成"运动式执法"③,在不具备法定客观立案、起诉、批捕等条件的情况下作出相应决定,与检察权行使的客观性要求迥然相悖。由于岗位差异性大,许多岗位无法定量考核,一些地方采取单纯的定性考核。对检察人员的平时工作进行记实,部门所属科室按月组织评议,部门分管领导按季度考核评价,考核委员会研究确定优秀、称职、不称职

---

① 赵学刚:《基层检察院检察业务考核的法治化调适》,载《人民检察》2016 年第 18 期。

② 刘妍、潘丽:《关于如何完善检察人员绩效考核管理机制的探讨》,载《中国刑事法杂志》2011 年第 12 期。

③ 吴建雄:《检察业务考评制度的反思和重构——以检察官客观义务为视角》,载刘佑生、石少侠:《科学、发展与法律监督》,中国检察出版社 2010 年版,第 291—292 页。

三个考核等次。这种考核标准过于笼统,极少会给予被考核人"不称职"的评级,限于表面考核,没有实质意义。与此相反,有些检察机关采用过于单一的具体数量作为指标,而很多工作不仅体现在具体结果上,还包括具体的办案行为性和过程性指标,所以在制定考核方案的整体导向过程中,不能仅仅为提高数量突出效率的作用,更应该兼顾检察人员的真实付出,兼顾公平。

3. 体现成本意识。以最小的成本,求得最大的产出,不仅是经济学的追求境界,也应该是绩效考评制度设计和运行的标准。绩效管理总体思路是在评估计划设定、实施和监督控制阶段等各环节中尽量减少不必要的成本损耗。体系建立和方案制定是一个获取有效信息并进行加工、整理的过程,所有原创性问题都需要解决,如评价原则与标准的确定、考评内容的研究、评价方法的选择以及指标体系的建立等,需要收集大量的有效信息,需要投入一定的时间精力和人员成本,在指导思想不对路、设计理念落后或者方法不得当的情况下,很可能要走弯路并最终导致无效成本的大量累积。同时,为落实相关评估方案而消耗的直接成本和间接成本,如人员投入、时间消耗、资金投入、考核阶段的人员资金价值等也需考量。为了获得真实信息,考评委员会需要采用多种办法,如调查法、文献档案法、访谈法、问卷法、听取被考核部门的汇报等。这样一方面为保证所获数据更为真实、全面,另一方面也相应地增加了考核的成本。① 如果考核的成本超越了考核本身能够预期的价值,无论制度如何制定,都是失败的。所以,不能逃避成本原则,合理评估考核成本也是绩效管理的应有之义。

(二)完善建议

1. 绩效考核计划和考核方案的科学性

科学合理的绩效考核计划和考核方案是绩效管理目标实现的基础和依据。绩效体系应该包括准确的原则适用指引、明确的绩效目标、合理的绩效指标设置、科学的考评内容等项目。

(1)准确的原则适用指引。虽然绩效考核办法或方案是单位内部行政管理的形式之一,但其也是集体与个人的一种契约,属于约束和激励个体行为的规范性文件。在专业性极强的检察机关,绩效考核规范应该体现一定的立法原理和立法技术。所有的规则应该在原则框架内活动,或者可以理解为,在制定规则的时候应该有基本的原则规范作为约束,如此规则才不会脱离规范文件的

---

① 黄勇辉、朱金福:《政府绩效评估的成本分析与研究》,载《金融与经济》2009年第10期。

核心目的和基本准则。

(2) 明确的绩效目标。目前一些检察机关实施绩效考核缺乏比较明确的目的或者对考核目的的定位过于狭窄,如认为考核个人主要是为了评先进、发奖金;部门对检察官考核目的仅是分奖金、评末位等。① 还有甚者,由领导用民主集中制的原则确定最后考核结果。而较为合理的绩效目标确定方式应该是,在绩效考核管理的初始阶段,绩效考核管理专门机构和检察人员双方对检察人员应该实现的工作绩效进行沟通、协商、确认,制定职位说明书,并将沟通的结果落实为绩效计划,绩效计划是双方在明晰责、权、利的基础上签订的一个内部协议。因为绩效目标的确定和绩效指标体系的建立是绩效考核管理的基础,所以检察机关整体战略目标的确立是建立检察人员个人考核目标的前提和基础。先确定整体的发展目标,再将发展目标进行层层细化,分解为层级目标和部门目标,最后落实到检察人员的具体岗位职责目标,以此作为检察人员的工作要求和行为准则才是合理的绩效考核方案目标路径。

(3) 合理的绩效指标设置。我国检察人员的职业具有特殊性,制定考核指标体系要以检察人员的分层分类管理为基础,对不同的职位类别进行科学分析。对检察工作共同适用的共性方面的要求,即检察人员的一般素质要求(如态度评价、道德评价的考核指标),制定所有检察人员的共同考核指标,在确定共性考核指标的基础上,分别制定各类检察人员的考核指标。应采取定性考核与定量考核相结合的方式确定考核指标,在对检察行政人员的工作进行绩效考评时,要设定符合行政工作特点的考评指标,检察行政人员的工作以事务性工作为主,工作事项繁杂琐碎,如果将每件工作的处理结果都作为考核内容,考评的工作量会过大,也不切合实际,因此对检察行政人员的考核以定性管理为主,对其工作做相对客观全面的定性描述,辅之以必要的定量管理。在对检察官等其他检察人员进行考核时,对于可以量化的工作则务必定出量化指标,从工作数量、质量、效率、效果等方面细化分解。针对工作业绩的考核应该依据不同的职责设置不同的指标以体现差异性,针对德、能等共性方面应实行统一的考核指标。在此基本设置之上,检察机关应更多地从程序公正的角度完善绩效考核指标。突出对程序违法的监督与考核,从保障诉讼参与人合法权益、确保司法公正的高度,来分解考核指标。检察官行为严格依照程序是检察官在法律内活动的主要标志,是防止司法专横的主要手段,正是行为的正当保证了结果正当的高概率。而且程序指标比结果指标具有标准明确、易于监控等

---

① 冯仁强、杨勇:《中国检察官考评机制的缺陷与完善思路》,载《社科纵横》2006年第10期。

优势。①

(4) 科学的考评内容。立法意识和立法水平是能否制定科学合理考评内容的前提。在现有的条件下，各基层检察机关能否靠自身建立符合实际又合理的绩效方案确实存在疑问。所以建议以省级检察机关为制定主体，可采取引入专业机构测评并设计绩效考核体系的方式，确定检察人员绩效考评的内容。结合《检察官法》的要求，按照目前改革思路，检察人员绩效考评内容应当包括：其一，检察工作实绩。实绩是检察人员在工作中表现出来的物质或精神成果，是检察人员能力的外化形式。主要依靠统一业务应用系统和其他载体进行评判。建议将对单位整体的业务承担率和贡献率作为检察工作实绩考核的基础。其二，能力评估。包括学历、经验、业务工作中表现出来的法律政策水平、分析和解决问题的能力以及语言文字表达能力等方面综合评价。其三，道德和态度评价。主要是看检察人员是否遵守了忠诚、干净、担当的要求，其中对"忠诚"和"干净"方面的考核可以采用逆向考评法，即只要未发现违反情况，就可以推定为合格。

2. 绩效管理程序的公信力

(1) 方案制定主体多元。建议改变现在绝大多数方案为院领导制定的模式，由管理者组织目标的分解、干警目标范围的确定、考核指标的设定、考核周期的设定等提出草案，交由被考核检察人员反馈意见，而考核标准即应该达到的程度，则可由管理者与被考核检察人员共同综合以往考核结果、工作环境、被考核人能力等商讨制定。如此，则被考核检察人员既能了解自身的任务与目的，又有明确导向，以至对考核结果有更理性的认识，减少抵触心理。对于真正实现绩效管理的导向和调节作用具有重大价值。

(2) 考评主体符合考评基本要求。司法改革前，绩效考核的主体和考核程序的设定较随意。高检院制定的《检察官考评委员会章程（试行）》对检察官考评的机构和程序作了一些具体规定，但从全国检察机关的执行情况来看，绝大部分检察院都没有设立专门、长期、固定的检察官考评机构，也没有法定的考评程序。只是为了考评的临时需要，设立检察官考评领导小组，其随意性一般较大，无法从定性定量上对检察官的工作业绩进行全面科学的评价。如果要完成如此复杂而又重要的工作，需要常设专门机构考评机制。专门的绩效考评工作机构负责检察工作考核与检察人员考核工作，配备专门工作人员，工作人员应该是具有公认的道德品质，且尽量熟悉检察办案业务、纪检监察和政工

---

① 万毅、师清正：《检察院绩效考核实证研究——以S市检察机关为样本的分析》，载《东方法学》2009 年第 1 期。

业务的检察人员，考核评估主体也应该具有广泛性，保证全面地、客观地评定被评估对象，比如引入被考核人、被考核人的领导、同事、下属等，这样才能更好地确保结果的公信力。

（3）考核程序适当。在此方面，部分地区的探索具有借鉴意义。比如为每个被考核检察人员制定绩效考核计划书。首先由每位检察人员撰写职务说明书，列明本人工作职务的基本信息、职位设置的目的、职位在组织中的位置以及具体工作职责，由绩效考核管理专门机构从工作责任、工作负荷、工作条件等方面进行岗位评估，对不同类型的岗位制定绩效考核结果的加权系数。制定绩效计划时，需要将检察人员本人的意见引入绩效计划之中，主要包括工作能力、工作数量、完成时效、完成标准等，尽量使绩效计划得到被考核检察人员的认同。其次，建立信息化记实和考核平台，实现信息化管理，使考核程序公开透明，保证考核内容落实和考核结果公正，保障考核工作的高质量和高效率。

（4）合理的申诉和反馈机制。为保证考核结果的公平公正，应当建立申诉机制，检察人员对自身工作考评结果持异议的，可以向绩效考评委员会提起复核，如果考核的结果导致降级、辞退等处理时，还可以按照法律相关规定提起申诉。同时，绩效考评的本质并不在于考核完毕之后公布名次，而是在于考核的过程，也是改进的过程。利用绩效考核信息系统及时录入检察人员工作信息，并对工作的优劣予以评价，干警也可以同步在本地客户端上查看评议的结果，能促使检察人员了解自己的工作情况、发掘自身的潜力，激发工作的积极性。[①] 因为绩效考核是一个持续改进的过程，这就要求绩效考核专门机构要对绩效实施情况进行阶段性监控，发现问题可随时与被考核者沟通、反馈，客观考核业绩成果、及时改进绩效管理和不断提高检察形象。针对考评结果反映出来的各检察部门忙闲不均的现象，对检察部门职能进行调整，必要时进行相关部门存废的深入研究和探索，不断促进检察人力资源的合理优化配置。在考核工作过程中，如发现执法不规范等问题，应对这些问题和不足进行总结分析，在今后工作中加强督促改进。

3. 考核体系成果运用的有效性

绩效管理理论历来认为，"只有将绩效评价的结果与人们所获得的回报挂

[①] 包法宝：《我国公共部门实行绩效管理存在的问题与对策分析》，载《理论前沿》2009年第22期。

钩，才能真正使绩效管理发挥应有的作用"。① 目前，检察人员绩效结果与工资待遇、选拔调配、奖励惩罚、教育培训等与检察人员自身政治经济利益的联系还不够紧密，考评制度中也没有规定如何解决考核结果中反映出的问题，致使考核对检察人员产生激励和促进作用不明显。只有将绩效结果通过奖励和惩罚加以应用，将考评结果作为正确评价检察人员德才表现和工作实绩的尺度，作为实施检察人员奖励、培训、辞退以及职务调整的依据，才能维护绩效考核的权威性，调动检察人员工作积极性，不断提高工作质量和工作效率。"只要每一个工作人员都完成了绩效指标，组织的绩效就实现了。"②

综上所述，当前检察人员绩效管理考核体系存在天然缺陷和实践难题，但是在修正原则的指导下，仍然有完善的可能。科学合理的内容和保证公平的正当程序，可以实现绩效管理与检察工作的有效契合。

---

① 孙柏瑛、祁光华：《公共部门人力资源开发与管理》，中国人民大学出版社2004年版，第164页。

② 李建：《绩效考核体系的设计与作用探讨》，载《人民检察》2005年第8期。

检察官办案绩效考评机制研究

丁　毅　钟润华[*]

检察官办案绩效考评机制是遵循一定的考评程序,按照事先设定好的考核标准与内容,通过一定的考核方法对检察官的办案工作进行考核评价的一整套制度。绩效考核作为加强队伍建设的一项重要内容,是提高工作效率、激发队伍活力的关键措施。随着司法责任制改革深入推进,如何以检察官为主要对象构建科学的办案绩效考评机制,设定合理的考评指标,依托系统化的办案业绩考评推动司法责任制改革落实到位,成为现阶段亟须重视的问题。

一、检察官办案绩效考评机制的功能

检察官办案绩效考评机制是对检察业务工作进行有效管理的重要手段,设置科学合理的考评机制可以对检察工作起到有效的引导和促进作用,推动检察工作不断向前发展。

(一)激励导向作用

检察官办案绩效考核通过对检察官办案工作进行考核,作出客观、公正的评价,依次分为优秀、称职、基本称职、不称职等结果。根据检察官办案绩效考核等次,作为检察官职务等级晋升、绩效考核奖金发放、奖励等事项的依据。只有办案量高于同等岗位平均数,完成工作质量和效率高、效果好,且职业操守评价无扣分的检察官,才能被确定为优秀等次。通过量化考核,能够有效建立符合司法规律的检察官办案绩效评价体系,在职务等级晋升、薪酬待遇等方面全面体现能力和业绩导向,激发检察官工作的热情和活力,最大限度地依法履行办案职责。

(二)监督规范作用

检察官办案绩效考核不仅考察检察官办案数量,而且对检察官办案的效率和质量都要进行检验、评判。例如《河南省检察机关检察官业绩考评办法

---

[*] 作者单位:河南省郑州市管城回族区人民检察院。

（试行）》中规定：检察官办理案件取得突出效果，工作经验在一定区域内产生良好影响等，在业绩评价中，应当分层次给予一定加分。所办理的案件获评为指导性案例、精品案例、法治典型案例等的，或者所办理的案件、工作经验等获得党委、政府主要领导批示肯定的，一般可以根据获评、获批的级别，认为具有相应效果和良好影响。通过对检察官办案质量和效果的考评，对检察官提升办案质量、提高办案效率发挥了较好的监督和规范作用。

（三）优化提升作用

检察官办案绩效考核除了能够充分发挥员额检察官主观能动性和创造性，调动检察官的工作热情和奉献精神，促进各级检察院和广大干警不断争先创优，增强法律监督能力之外，各级检察院为提高在本地区绩效考核的位次，必然合理调配人才资源，将办案能力强、业务素质高的检察官充实到业务部门，客观上为优秀检察官脱颖而出提供了平台。

二、当前检察官办案绩效考评机制应考虑的主要因素

建立适应司法责任制要求的检察官办案绩效考评机制是一项系统工程，需结合检察职能定位和检察工作实际进行周密、充分的论证。但是，在以往的检察实践中也存在着考评指标不科学、考评方式不规范、考评效果差强人意、为考评而考评等问题，亟待不断改进和完善。笔者认为，制定科学合理的办案绩效考评机制应当着重考虑以下几个因素：

（一）不同地区案件数量的差异

根据司法改革的要求，全国各地检察机关都正紧锣密鼓地制定检察官业绩评价制度，围绕履职情况、办案数量、司法技能和外部评价等内容建立评价指标体系。从目前来看，检察官业绩评价都突出了业务实绩这一关键指标，针对办案数量、质量、效果等要素设定细化标准，同时也创设了其他指标对个人履职情况、能力、作风进行全面、客观的评价。在对案件数量的规定上，很多地区的考评办法都提到了办案平均数，并将是否完成办案平均数作为考察检察官业绩的重要依据。如《河南省检察机关检察官业绩考评办法（试行）》第5条第2款规定："检察官在一个办案年度内，办理案件数量超过本部门办案平均数的，应当给予相应加分；办理案件数量低于本部门办案平均数的，应当给予相应减分。"《江苏省检察机关检察官办案绩效考核量化规则》中则规定，只有办案量高于同等岗位平均数一定比例，才能被确定为优秀等次。如果办案量低于同等岗位平均数一定比例，一般会被确定为基本称职或不称职等次。但是不同地区的办案数量是存在重大差异的，仅以郑州地区为例，根据郑州市人民

检察院上半年的受理案件数量情况来看，如下表所示：

单位	2017年上半年	2016年上半年	案件受理
金水区院	1064	1217	-12.57%
上街区院	111	99	+12.12%

案件最少的区院和案件最多的相差将近10倍，但检察官数量相差却只有三四倍，工作强度明显不同，因此如何确定部门办案平均数，以一个单位、一个地区还是一个省，导致的效果将会截然不同。

（二）不同部门业务内容的差异

遴选员额检察官的目的就是要让检察官在一线司法办案。但由于我国检察机关不仅拥有批捕权、公诉权，还有法律监督权、司法救济权等，内涵较为丰富。因而检察机关的案件形态也较为复杂，案件的外在表现形式呈现出多样性。实践中，不同层级检察院的检察官对于什么是案件、怎么算办案等产生不同的认识。目前检察机关对不同部门的考核没有统一的观点，如江苏省在全国首创提出了《江苏省检察机关案件清单》，明确了实体性办案、程序性办案、指导性办案三种案件类型，涵盖了侦监、公诉等检察机关全部的10个业务条线138种案件，检察官的平均办案量是以实体性办案为基准的，而综合业务部门如预防、研究室、案管部门的检察官是以工作项目量的形式考核，而河南省的业绩考评办法则没有做出这样的案件类型划分。

（三）统一业务应用系统的轮案制度

自统一业务应用系统在全国检察院安装使用以来，检察官办案量以统一业务应用系统中的数据为依据。目前最新的统一业务应用系统已经开始实行轮案制，即案件受理以后，通过案管部门自动分流、自动分配，案件达到分配条件后，系统会根据流程所属的业务类别和轮案规则选择相应的业务部门及轮案组，检察长、部门负责人及普通员额检察官按照每年办案任务和比例自动分配一定数量的案件。河南省检察系统自2017年6月开始，对于案管部门统一受理的案件及部门自行受理的案件，已经实行由统一业务应用系统自动随机轮案。轮案制度下，检察官都是按照分配的案件数量办理，基本上办理的案件数量都相差不多，这种情况下如何根据检察官办案数量对检察官进行考核，值得我们思考。

三、关于完善业务考评机制的建议

建立科学合理的检察官办案绩效考评机制，是一项系统的、长期的、严密的工程,可以有效促进检察官充分履行法律监督职能,高效正确行使检察权,对于推动检察工作健康持续发展起到积极的促进作用。对此,笔者有以下建议:

（一）健全考评机构

建立一个长期的、专门的考评机构,由各级院检察长担任考评机构领导,统一业务考评标准和程序,考评机构成员由检察长、副检察长、政工部门、案件管理、纪检监察及主要业务部门负责人等组成。在进行业务考评时,检察官对考评有什么意见、考评中发现的问题如何解决等均可向考评机构提出。考评机构具体职责包括：发布业绩考评信息、组织开展业绩考评、统计和评判业绩考评结果、呈报检察官业绩考评委员会确认业绩考评结果、对申辩进行复核、及时修改完善指导意见等。

（二）规范考评运行

考评机制成效的关键在于运行和落实是否规范,建议由省级院制订考评办法,严把程序关,定期组织考评。考评程序可以分为检察官自评、部门初评、案管等部门复核、考评机关最终审定等程序。同时应当重视通过信息化规范考评管理程序,积极探索建立网上业务考评信息平台,运用信息技术的力量弥补人工操作管理的不足,规范业务数据的积累,实现对考评全过程的动态管理,从而提高考评的透明度、公平性。

（三）设定科学的考评指标体系

设立科学合理的考评指标体系是检察官考评机制的关键环节,在考评指标的设定上必须符合司法规律,合理设置考评项目及评分标准。既要将考核指标尽可能进行量化,同时要避免绝对的数字化、结果化,应当结合当地每年审理的平均案件数量来合理设定办案数；取消对不捕率、不诉率、抗诉率的严格限定,肯定不批准逮捕和不起诉检察权能的正确运用,不能人为地设定指标控制或限制不捕率、不诉率、抗诉率,应依照法律和刑事政策综合判断作出决定的合法性和合理性；科学界定错案和质量不高的案件标准,不能将法院判处无罪的案件都确定为错案,应当根据对案件的证据采纳、事实认定、法律依据、办案程序是否正确等具体考察案件的办案质量；科学设置考评权重,对检察官司法办案绩效、司法办案能力、职业操守、纪律作风等情况的全面、综合性的考核评价。

（四）强化考评结果的应用

考评的结果是对检察官各项工作进行评价的基本依据,一个科学合理的考评结果,能够真实反映检察官工作中的成绩和不足,从而为检察官的评价提供

四、检察官绩效考核的标准和程序

科学合理的有效标准。检察官业绩考评情况应纳入检察官司法档案,并作为检察官任职和晋职晋级的重要依据。对当年业绩考评等次确定为"不称职"和"基本称职"等次的检察官,根据不同情况,给予诫勉谈话、暂停履职、调离司法办案岗位、降低检察官等级、免去检察官职务等处理。充分运用和转化考核结果,把考评结果和奖惩相挂钩,最大限度地发挥考评机制的激励作用,不断加强和提高业务能力建设,推动各项业务工作上水平、上高度。

检察官业绩评价体系之构建

杨 晓[*]

新一轮司法体制改革的推进，必将带来检察官业绩考核评价工作机制的变革和重构。在这个过程中，应当明晰检察官业绩考核评价主体，科学界定检察官业绩考核评价内容，改进和规范检察官业绩考核评价方式，优化运用检察官业绩考核评价结果，逐步构建起与当前司法体制改革相配套、与检察官职业特点相适应的现代检察官业绩考核评价工作机制。[①]

一、检察官业绩评价体系的不足

司法责任制改革要求突出检察官的办案主体地位，这不但对检察权运行机制提出要求，也给检察官业绩评价带来新的挑战。以往，检察机关的业务考核机制主要考评的是检察院的工作业绩，司法责任制改革后，更多的是要针对检察官的工作业绩进行考核评价。虽然各地试点检察院也制定了一些检察官业绩考核办法，如重庆市检察机关出台了《重庆市检察机关检察官、检察辅助人员业绩考评办法（试行）》，提出了"定期考查检察官履职情况、办案数量、办案质效、司法作风、司法技能和职业操守等情况，科学评价检察官工作业绩和职业素养"的工作目标和各个业务条线检察官业绩考核的主要内容，但在执行过程中仍然存在不少困惑。

（一）检察官业绩评价主体不规范

根据《检察官法》第51条的规定，人民检察院设检察官考评委员会，负责对检察官的培训、考核、评议工作。可见检察官业绩评价体系的主体应该是检察官考评委员会。然而，在实践中，检察官考评委员会形同虚设。事实上，在绝大多数检察院的人事结构中，并不存在检察官考评委员会这一组织。在业务条块考核中，考评主体则转化为对应的上级机关业务部门，不同业务部门各

---

[*] 作者单位：重庆市人民检察院。
[①] 徐光岩：《检察官考核评价工作机制的构建》，载《中国检察官》2016年第10期。

有一套评价数据和指标。评价主体缺位、人员构成模糊，造成标准无法统一，对检察官个人的业绩评价也就失去了公正和可信性，难以体现职业特殊性。

（二）检察官业绩考核机制不完善

检察官考核缺少考评奖励和待遇提升机制，导致改革流于形式。目前，检察机关改革仅制作了权力清单，简单合并了相关部门，原有部门领导仅仅更改了称谓，变成主任检察官，继续开展原有工作，在缺乏考评奖励和待遇提升等经济支持的情况下，干警对改革的积极性不高，改革效果不明显。

事实上，检察机关业务门类较多，各个业务条线的办案特点差异很大。如何确定不同业务条线检察官的合理工作量？除了批捕、起诉业务相对容易量化之外，其他业务不太好量化。例如，刑事执行检察工作中对减刑、假释的审查，一天可以审查若干件，应该如何确定考核分值？审查100件后提出1件纠正违法意见，如何核定办案量？再有一些边缘性业务工作是否作为办案工作纳入检察官业绩考核，也存在不少困惑。例如，案件管理业务中案件质量评查工作，是否属于办案？举报中心业务中案件线索管理工作，是否属于办案？法律政策研究业务中司法解释工作、指导性案例审查工作，是否属于办案？如果不属于办案，将这些业务性很强的工作交由检察官助理去完成，普遍认为不太合适；但如果认为属于办案，又应当如何核定工作量？因此，业绩考核标准问题需要下大力气研究，检察官业绩考核办法亟待完善，否则司法责任制不可能真正落实。①

（三）对检察官的业绩评价结果不科学

由于检察官业绩评价体系的不完善，评价方式方法背离检察官工作的司法属性，导致评价结果不能真正体现检察官的工作实绩和水平差异，优秀等次常常变成部门内部的轮流坐庄。在业务条块考核中，某些基层检察院为了在考核中取得靠前的名次或者档次，片面追求数据，甚至不惜"注水"，弄虚作假，业绩评价结果失去可信性。

二、司法责任制对检察官业绩评价体系的新要求②

司法责任制要求健全司法办案组织，科学界定检察人员司法办案权限。办

---

① 王玄玮：《检察机关司法责任制之规范分析》，载《国家检察官学院学报》2017年第1期。

② 张云燕：《司法责任制背景下检察官业绩评价体系研究》，载《法制博览》2016年第34期。

案组织形式的变化，为检察官重新划分了职责分工。以往，检察员、助理检察员都可以担任独立办案人，司法责任制改革后，检察长、检察官、主任检察官、业务部门负责人、检察辅助人员在办案组织中担任不同角色，每一个岗位都具有更加明晰的职责划分和检察权力清单。检察官的主体地位更加突出。

（一）突出检察官的主体地位

司法责任制的总目标是"谁办案谁负责，谁决定谁负责"。以往，检察官办案采取的是案件承办人、科（处）长、检察长三级审批的模式，对检察业绩的考核是以部门成绩为对象。司法责任制改革后，案件承办检察官直接对案件负责，更加注重检察官个体作用的发挥，以及检察官办案的独立性。

（二）体现司法责任认定和追究原则

司法责任制的核心价值是"负责"。司法责任制背景下，案件质量评查机制必不可少，通过常规抽查、重点评查、专项评查等方式，对办案质量进行专业评价，评价结果应当在一定范围内公开，并在检察官业绩评价结果中，占有一定权重，充分体现司法责任认定和追究原则。

（三）发挥检察管理和监督作用

检察官业绩评价体系是检察队伍管理的重要抓手。检察官业绩评价体系规定的各项指标，必然具有明确的激励、规范效能，是检察官的行为指引和工作核心。检察官业绩评价体系的建立，使检察官在努力达成目标的过程中，能做好自身监督制约，确保严格、公正、文明、廉洁执法。

三、建立检察官业绩评价的监督机制[①]

检察官是检察机关开展各项检察业务工作和履行各项职能的主体和中坚力量，建立科学合理的检察官业绩评价配套机制，将会充分调动检察官的工作热情和工作积极性，提高检察官的工作效率，促进检察官各项业务工作的顺利开展，全面提升检察机关整体业务工作水平[②]。而检察官业绩评价体系并不是孤立存在的，需要强化案件集中管理，完善案件质量评查制度，构建科学合理的配套机制予以补充和配合。

---

① 汪燕、张国：《从检察官办案责任制谈检察工作一体化的新机制》，载《湖北民族学院学报（哲学社会科学版）》2016年第4期。

② 蒋伟亮：《中国特色检察一体化机制的建构与保障》，载《江苏大学学报（社会科学版）》2011年第1期。

四、检察官绩效考核的标准和程序

(一) 随机督查和检察官互评机制

司法责任制改革后,按照检察官权力清单,检察官办理案件享有一定范围的决定权,有的案件不需要事前请示报告,检察长以及上级人民检察院有可能不能及时了解进而督查案件,因此,有必要建立随机督查机制。随机督查机制的基本要求包括:一是建立内设机构负责人和案管部门督查人员组成的督查小组;二是督查小组可以随时了解并检查检察官办案的工作情况,如果对检察官的自主决定有异议,可以及时报告检察长,由检察长或者检察委员会决定是否改变检察官的决定;三是检察官应随时接受并配合督查组的督查;四是如果督查组没有尽到督查职责,检察长或者检察委员会直接发现检察官的决定不符合规定予以撤销或者改变的,可以视情况追究督查组的责任。如果检察官的决定被检察长或者检察委员会撤销或者改变,依法追究检察官的相应责任。督察组不能干预检察官的决定,但可以随时掌握并了解检察官的工作情况并向检察长汇报,从而起到监督检察官的作用。

随机督查机制的建立,可以及时甚至同步纠正检察官的不法或者不当决定,可以保障检察机关组织领导的一体性。既尊重了检察官的自主决定权,又保证了检察长对检察工作的统一领导。

与此同时,还应建立检察官互评机制,让同一内设机构各自主办案的检察官积极参与内设机构组织的检察官联席会议,发挥集体办案的优势,提高办案效率和质量。检察官之间也可以将各自办结的案件开展互评,从而促进检察官之间加强合作,取长补短。

(二) 过程控制和结果运用机制

过程控制和结果运用机制,可以通过考评内容和方式予以体现。一是考评内容。检察官考评的内容包括诸多方面,既有对工作态度和工作能力的考察,如决策能力、组织计划能力、专业运用能力、领导能力等,又有对检察官敬业精神和职业素质的考察,还有对检察官工作业绩,即检察官担当履行职务工作数量、质量、效率、效果、安全等结果的考核与评价。工作业绩衡量了检察官任职期间、对检察机关的贡献程度,体现了检察官的个人价值。二是考评方式。考评方式可通过过程控制,即通过考核考评,从中发现检察机关各业务部门和检察官存在的问题,进而设计出改进方案,如通过日常考评和年终考评、定期考核、临时考核和中期考核等多种形式,促使绩效水平得到提高。具体可通过设定考核指标的形式从四个方面予以考虑,具体为:(1) 实体性指标,即认定事实证据、适用法律的实体标准。包括对案件的定性是否正确、认定事实是否清楚、证据收集及审查是否客观全面、法律适用是否准确、处理决定是否正确以及办案的成效如何等,如起诉书的合法性、合理性和公正性等。(2)程序性指标,即刑事诉讼法和司法解释以及相关规定要求的法定程序标准。包括遵守办案过程中的各种程序如每个诉讼阶段办案时限的规定是否规范,有无遗漏告知等诉讼环节,有无违反法律规定期限等。如办案程序的规范性、合法性,讯问笔录的完备性,证据规则的运用是否恰当等。(3)适用法律及文书质量指标。适用法律包括适用法律法规和司法解释是否准确等。法律文书质量指标包括法律文书制作是否规范,用词造句、使用标点符号是否准确,论理是否充分,层次是否分明,逻辑是否严谨等。(4)案件责任指标。包括根据具体办案岗位明确人员权限,并对责任追究的范围、方法、幅度等作出统一明确规定。① 通过过程控制,发现检察工作中存在的各种问题,提出改进措施,进而不断提高检察官的业务水平。三是考核结果的应用。检察官工作考核评定的结果应当存入《检察官司法档案》,其考核考评结果可以作为检察官奖惩、职务晋升的重要依据,通过对考核结果的充分应用,强化检察官的责任意识,调动检察官的工作积极性,进而提升检察机关的整体工作水平。②

(三)司法责任认定和终身追究机制③

完善检察官办案责任制,应体现"谁办案谁负责,谁决定谁负责",实现权力与责任的统一。一要确定划分办案责任的基本做法。一般可以按下列情形划分:(1)主任检察官在授权范围内对其办案组的案件承担全部责任,组内承办检察官对案件事实和证据负责。(2)主任检察官对授权范围内个别重大疑难复杂案件,认为需要请示检察长、检委会决定的,应对事实和证据负责,并提出明确的处理意见,检察长或检委会同意其处理意见的,主任检察官承担主要责任,检察长或检委会承担次要责任。检察长或检委会改变其处理意见的,主任检察官对改变的部分不承担责任,但因事实和证据认定错误导致改变的,仍由其承担全部责任。(3)主任检察官对授权范围外的案件,应对事实和证据负责,并提出明确的处理意见,部门主要负责人审核同意的,与主任检察官共同承担责任。部门主要负责人审核提出不同意见,且被检察长或检委会采纳的,部门主要负责人与检察长或检委会共同承担责任。(4)检委会作出

---

① 刘新义、付文彪、杨志诚:《基层院如何构建案件监督管理体制》,载《中国检察官》2011年第7期。

② 王欣、黄永茂:《国外检察官考核考评制度之比较及启示》,载《江苏大学学报(社会科学版)》2013年第2期。

③ 项谷、张菁:《检察官办案责任制改革实践的理性认识——以上海市检察改革为视角》,载《上海政法学院学报(法治论丛)》2016年第2期。

的决定被认定是错误的,应由提出或同意错误决定的多数委员承担相应责任。二要明确司法责任认定标准和职务豁免原则。追究检察官司法责任要遵循主观过错与客观行为相一致的原则。对检察官主观上没有故意或重大过失,且符合以下情形的,不应追究责任:(1)因案件事实、证据发生变化,导致错误发生的;(2)因法律、司法解释发生变化,导致错误发生的;(3)因法律规定的模糊性而引发对法律适用的认识分歧,导致不起诉、判决无罪等发生的。上述情形亦应正确把握执法过错与办案质量问题的关系。三要细化司法责任的种类及相应的惩戒方式。注意将故意徇私枉法、重大过失导致错案与一般瑕疵区分开来,对不同原因造成的案件质量问题及程序违法行为,应采取不同的惩戒方式,具体如下:(1)故意滥用职权、徇私枉法,严重违反法定程序,直接导致案件实体错误结果以及其他严重后果发生,或者造成恶劣影响,构成违纪的,应依照检察纪律规定给予纪律处分;构成犯罪的,应依法追究刑事责任。(2)因重大过失认定事实证据、适用法律错误或者违反法定程序,直接导致案件实体错误结果以及其他严重后果发生的,应依照检察纪律规定给予纪律处分;没有造成实际后果的,应根据行为性质和情节轻重,给予组织处理、批评教育等。(3)因责任心不强等一般过失不履行、怠于履行职责,或因能力不够等原因不正确履行职责,导致发生案件质量问题,或者因执法不规范、不文明,受到当事人投诉的,应在绩效考核、晋级晋职中予以体现;对能力明显不适应检察官履职要求的,应予调整岗位,退出检察官序列。

四、检察官业绩评价体系之构建

(一)建立专门的检察官考评委员会

建立人员相对稳定的检察官考评委员会,严格履行评价程序,减少业绩评价中的行政化色彩,凸显检察官办案主体地位和专业化能力,[①] 尤为重要。考核评价主体设定是否合理,对于制度的权威性、执行力、落实程度、执行的公正性和效率等都有重要影响。从世界范围看,许多国家的检察官考核都由专门机构或组织来承担。[②] 由专门的检察官考评委员会负责检察官业绩考核、评议等工作,与地方组织部门或本单位政工部门组织的行政考核相比,优势在于更专业、更独立、更权威。在职责设定上,检察官考评委员会应当负责汇总日常

[①] 张云燕:《司法责任制背景下检察官业绩评价体系研究》,载《法制博览》2016年第34期。

[②] 卞宜良:《激活"沉睡"的检察官考评委员会》,载《检察日报》2015年4月13日第3版。

考核材料、对考核指标执行情况开展阶段性检查、分析考核过程中出现问题的原因并找到解决对策、对检察官年度考核结果进行对比分析（包括对相同类型岗位检察官的横向对比分析和对检察官本人历年考核结果的纵向对比分析）、确定考核等级、约谈被考核的检察官等。专业化的职责设置，既能够最大程度地保证评价的客观准确，增强检察官对考核评价结果的认同感，也可以作为预测检察官未来工作发展潜能的重要依据，有利于实现考核反馈和科学管理的目的。

当前，构建专门的检察官考评委员会，应着重完善以下环节：一是考评委员会的组成。组成成员必须多元化，具体可吸收本单位政工、纪检监察、案件管理部门人员和资深检察官代表以及社会有关人员组成，保证考核结果的专业性、公开性。确定社会有关人员时，可以结合考核目的、内容和不同岗位职责情况，设置不同部门、不同类型的组成人员。如对侦查监督、公诉岗位检察官的考核评价可吸纳公安机关侦查人员、法院审判人员、律师等参与，以加强考核评价工作的外部监督。二是制定统一的工作条例。建议由最高人民检察院制定统一的《检察官考评委员会工作条例》，以规范性规定保证考评委员会依照程序行使考核评价权，避免权力滥用，保障检察官的合法权益不受侵犯。三是加强对检察官业绩考核评价工作的上下级指导。从上级与下级检察机关法定的领导关系出发，上级人民检察院的考评委员会应当领导下级人民检察院考评委员会的工作，对下级人民检察院考评委员会的考核评价工作行使监督、指导、检查等职责，以保证考核结果的公正性、准确性和客观性。

（二）构建检察官业绩考核评价机制

司法工作确实需要考核评价。然而，考核制度的建立，须以尊重司法职业特点和司法规律为前提，不能照搬一般公务员的考核制度。① 司法权是一项判断权，具有中立性、独立性、公正性、亲历性和终局性等特征。对于司法权运行结果，必须按照法律规定的事由以及法定的程序进行审查和判断。随着司法体制改革的深化，检察队伍职业化进程的推进，我国应当积极借鉴域外经验，摒弃单纯以办案结果、工作实绩为考核内容的考核评价体系，逐步构建业务实绩与司法行为并重的考核评价机制。检察业务实绩主要包括业务工作质量，主要是对司法办案、业务管理、业务指导等工作的数量、质量、效率、效果情况进行评价。司法行为包括司法作风、司法技能和职业操守。司法作风评价是对

---

① 如对公务员考评中，一项考评措施就是民主测评，而民主测评在实际运作中往往蜕变为同事投票。运用民主测评对检察官进行考核所产生的后果之一，就是检察官在实际工作中往往更加注重维持良好的人际关系。

工作态度、团队协作、敬业精神等方面的表现进行评价；司法技能评价是对参加素能培训、岗位练兵、业务竞赛，开展法律适用研究、课题研究以及撰写信息等学识能力情况进行评价；职业操守评价是对职业道德、遵章守纪、廉洁自律等方面的表现进行评价。不同的检察业务岗位，对业务实绩和司法行为的考核内容应当有所区别，充分体现普遍性考核与个性化考核相结合的特点。

当前，适应司法体制改革要求，检察官业绩考核评价方式是否科学，直接影响考评评价的效果如何以及能否实现预期的考核目标。笔者认为，考核评价方式可采取以下方式进行：一是平时考核和年终考核相结合。平时考核是年度考核的基础，有利于阶段性考核资料的收集和积累。从而对年度工作做出客观、准确的评价。平时考核结果可以每季度公布一次。年度考核结果应当每年公布一次，并可以考虑与单位年终总结一并进行。二是定量考核和定性考核相结合。以岗位职责为依据，采取以定量考核为主、定性考核为辅的方式。但需要明确的是，哪些项目适合定性考核，哪些项目适合定量考核。实践中，业务实绩基本上都可以定量考核，只是定量时须科学合理地设定考核指标，这是保证考核结果公正客观的基础。就司法行为来说，大多可以采取定性考核方式，只设定为减分项或者以一票否决形式体现。三是内部考核方式与社会评价方式相结合。由于考评委员会既有检察机关内部人员参加，又有社会有关人员参加，因此既有内部考核，又有社会评价。此外，社会评价还可以通过将考核结果视情况向社会公开、发布等方式来进行，从而更好地把内部监督与外部监督有机结合起来。建议由最高人民检察院统一出台《检察官业绩评价办法》，以规范各地检察官业绩评价标准不一致的状况。

（三）科学合理运用考核评价结果

当前，检察官员额制、办案责任制等逐步实施，检察官考核结果的合理、准确运用尤其重要。对此，应重点考虑以下几个方面：一是将检察官业绩考核评价结果作为晋升检察官等级、评先评优或者退出员额、降低检察官等级的主要参考依据，充分体现"能者上，庸者下"的绩效考评目的。二是将检察官业绩考核评价结果作为表彰、惩戒检察官的参考依据。使检察官根据业绩评价结果及时明确自身履职中的长处和不足，从而更大限度地调动检察官的职业效能。三是将检察官业绩考核评价结果作为开展培训学习、岗位调整和交流的主要依据。通过分析考核结果，能够了解检察官的岗位专长，准确评判职业发展潜能，从而更有针对性地开展检察官分类教育培训，合理调整工作岗位。四是将检察官业绩考核评价结果作为发现问题、制定改进方案、作出决策的主要依据。领导班子依据考核结果，了解检察官整体工作业绩、司法行为状况和存在的问题，从而调整决策，运用更有针对性的措施如调整工作岗位等；考评委员会依据考核结果，改进考核方式，调整考核指标，完善考核程序，保证年度考核更加科学合理；被考核的检察官依据考核结果，明确自身司法办案薄弱点，进而有针对性地改进工作。五是将检察官业绩考核评价结果作为调整检察官薪酬的主要参考依据。在国外法治国家，考核结果往往与检察官个人的薪酬严格挂钩。① 在我国，改革后检察官实行与公务员不同的薪酬制度，这一薪酬制度应当与检察官业绩考核评价结果、与奖优罚劣挂钩，这样更有利于调动检察官的工作积极性。除薪酬之外，也可以参考国外有些国家的做法，设置浮动奖金制度。② 该部分奖金多少取决于检察官每次的考核结果，与其考核结果级别相对应，按照从优到差对应不同比例予以奖励，体现出"干好干坏不一样"的绩效考核目的。当然，在检察官业绩考核评价结果运用环节，需注意受考核评价机制本身局限性的影响，我们不能简单地唯考核结果论，将其作为评价检察官业务工作优劣的全部依据，而只能作为主要参考依据，对检察官业绩考核评价的最终目的还是在于发现问题、解决问题、改正不足，提高检察官整体素质能力，进而实现检察官队伍科学管理、规范管理、优化管理的目标，实现检察官队伍的专业化、职业化和精英化。

---

① 万毅、师清正：《检察院绩效考核实证研究》，载《东方法学》2009 年第 1 期。
② 孙琴、刘俊：《法国司法官考评制度及其适用》，载《人民检察》2013 年第 7 期。

检察官绩效考核机制研究

——基于六个检察院检察官绩效考核机制的实证分析

彭 玉[*]

一、研究背景

2008年,根据党的十七大精神,我国启动了一轮司法体制与司法工作机制的改革,并且取得了一定成果,这一成果在2012年通过的刑事诉讼法修正案中得以体现;2013年十八大提出"加快社会主义法治建设"与"深化司法体制改革",开启了第二轮的司法改革;[①] 2015年,第三轮司法改革开启,重点聚焦司法责任制改革。曹建明检察长在讲话时指出,司法责任制改革是党的十八届三中全会部署的一项重大任务,也是深化司法体制改革的基石。[②] 2015年最高人民检察院发布《关于完善人民检察院司法责任制的若干意见》,其中指出:"完善人民检察院司法责任制的目标是:健全司法办案组织,科学界定内部司法办案权限,完善司法办案责任体系,构建公正高效的检察权运行机制和公平合理的司法责任认定、追究机制,做到谁办案谁负责、谁决定谁负责。"而且进一步明确表明,要推行检察官办案责任制。检察官办案责任制主要是指实行检察人员分类管理,落实检察官员额制。检察官必须在司法一线办案,并对办案质量终身负责。担任院领导职务的检察官办案要达到一定数量。业务部分负责人须由检察官担任。目前,我国检察系统已基本完成检察官入额事宜。在这一背景下,如何构建和完善检察官绩效考核机制,对于检察官办案

---

[*] 作者单位:最高人民检察院检察理论研究所。

[①] 陈光中、龙宗智:《关于深化司法改革若干问题的思考》,载《中国法学》2013年第4期。

[②] 《最高检检察官遴选委员会在北京成立》,载《中国青年报》2017年6月30日,人民网 http://sc.people.com.cn/n2/2017/0630/c345460-30400445.html,最后访问日期:2017年8月19日。

责任制改革成果落地并进一步推动改革的顺利发展具有重要意义，对于检察官队伍的正规化、专业化、职业化建设，也具有十分重要的意义。

因此，在司法责任制改革的大背景下，本文选择"我国检察官绩效考核机制"作为问题域，首先对于我国检察官绩效考核机制的演变过程进行梳理和分析，然后选择四组六个检察院作为样本，对这六个样本检察官绩效考核机制构建的实践经验进行分析，最后提出关于构建和完善我国检察官绩效考核机制的几点意见。

二、我国检察官绩效考核机制的演变过程分析

绩效考核是指为实现组织的目标，按照一套科学的方法，对个体工作的业绩和效果及对组织的业绩和效果进行客观、有效的考核和评价，从而提升个体综合能力、提高组织整体绩效，达成组织目标的人力资源管理方法。[①] 绩效考核机制，最初兴起于商业领域，在企业中被广泛运用以督促提高员工的工作效率，通过奖优罚劣，提升整体工作效率和水平。20世纪中期以来，西方国家经济滞胀、政府扩大支出产生高税收、政府公共服务无效率，造成社会的普遍不满，从而兴起了一场"新公共管理运动"，即主张运用市场机制和借鉴私人部门管理经验提升政府绩效的管理运动。"新公共管理"理论因此诞生。政府部门借鉴企业管理模式，利用新公共管理理论对公务员进行管理。政府部门所追求的是向公众提供公共产品和服务，而企业的目标是盈利，这是两者之间的本质区别。[②] 我国公务员绩效考核借鉴了西方政府改革实践中的经验，我国检察官绩效考核机制的产生和发展，也在西方新公共管理及司法绩效管理改革的影响下，随着中国的检察制度演进，逐步探索形成一条具有中国特色的本土化道路。[③]

1954年，我国检察机关正式建立，于"文化大革命"期间一度被废止，1978年通过第五届全国人民代表大会重修《宪法》恢复重建。从建立之初至重建之后的很长一段时间，检察机关都没有形成针对检察官有效的内部考核机制，所采用的考核方式主要是沿用行政机关的年终民主测评，用于评奖评

[①] 赵翔：《大连市G区检察官绩效考评体系及其完善对策》，大连理工大学2016年硕士学位论文。

[②] 赵翔：《大连市G区检察官绩效考评体系及其完善对策》，大连理工大学2016年硕士学位论文。

[③] 么宁：《检察业务考评机制研究》，西南政法大学2014年博士学位论文。

优。① 直至 1995 年,《检察官法》中第八章对于检察官的考核进行了专门规定,开启了我国检察官绩效考核机制的篇章。该法对于检察官绩效考核的主体、原则、内容、标准作了原则性规定,② 但规定过于笼统,可操作性不强。

1995 年 8 月,最高人民检察院根据《检察官法》,制定了《检察官培训暂行规定》《检察官考核暂行规定》《检察官辞职、辞退暂行规定》《检察官纪律处分暂行规定》等四个规范性文件③,规定了检察官考核以检察官的职务(岗位)规范和工作任务为依据,对考核结果的三个层级(优秀、称职、不称职)的标准进行界定,还规定了考核的主体与程序、考核结果的运用等内容。这些规定将《检察官法》中关于检察官绩效考核笼统的规定具体化,具备了一定的可操作性。

最高人民检察院于 1998 年制定《最高人民检察院关于加强基层检察院建设的意见》,该意见中提出要建立科学的办案考核机制。④ 1999 年,我国与欧盟开展绩效管理合作研究项目,高检院将铁路检察机关作为试点,哈尔滨铁路检察分院取得较好成绩,但在绩效管理模式中,考核对象仅停留在对于部门以及下属单位层面,没有涉及干警个人的绩效考核。2002 年,高检院与瑞典罗尔·沃伦堡法学院、瑞典国际行政管理局合作开展中瑞绩效管理试点项目,上海市黄浦区检察院被选为试点,该院运用自我评估、领导评估、干警评估、相关方评估等多种评估途径,对部门和干警进行科学的绩效评估,并且十分重视对于评估结果的运用。⑤

2000 年 5 月,最高人民检察院在《关于进一步推进基层检察院建设若干问题的意见》中表明,"通过实行量化管理、动态考核、兑现奖惩的机制,有效激发干警创建'五好'的积极性和创造性。"⑥ 首次提及量化管理模式。2002 年最高人民检察院颁布《人民检察院基层建设纲要》,其中规定,"以考核干警的能力、绩效为核心,探索建立能级管理机制。在明确内设机构和工作岗位职责的基础上,分类分级明确工作目标,以动态考核为主、定性与定量相

---

① 陈颖之:《绩效考评与检察权运行的关系》,上海交通大学 2015 年硕士学位论文。
② 参见《中华人民共和国检察官法》第八章第 22—26 条。
③ 这四个规范性文件由最高人民检察院于 1995 年 9 月 21 日颁布并实施,于 2002 年 2 月 25 日失效。
④ 参见《最高人民检察院关于加强基层检察院建设的意见》(高检发〔1998〕32 号),第 22—33 条。
⑤ 师青正:《论我国检察机关绩效考核制度》,上海交通大学 2008 年硕士学位论文。
⑥ 参见《关于进一步推进基层检察院建设若干问题的意见》(高检发〔2000〕15 号)第 6 条。

结合，实行全员能力和绩效考核，奖优罚劣。""改革完善业务工作考核办法，注重对办案质量、效率和综合效果的考核评价。"①

2002 年《人民检察院职务犯罪侦查部门办案质量考评办法》、2005 年《检察机关办理公诉案件考评办法（试行）》、2008 年《最高人民检察院关于检察理论研究工作绩效考评办法》，三个规范性文件分别针对不同的部门和工作内容制定考评办法，这表明我国最高人民检察院不同业务部门开始在考核标准的设立上作出新尝试，考核方法趋于细化。

2010 年以来，最高人民检察院出台《最高人民检察院考核评价各省、自治区、直辖市检察业务工作实施意见（试行）》与《最高人民检察院考核评价各省、自治区、直辖市检察业务工作项目及计分细则（试行）》，强调高检院对于省级检察院、上级检察院对于下级检察院的考核。2011 年高检院出台《关于进一步建立健全检察机关执法办案考评机制的指导意见》，全面推行检察业务考评工作。2014 年，高检院出台《关于进一步改进检察业务考评工作的意见》，指出"一些地方和单位单纯围绕考评指标部署开展工作，片面追求计分排名，甚至为追求考评成绩而弄虚作假，影响了检察职能作用的正确有效发挥"②。对于考核工作进行反思。

2017 年，最高人民检察院制定《最高人民检察院机关检察官业绩考核办法（试行）（征求意见稿）》，专门针对最高人民检察院员额制检察官规定了全面、详细、具体的业绩考核办法。

回顾我国检察官绩效考核机制的演变过程，可以发现，我国检察官绩效考核机制的构建经历了一个从无到有、从有到专的发展过程——从最初参照行政机关公务员民主测评到初步构建针对检察官的绩效考核机制，从概括笼统的绩效考核机制发展至分业务部门、考核内容专项进行检察官绩效考核的机制体系；而我国对于检察官绩效考核的态度也经历了一个从注重检察机关考核到注重检察官绩效考核的演变过程。这一考核关注对象的转变，也从一个侧面表现出我国检察机关内逐渐注重检察官主体、推行检察官办案责任制的发展趋势。近年来随着我国司法改革的进程、检察官办案责任制的推行，检察机关内部对于检察人员的分类和管理不断调整，检察官的职责越来越清晰明确，我国检察官队伍建设趋向正规化、专业化、职业化。而与之相对应，目前我国也在逐步形成一系列相对成熟的、专业的、有针对性的检察官绩效考核机制。

---

① 参见《人民检察院基层建设纲要》（高检发〔2002〕3 号）第 10—18 条。
② 参见《关于进一步改进检察业务考评工作的意见》（高检发〔2014〕7 号）第 1 条。

三、我国检察官绩效考核机制实证分析——以六个检察院为样本

笔者在网上搜寻了关于"检察官绩效考核实践"的信息,经过整理,选出最近为了适应当下检察官办案责任制改革所进行的检察官绩效考核实践经验,主要包括福建省泉州市鲤城区、上海市浦东新区、山东省临清市、广东省、江苏省等地。由于很多规范性文件的全文无法在网络上获取,笔者只能选取网络上提供一定信息的地方的检察院作为样本,进行分析。本文选择这些检察院进行检察官绩效考核实践经验的介绍,目的在于将我国目前积极探索司法责任制改革背景下如何构建科学、合理的检察官绩效考核机制的现状呈现出来,以供后期其他检察院构建和进一步完善自身的检察官绩效考核机制提供参考。所以,样本的选择并不是严格按照地域分配选择的,而是根据各检察院在新形势下所采取的检察官绩效考核机制的创新度以及可参考信息的可获取度来确定的。下文将根据所选择检察院所属不同层级,分组进行介绍和分析。

整体而言,根据检察院所属的不同层级和地域,主要分为以下几组:

第一组,基层检察院,包括福建省泉州市鲤城区检察院、上海市浦东新区检察院。

第二组,市级检察院,包括山东省临清市检察院。

第三组,省级检察院,包括江苏省检察院、广东省检察院。

第四组,最高人民检察院。

1. 第一组基层检察院的实践经验

2017年以来,福建省泉州市鲤城区检察院按照中央和上级院部署要求,探索员额检察官精细化管理制度,通过确定考核指标、设计量化标准、开发智能软件等方法,积极构建检察官绩效考核量化体系。鲤城区检察院检察长王文龙在接受《法制日报》采访时表明:"我们的目标就是构建一套相对科学、合理、高效的绩效考核体系,以此来调动检察官的积极性,让检察官办案更有活力。"鲤城区人民检察院引入KPI(Key Performance Indicators)考核管理概念,设计了以检察业务、公共目标、纪律作风3个项目为构架,涵盖11类指标的绩效考核机制。其中,检察业务(含办案工作、岗位履职2类指标)占业绩总分的80%,公共目标占10%,纪律作风占10%。绩效考核机制可以直观反映所有检察官的工作业绩,做多做少、业绩优劣一目了然,考核结果与绩效奖金直接挂钩,激励检察官忠诚履职、团结协作、规范自律。

概括而言,福建省泉州市鲤城区检察院所构建的检察官绩效考核机制主要包括以下几个特点:第一,科学的绩效考核计分体系。根据案件的罪名、罪数、同案人员、卷宗册数等关键指标,给不同的案件赋予不同的分值,通过计

分的方式来统计检察官的工作量。第二，分类设置的考核标准。为每个科室均单独制定了考核标准，并将考核标准的制定权力下发给各个科室，由各个科室根据科室工作实际情况，经过全科室民主协商后得出，分管绩效的副检察长和政治处主任还分别到场进行监督，防止"一言堂"情况的出现。第三，针对领导专设"岗位履职"考核指标。为分管领导和科长单独设立了"岗位履职"考核指标，根据科室在全市业务条线的排名、干警执纪情况、科室信息、宣传、调研、公共服务的完成情况和队伍业务水平建设等，对领导在行政管理上的表现分别作业绩评价，以督促责任领导更好地履行管理职责。第四，绩效考核结果直接与绩效奖金的发放挂钩，采取论功行赏，而不是平均主义，而且绩效奖金不与职务职级挂钩，从而有效激发了检察官尤其是年轻检察官的工作积极性，真正实现多劳多得，营造了创先争优的良好工作氛围。第五，用智能考核取代人工考核，让绩效考核工作更加高效、客观、公平。鲤城区检察院研发了一款绩效考核软件，与统一应用业务系统对接，实现关键数据的自动抓取功能，并根据此前设定好的公式自动折算成相应的分数，计入承办人员的绩效考评总分之中。这样做大幅减少了考核工作量，并且可以实时体现每个检察官的得分排名情况，实现动态管理。[①]

　　上海市浦东新区检察院的检察官绩效考核机制以上海市检察院《检察官绩效考核指导意见》为根据，结合该院的实际工作情况，进行构建和完善。概括而言，主要包括以下几个方面的内容：一是构建检察官考核"一体三翼"格局。以《浦东新区人民检察院检察官绩效考核实施办法》为总则性规定，明确检察官考核原则、组织领导、内容、程序、结果运用等方面内容；以《检察官检察业务考核细则》《检察官公共目标考核细则》《业务部门工作目标考核细则》三项分则为辅助性规定，细化检察官考核指标，根据不同岗位检察官职能的差异性和业绩的多样性，科学全面评估检察官办案数量、质量、效果以及职业素养。二是综合考量检察官工作绩效。试运行检察官业绩考评自动化系统，引入案件质量扣分事项，自动采集、计算和分析检察权整体运行情况。同时将思想道德建设、纪律作风养成等纳入该系统公共目标考核内容，实现对检察官工作绩效的综合考量。三是拟定命名检察官绩效考核规定。明确命名检察官绩效考核根据检察官办公室的办案数量、质量、效果等情况，由分管副检察长提出初评意见，经考评委员会研究后提出等次建议，考核等次计入院

[①] 参见《泉州鲤城区检察院"破冰"探索检察官绩效考核量化体系》，载法制网2017年7月20日，http://www.legaldaily.com.cn/index/content/2017-07/20/content_7250707.htm，最后访问日期：2017年8月19日。

考核等次比例，同时适当上调命名检察官个人考核等次奖金系数，进一步凸显检察官办案主体地位。四是明确奖惩机制。规定检察官绩效考核等次评定不得被评为 A 档的 5 种情形；突出动态化管理，明确连续两年被确定为基本称职的，免去检察官职务，实现检察官队伍优进劣退。①

2. 第二组市级检察院的实践经验

2016 年 6 月，山东省临清市检察院出台《临清市检察院检察官绩效考核办法（试行）》。该《办法》规定，考核分为部门考核与案管中心考核两部分。分管部门主要对干警的工作职责、目标、任务、质效等情况进行考核；案管中心则依据在统一业务应用系统、案件评查、案件剖析及纪检监察和检务督察过程中发现的问题，对干警的办案质量、效果、安全、规范等情况进行考核。考核分为优、良、中、差四个等级，考核结果将提交检察官考核评价委员会。②

3. 第三组省级及直辖市检察院的实践经验

江苏省检察院检察官绩效考核机制的构建主要包括以下几个方面：第一，制定《江苏省检察机关检察官司法档案管理办法》，全面建立司法档案制度，将检察官基本情况、司法办案工作情况、案件质量评查情况、业务素能情况、遵守司法办案纪律情况等如实记载，统一建档、统一使用、统一管理，作为检察官考核依据。第二，研究制定《江苏省检察机关检察官考评办法》，采取个案评价、业务考核、年度考评相结合的方式，从办案数量、办案效率、办案质量、司法技能、外部评价、纪律作风等方面，对检察官的履行职责、规范司法、廉洁自律等情况进行全面考评。考评情况纳入检察官司法档案，作为检察官晋职晋级、表彰奖励、司法责任认定的重要依据。第三，公布《江苏省检察机关检察官办案绩效考核量化规则（试行）》，在全国首创性地提出检察机关案件清单，将办案绩效考核结果与检察官等级晋升及工资奖金直接挂钩。在考核内容上，以评价司法办案为主，兼顾评价司法作风、司法技能和职业操守。其中，司法办案的考核权重为 70%。绩效考核分为优秀、称职、基本称职、不称职 4 个等次。该《规则》明确了实体性办案、程序性办案、指导性办案 3 种案件类型，涵盖了侦监、公诉等检察机关全部的 10 个业务条线 138

---

① 《浦东新区院完善检察官绩效考核体系推动司法责任制精准落地》，载上海检察网－基层动态 2017 年 8 月 9 日，http：//www.shjcy.gov.cn/xwdt/jcdt/30591.jhtml，最后访问日期：2017 年 8 月 19 日。

② 《山东临清：出台检察官绩效考核办法》，载《检察日报》2016 年 6 月 27 日，中华人民共和国最高人民检察院网，http：//www.spp.gov.cn/dfjcdt/201606/t20160627_120903.shtml，最后访问日期：2017 年 8 月 19 日。

种案件。从而实现以案件清单为标准，认定、统计以及开展案件量化评价，对员额检察官办案业绩更加全面、科学、合理的考核评价。此外，为督促院领导带头办案，该《规则》专门规定了入额院领导和部门负责人的办案量。① 第四，江苏省试运行检察官绩效考核职能软件。2017 年 5 月，江苏省检察院决定在苏州试点检察官绩效考核软件。2017 年 7 月 6 日，软件在苏州市检察院以及张家港、吴江、吴中三家基层院的侦监、公诉部门上线运行。绩效考核软件可以唤醒统一业务系统沉睡数据，引入案件监督管理平台新生数据后，让两大数据自动汇集，拼贴出检察官综合素质的"脸谱"。②

　　2017 年 4 月，广东省检察院正式印发了《广东省检察机关院领导、检察委员会专职委员和部门负责人直接办理案件的指导意见（试行）》《广东省检察机关司法责任认定与追究办法（试行）》等 5 项司法责任制改革配套文件。这些文件对检察官的业绩考评、司法责任的认定与追究、联席会议制度的功能等进行了明确的规定，以确保检察权依法公正高效运行。该《指导意见》规定了检察院领导的办案数量：检察长每年至少直接办理 1 件以上重大疑难复杂案件；省检察院副检察长每年直接办案数应达到该业务部门本年度人员办案数量的 5% 以上；此外，该《指导意见》还明确了业绩评价结果作为检察官任职、晋职晋级和绩效考核奖金的依据，特别是明确了检察官业绩评价一旦被评定为不合格、考评委员会认为不适合继续担任检察官，或者连续 2 年业绩评价被评定为不合格的，将由有关部门按程序免除检察官任职资格，为建立科学的员额退出机制提供了制度基础。

　　广东省检察院检察改革工作办公室副主任龙子丹在新闻发布会上表明，"以往的考核主要考核德、能、勤、绩、廉五个方面，综合性更强。新的检察官业绩评价强调的是对检察官年度办案质量、办案数量、职业操守、司法技能、理论水平、廉政建设等 7 个方面评价，业绩评价结果与检察官年终绩效相挂钩外，也作为检察官任职、晋职晋升的依据，并作为员额退出机制的制度

---

① 《江苏检察机关司法责任制改革情况：深入推进司法责任制改革，启动新的检察权运行机制》，载江苏检察网，http：//www.js.jcy.gov.cn/jianwugongkai/gkshx/201611/t3090443.shtml，最后访问日期：2017 年 8 月 19 日。

② 《绩效由"机器人"考核？江苏检察信息化绩效考核促进司法责任制落地生根》，载江苏检察网，2017 年 8 月 11 日，http：//www.jsjc.gov.cn/yaowen/201708/t20170811_161940.shtml，最后访问日期：2017 年 8 月 19 日。

基础。"①

4. 第四组最高人民检察院的实践经验

最近，最高人民检察院专门针对员额制检察官的业绩考核制定了《最高人民检察院机关检察官业绩考核办法（试行）（征求意见稿）》。该考核办法明确规定，检察官业绩考核应当围绕检察官岗位目标，坚持遵循检察业务规律和干部人事规律相结合，定性和定量相结合，个人自评与组织评价相结合，客观公正反映和评价检察官履行职责情况，为检察官晋职晋级、奖金分配、惩戒和退出员额等提供重要依据。该考核办法主要包括以下亮点：一是明确规定考核机构和组织包括院一级设立的检察官业绩考核委员会以及高检院各业务部门设立的检察官业绩考核小组，两个层次的考核组织分别负责、相互配合，有利于对检察官业绩考核全面深入展开。二是将检察官业绩考核的内容进行了详细规定，分别具体界定了"检察官办理案件""检察官办理其他检察业务""工作量考核""质量考核""效率考核""效果考核""集体工作活动的评价"等内容的具体内涵。三是要求高检院各业务部门结合本部门年度工作计划，制定《业绩考核标准》和《检察官岗位职责说明书》，确定本部门每位检察官年度内办理案件和其他检察业务的职责任务，报考核委员会统一审定，作为绩效考核评价的依据。四是考核办法采取定性评价、量化评分的方式，对于办理案件和其他检察业务的工作量、质量、效率、效果，先分别进行定性评价，再将评价结果按照相关规则细化分值，作为业绩考核综合等次评定的主要依据。五是在司法业绩档案管理系统中建立业绩考核平台，实现业绩考核工作的全程记录、自动计算、便捷查询。六是明确了检察官业绩考核等次与公务员考核的衔接，规定检察官业绩考核活动适用于公务员年度考核，不再重复进行，业绩考核等次作为评定公务员年度考核等次的重要因素，有效防止了资源和时间成本的浪费，避免了重复考核。

概括而言，以上各检察院的检察官绩效考核机制呈现出以下特点：第一，各检察院在构建本院的检察官绩效考核机制时，均以法律、上级检察院相关规范性文件为依据，结合本院的实际工作状况进行，各地的检察官绩效考核机制在基本框架统一的前提下各具特色。第二，积极运用人工智能，开发相关考核软件，将大数据等信息化技术运用到绩效考核的过程中，使检察官绩效考核更加高效、客观、公平。第三，绩效考核方法更为科学、合理，计分体系更加明

---

① 《省检察院：考核不合格，检察官或退出员额》，载《广州日报》2017年4月10日，http://www.cnr.cn/gd/gdtt/20170410/t20170410_523699998.shtml，最后访问日期：2017年8月19日。

确具体,考核标准更加多样化,考核等级进一步细化。第四,考核结果的运用得以重视,与绩效奖金的发放、晋职晋称、进入和退出员额等方面直接挂钩。

四、关于构建和进一步完善我国检察官绩效考核机制的几点意见

目前,在司法责任制改革的大背景下,我国多地的检察院已采取行动,开始构建本院的检察官绩效考核机制。经过上文对于选取的六个样本实践经验的介绍和分析,最后笔者提出关于构建和完善检察官绩效考核机制的几点意见,以为各地检察院构建和完善本院的检察官绩效考核机制提供参考。

(一)各地检察院构建本院的检察官绩效考核机制时应立足本院实际状况

根据我国《检察官法》第24条的规定,"对检察官的考核,由所在人民检察院组织实施。"① 对于检察官的绩效考核权限归属于其所在检察院。实践中各地各层级检察院的情况也并非完全一致,比如内设机构的设置、不同层级、不同部门检察官年度应当承担的工作量等。所以,各地检察院在构建本院检察官绩效考核机制时,应当依据法律、上级检察院所制定的相关规范性文件,立足本院实际情况,制定符合本院情形的相关规范性文件,构建一个符合本院状况、具有可操作性的检察官绩效考核机制。

(二)应坚持遵循司法规律、检察业务规律的基本原则

司法规律,系指由司法的特性所决定的体现对司法活动和司法建设客观要求的法则。遵循司法规律的意义在于有效发挥司法的功能,以保障实现社会公正、践行国家法治、化解社会矛盾、维护社会秩序。可以说,遵循司法规律是司法责任制改革、检察官办案责任制改革取得成功的关键所在。② 而具体到检察官绩效考核机制的构建,应特别强调遵循检察业务规律,即检察官绩效考核机制的构建应当有利于检察官依法行使检察权,有利于检察院完成法律监督职能,实现公平、正义,有利于法治中国的构建。这一基本原则要求具体到机制设计方面,应注意与检察业务实际相符,比如检察机关内不同部门办理案件的方式和内容不同,根据具体检察业务的实施状况可以分类别进行绩效考核,或者根据检察业务的难度制定科学的评分标准,实现绩效考核的客观、公正,通过绩效考核反映检察官的实际工作业绩和整体水平。

---

① 参见《中华人民共和国检察官法》第24条。
② 陈光中、龙宗智:《关于深化司法改革若干问题的思考》,载《中国法学》2013年第4期。

四、检察官绩效考核的标准和程序

（三）积极运用人工智能、大数据等信息化技术，开发研制绩效考核智能软件，实现检察官绩效考核智能化

随着科技的发展，大数据、云计算、人工智能等信息化技术越来越多地进入社会公众的视野。而伴随着我国司法改革的进程，大数据、云计算、人工智能等信息化技术也被运用到司法改革的浪潮中，对于有效推进司法改革进程发挥了重要作用。将人工智能等信息化技术运用到检察官绩效考核之中，实现检察官绩效考核的人工化向智能化转变，不仅能够提升工作效率、节省时间，而且相比人工化，以大数据为依托的智能软件能够使得检察官绩效考核更加全面、客观、公正。

（四）重视考核结果的运用，除了与绩效奖金分配、晋职晋级挂钩，还可以为进入和退出员额提供重要依据

对于检察官绩效考核结果的运用，会反过来决定检察机关以及被考核人员对于绩效考核的态度。通过努力，构建一个科学、合理、高效、公正的检察官绩效考核机制，而通过这一考核机制所得到的考核结果，在机制构建时必须予以重视。检察官绩效考核结果与绩效奖金分配挂钩，会有效激励检察官的工作积极性；而以检察官绩效考核结果为依据，决定被考核检察官的晋职晋级，则能够真正实现选能选优，贤者居之；而目前正在实施的检察官员额制改革，由于各地目前仍在尝试探索如何设置进出员额的机制，而检察官绩效考核结果可以为进入和退出员额提供一个非常好的参考和依据。整体而言，重视检察官绩效考核结果的运用，将促使检察机关及检察官认真对待绩效考核，使检察官绩效考核真正发挥作用，实现检察官绩效考核机制设置的目标。

（五）反思考核目标，明确检察官绩效考核机制的工具属性

上文中提到，绩效考核机制，最初兴起于商业领域，在企业中被广泛运用以督促提高员工的工作效率，通过奖优罚劣，提升整体工作效率和水平。后来随着"新公共管理运动"被引入国家公权力机关之中，用于国家机关管理公务员，提升国家机关向社会公众提供服务的质量和效率。反思我国检察官绩效考核机制设立的目标，应当注意的是，检察官绩效考核机制通过对于检察官进行绩效考核，奖优罚劣，监督检察官的检察业务完成情况，为了更好地管理检察官、促使检察官更好地行使检察权而设立，绩效考核本身并非目的，而是一种手段。明确检察官绩效考核机制的工具属性，防止检察机关和检察官围绕绩效考核片面追求考核分数名次，将绩效考核极端化，而影响到检察职权的正常行使；谨记检察官绩效考核机制的工具属性，防止本末倒置，有利于检察机关通过科学、合理地构建检察官绩效考核机制，实现对于检察官的管理优化，促使检察官依法行使检察权，高质高效完成检察业务。

探索员额内检察官绩效考核新思路

虞 浔[*]

2017年是全面深化司法体制改革的决战之年，3月29日召开的中央司法体制改革领导小组会议下达了在党的十九大召开前基本完成改革任务的"总攻令"。为落实司法职业保障制度规定，实现员额内检察官责、权、利相统一，各地检察机关近期密集出台了人员绩效考核办法，探索绩效奖金与办案质效挂钩，健全奖勤罚懒、奖优罚劣的有效机制。华东政法大学副教授、市院党组成员、副检察长（挂职）虞浔牵头组成课题组，重点梳理上海、湖北、海南等首批司法改革试点省市检察机关相关绩效考核、业绩考评办法，结合本地检察工作实际，提出经过员额制改革，检察队伍呈现出清晰的精英化、职业化趋势，应当区别于改革前检察人员混同考核，构建以办案主体为对象的独立、科学的员额内检察官绩效考核新机制。

一、困境：员额内检察官绩效考核的"短板"

总体来看，目前以业务条线为主导的部门业绩评价机制，尚未与员额内检察官绩效考核有效衔接。长此以往，势必影响检察机关正在进行的由过去行政化考核向办案绩效考核的转变，由过去单纯注重量的考核向注重质的考核转变。

一是绩效考核的主体专业性不强。目前，虽然绝大多数检察机关成立了绩效考核机构，但并非专职或常设性质，员额内检察官的绩效考核主体，事实上依旧是具体业务部门。改革后，业务部门负责人既要办理一定数量案件，还要兼顾常态化的人员考核，具体操作中只能将绩效考核数据上交，由政治部门统筹平衡，考核容易走过场，无法体现专业性和综合性。

二是绩效考核的标准差异性缺失。各地考核新规普遍强调以办案量为依据，不足以反映个体之间的差异。归纳起来，其核心标准仍是思想品行、能力

---

[*] 作者单位：华东政法大学。

实绩、研修成果、职业操守等项目,某些共性标准(比如政治思想、态度、道德、考勤等),或是量化标准(如起诉数、结案数、抗诉数、有罪判决率等)依旧左右考核,难以借助定性与定量标准的科学组合促进人力资源的优化配置。

三是绩效考核的内容全面性欠缺。实践中对员额内检察官的绩效考核势必更加注重工作实绩的考察,但以具体个案结果为代表的结果性指标并不足以涵盖。包括检察官履职过程中所体现的专业水准、职业操守等过程性指标,虽不能够直接予以量化,但也应在绩效考核中占有一席之地。2017年5月中央出台的《关于实行国家机关"谁执法谁普法"普法责任制的意见》,就专门强调建立法官、检察官等以案释法制度。

四是绩效考核的方式创新性不足。各地没有彻底摆脱过去综合考核模式的桎梏,普遍采取年终报账式的考核方式,难免忽略日常司法办案工作情况,不利于避免忙闲不均、懈怠应付的不良现象。加之年度考核一般采取本人自评、部门考核、院级确认的方式进行,对检察官自我陈述,实践中没有好的甄别办法,民主测评中又可能掺杂一些个人情感、利益纷争等方面因素,主观随意性较强。

五是绩效考核的结果应用性有限。受论资排辈和平均主义的影响,在一些先行试点地区不同程度地存在考核结果与奖惩机制割裂开来,导致"两张皮"的现象。实施单独职务序列之后,个人绩效考核结果往往"皆大欢喜",鲜见依据考核结果对检察官进行惩戒的情况,且在薪酬待遇上未明显拉开差距,客观上没有起到预期的激励作用,不利于优秀人才脱颖而出,不利于检察事业的发展。

二、破题:员额内检察官绩效考核新思路

2015年,最高人民检察院出台《关于完善人民检察院司法责任制的若干意见》,提出建立以履职情况、办案数量、办案质效、司法技能、外部评价等为主要内容的检察官业绩评价体系,为进一步构建与司法责任制相适应的员额内检察官绩效考评机制指明了方向。检察机关应当聚焦不同单位之间办案量不平衡、不同部门工作量不平衡、不同个人忙闲度不平衡、检察官分布与办案需求不平衡的实际问题,探索建立以办案数量、质量、效果为重要依据,以工作实绩为重点内容,全面考核员额内检察官工作态度、办案数量、办案质量的绩效考核新机制。

一是做实做强绩效考核委员会及办事机构。日本设有专门的检察官合格审查会,由从国会议员、法官、律师及学者中挑选的11名委员组成。检察机关

可以从区别于传统行政考核的角度出发，进一步做实做强各级绩效考核委员会，改变目前具体办事机构挂靠政治部的做法，专设员额内检察官绩效考核办公室，与遴选（惩戒）工作办公室合署，配备必要的专职工作人员，并以文件形式赋予其相应的职责，有效防止绩效考核组织被虚置。在人员组成上秉承开放式、多元化的理念，具体可吸收本单位政工、纪检监察、案件管理部门人员和资深检察官代表以及社会有关人员组成，从而摆脱自己人评自己人的局限。

二是科学界定员额内检察官岗位履职标准。检察机关可以区分不同层级、不同部门，遵循法定职责和职业伦理，为每个检察官岗位编制职位说明书。依托统一业务应用系统等信息化渠道，对近5年来不同类型案件或诉讼监督事项的办理时间、案件卷宗数、犯罪嫌疑人数、犯罪金额、案件审查报告和法律文书字数、证据类别等进行综合测算，科学设定不同案件权重系数。严格按照职位说明书规定的岗位职责，结合办案所采取的司法办案组织形式，兼顾不同案件、诉讼监督事项的难度系数，制定差异化履职指标，客观区分案件重大疑难复杂程度以及司法资源投入比重，确保不同业务、不同案件绩效考核的协调性。

三是逐步实现业务实绩与司法行为全覆盖。西方发达国家针对检察官多有专门化的考评制度，十分注重职业能力、职业行为等方面的考核。检察机关可以摒弃单纯以办案结果为导向的思想，增加专业知识、办案技能等能力素养方面的考核分值，将在业内权威期刊发表论文、撰写被上级推介的指导性案例、获得检察业务竞赛名次等情况纳入考核范围，适度反映检察官个人素养水准。借鉴我国台湾地区的检察官评鉴制度，将案件质量评查、执法督查、部门自查等内部调查中发现的司法不当线索，以及案件当事人、律师等外部相关人员合理投诉等情况纳入考核范围，通过内部和外部的监督制约，督促检察官自觉规范办案行为。

四是尝试探索由静态考核向动态考核转型。不论是以往的公务员考核，还是当下的绩效考核，均从案件结果这一静止状态来评判工作效果。检察机关可以着眼于案件全过程，选取动态考核方式，不仅看结果，更看过程。依托网上办案统一业务系统，将流程监控中发现的办案程序、文书制作等方面的司法瑕疵记入执法档案，对检察官办案实行动态、连续、全面评价。借鉴法国司法部为每位检察官制作一份行政档案的做法，将案件质量评查、司法公开、控告申诉、检务督察等工作中发现的办案质量问题、受到外部投诉后被处理等情况也一并计入执法档案，按每月或每季度的频次全面通报绩效考核指标动态数据，客观、动态反映检察官日常办案情况。

四、检察官绩效考核的标准和程序

　　五是真正发挥绩效考核结果的指挥棒作用。在经费省级统管的背景下,探索由省级检察院对全省各地区可支配绩效奖金进行统筹,按照"有纵、有横、有级差"的思路,分别从单位、部门、个人层面设置奖金分配系数,实现奖金分配向办案量大、整体工作优秀的检察机关倾斜,向一线办案部门倾斜,向办案质效高的检察官倾斜。绩效奖金分配坚持不搞普惠均享,不与职务、等级挂钩,而是依据考核结果给予不同等次奖励,实现赏罚分明。检察官职务调整、等级升降与考核结果密切挂钩,凡是根据考核结果被认为不符合留任的,如办案数量、质量达不到要求的,应调离办案岗位、降低等级甚至退出员额,实现"能者上,庸者下"和"有进有出"。

自侦职能转隶后检察机关组织架构及管理模式再思考

黄景涛[*]

自 2014 年底司法改革拉开序幕以来，以建立健全检察人员分类管理制度、完善检察官办案责任制、健全检察职业保障制度和建立省以下检察院人财物省级统一管理体制四项任务，在 2017 年党的十九大之前应该基本完成。笔者作为改革第一批试点的基层单位检察官，全身参与改革之中，既是改革的受益者，也是改革的思考者。2016 年根据改革的进程，笔者以湖北省检察机关司法改革方案为依据，对改革后的检察官组织架构与管理方式提出了个人的一点思考，拙文《对检察官组织架构与管理方式的思考》获得高检院理论研究所的肯定。随着国家监察委员会的成立，减少了反贪、反渎自侦职能以及依附于自侦职能的预防职能的检察机关无论从组织结构还是人员分类管理上都将面临新的问题和新的需要继续改革的地方。首先，从法律支撑层面上来说，《宪法》《人民检察院组织法》《检察官法》和《刑事诉讼法》亟待修改；其次，从检察实践层面来看，检察官重新定位、定岗，包括员额比例、部门设置以及考核都需要重新设计。笔者撰写本文，就是想立足基层检察院司法改革，对自侦部门转隶后的基层检察院检察官办案组织形式和管理模式进行探讨，阐述一些个人观点。

一、自侦职能转隶对检察机关组织架构的影响

首先，职能转隶本身就会带来对原有组织结构的调整。在面临检察机关自侦职能转隶的情况下，检察机关要将组织结构调整和职能履行条件设定充分融入到司法改革进程中，认真思考，统筹谋划。

其次，检察机关自侦职能转隶更利于检察机关内部组织架构实行扁平化管

---

[*] 作者单位：湖北省武汉市汉阳区人民检察院。

理。20 世纪 60 年代由美国麻省理工大学教授杰伊·佛瑞斯特在《企业的新设计》中提出作为管理学领域的"扁平化管理"理论。"扁平化管理"就是要求打破部门界限，减少某组织的决策层和操作层的中间管理层级、分解权力、目标及任务，强化分权式的责权对等管理，从而提升效率、降低成本的一种管理方式①。本轮司法体制改革，各地检察机关都将"扁平化"管理理论引入了检察机关内设机构改革，并以此作为实现内设机构改革的目标追求。笔者曾在分析检察官权限清单设定中，就将职务犯罪侦查检察官的权限仍然设定为层层审批模式。这是因为自侦职能没有体现出司法属性，它体现的是完全行政属性，而行政属性的本质就是要经过审批才能实现。因此从检察机关自侦职能转隶后，检察机关所履行的法律监督职能基本都具有司法属性，对具有司法属性的组织结构调整则更容易体现扁平化管理模式。

最后，自侦职能转隶对检察官角色定位、权限划分和办案组织设立会更加符合检察规律，防止办案责任制的虚化。检察职能根据其要求，体现出不同的职业属性，如批捕起诉体现的是完全的司法属性，而自行侦查的案件则主要体现行政权的属性。在目前司法改革中，按照检察职能属性对检察官进行管理，对不同属性的检察职能授权和限权，各地都存在对检察官权限划分不尽科学、合理。其体现在两个方面：一是对完全司法属性的诉讼职能授权不充分；二是对体现行政权的侦查职能没有强化限权，司法属性和行政属性的权限划分都没有充分体现检察机关具有的司法属性和行政属性的特征。所以自侦职能转隶，意味着检察机关目前监督职能中具有完全行政属性的职能剥离，对检察机关的职能就能够更好地按照法律监督职能进行整合和建立。

二、自侦职能转隶后的检察机关组织架构和检察官权限设计

（一）构建体现检察职能特点的检察机关内部组织结构

随着司法改革逐步深入，对检察官的职能定位和内部组织架构显得越来越迫切。从各地改革模式看，检察官展现的是一个职称，没用体现其个体职业化、专业化的特点，职业归属感不强。内部实现"大部制"也只是将原来体现行政色彩的科处室进行整合，也没用完全体现检察职业规律。

最高人民检察院《关于深化检察改革的意见（2013—2017 年工作规划）》中提出，深化检察改革主要目标之一是，符合检察职业特点的检察人员管理制度更加健全。其任务是，建立符合职业特点的检察人员管理制度、深化检察官

---

① 先庭宏、赵均：《浅析组织扁平化》，载《商情》2013 年第 24 期。

办案责任制、规范内设机构设置等。① 按照这一思路，在检察机关自侦职能转隶后，笔者认为可以根据检察官依法履行检察职责，根据检察发展规律，将现在的检察职能划分为诉讼职能、诉讼监督职能、检察事务管理职能三大类。所谓诉讼职能，具体指在刑事、民事和行政诉讼中，由诉讼主体承担相应的诉讼职能，通过行使这些职能，推进诉讼的进程从而达到诉讼的目的。在检察机关中，履行诉讼职能的就是审查批准逮捕、审查起诉和公益诉讼工作。所谓诉讼监督职能是指围绕各类诉讼活动行使监督职权，可以将检察机关侦查活动监督、审判活动监督、刑罚执行监督、民事诉讼活动监督、行政诉讼活动监督、控告申诉业务包括其中。所谓检察事务管理职能是指同检察机关诉讼职能、诉讼监督职能密切相关，并为保障检察业务工作和司法办案统一而提供各类服务的综合性职能。具有这类职能的包括检察机关案件管理部门、检察技术部门、司法警察、政治部门、办公室和行政装备部门等。检察机关检察职能分析清楚了，那么作为内部组织架构布局，笔者认为目前全国各地检察机关采取的横向"大部制"的架构仅仅体现了横向扁平化管理的外在要求，但内部是否真正实现扁平化还存在诸多无法解决的矛盾。例如现在多数检察机关还要求设置部门负责人，在有的检察院为了在形式上回避部门负责人的方式而采取以党支部书记的形式代替部门负责人的作用。所以，要体现检察职能合理、科学的划分，在检察官履行职务过程中，可以较好体现其法律定位和属性，笔者认为在检察机关组织架构上应该摒弃以部门设置的观念，放弃在部门职数上做游戏，减少部门个数就是改革成功的政绩观，而是在检察业务工作上采取类似行政综合执法的架构，建立以检察官为主体的组织架构。具体说，就是以某某检察官办公室（除检察行政管理部门外）来构建组织结构形式。笔者认为根据职能可以在检察机关设立如下类别的检察官办公室：侦查监督检察官办公室、审查起诉检察官办公室、未成年人犯罪检察官办公室、刑罚执行检察官办公室、民事行政检察官办公室、控告申诉检察官办公室、案件管理检察官办公室、司法警察序列、检察技术部门、纪检监察部门、政治部门和办公室等。其中列明检察官办公室，是体现以检察官为主体的诉讼职能和诉讼监督职能的组织结构。其他的除了司法警察序列以外的架构则都属于行政管理序列。

（二）建立以检察官为主体的检察官办公室职位管理体系

根据司法改革方案，检察官包括计入员额的检察长、副检察长、检察委员会委员、检察员。检察长和副检察长是检察官法中明确的法律职务，而检察委

---

① 参见最高人民检察院《关于深化检察改革的意见（2013—2017年工作规划）》。

员会委员和检察员则依据不同的检察岗位履行职责,这就需要建立检察官职位序列。检察官职位序列要求内部职位管理序列,就是每名检察官履行职能不同而按照该职能定位,给予其权限并对该职能相同的检察官进行无差别管理。本文说的职位序列是完全不同于国家制定的检察官四等十二级的职务等级管理序列。按照笔者思路,检察机关内部组织架构以检察官办公室为依托,依据检察职能可以划分为侦查监督检察官办公室、审查起诉检察官办公室、未成年人犯罪检察官办公室、刑罚执行检察官办公室、民事行政检察官办公室、控告申诉检察官办公室、案件管理检察官办公室。在每个检察官办公室内,具有共同职能的检察官相对独立地建立检察官办案组,办案组由一名检察官和若干个检察辅助人员组成。同时在检察官办公室内设置一名行政管理负责人,也可称为"检察官办公室行政主任",由具有公务员身份的行政人员担任,其作用就是负责为检察官办案组履行职务提供一切履职保障和日常管理工作。检察官办公室的检察官直接对检察长负责,检察机关对检察官分别按照内部职位序列进行管理和考核。行政主任由检察机关行政管理部门负责人进行管理,完全不参与和干预检察官的办案工作。

(三)突出以检察官享有依法独立地位的履职权限

本轮司法改革是以落实检察官司法责任制为目标的,可以说落实司法责任制是整个司法改革的"牛鼻子"。同法院以"审判者裁判,裁判者负责"作为司法责任原则不同,检察机关目前确立的是"谁决定谁负责,谁办案谁负责"的原则。这个原则虽然没有完全体现以亲历性、判断性和独立性的司法逻辑,但在检察机关自侦职能依然存在的情况下,还可以适用检察机关司法责任制的。长期以来,我们忽视了检察官是检察权运行的重要载体,检察权的司法属性要求检察官在司法办案活动中遵循司法亲历性、独立性和判断性等基本的司法规则。在实践中一味强调检察机关上下一体化领导,一味强调检察长的绝对领导权,甚至将独立履行法律监督职能狭义理解为"检察机关独立行使检察监督权",我们强调的检察权独立多是站在检察机关依法独立基础上的独立,忽视了检察权运行规律对检察官个体独立的要求。[①] 事实上,突出检察官地位,强化检察官依法独立办案是落实司法责任制的关键,在自侦职能转隶后,剥离自侦后的检察职能完全可以实现检察官办案的亲历性、判断性和独立性。同时,即便现有法律对赋予检察官依法独立履行职责也是有充分的依据的。

---

① 邦茂林:《"检察一体化"与检察官独立的博弈分析》,载《中国检察官》2006年第1期。

《检察官法》第 2 条规定:"检察官是依法行使国家检察权的检察人员";《检察官法》第 6 条规定:"检察官的职责:(一)依法进行法律监督工作;(二)代表国家进行公诉;(三)对法律规定由人民检察院直接受理的犯罪案件进行侦查;(四)法律规定的其他职责。"《检察官法》第 7 条规定:"检察长、副检察长、检察委员会委员除履行检察职责外,还应当履行与其职务相适应的职责。"① 这些法律规定直接确认了检察官的办案决定权来自法律的直接授权,法律直接授予检察官和检察长不同的职权。陈卫东教授认为:"无论是理论上的探索、实践中的经验还是将来的改革方向,我们都已经具备了从检察机关独立行使职权过渡到检察官个体独立行使职权的条件。"② 这也为检察机关重新确认以"办案者决定,决定者负责"作为推进司法办案责任制的原则提供了法律依据。总而言之就是要对检察官充分放权,赋予其履行法律监督职能所必须的一切权限,体现同法官办案一致的"办案者决定,决定者负责"的司法责任原则。具体而言,在检察官办公室上不设置分管的副检察长,检察官直接对检察长负责(也可以是检察长授权的副检察长),除非有提请检察长(检察长授权的副检察长)或检察委员会决定的事由外,检察官对案件处置的最终决定负责。检察官联席会议只是检察官就具体案件听取其他检察官意见的方式,不具有决定案件的职能。

三、检察官管理考评机制的构想

检察官内部组织体系是以检察官为主体的,按照检察职能设置检察官办公室,且在管理权限上赋予检察官履行职务的完全权限。那么如何管理和如何考评是我们必须要解决的难题。因为检察机关统一由检察长领导,检察官要对检察长负责。所以,对检察官的管理和考评主体也应该是本院的检察长及检察长委托的其他主体。具体构想如下:

(一)设立本级院检察官管理和考评委员会

本级院应当分别设立检察官管理和考评委员会,其首要负责人是本院的检察长,检察官管理和考评委员会的成员由本院的检察委员会委员组成。检察委员会委员组成管理和考评奖惩委员会,其职能和形式同检察委员会在检察机关中的定位是相符的。同时,由检察委员会成员组成,也体现了其职业化、专业化的特征,在本级院具有一定的权威性。同时,为了便于工作,检察长对检察

---

① 参见《中华人民共和国检察官法》。
② 陈卫东、李训虎:《检察一体与检察官独立》,载《法学研究》2006 年第 1 期。

官平常的管理，可以将检察官政治思想和纪律作风方面的管理工作，委托本院政治部门和纪检监察部门负责，将检察官业务考评工作授权本院检察委员会办公室负责组织实施。本院政治部门、纪检监察部门和检察委员会办公室作为检察官管理和考评工作的日常办事机构，在检察长的领导下，负责组织实施具体的管理和考评工作。

（二）政治部门、纪检监察部门负责检察官政治思想、纪律作风方面的管理

如前文所述，检察官政治思想和纪律作风方面的管理由检察长委托本院政治部门和纪检监察部门具体实施，这个管理的含义应该是贯穿整个检察工作，它首要是保证检察机关工作按照法律规定正常运行，同时要落实上级和同级党组织以及本院对检察工作及检察人员的要求，对每一个检察官产生同样效力的管理。它主要包括政治思想、纪律作风和其他行政事务管理等方面，注重体现检察官对职业道德、规章制度要求的落实和遵循。本文在此不作重点赘述。

（三）建立合理的检察官业务考核指标体系

对检察官业务工作考评，从以前确立考评机制指导思想来看，是想建立在一个使所有检察官在同一个起跑线上的考评机制，因此在设定考核指标时，对各业务部门不同的职能，也期望通过不同系数测算来扭在一起。但是从结果看，仍然达不到各方面的平衡，因此难以形成长效机制。司法改革后，按照笔者所构想的检察官组织架构，对检察官的考评，尤其是业务考评指标设立不能"一刀切"。检察业务工作在性质上区别很大，这就要求应当按照各业务工作，相对独立地建立不同的考核指标体系，实现客观、公正地评价每一个检察官工作业绩的目标。也就是说，检察官考核指标体系的建立，应当按照诉讼职能、诉讼监督职能、检察事务管理职能来设定。即从事侦查活动监督、审判活动监督、刑罚执行监督、民事诉讼活动监督、行政诉讼活动监督、控告申诉业务职位上的检察官，其办理案件过程中的每一个节点都应当作为其考核指标来设定。对案件管理中的检察事务检察官，其职能是围绕办案开展一些检察事务性工作，对其的考核指标设立要体现出其为办案服务的过程和成效。

（四）检察官业务考评实现形式

检察官业务工作考评的方式要结合其业务工作情况综合设定。笔者认为，对充分授权的检察官考核原则是要从严、从紧。具体而言：一是对诉讼检察官的考核要采取必查、抽查两种方式。所谓"必查"，是对审查逮捕、审查起诉的案件作出可能终止诉讼程序的结论性决定，如不批准逮捕、不起诉和撤回起诉、暂缓起诉等案件，在作出决定后必须将案件材料报检察委员会办公室审

查。其审查方式建议由检察委员会办公室随机抽取两名检察委员会委员分别进行，并签署审查意见。如果其中一名委员意见和检察官意见不同，可提请检察长对该案进行审查决定。检察委员会办公室应当将审查意见记入该检察官业绩档案。所谓"抽查"，是对检察官办理的除必查案件外的其他案件进行随机抽样检查。这种检查方式建议以季度为抽查节点，其审查方式建议由检察委员会委员每两人组成检查组进行。抽样检查内容包括检察官办案程序、案件实体处理结论和法律文书制作质量等，其检查结论记入检察官业绩档案。二是对检察事务检察官的考评分层级进行。其评查方式建议由检察委员会办公室负责该检察官平常业绩考评，院管理考评委员会负责年度综合评定。具体来说，由检察委员会办公室对该检察官办理的检察事务实行评查。评查可以分月度、季度和年度进行，方式可以采取自查、抽查和重点督办相结合。在检察委员会办公室负责签署评查意见后，评查结果记入该检察官业绩档案。三是院检察官管理考评委员会对检察官进行年度综合评定。所谓年度综合评定，是对所有检察官年度工作进行综合测评，具体包括对检察官一年来的政治思想、纪律作风和工作业绩的评判。其评判方式，建议以检察官管理考评委员会对检察官逐个评定的方式进行。其评定依据来自两个方面：其一是政治部门和纪检监察部门提交对检察官政治、纪律、作风考核的资料；其二是检察委员会办公室提交对业务工作平时考评的资料。管理考评委员会委员根据上述资料进行评判，对每一个检察官形成称职、基本称职和不称职的结论后，由检察长签署意见，作为检察官年度实绩结论记入该检察官业绩档案。四是对副检察长、检察委员会委员的考评，笔者认为可分为三个方面进行：其一是副检察长和检察委员会委员以检察官身份独立办理案件的业绩考评，按照检察官的考评方式进行，其考评结果以检察官的身份记入业绩档案。其二是副检察长经检察长授权决定的案件，其考评方式和检察官考评方式一致，但在业绩考评类别上应作为以检察长权限履职项单独记载。其三是检察委员会委员以委员身份履行职务，其委员业绩评定工作由检察委员会办公室按年度进行。在年度综合评定中，由检察委员会办公室提供该委员一年履职情况的说明，提交检察官管理考评委员会审查评定，其评定结论由检察长签署，记入检察委员会委员类别的业绩档案。

入额检察官业绩评价体系的构建模式研究

余响铃[*]

检察机关是国家的法律监督机关,履行审查批捕、公诉、侦查犯罪、刑事执行监督、控告申诉等各项职能,是平安中国、法治中国建设的重要力量。检察官是检察机关开展各项检察业务工作和履行各项职能的主体和中坚力量,建立对检察官科学合理的业绩评价体系,不仅能够充分调动检察官工作的积极性,提高检察官工作效率,促进各项检察工作顺利开展。在司法责任改革背景下,既是检察官任职能力、晋职晋级、绩效工资等的重要依据,又是激励导向检察工作、发掘培养检察人才,保证检察事业平稳发展的重要制度。

一、检察官业绩评价体系构建的重要意义

2015年9月25日,最高人民检察院印发了《关于完善人民检察院司法责任制的若干意见》明确提出,要建立以履职情况、办案数量、办案质效、司法技能、外部评价等为主要内容的检察官业绩评价体系,评价结果作为检察官任职和晋职晋级的重要依据。[①] 检察官业绩评价体系是既独立又相互关联,能较完整表达评价要求,是由一定的考核指标组成的评价体系。完整有效地实施考核指标的要求,有利于客观评价被考核人员的工作状况,反映业绩目标的完成情况、工作态度、能力等级等,直接与工作人员晋职晋升、绩效工资等密切相关。司法责任制背景下,检察官业绩评价体系以考核入额检察官为主,和改革前既考核检察官,又考核书记员、行政人员不同,改革后建立的业绩评价体系,其考核对象相对单一、工作属性高度一致、工作技能要求均衡,不仅本身就是检察工作的重要内容,也是激励引导检察工作顺利开展、培养和发现检察人才的重要制度,也是检察官晋职晋级的重要依据。

---

[*] 作者单位:广东省人民检察院。
[①] 《最高人民检察院关于完善人民检察院司法责任制的若干意见》,载《检察日报》2015年9月29日。

(一) 业绩评价是检察工作的重要内容

根据现代管理理念,业绩评价的首要目的是对管理过程的一种控制,其核心管理目标是通过了解和检验现职工作人员以及组织的绩效,并通过结果反馈实现人员绩效的提升和组织管理的改善,提高整体工作质量和工作效率,对组织成员而言,通过公平合理的业绩评价,得到组织的认可,可以满足自我价值和成就感。

一直以来,检察机关高度重视业绩评价,业绩评价工作也是各级检察机关工作的重要内容。最高人民检察院于 1995 年 8 月通过的《检察官考核暂行规定》和 2001 年修订的《检察官法》对检察官的考核内容作出了规定,2002 年 3 月 1 日最高人民检察院颁布的《人民检察院基层建设纲要》明确指出:"以考核干警的能力、绩效为核心,探索建立能级管理机制。在明确内设机构和工作岗位职责的基础上,分类分级明确工作目标,以动态考核为主、定性与定量相结合,实行全员能力和绩效考核,奖优罚劣。"最高人民检察院还制定了《检察官考评委员会章程(试行)》,对检察官考评的机构和程序作了一些具体的规定。① 对检察人员业绩评价作出了一系列探索。

在这一轮司法改革中,2015 年 9 月 25 日,最高人民检察院印发了《关于完善人民检察院司法责任制的若干意见》,提出要建立以履职情况、办案数量、办案质效、司法技能、外部评价等为主要内容的检察官业绩评价体系,评价结果作为检察官任职和晋职晋级的重要依据。可见,业绩评价工作不仅是检察工作的重要内容,也是保障检察事业平稳发展的重要制度。

(二) 检察官业绩评价体系激励导向检察工作顺利开展

从管理学的角度而言,组织制定宏观的履职业绩目标,个人履职紧紧围绕组织的业绩目标进行设计和实施,将整体目标层层分解后落实到职位和个人,理论上只要每一个人都完成了业绩目标,组织的业绩目标也就实现了。如果业绩评价制度设计科学、实施到位,将有利于促进部门、全院完成各项目标任务,如果业绩评价制度设计不科学、实施不到位,将不利于各部门完成目标任务,影响各项工作顺利开展。目前,各级人民检察院普遍面临异常繁重、日益增长的工作压力,在检察官人数不可能大幅度增加的情况下,靠正确运用考核评价机制,充分发掘内部潜力,不断提高检察官业务素养,才能更好地为转型期的改革、发展、稳定大局提供有力的司法保障和法律服务。

---

① 转引自刘妍、潘丽:《关于如何完善检察人员绩效考核管理机制的探讨》,载《中国刑事法杂志》2011 年第 12 期。

在检察工作中,构建一整套切实、有效、可行的履职、评价、激励为一体的业绩评价机制,通过一定的指标体系和科学的评价方法,对检察院及检察官完成既定工作目标进行全方位的科学评判,不仅可以成为对检察工作进行督导、检测、评价与激励的重要手段,也是引导检察院及检察官前行的"风向标"与"指南针",是检察院各项工作全面发展的重要保障。

(三) 业绩评价体系是培养和发掘检察人才的重要制度

党的十八大提出,要加快人才发展体制机制改革和政策创新,形成激发人才创造活力、具有国际竞争力的人才制度优势,开创人人皆可成才、人人尽展其才的生动局面。更加重视拓宽人才评价发现的途径,研究建立各类人才能力素质标准体系,通过业绩和贡献评价人才,依靠实践和群众发现人才。[①] 检察职业是受到法律严格规范的法律职业,检察人员所从事的工作必然要体现检察工作的职业特点和检察权的司法属性。业绩评价体系作为一种业绩和贡献的评价模式,是立足于检察工作实践,业绩评价的目的在于评价检察人员的办案成果和工作业绩,实际上,检察人员在努力达到组织制定的工作目标的过程中,本身就是培养提升自己能力的过程,往往达到能力要求的,一般都是合格的,如果能够超额完成目标,往往都是优秀的。因而,既是培养检察人才的制度,也是发掘检察人才的制度。

(四) 检察官业绩评价体系是检察官晋职晋级、绩效工资等的重要依据

十八届四中全会通过的《中共中央关于全面深化改革若干重大问题的决定》,对深化司法体制改革作出明确部署,提出要建立符合职业特点的司法人员管理制度,健全法官、检察官、人民警察职业保障制度。当前,关于检察官职业保障的制度主要体现在《检察官法》中,如1995年颁布的《检察官法》第39条规定:"检察官的工资制度和工资标准,根据检察工作特点,由国家规定";第40条规定:"检察官实行定期增资制度,经考核确定为优秀、称职的,可以按照规定晋升工资;有特殊贡献的,可以按照规定提前晋升工资";第41条规定:"检察官享受国家规定的检察津贴、地区津贴、其他津贴以及保险和福利待遇"。关于检察官薪酬的内容虽然比较原则和笼统,但是框架和脉络比较清晰,目前仍然是检察官获取薪酬的法律依据和保障。司法责任制改革后,检察官的等级晋升将主要依靠工作业绩,工作业绩决定了检察官等级晋升的速度,同时,与工作业绩挂钩的是绩效工资,因而业绩评价体系直接决定

[①] 赵乐际:《为全面建成小康社会提供有力人才支撑》,载《学习时报》2013年1月28日。

了检察官的切身利益。

二、当前检察官业绩评价体系存在的问题

（一）考核内容行政化

国家实行统一的公务员招录考试，检察官与普通公务员的招录、管理、考核、培训、任免几乎没有差别，实行同一套管理体系，在检察院内部，检察官与书记员、司法行政人员甚至机关中具有编制的后勤勤杂人员一样，在考核上也几乎没有差别，这种依托行政管理体系而接承下来的管理体系行政化色彩浓厚，不符合司法规律。考核评价体系是以行政考核模式为范本，难以体现检察官的专业性特点，也不利于准确甄别表现优秀的和表现一般的检察官，不利于检察官法治思维的培养和深化。在考核内容上，通常采用行政人员的德、能、勤、绩、廉等五项内容，或者是采用《检察官考评暂行规定》中规定的检察工作实绩、思想品德、检察业务水平、法学理论水平、工作态度和工作作风等六个方面。但是这些考核内容都较为简单笼统，政治色彩浓厚，不考虑对象的多样性、特殊性、缺乏可操作性的考评指标体系，实践中考核结果难以真实反映检察人员的工作实绩。[①] 考核内容的行政化，加之考核主观性强，由此产生的考核结果的公信力就大大降低。

（二）考核等次简单化

在考核等次上，往往是"优秀、合格、不及格"或者"好、较好、一般、较差"，这种考核等次的设置，对"较好"的比例有限制，比如总数的15%、20%等，但是对于"较差"的比例，则没有限定，可有可无，导致在实践中，如果没有发生违法违纪行为，通常不会给被考核人"不及格""较差"，达不到一种业绩的倒逼效果。"优秀"或者"较好"的比例设置虽有一定限制，但是领导往往从均衡的角度出发，努力让每个人都保持工作的积极性，尽量让每个人都有机会成为考核优秀者，于是优秀的等次不是"论功行赏"，而是演变成一种"轮流坐庄"的模式，平均三五年，都可以轮到。实际上，这种状况下的考核，就沦为了一种形式，停留于表面。对于考核结果用来干什么，对管理和解决工作中存在的问题产生哪些导向作用，很多单位并不明确，最后往往成为部门评价先进、发奖金等工具，对于引导工作、培养人才、提升工作水平等并没有发挥更好的指引作用。

---

① 刘妍、潘丽：《关于如何完善检察人员绩效考核管理机制的探讨》，载《中国刑事法杂志》2011年第12期。

（三）考核工作形式化

考核工作事关每个检察官切实利益，是检验一个检察官能否胜任工作的最重要评价方式。然而，实践中，考核工作还只是年底总结评价工作的一项例行公事，考核引导、激励检察工作的力度和效果还不够，发现和培养检察人才的指向性和引导性还不强，这本质上源于对于考核结果的应用处于一个"兜底"层面，只要没有"不合格""较差"等次，对于检察官晋升、工资、评优评先等都没有任何负面作用，而一般情况下，"不合格""较差"的人几乎没有，于是这项工作就成了大多数人可以通过的"过场"，久而久之，就形式化了。虽然在考核中，引入了民主测评、民主推荐、民主投票等方式，这些看似民主的考核方式，对检察官的评价依据却不是完全根据从事的检察业务情况，不是取决于业务水平，而主要是看"政治思想表现"和"与群众关系"，为了维护这一块的得分，很多检察官就得在人际关系的维护上特别下一些功夫，而一些有真才实学的，往往由于业务工作繁重而疲于应付。

（四）考核效果纸面化

虽然高检院制定的《检察官考评委员会章程（试行）》，对检察官考评的机构和程序作了一些具体规定，但从全国检察机关的执行情况看，绝大部分检察院都没有设立专门、长期、固定的检察官考评机构，也没有相对固定的考评程序，只是为了考评的临时需要，设立检察官考评领导小组，临时的组织，缺乏过程的管控和数据的有效掌握，无法从定性定量上对检察官的工作业绩进行全面科学的评价。而且根据绩效管理理论，只有将绩效评价的结果与人们所获得的回报挂钩，才能真正使绩效管理发挥应有的作用。[①] 当前，检察官的考核还没有与工资待遇、选拔调配、奖励惩罚、教育培训、等级晋升等结合起来，与检察官的自身利益没有形成紧密的联系，考核制度也没有规定如何解决考核中反映出来的问题，致使难以对检察官产生激励和促进作用，考核评价工作难免流于纸面化。

三、国外检察官考核评价制度

（一）英国检察官业绩考评制度

英国法律要求所有的检察官都必须是法律工作者，必须具有律师资格。而英国法律对律师资格的取得规定了严格的条件，成为律师的程序是：首先，大

---

① 孙柏英、祁光华：《公共部门人力资源开发与管理》，中国人民大学出版社2004年版，第164页。

学本科毕业后必须到律师学院学习两年；其次，通过律师资格考试并取得律师资格；最后，取得律师资格后须实习一年，才能独立接案。因此，英国检察官独立办案的能力强，素质普遍较高，英国检察机关考核按照对公务员的考核标准来进行，绩效考核的内容主要包括观察和分析问题的能力、沟通和交流的能力、宏观决策能力、人际关系处理能力、领导管理能力、组织协调能力、高效率工作能力、计划与执行能力、全局意识等多个方面。绩效考核的结果分为三到七个不同的等级，职务晋升和加薪与考核结果直接挂钩。[①]

（二）德国检察官考核考评制度

德国是实行立法、行政和司法三权分立的国家，检察机关隶属于司法部，德国检察官的身份为国家公务员。德国对于检察官的遴选极其严格，要成为合格的检察官，必须通过两次国家考试，最终录取率仅在5%左右。德国对检察官的考评遵循公开、客观的原则，并具有权威性和决定性。德国检察机关除了对检察官进行每四年一次的定期考核外，还包括对检察官的实习考核、空缺职位临时考核、更换岗位的中期考核在内的多种考核方式。德国检察机关绩效考核涉及的指标分为三个大类15个项目。第一类是专业成绩，分为工作成绩和工作方式两个大类，内容包括被考核对象履行职务的工作业绩、工作责任心和团队精神等；第二类是个人素质，包括身体素质、职业素质等；第三类是综合能力，主要包括决策能力、组织计划能力、专业运用能力、社会处置能力、领导能力、口头表达和文字写作能力等。主考领导根据被考核人的各项得分，完成对其工作能力的总体评估材料。德国对检察官的业绩考评体系，充分体现了以人为本、能力优先的特征，并且业绩考评结果与检察官工资和工作晋升密切挂钩，对业绩优秀的检察官进行绩效奖励，对业绩一般或者较差的检察官给予教育训诫、调动岗位，甚至是进行免职处理。[②]

（三）美国检察官考核考评制度

美国联邦检察系统由联邦司法部中具有检察职能的部门和联邦地区检察官办事处组成，职能主要包括调查、起诉违反联邦法律的行为，并在联邦作为当事人的民事案件中代表联邦政府参与诉讼，美国检察机关考评采用与公务员类似的方式。[③] 美国对检察官的考核包括平时的日常考核和每年的年度考核，年

[①] 姜海如：《中外公务员制度比较》，商务印书馆2003年版；曹志：《各国工职人员考核奖惩制度》，中国劳动出版社1990年版。

[②] 严忠华、吴华蓉：《试论检察机关绩效考评制度的完善——以德国检察官绩效考评制度为鉴》，载《法制与社会》2010年第15期。

[③] 吴国庆、袁东：《美国公务员的工作考评》，载《中国行政管理》2003年第3期。

度考核内容包括工作质量、工作数量和工作适应力,主要对工作完成情况,潜在能力、具体工作职责、完成的工作结果进行评价,对工作内容和效率进行数量和质量分析。考核结果分为优异、满意、不满意等不同等级,与奖金、荣誉、表彰、休假等奖励内容挂钩,但并不直接与晋升挂钩。①

(四) 日本检察官考核考评制度

日本检察制度受大陆法系国家的影响较深,明治维新以后,日本参照法国的检察制度,在各级审判厅配置检察官,后又参照德国的检察制度,在各级法院附设检事局,实行"审检合置"制度。但在二战后,日本检察机关从法院体系中完全独立出来,检察官不再是司法官,而是属于国家公务员系列,是国家的行政官吏。但是检察官与一般的行政官吏仍有所区别,是具有法官特征和职能的特殊类型的公务员。② 日本设立专门的检察官合格审查会,每三年就对检察官是否合格进行审查。在具体考评细则上,参照对公务员的考评制度实行。日本对检察官的考核内容包括工作成绩、工作能力、性格和工作适应性。考核结果分为 A、B、C、D、E 五个等级。A 级为工作成绩卓越,一般不超过 10%;B 级为工作成绩优秀,一般不超过 30%;C 级为工作成绩良好;D 级为工作成绩较差;E 级为工作成绩低劣。被评为 A 级可以越级提工资;被评为 B、C、D 三个等级可以提薪;E 级不能提薪,甚至还要受处分。考核结果要存入档案,并以此作为职务晋升和人员奖惩的重要依据。③

从上述四个域外国家的检察官业绩评价制度可以看出,在检察官履职业绩评价制度上,普遍具有以下几个特征:

第一,几乎都按照公务员的考核标准进行。虽然各个国家的历史因素、检察模式等不同,但是在考核上,大多借鉴并统一于各自国家的公务员考核考评制度,公务员考核制度是基础,司法属性为特点。虽然检察官是司法官,与行政人员有区别,但是检察官是公职人员,面对的是服务不特定的纳税人,因而立足于公务员的基本要求进行考核是科学客观的,但是不能混同于普通公务员。

第二,考核对象以检察官为主。上述四国对于检察官的选拔有着严格的程序,条件极其苛刻,因而能够成为检察官的,都是经过精挑细选的,具有卓越的司法技能和履职能力,在制定考核指标时,能够统一标准、确定要求。但是

---

① 转引自王欣、黄永茂:《国外检察官考核考评制度之比较及启示》,载《江苏大学学报(社会科学版)》2013 年第 2 期。

② 王杰:《日本检察官遴选制度考察》,载《法制与社会》2009 年第 15 期。

③ 张剑虹:《中日检察官制度比较》,载《法学杂志》2002 年第 6 期。

我国的检察官业绩考核受行政思维影响,一套考核体系不仅考核检察官,也要考核书记员、行政人员,指标体系专业特征不明显。

第三,既重视对检察官业务能力、履职素养、职业操守的考核,也注重对检察官综合能力、潜力毅力、敬业精神等的考核,考核内容覆盖面广、重点突出。对于检察官业务方面的考核,主要是现阶段履职能力,而对于检察官的决策、组织、社会处置、领导等能力,则是对一个检察官潜力的预判,除此之外,还有身体素质、敬业精神等,虽然这种内容都可以统归到我们考核的"德、能、勤、绩、廉"之中,但是"德、能、勤、绩、廉"这几个指标显得过于简单,而且内容不够明细,指引性不强。

第四,注重过程的管控。这四个国家的业绩评价体系,体现过程管控的思维非常明显,比如英国的日常考评和年终考评相结合,德国的定期考核、临时考核和中期考核相结合,其目的都在于通过持续、不间断的考核,发现检察工作中存在的问题,及时提出改进措施。这也是符合现代绩效管理观点的,认为考核考评是一种过程控制,通过考核,诊断出检察机关各业务部门和工作人员存在的问题,进而设计改进方案,促使绩效水平提高。

第五,能够与各种直接利益挂钩。考核对于检察官的职务晋升、人员奖惩、工作评定等切身利益密切相关,不仅直接影响加薪与不加薪、加薪多少、荣誉与表彰、休假等,还直接影响晋升的速度、退休金数额等,可以说考核达到了"牵一发而动全身"的效果,考核结果的运用,对于强化检察官责任意识,调动检察官工作的积极性,进而提升检察工作整体水平非常有推动作用。

四、中国检察官业绩评价体系的内容

关于业绩评价体系,最重要的就是建立考评的内容,确定能够体现中国检察官价值期望的指标参数,确保中国检察官的业绩发展方向符合司法责任制的要求,达到法治中国建设的人才需求,并且能够传承接续人才。建立中国检察官业绩评价体系的主要内容,要在客观评价并有序传接现阶段公务员考评体系的基础上,严格按照最高人民检察院印发的《关于完善人民检察院司法责任制的若干意见》的要求,以履职情况、办案数量、办案质效、司法技能、外部评价等为主要内容,以这些主要内容的评价结果作为检察官任职和晋职晋级的重要依据,并适度借鉴国外的有益经验。

(一)履职情况

《关于完善人民检察院司法责任制的若干意见》对于业绩评价体系的内容,首要条目就是履职情况,"履职情况"从字面意义上看,可以理解为一个综合概况用语。换言之,是集合了办案数量、办案质效、司法技能、外部评价

四、检察官绩效考核的标准和程序

等综合考评而成的一个总体评价。然而根据《关于完善人民检察院司法责任制的若干意见》的条文规定，可以看出，"履职情况"是并列于办案数量、办案质量、司法技能、外部评价的一个条目。准确理解"履职情况"的含义，并在考核指标中与和其他条目进行合理区分，是十分必要的。

第一，检察官"履职情况"的首要考核目标就是检察官的政德。当前，公务员的考核首要讲究的是"德"。党的十八大提出，在选人用人上要坚持"德才兼备，以德为先"。这体现的就是政德的重要性，政德即从政之德或为"官"之道。检察官是公务员，国家对公务员的政德要求是检察官作为一名公务员的基本遵循，检察官的政德是检察官作为一名公务员在行使司法权力、履行工作职责中所体现出的政治思想、道德品质等的总和。其静态载体在于检察官所在具体岗位所赋予的工作职责，动态表现形式是检察官所展现出来的具体的工作行为。其本质在于是否贯彻落实全心全意为人民服务的宗旨意识，是否按照习近平总书记提出的"让人民群众在每一个司法案件中感受到公平正义"的要求开展工作。因而，检察官"履职情况"的首要考核目标就是检察官的政德，是检察官运用司法权力从事司法工作所表现出来的政治思想和道德品质。

第二，检察官"履职情况"的另外一个考核目标就是检察官的私德。当前大多数检察官都具有共产党员的身份，共产党员是公民中的先进分子，是有共产主义觉悟的先锋战士。邓小平同志很早就指出，"共产党员，第一，他是普通人，第二，他是普通人中的先进分子。"共产党员是普通大众中的一员，但不能把自己等同于普通群众。对共产党员的要求，理应更加严格。《中共中央关于全面推进依法治国若干重大问题的决定》明确指出："党规党纪严于国家法律，党的各级组织和广大党员干部不仅要模范遵守国家法律，而且要按照党规党纪以更高标准严格要求自己。"这不仅对党组织和党员，还对公权力机关和公职人员提出了严于国法的要求。著名法学家富勒说："如果说愿望的道德是以人类所能达致的最高境界作为出发点的话，那么义务的道德则是从最低出发。"可以说，党的要求体现了"愿望道德"，是社会高标准的道德，而国家法律则体现了"义务的道德"，是社会最低限度的道德。对于共产党员和公职人员的要求在方方面面都应该更严格，不仅要求检察官政德要好，私德也一定要好，实际上对共产党员的高要求是体现在多方面的，比如《中国共产党纪律处分条例》专门对严重违反社会主义道德的行为进行了相应规范，与此同时，国家法律对一些纯道德行为并不规范。《关于领导干部报告个人有关事项的规定》对领导干部报告个人事项进行了规定，但国家法律对普通公民个人事项的报告义务并不作要求。对于领导干部子女经商等问题，也都有比一般公民更严格的要求。所以"履职情况"还得考察检察官的"私德",是否严格遵守"检察官八小时之外的规定",是否践行社会主义核心价值观等。

（二）办案质效

中共中央办公厅、国务院办公厅印发的《保护司法人员依法履行法定职责规定》,其第4条明确规定,法官、检察官依法履行法定职责受法律保护,非因法定事由、非经法定程序,不得将法官、检察官调离、免职、辞退或者作出降级、撤职等处分。① 其第6条规定,经考核确定为不称职的,可以将检察官免职。其第7条规定,在年度考核中,连续两年被确定为不称职的,可以将检察官辞退。② 可见业绩考核的结果是检察官可否辞退的一个法定理由。根据《关于完善人民检察院司法责任制的若干意见》的规定,检察人员应当对其履行检察职责的行为承担司法责任,在职责范围内对办案质量终身负责,司法责任分为：故意违反法律法规责任、重大过失责任和监督管理责任。检察官承担司法责任的情形和种类,实际上直接关系到考核的情况。

其中,故意违反法律法规责任包括：(1) 包庇、放纵被举报人、犯罪嫌疑人、被告人,或使无罪的人受到刑事追究的;(2) 刑讯逼供、暴力取证或者以其他非法方法获取证据的;(3) 违反规定剥夺、限制当事人、证人人身自由的;(4) 违反规定限制诉讼参与人行使诉讼权利,造成严重后果或恶劣影响的;(5) 超越刑事案件管辖范围初查、立案的;(6) 非法搜查或者损毁当事人财物的;(7) 违法违规查封、扣押、冻结、保管、处理涉案财物的;(8) 对已经决定给予刑事赔偿的案件拒不赔偿或者拖延赔偿的;(9) 违法违规使用武器、警械的;(10) 其他违反诉讼程序或司法办案规定的,造成严重后果或者恶劣影响的。③ 从上述条文可知,故意违反法律法规责任,不仅是检察官在办案中存在主观上的故意,而且要造成实际的危害后果,这是严重危害办案质量的行为,属于"因违纪违法犯罪不能继续任职的"的情况。④ 可以将检察官进行免职,检察官一旦发生这种情况,根本不存在参加年度考核的可

---

① 参见2016年7月28日中共中央办公厅、国务院办公厅印发的《保护司法人员依法履行法定职责规定》。

② 参见2016年7月28日中共中央办公厅、国务院办公厅印发的《保护司法人员依法履行法定职责规定》。

③ 《最高人民检察院关于完善人民检察院司法责任制的若干意见》,载《检察日报》2015年9月29日。

④ 参见2016年7月28日中共中央办公厅、国务院办公厅印发的《保护司法人员依法履行法定职责规定》。

能，实行一票否决制，还应当移送纪检监察、渎职等部门处理。

重大过失责任的情形，主要表现为检察官在司法办案中有重大过失，怠于履行或不正确履行职责，造成下列后果之一的，应当承担法律责任：（1）认定事实、适用法律错误，或案件被错误处理的；（2）遗漏重要犯罪嫌疑人或者重大罪行的；（3）错误羁押或者超期羁押犯罪嫌疑人、被告人的；（4）涉案人员自杀、自伤、行凶的；（5）犯罪嫌疑人、被告人串供、毁证、逃跑的；（6）举报控告材料或者其他案件材料、扣押财物遗失、损毁的；（7）举报控告材料内容或者其他案件秘密泄露的；（8）其他严重后果或恶劣影响的。由上述条文可以看出，重大过失责任和故意违反法律法规责任的首要区别在于主观态度上，前者主观上是故意，后者主观上则是放任和过失，后者造成的损害后果相比前者也要轻一些，这种损害是可以容忍但是绝不能纵容的行为，造成重大过失责任的，必须承担一定的司法责任，这种责任的承担方式和故意违反法律法规责任不同，重大过失责任应当轻一些，笔者认为，对于这种情形，可以结合《保护司法人员依法履行法定职责规定》第7条的规定，在年度考核中，连续两年确定为不称职的。① 对于这种情形，可以作为年度考核中的一种不称职的情形，如果连续两年发生类似情形，是可以将检察官辞退的。

负有监督管理职责的检察人员因故意或者重大过失怠于行使或不当使用监督管理权，导致司法办案工作出现严重错误的，应当承担相应的司法责任。② 这种情形主要发生在联合办案组之中，要准确区别监督管理人员和承办人之间的司法责任情形，笔者认为，监督管理人员因故意或者重大过失怠于行使或不当行使监督管理权，导致司法办案工作出现严重错误的司法责任情形应当轻于故意违法违规办案和重大过失办案，这是"谁办案谁负责"的司法责任制精神决定的。

除此之外，还规定了事实认定瑕疵，具体包括：（1）认定事实或情节有遗漏、表述不准确，不影响定罪量刑或全案处理的。（2）证据采信瑕疵。证据的收集、调取、保存、移送、使用等程序不符合法律和有关规定的，但依法可以补正或作出合理解释，并且不属于依法应当排除的非法证据的。（3）法律适用瑕疵。引用法律条文不准确、不完整、不规范，但不影响定罪量刑的。（4）法律程序瑕疵。受理、办理、告知、听取意见、送达等程序不符合法律

---

① 参见2016年7月28日中共中央办公厅、国务院办公厅《保护司法人员依法履行法定职责规定》。

② 《最高人民检察院关于完善人民检察院司法责任制的若干意见》，载《检察日报》2015年9月29日。

和有关规定的。（5）法律文书瑕疵。法律文书的名称、类型、文号、格式、文字、数字、语法、符号等存在不规范、遗漏、错误等情形，或存在未依照法律规定签名、盖章、捺手印、注明时间等情形。（6）司法作风瑕疵。检察人员在司法办案工作中有态度不文明、作风拖沓、语言不当等不规范行为的。（7）其他司法瑕疵。对于这种司法瑕疵情形，属于有违司法质量的行为，但是不属于司法责任，为了进一步提升工作质量，让人民群众在每一个司法案件中感受到公平正义，可以对此采取适当方式，将司法瑕疵纳入考核之中，确实严格管理检察官，防止"蝼蚁之穴溃千里之堤"的情形出现。

（三）办案数量

一个检察官一个考核年度内应当办理多少案件，现行的有关司法改革文件没有明确的规定，但是入额的检察官必须办理一定数量的案件，这是一条底线。实行检察人员分类管理，落实检察官员额制，检察官必须在司法一线办案，并对办案质量终身负责。担任院领导职务的检察官办案要达到一定的数量。业务部门负责人须由检察官担任。① 同时，办案数量指标也是检察官业绩考评的一个重要方面，司法不仅要公正，还要兼顾效率，没有效率的公正是不可持续的，保证每个检察官都办理一定数量的案件，则有利于保证及时有效完成有关案件的办理，在检察系统内，从全国而言，中西部和东部沿海等地域的办案压力不一样，从一个省而言，比如广东省内，珠三角地区和粤东西北地区的检察官面临的办案压力也不一样，在一个检察院内部，公诉、侦查监督的案件大多能够逐个统计，但是控告、申诉、案件管理、刑事执行检察等部门的案件则不容易以数据论，同时，公诉、侦查监督的案件可以均衡到每一个承办人名下，但是自侦部门的案件，则不容易均衡到每一个人名下，因为自侦案件的办理，大多要靠集团作战，特别需要发挥检察一体的优势。担任院领导职务的检察官和担任部门负责人、部门协助负责人的工作内容不一样，因而也需要均衡办案数量的考核。

笔者认为，一个合格的检察官每年办案数量一般应当达到所在部门当年办案的平均数。检察官一个办案年度内的办案数量达不到平均数的，在办案数量考核上，应当从分值上予以减少。但是在实践中，平均数的统计，一般是一个考核年度内的年底才能统计，由于案件调配的客观因素，不可能每个人都刚好达到平均数，一定会存在一定的差异，所以在实践中，可以设置达到平均数的

---

① 《最高人民检察院关于完善人民检察院司法责任制的若干意见》，载《检察日报》2015年9月29日。

80%、90%等作为合格的标准,这样更有利于实践。当然有些特殊情况也得充分考虑,包括:(1)经组织选派承担重大、疑难、复杂案件等而影响办案数量的;(2)因组织安排,离开原办案岗位较长时间的;(3)因患有重大疾病等需要进行医疗、调理的,经组织批准休假较长时间的;(4)其他特殊原因,导致要离开原工作岗位较长时间且经组织批准的。

除此之外,对于担任检察长、副检察长、检察委员会专职委员、部门负责人、部门协助负责人的,如何科学确定办案数量?笔者认为,检察长办理案件主要是起引领作用,在现阶段,要积极推进检察长亲自办案,但是数额上,应当以切实可行的数量为准,保证每年亲自办理;副检察长由于可能同时协管多个部门,则可以选择其中一个部门的案件进行办理,达到一定的数量即可;兼任检委会专职委员的检察官,业务工作相对纯粹,在办案数量上应当比副检察长多一些。对于部分负责人,除了办案之外,还可能兼任部门的党支部书记,负责一个部门的综合事务管理,在办案数量上可以比较普通检察官有所减少。这是现阶段中国检察系统现阶段的工作特征决定的,作出案件数量上的部分调整,其实是为了更好地落实办案责任制。

(四)司法技能

技能一般是掌握并熟练运用技术的能力,司法技能实际上就是掌握并熟练运用法律知识、法律经验、法律技巧的能力。如何评价一个检察官的司法技能水平,采取哪些标准,怎么纳入业绩考核,如何达到一个客观有效、人人认可的标准,既是一个理论问题,又是一个实践问题。

当前,在全国检察系统内,反映司法技能的形式,包括业务竞赛、专门人才评比、业务立功等。如各业务条线都举行了相应的业务竞赛,包括全国、全省、全市范围内的"公诉业务标兵"比赛、"民行业务标兵""侦查监督业务标兵"竞赛等,这些竞赛的权威性强、业内认可度高,竞赛内容全面,在一定程度上,业务竞赛的名次充分反映了业务技能的高低。除此之外,各级检察院都会组织一定的人才评选计划,比如"全国检察业务专家""全国检察理论专家"等,在省一级,也会评比"全省检察业务专家""全省检察理论专家"等。或者制定各业务条线的专门人才计划。对于在大要案办理、重大专项行动过程中,表现优秀的,通常会给予立功受奖,虽然立功受奖的考量出发点不仅包括业务考量,也包括政治考量、思想品德考量等,但是总体上还是体现了业务技能。对司法技能进行考评,可以结合业务竞赛、专家评审、立功受奖等,制定一定的分次等级,这不仅能够对检察官进行考评,还能够引领人才的走向。

除上述宏观层面的司法技能反映形式外,司法技能还表现在各业务条线的具体工作中。比如,公诉工作中,除了依法指控犯罪、进行诉讼监督之外,在工作中,追诉漏罪漏犯、移送线索情况、发出检察建议、纠正违法数、综合办案开展法治宣传教育的情况,都是司法技能的表现,在侦查监督工作中,比如追捕数、提前介入数、监督立案数、监督撤案数等,都属于司法技能的综合表现,在业绩考核中,都应当以一定的形式,纳入业绩考核评价,并激发检察官工作的积极性和主动性,防止检察官在司法办案中只做表面功夫的情形出现。

（五）理论水平

调查研究是马克思主义认识论的基本观点,是我们党的优良作风和传统,是一项基本的工作方法,毛泽东同志指出:"没有调查就没有发言权""谁不调查研究,就剥夺谁的发言权"。检察调研是提高检察工作水平、实现科学决策的基本方法,体现一个干部总结实践经验、探索工作规律的水平。一部分检察官认为调研是务虚,不是业务工作,跟业务工作无关,实际上,国外很多著名的法官、检察官不仅是法律事务方面的专家,也是理论专家,是引领法治理论者。如果不调研,就难以及时掌握信息、发现情况,不能及时解决问题,很难提高统揽全局、驾驭局势的能力,尤其是上级检察机关,在自身办案的同时,还承担了对下级指导的功能,如果不及时对工作中的情况进行总结分析,则很难提升对下级院指导的力度和水平,更不利于检察权的统一行使。

在业绩考核中,理论水平的体现,应当不仅仅是撰写调研文章的能力,还体现为获评各类典型案例、撰写业务分析报告、获取理论课题、参与立法与司法解释建议、制定规范性文件等。这些都是检察理论水平的体现,都需要理论结合实践,在实践的基础上,都需要归纳分析、总结提炼。在业绩考核中,应当分门别类,围绕不同的类别,设定不同的加分分值,发挥考核的引领作用,提升检察官的理论调研能力。

因为是针对检察官的业绩考核,对于检察官理论水平的展现,应当以撰写业务类文章为基准,如果不是撰写业务类文章,则无法体现业务属性,也不利于引导检察理论的发展。在制定考核方案时,还应当综合考虑业务文章的呈现形式,比如,对于获取检察理论研究课题的,应当结合国家级、省级、市级等不同层次,制定不同的分值,对于发表文章的层次,现阶段,期刊的权威层级是比较明晰的,三大核心、二十一种权威期刊、国家中心核心期刊等,属于不同的层次,在纳入业绩评价时,享受的分值应当不同。

实际上,最难考核的是撰写业务分析报告、参与立法与司法解释建议、制定规范性文件等。由于这类理论成果的载体和呈现形式与研究课题不一样,如何确定分值等次,如何把好重要性,当前没有一个权威的判断标准,实践中,很多出自基层的一线调研报告,论述充分、建议合理,具有很强的针对性和操作性，而有些层次高的即便是规范性文件，可能对实践的指导反而不强。因而可以考核吸收第三方进行评估，成立独立于检察官的兼职的第三方理论评估小组，由专家教授、律师、人大代表组成，对有关的理论成果进行评价，获取一定的考核分值。

（六）外部评价

检察官代表国家行使法律监督权，关系到社会公平与正义的维护和实现，是与人民群众利益最密切的公职人员。虽然检察官的业绩考评总体上而言是检察系统内部管理和监督的一项重要制度，通过业绩考核了解检察官及所在检察院贯彻部署国家政策、促进社会公平正义等情况，但也不能闭门搞考核。借助外部力量，全方位地评价检察官，可以避免自己监督自己、自己考评自己的弊端，能够强化外部监督，提升业绩评价的客观性。

当前，体现外部评价的方式主要有两种。一种是系统外、体制内评价，主要是各级党委、政府等部门给予的评价，如各级党委和政府授予的"五一劳动奖章""劳动模范""先进工作者""三八红旗手"等。这种评价权威性强，群众认可度高，大多是组织经过认真筛选、严格把关确定的，实行司法责任制后，对于各级党和政府给予的各种荣誉等，应当纳入检察官的业绩考评，实际上，这是对检察官政治素养、职业操守、业务能力的一种综合体现，也是最重要的一种肯定。另一种则是来自人民群众，在司法办案中，人民群众对于检察官的工作会自发给予一定的评价，比如赠送锦旗、撰写感谢信等，对于人民群众的呼声，在检察官的业绩考评中应当给予重视，纳入考核内容，提升对外部信息的收纳度。同时，对于反映检察官在司法办案中存在不良作风、行为的评价，也应当通过有关渠道及时收纳，通过认真的调查核实，及时给予回应，切实有损检察官职业操守的，应当在考核中予以负面评价。可以适当吸纳人大代表、政协委员、律师、法学教授等，作为检察官业绩的兼职外部监督员，提升外部评价的权威性。

五、结语

检察官业绩评价制度的构建是司法责任制改革的重要一环，是相关配套制度中关注度最高、实践性最强、综合性最难的一个制度，检察官业绩评价制度也是加强检察官管理、规范检察官业务考核、落实司法责任制最为重要的制度，要制定好这个制度，涉及方方面面的大量工作，可谓是整个配套制度中最为困难和棘手的，即便制定了有关制度，也需要在执行中设定科学有效的程序、实行专人负责，加强配套制度建设，及时进行修改完善，方可逐步实现检察官业绩考核的标准化、规范化和实效化。

员额内检察官绩效评价体系的科学构建

王 峰[*]

检察官员额制实施后,建立能够适应司法责任制要求,科学合理完善的绩效评价体系,对提升检察官执法办案能力,促进检察权公正高效运行具有重要意义。当前的检察官绩效评价体系混同于一般公务员考核,未能充分体现检察官的特点,已逐渐不能适应检察机关发展的需要。如何发挥绩效评价体系的导向激励作用,促进司法责任制落地生根,是当前推动司法改革持续深入的一项迫切任务。

一、当前检察官绩效评价体系中存在的主要问题

(一)考核"重产出,轻投入和影响"

我国公共部门考核普遍存在"重产出,轻投入和影响"的现象,检察官考核也不例外。检察官的业绩考核主要是检察官的履职,如办理案件的数量、质量,即产出,很少考虑检察官履职对司法资源的消耗、民众的满意程度等投入和影响因素。检察官的绩效考核不仅要看其办案数量与质量,也要衡量其耗费的司法资源、工作态度、素质能力及社会影响等。

(二)考核标准不尽合理

我国检察官同时有两套考核标准,其一是用"德、能、勤、绩、廉"来考核检察官。"德"考核政治思想和道德品质,"能"考核业务知识和工作能力,"勤"考核工作态度和敬业精神,"绩"考核办案数量、质量、效益和贡献,"廉"考核清正廉洁。其二是用《检察官法》规定的"检察工作实绩、思想品德、检察业务和法学理论水平、工作态度和工作作风"来考核检察官。首先,用"德、能、勤、绩、廉"这一笼统的考核标准很难区分具有不同工作性质、职责范围和任职条件的不同检察官的优劣。其次,《检察官法》的六项考核标准,同样抽象概括,缺乏统一的细化标准和规范化指标。定性考核容

---

[*] 作者单位:河北省广平县人民检察院。

易出现较大的主观随意性和片面性，难以全面、公正、客观、准确地反映检察官综合素质和工作业绩，导致检察官普遍对考核评价缺乏足够的认同。

（三）考核方法和程序不合理

我国检察官考核主体由内设机构负责人、政工部门和主管领导组成，其中政工部门是主导。但政工部门事务性工作繁重，考核通常仅作为年终的一项短期工作，一般遵循个人自评、群众评议、部门领导评议、考核委员会审核这些基本程序，对检察官素能和表现的考核既不具有区分性，更不具有权威性。

二、建立员额内检察官绩效评价体系需把握的几个原则

（一）与检察权特点相适应原则

宪法已经将检察机关定位为法律监督机关，其特点必然表现出其独特的司法性质，检察官是行使检察权的主体。所以对于检察官的履职考评制度的建立及操作上必须体现出司法性质来。不同岗位检察官的考评要求也各自不同。这就要求考评制度根据实际情况具体分析，做出不同的要求。如审查逮捕权、公诉权、诉讼监督权体现的是司法性最强，而行政性较弱，对此应最大限度地保证检察官独立行使职权的范围和空间，严格限制检察一体的适用范围，严格限制行政化命令方式的运用，严防上级对下级的不当限制与干预。对于司法性与行政性均较强的侦查权，应当在尊重检察官独立性的同时，实行上命下从的检察一体管理模式，以保证查处犯罪的力度和效率。而检察行政管理权体现的是完全的行政性特点，应坚决贯彻检察一体、上命下从的原则和管理模式。

（二）评价指标的一致性与差异性相结合原则

评价指标的一致性，包括政治素质指标、业务素质指标、职业道德指标和工作作风指标的一致性。检察官必须在坚持党的领导前提下，在法律框架内忠实履行宪法赋予的职责，不论检察官具体承担何种职责，都应该具有相同程度的法律和检察业务知识，遵守相同的职业道德、职业纪律标准。

评价指标的差异性，则是指要根据不同部门、不同岗位的特点，来确立衡量不同检察官工作表现、工作成绩、业务能力和职业潜能的具体标准，以有目的的考评针对性来确保考评的准确性和科学性。评价指标是检察官履职考评体系的核心部分，在确立评价指标时必须从实际出发，坚持评价指标的一致性与差异性相结合原则，建立起科学合理、符合检察工作规律和检察队伍实际的评价指标体系，确保考评体系的公正性、可接受性和可操作性。只有这样，才能使考评结果有效运用，考评体系才有价值。

(三) 定量考核与定性考核相结合原则

对于检察官的考评制度，长期以来一直存有争议。有的主张进行定性考核，理由是内容可变性强，结论伸缩余地大，考评主体在原则的规定下，视不同情况可以灵活掌握评判的尺度。并且，由于考评指标比较抽象，适用范围广，便于横向比较，制定的难度也相对较小。反对者认为，由于各项指标过于宏观、抽象，考评标准和考评内容过于简单和笼统，考评结果主观随意性强，缺乏科学性，可操作性不强，容易使考评流于形式。有的主张进行定量考核，理由是考评的目标比较明晰、考评标准相对固定、可操作性强、对检察官具有强制性的鞭策作用。反对者认为，定量考核虽有优点，但其缺点也相当突出，一是在很多方面难以确定量化考核指标值。过高的标准难以真正执行，过低的标准则起不到应有作用。二是无法保证考评结果的公正性。不同部门、不同岗位的量化指标因工作性质不同难以确定，也无法横向比较，如反贪部门的检察官一年查办 3 件大要案与公诉部门的检察官一年起诉 20 件案件之间，其工作量如何评判，能力和效率如何评判。甚至同为公诉部门的检察官，一年办理 10 件均为团伙、涉黑、多起犯罪事实的案件和一年办理 50 件单一犯罪嫌疑人单起犯罪事实的案件之间，其工作量如何评判，能力和效率如何评判。孰优孰劣无法衡量，单纯以量来衡量则难以显示公允。检察官履职考评究竟采取定性的方式还是定量的方式，主要取决于考评的价值目标定位。在确立检察官履职考评标准时，必须从考评的根本目的和工作的实际出发，结合考评内容的具体特点，合理设置、扬长避短，将可以量化的工作进行精细量化，无法量化的进行定性描述，确立以定量考核和定性考核相结合的考评机制，推动检察官履职考评的科学化，进而推动检察工作向更高的层次发展。

(四) 公开性与互动性相结合原则

坚持考评的公开性主要体现在考评程序上，要建立科学、严谨的考评程序，从考评主体的选择、构成，到考评标准的确立、考评数据的采集点，到考评数据统计的标准、考评数据的公开范围，最后到考评结果的综合运用，整个考评程序都要明确规定，体现出公开性，必须保证考评标准、考评过程、考评结果"三公开"，以达到规范考评、公正考评的要求，避免"暗箱操作"、随意考评的可能性，提高考评制度的公信力。坚持考评的互动性就是将对检察官考评由传统型的被动接受考评与检察官的主动接受考评结合起来，针对考评主体对被考核对象情况掌握不全面的不足，变单向考评为双向互动考评，以鼓励检察官积极参与到考评工作中，进一步增强考评结果的全面性和可利用性。

（五）坚持以人为本和促进检察官成长的原则

以履职考评为核心的管理是手段，而不是目的。应坚持以人为本，即通过管理开发人力资源，挖掘人的潜能，充分调动人的积极性、主动性和创造性。要通过严格要求、严格监督、奖优罚劣等措施，使检察官最大限度地发挥聪明才智，并自觉自愿地为实现管理者设定的目标而努力。要注重研究检察官的内在需求和行为规律，寻求管理者与被管理者利益上的统一性，使管理目标成为检察官实现自身价值的自觉追求，进而化对立为统一，化强制为自愿，化他律为自律，使管理工作上升到一个新的更高的境界，形成检察机关特有的管理文化和管理理论。

三、完善员额内检察官绩效评价体系的具体设想

绩效考核是收集、分析、评价和传递检察官在工作岗位上的工作行为表现和工作结果方面的信息的过程，或者说是一个收集检察官工作行为、方式、结果的信息并进行价值判断的过程。员额内检察官绩效评价的目标是着力构建一个客观、公正、准确的绩效考核评价体系。

（一）围绕职业素能、社会声誉和工作实绩建立绩效考评体系

检察机关要以职业化标准明确检察官的关键成功要素，并综合社会期望，构建符合检察官行为特征和社会期望结果的绩效考评机制。除公务员考核和《检察官法》确立的六项考核外，我国检察官绩效考核指标有三类：一是业绩考核、能力评估、态度评价和潜力预测；二是特征性指标、行为性指标和结果性指标；三是业绩指标、态度指标和能力指标。但哪种指标体系都具有不完备性。

笔者认为，考核指标划分为职业素能、社会声誉和工作实绩较为适宜。职业素能是以职业技能、意识、伦理、潜能和司法经验等职业化标准衡量检察官的职业素养。其中，检察官政治素质和业务素质并重。社会声誉是以工作态度、职业道德、实际的执法效果及社会评价来考核所有检察官。其中，工作态度是检察官责任心、事业心和敬业精神的体现，主要涵盖工作勤勉程度、职业认同感、刻苦钻研业务、精益求精等职业进取状况等。工作实绩是以办案数量、质量和效果来考核所有检察官。其中，对办案质量的考核是关键。

（二）设立专门的考评机构，完善考核程序和方法

首先，设立专门的检察官考评委员会，配置科学的考评程序。可以扩大《检察官法》规定的检察官考评委员会职责，将其改造为一个负责检察官考评的专门机构，全面担负起对检察官进行统一考核评价的重任。为增进考评的科

学性和公正性，并与当前司法体制改革精神契合，考评委员会应设立在省级检察院和高检院。其委员组成应体现一定的民主精神，可考虑由检察长、副检察长、部门负责人（或主任检察官）和检察官代表组成。检察官考核评价可以由个案考核和全面考核组成，全面考核程序一般由考评委员会在检察官撰写的个人鉴定材料基础上，结合其平时表现、定期个案鉴定材料和各方面评价，结合考核指标进行综合考评。检察官对综合考评意见有异议时可以提交上级检察院考评委员会复核。如需启动评鉴程序的，需提交检察官评鉴委员会评鉴。

其次，对不同部门的检察官，应在一致性的考核标准和内容基础上体现出适度的差异性。侦查检察官和公诉检察官既要有职业同质性考核，亦要有差异性考核。对主任检察官，除体现同质性的职业化考核外，还要对其应具备的领导能力予以考核。

最后，检察官考核应尽可能地适用量表法和目标管理法，必要时适用描述法和其他方法。量表法是人与客观标准相比较，目标管理法是将人与预期目标相比较，描述法是由考核主体或其他参与评价者随时将观察到的有关情况填写在观察记录卡中，在需要绩效评价时再对其进行全面的定性分析。

（三）以定量考核为主、定性考核为辅

检察官考评原则应以定量考核为主、定性考核为辅。在职业化检察官队伍和科学合理的检察业务制度尚未完全建立之前，有必要将量化考核确立为考核机制的主要手段，通过量化考核引导检察业务和检察官整体素质向更高层次发展。在充分发挥定量考评积极作用的同时，对不适宜量化的考评内容进行定性分析，形成定量考核与定性考核相结合，定量考核为主、定性考核为辅的考评方式。

（四）增强考评结果的管理应用和利益兑现

首先是以绩效作为利益分配核心，将考核结果应用于各管理环节。检察官绩效考核结果为检察官的选拔、培训、奖金分配、奖惩、晋升等各项管理活动提供客观、公正的依据。既使检察官人力资源配置与开发建立在准确把握检察官能力、表现、贡献和声誉基础之上，又围绕绩效对检察官进行各项利益分配，进行资源的合理配置。绩效考核还具有反馈和分析功能，可以检验检察官选拔、培训、晋升制度的有效性和科学性。

检察人员绩效考核指标和程序设计原则

江西省南昌市人民检察院

绩效考核的难点和重点是设定科学的、公平的考核指标体系和具有可操作性的、量化的具体评分细则。在考核指标体系设置中，因为检察工作的复杂性，检察人员的工作岗位不同，业务部门和综合部门不同，办案部门和综合业务部门不同，办案部门之间也不同。各个工作岗位的工作难度不同，工作要求不同，工作时间不同，工作方式不同。这种不同导致难以用同一把尺子来衡量各部门的工作，不能用同一的评分标准来评价各部门的工作。办理一件审查批准逮捕案件和办理一件审查起诉案件不同，审查批准逮捕案件对犯罪和证据的审查不需要全面性，只要符合逮捕条件就可批准逮捕，办案周期短，一般为7天；审查起诉案件要求全面审查犯罪事实和证据，办案周期长，有的案件若发回重审，可能要办几个月甚至几年。办理一件职务犯罪案件又与它们不同，职务犯罪案件的证据是从无到有，办案工作量和工作难度大，投入人员多和耗费精力大，审查批准逮捕和审查起诉是从粗到精，去伪存真，工作难度不同。

如何衡量不同岗位检察人员的工作量和取得的工作业绩，平衡各个岗位的评分标准，使之具有可比性，是绩效考核指标体系设计必须解决的问题。在考核指标和考核程序设计中，笔者认为应坚持以下七项原则：

一、全面评价原则

绩效考核是衡量检察人员工作量和工作业绩的重要标准，绩效考核结果的运用广泛，检察人员的评先评优、职位晋升、奖金分配、职业前景等都与之紧密相连，这更加凸显了绩效考核的指挥棒作用，检察人员的工作时间和工作精力将围绕着这根指挥棒转，围绕着绩效考核规定的工作指标内容布局和展开。在设计绩效考核指标体系时就要统筹考虑检察工作中所有岗位可能发生的各种情况，既包括对工作业绩的考核，也包括对综合素质、职业操守、履职情况和外部评价等内容。比如在工作业绩考核指标中可以分解为两个部分：一是工作完成指标，包括工作完成数量和工作完成质量两项；二是工作效率，包括按时完成岗位工作和工作方法两项。在职业操守考核指标中可以分解为三个部分：一是政治态度；二是工作态度；三是廉洁自律。在司法能力考核指标中可以分解为三个部分：一是撰写信息数量和质量；二是撰写宣传稿件的数量和质量；三是撰写调研文章的数量和质量。在外部评价考核指标中可以分解为竞赛、征文活动得奖与获得荣誉、领导批示等。在履职情况考核指标中可以分解为检察长、分管领导、部门负责人评价。

对工作业绩的评价无疑是绩效考核的主要内容，一般占60%以上。检察人员的工作包括本职岗位工作和领导临时交办的工作，以及党务工作和全院性的工作等。本职岗位工作是较为固定的常态化工作，比如业务部门人员的办案工作，综合部门人员的文件收发工作等，是检察人员的主要工作，也是绩效考核的主要指标。领导交办的工作多为跨部门、跨岗位的中心工作、专项工作和应急性工作等，比如参加办理重特大专案、承担重大活动的组织筹备工作、承担重要材料的撰写任务，这些任务时间紧、要求高、关系重大，是检察人员必须认真完成的任务。党务工作是检察机关的一项重要工作，支部书记、副书记和支委会委员大部分是兼职，在完成本职工作的同时，还要做好支部的组织管理工作。全院性工作是指除了专职人员外还需要全院人员在完成本职工作的同时共同做好的常规性的工作，主要是信息、宣传和调研等工作。在设计绩效考核指标体系时，对各项检察工作都要统筹考虑，都要有所体现，都要进行评价。在设计时可以通过两种方式体现：一是通过设计工作量化指标实现。对于可量化的工作，设计量化评分标准对工作进行评价，比如办理一件案件加多少分，完成一件领导交办的重大工作任务加多少分，担任支部书记加多少分，被刊物采用一篇信息宣调文章加多少分等。二是通过设计上级评价实现。对于一些难以预计、难以量化的工作可以通过设计授予上级适当的评价权来实现，比如设计一定分值的检察长、分管领导和部门主要负责人评价来实现对积极高效高质量完成领导交办任务的人员不同于其他人员的评价。

在设计绩效考核指标体系时既要突出重点，也是全面统筹，这是由绩效考核的指挥棒特点决定的，如果不全面统筹考虑，那么一些未列入绩效考核的工作就很可能落空，要么推诿扯皮谁也不管，要么应付了事质量不高。

二、归类评价原则

归类评价原则也叫共性评价原则。因检察工作的复杂性和各部门工作的差异性，使得各部门工作难有可比性，难以用同一把尺子来衡量各部门的工作。但是，对于有共性的人员和工作无疑是可以放在一起来衡量和评价的。对于人员可以将大群体拆分成若干有共性的小群体，用一把尺子来进行衡量，群体拆分得越小，共性就越大，可比性就越强。对于一个群体都具有共性的考核指标，就以这个群体为单位，用同一把尺子来评价，通过量分指标得出评分，比如检察官群体有检察官的共性，可以放在一起考核；检察辅助人员群体有辅助人员的共性，可以放在一起考核，司法行政人员群体有综合部门的共性，可以放在一起考核。对检察官、检察辅助人员和司法行政人员可以分类考核。对于检察人员的工作和素质等，有些是有共性的，有些有差异性。比如职业操守、综合素质、外部评价和履职情况评价，这些考核指标对全体检察人员来说，内容相同，要求一样，评价的标准一致，如获奖都能加分、缺勤都要扣分等，对这些考核指标的设计就可以以院为单位用同一个标准来考核评价。

对差异性较大的各部门的工作，也可以抽象出相同的共性。比如工作完成指标和工作效率，工作完成指标中的工作数量和工作质量，工作效率中的按时完成和工作方法，对所有的部门都适用，具有相同的共性，可以用这些共性指标来衡量各部门人员的工作业绩。部门之间的差异性主要反映在工作内容的不同，办案部门和综合业务部门的工作不同，与司法行政部门的工作也不同，对工作数量和质量以及工作效率的评分标准自然不同。

解决这个问题不能搞全院"一刀切"，应将群体拆分为各部门，以部门为单位来设计工作业绩的考核评价指标体系和评分标准，部门各工作岗位的评分规则由部门人员研究讨论后提出评分细则方案，经考核委员会研究后确定。部门在设计考核指标体系时可以统筹考虑本部门工作，设计评分细则时可以以主要岗位确定一个计量基准，其他岗位参照这个标准评分。比如侦查监督处以完成审查逮捕案件数量为计量标准：部门所有检察官完成办案总量除以检察官总人数得出平均数，确立一个计量标准。本部门的其他办案数量折算方法：以审查逮捕案件为基准，每办理1件审查逮捕案件为计算基数1个，其他办案数量折算为审查逮捕案件个数。立案监督案件折算1.5个，复议或复核案件折算1个，书面请示案件折算1个，提前介入案件折算0.5个，批准延长羁押期限案件折算0.2个，重新计算侦查羁押期限案件折算0.2个；开展监督行政执法机关移送涉嫌犯罪案件工作，移送案件经侦查机关立案侦查的，每件折算1.5个；开展专项活动，建议行政执法机关移送，每件折算2个；开展纠正漏捕工作，纠正漏捕数每人折算0.5个；开展监督纠正侦查活动违法工作提出书面意见，每件折算0.5个；犯罪嫌疑人3人以上的，每增加1人加0.5个，罪名在2个以上的，每增加1个加0.5个。比如公诉处，以完成办理公诉案件数量为计量标准：部门所有检察官完成办案总量除以检察官总人数得出平均数，确立一个计量标准。本部门办案数量折算方法：以办理一审公诉案件为基准，每办理1件一审公诉案件为计算基数1个，同时下列工作折算为办理一审公诉案件个数。每个二审案件开庭的折算1个，受理后进行审查未开庭的折算0.5个；

办理请示案件折算 0.4 个；每个职务犯罪同步审查的案件折算为 0.2 个公诉案件。共同办理专案，每人为 1 个一审公诉案件。提前介入或指导办案，每件折算 0.2 个。开展纠正遗漏同案犯工作，每人折算 0.5 个。开展抗诉（包括提请抗诉）案件工作，每件折算 1 个。办理不起诉备案案件每 50 人折算 1 个案件。犯罪嫌疑人 3 人以上的，每增加 1 人加 0.1 个，罪名在 2 个以上的，每增加 1 个加 0.1 个。

每个部门按照本部门设计的考核评价指标体系和评分细则对本部门人员工作业绩作出评分后，确定一个最高分，以这个最高分为工作业绩满分（每个部门工作业绩满分一样，一般为 60 分），其他人员乘以 60 除以最高分，为本人的工作业绩得分。这样部门人员和本部门人员之间互相比较评分，得出工作业绩得分。之所以以部门为单位来设计工作业绩的考核评价指标体系和评分细则，并在部门中进行人员比较评分，是因为部门的常规性工作性质基本相同，相对来说具有较大的共性和可比性；部门人员对本部门工作数量、难度、质量等都比较熟悉，对各工作岗位评分标准易于把握平衡，设计的考核评价指标体系和评分细则对本部门人员来说相对公平；部门设计指标体系和评分细则，也有利于部门加强管理和工作部署。每个部门都评出一个满分（各部门都一样），其他人员与之相比确定得分，这也体现了每个部门的工作都同等重要，每个部门工作业绩做得最好的业绩考核都应是满分。

当然这也可能会出现一些问题，比如有的部门工作任务重，有的部门人员少，有的部门人员工作能力不强等。这就需要按照工作数量、强度、难度等来考虑力量的摆布和任务的分配，部门之间在人员配置时注意平衡，在任务分配时注意平衡，在领导评价时注意平衡。

三、相对评价原则

绩效考核的相对性特征体现在两个方面：一是绩效考核是群体成员之间的一种比较，是对检察人员个人的评价，要体现差异性。比如通常所说的检察官、检察辅助人员和司法行政人员分类考核，就是分为三类群体来比较考核，从中分别选出优、良、中、差。对于考核内容，群体具有共性的，用一把尺子衡量比较，比如职业操守，全院人员内容和要求一致，所以可以对全院人员设计出同样的计分标准来比较；对于有差异性的，可以分解群体为若干有共性的小群体，设计出可比性的指标和标准来比较，比如以部门为单位来设计指标和标准，对本部门人员进行评分比较，评出最高分，然后得出本部门其他人员评分。群体之间的比较一定要体现差异性，否则就失去了考核的意义，体现不出考核奖勤罚懒、奖优罚劣的价值，要考核出差异性，就要细化量化考核指标，把工作数量和工作质量的细小差别尽可能地量化考核出来；还可以通过设定特别程序对评分相同较多情况区分出等次，比如在履职情况评价中，由领导评价区分出不同等次，规定第一名只能一个，第二名不超过50%等。二是绩效考核的得分体现在对评分的折算上。一般来说绩效考核分为几级指标，有一级指标、二级指标、三级指标，逐渐细化考核内容，为了评分准确方便，一般三级指标的评分都采取百分制评分，一级指标都规定了最高得分，如：

（1）业绩考核，60分，分解为两个部分：①工作完成指标，占业绩考核权重90%。包括：工作完成数量和工作完成质量两项，各占工作完成指标的50%。②工作效率，占业绩考核权重10%。包括：按时完成岗位工作（占工作效率的70%）和工作方法（占工作效率的30%）两项。

（2）职业操守，10分，分解为以下三个部分：①政治态度，占职业操守的40%；②工作态度，占职业操守的30%；③廉洁自律，占职业操守的30%。

（3）司法能力，5分，分解为以下三个部分：①信息，占司法能力的30%；②宣传，占司法能力的30%；③调研文章，占司法能力的40%。

（4）外部评价，5分，为竞赛、征文活动得奖与获得荣誉分值。

（5）履职情况，20分，分解为以下两种情况：①检察长、分管领导对部门主要负责人评价，分别占60%和40%；②分管领导、部门负责人对部门其他人员评价，分别占60%和40%。

这些考核评价指标较多，评分较细，一般先用百分制评出三级指标分值，乘以百分比后，再用百分制评出二级指标，乘以百分比后评出一级指标，相加后得出检察人员初级分值，这个分值极有可能超过一百分，而且可能很多人超过一百分，与绩效考核实行百分制不符。这时就要采取折算的办法，即一级指标的分值只能取最高分，由实际得分的最高分得一级指标的满分，其他人员与最高分比较确定分值，也就是相对于各项一级指标最高分（最优秀的检察人员）比较后得出的分值。

得出的这个分值还有可能仍然不是最终的分值，因为绩效考核要分出优、良、中、差，往往优秀规定了最低分值，一般为90分，而且按检察官、检察辅助人员和司法行政人员三类规定了比例，比如优秀的比例控制在15%以内。要符合超过90分的人正好是总数的15%这个条件，似乎很难，也许超过90分的有很多，例如30%、40%甚至50%，也许超过90分的很少，比如几个，甚至一个都没有，这时又要进行折算，就是设计一个系数，按照15%的比例选定优秀最低得分，用此得分除以90，得出系数，用检察人员的得分分别除以这个系数，就得出符合超过90分的人正好是总数的15%这个条件的得分，此得分也就是检察人员本年度最终的绩效考核得分。

四、公平评价原则

绩效考核事关每一个检察人员的切身利益，公平评价是检察人员最关注的，也是绩效考核顺利推行和发挥作用的重要因素。在绩效考核中要充分体现公平评价的原则。公平原则表现在以下几个方面：一是全面评价原则实际上就体现了公平性。对检察人员从事的工作都统筹考虑考核评价，或是设计为指标量化计分，或是在履职情况评价中有所体现，表现出对每项工作公平对待。二是归类考核，一把尺子量共性，部门工作平等。有共性的工作一把尺子衡量，不论办案工作，还是综合业务工作和综合工作，部门工作在考核中同等对待，干得最好的，工作业绩得分都是该项工作指标一样的最高得分。三是所有部门主要负责人的业绩考核要求一致。办案部门主要负责人的绩效考核要求完成本部门办案平均数的一半，对综合业务部门和司法行政部门的主要负责人同样要求完成本部门平均工作量的一半，比如侦监、公诉、未检、反贪、反渎、刑事执行、控申、民行部门负责人完成本部门平均办案数量的1/2得办案数量指标的基础分，再根据加减分机制进行增减。工作完成质量、工作效率等指标按本部门人员同等计分方法计算。案管、预防、研究室部门负责人，完成本部门设定的业务事项平均工作量的1/2，得完成工作量的基础分，再根据加减分机制进行增减。工作完成质量、工作效率等指标按本部门人员同等计分方法计算。检察技术（含信息中心）、司法警察和司法行政部门负责人，完成本部门工作平均工作量的1/2，得完成工作量的基础分，再根据加减分机制进行增减。工作完成质量、工作效率等指标按本部门人员同等计分方法计算。四是评价计分都要有依据。对于能用客观数据评价的工作，统一用数据评价计分，比如办案数量、办案质量、获奖情况、缺勤次数、发表文章情况都用数据说话。对于主观评价，都要有依据，不能随心所欲，随意而为。五是对某些工作有专兼职的，比如信宣调工作，实行差别评价，专职从事信宣调工作的人员与完成本职工作后开展信宣调的按照不同的计分规则评分。专职信息岗工作人员以前三年平均数为考核基数，得基础分10分，其他人员以全年内网动态信息采用1条为基数，得基础分10分。六是规定了特殊情况的特殊条款。比如对于检察人员在一个考核年度内因选派承担重大、疑难、复杂案件等而影响到办案数量的；组织批准承担其他工作任务，连续离开原办案岗位1个月以上的，这些情况导致办案数量或辅助办案数量不足基准数的，以基准数记，不扣除办案数量分。还有检察人员因工作原因，经组织批准连续离开办案岗位6个月以上的，不再按照前述规定进行年度绩效考核，由本院绩效管理考核委员会研究提出年度绩效考核结果等次，提请本院党组会议决定。七是对部门主要负责人赋予一定的评价权。部门主要负责人要组织部门工作和活动,要布置和督促完成工作任务,要管理部门人员,评价权是管理权的重要内容,对部门人员的履职情况要有评价权。

五、民主评价原则

制度的制定是一个民主协商的过程,以体现法治的交往正义。由于绩效考核涉及每位检察人员的切实利益,只有经过反复的民主协商,让检察人员全体参与,才能使绩效考核办法充分体现民意,并获得广大检察人员的支持。绩效考核的民主性主要体现在四个方面:一是设计指标体系和评分规则时动员各部门积极参与。绩效考核办法起草小组主要制定总则和分则的总体框架要求,各部门的考核指标体系和评分细则,由各部门根据部门工作实际和重点,组织本部门人员充分研究和讨论,提出初步方案;经起草小组研究汇总后,再征求意见,由各部门听取每一位检察人员意见,经过反复的协商和沟通,充分体现民意,减少漏洞。二是在考核环节设计检察人员自我评价环节。检察人员年终对自己的工作进行总结,按照绩效考核办法对自己的工作业绩和综合素质等进行自主打分,对自己的工作业绩和职业操守等情况做到心中有数,实现自我认知,全面了解自身的长处和不足,促进检察人员改进工作,提高工作水平,增强工作能力。三是提供考核依据的职能部门在评分时要反馈给被考核人并公示。提供考核评价依据的职能部门,如业务部门的办案数量、是否按规定时间办理完毕及办案质量由案管部门负责提供考核依据;创新工作方法是否得到高检院、省院、市委肯定并予以推广的,由办公室负责提供考核依据;政治态度由政治部、机关党委负责提供考核依据;工作态度由政治部、办公室负责提供考核依据;廉洁自律由监察室负责提供考核依据;信息由办公室负责提供考核依据;宣传由政治部提供考核依据;调研由研究室负责提供考核依据;奖励荣誉加分由政治部负责提供考核依据。这些提供考核依据的职能部门在提供评分前要将审核相关考核资料的情况向被考核人反馈,征求被考核人的意见并在内网公示,被考核人有异议的,可以向考核委员会办公室请求复议,考核委员会办公室复议后答复被考核人。四是赋予检察人员异议请求权。检察人员对考核结果有异议的,可以提出异议。经过评分,绩效管理考核委员会提出本院检察人员考核等次,在本院范围内进行公示。公示期间检察人员有异议的,可以向绩效管理考核委员会提出异议,绩效管理考核委员会必须听取意见或进行调查核实,作出变更或维持决定。赋予检察人员异议请求权,可以维护检察人员的正当权益,保障绩效考核结果的客观公正。

六、简便易行原则

制度要具有明确性和易操作性,才能在实践中得到有效执行。因此,绩效考核的评分标准应尽量明确,使其具有可操作性,以保证被考核对象准确领会考核的意图。为此,制定绩效考核办法时,一是量化指标要明确,二是简便易行,尽量简化计分方法,使之一目了然,具备易操作性。

比如对职业操守(在总分中占10)中政治态度指标的设计和评分。政治态度权重为40%,主要考核干警参加政治理论学习、集体活动等情况。遵守市院相关规定以80分记,违背则按有关规定减基础分:无故不参加全院性政治理论学习、全院性集体活动的,每缺席一次减2分,迟到或早退一次减1分;无故不参加支部集体活动的,每缺席一次减1分,迟到或早退一次减0.5分;没有按要求完成理论学习笔记、心得体会文章或有关活动征文的,每少一篇减1分,无故不上交减2分;未按要求参加本年度干部职工年度法律知识考试或考试不合格,未完成本年度法律知识考试考核和干部在线网络学习任务的,每人(项)减2分;参加导师制培养的干警,未完成基本任务的,每少1件(篇)扣2分;未按要求参加上级院、本院教育培训任务,每人次减2分;以选手身份参加市院机关组织或者上级单位组织的各类岗位练兵、知识竞赛活动的,每次加2分;抽调参加院里组织的文明创建、志愿者服务等中心工作(不含全院性活动),每人(次)加2分;党支部重视政治理论学习,能结合党建工作实际认真撰写党建调研文章。在全院或上级机关交流学习心得或介绍学习经验的,每次加1份;被评为先进党支部的,支部所在部门人员各加1份。党支部坚持"三会一课"制度和每周五学习日制度,未按规定开展的,支部所在部门人员每少一次,减0.5分。各项规定基本涵盖了政治态度各项要求,规定明确具体,计分方法简单明了,具有很强的操作性,检察人员易于明了加减分项所体现的对各种行为的褒贬,从而调整自己的行为;也使得考核时掌握依据和评分简便易行。

七、贯彻司法责任制原则

司法责任制改革的目的之一是明确检察官的权力和责任,主张"谁办案谁决定,谁决定谁负责",以此倒逼规范司法、提升办案质效,促进公正司法,提高司法公信力。所以必须在检察人员业绩考核中严格贯彻司法责任制。对规范司法行为和办案质量加大考核力度,作出明确规定,对不规范的司法行为加大处罚扣分力度,对故意违法办案或办案中有重大过失造成严重后果等,一票否决,直接评为"差"。

四、检察官绩效考核的标准和程序

对于办案质量作出规定：案管部门根据《南昌市人民检察院检察官办案质量评鉴工作办法》组织开展案件质量评查，实现案件质量评查常态化，客观全面评价案件办理质量。所办理的案件存在质量问题，但是在当年度绩效考核时未发现的，在发现问题时的年度绩效考核中按照当年度的减分标准予以减分，但是如果按照现在的减分标准减分较少，则依照现在的减分标准予以减分。

对于规范司法作出规定：廉洁自律指标主要考核干警规范执法、党风廉政建设等情况。遵守市院相关党风廉政建设的有关规定以100分记，违背则按有关规定减基础分：违反南昌市检察院执法廉政档案中有关廉洁自律规定，每次减20分；被纪检监察部门函询、诫勉谈话，每次减20分；在检察督察活动中被发现问题并被通报，每通报一次减10分；受到党纪政纪处分的，本项指标不得分。因司法办案遭到投诉，经查属实并作出处理的，减50分。检察人员违反《检察官职业道德基本准则（试行）》《检察官职业行为基本规范（试行）》等职业纪律规定，经查属实并作出处理的，减50分。

对于司法办案作出规定：在司法办案工作中，故意实施下列行为之一的，绩效考核应当评定为"差"：（1）包庇、放纵被举报人、犯罪嫌疑人、被告人，或使无罪的人受到刑事追究的；（2）毁灭、伪造、变造或隐匿证据的；（3）刑讯逼供、暴力取证或者以其他非法方法获取证据的；（4）违反规定剥夺、限制当事人、证人人身自由的；（5）违反规定限制诉讼参与人行使诉讼权利，造成严重后果或恶劣影响的；（6）超越刑事案件管辖范围初查、立案的；（7）非法搜查或者损毁当事人财物的；（8）违法违规查封、扣押、冻结、保管、处理涉案财物的；（9）对已经决定给予刑事赔偿的案件拒不赔偿或者拖延赔偿的；（10）违法违规使用武器、警械的；（11）因检察技术人员出具的证据材料作为关键、主要证据使用而导致案件办理错误的；（12）其他违反诉讼程序或司法办案规定，造成严重后果或者恶劣影响的。

在司法办案中有重大过失，怠于履行或不正确履行职责，造成下列后果之一的，绩效考核可以评定为"差"：（1）认定事实、适用法律出现重大错误，或案件被错误处理的；（2）遗漏重要犯罪嫌疑人或者重大罪行的；（3）错误羁押或者超期羁押犯罪嫌疑人、被告人的；（4）涉案人员自杀、自伤、行凶的；（5）犯罪嫌疑人、被告人串供、毁证、逃跑的；（6）举报控告材料或者其他案件材料、扣押财物遗失、严重损毁的；（7）举报控告材料内容或者其他案件秘密泄露的；（8）造成其他严重后果或恶劣影响的。

负有监督管理职责的检察人员因故意或者重大过失怠于行使或者不当行使监督管理权，导致司法办案工作出现严重错误，经本院、上级检察院或有关执法执纪单位认定，绩效考核应当评定为"差"。

开展绩效考核时,因与职务相关行为涉嫌违法违规违纪正在接受组织调查的,暂不确定考核等次。调查结束后,根据情况补定等次。

检察官绩效考核被评定为"差",或者连续三年被评定为"中"的,应当调离检察官岗位,按照法定程序确认退出员额,并在三年内取消再次遴选入额资格。检察官助理绩效考核被评定为"差",或者连续三年被评定为"中"的,应当调离司法办案岗位,并在三年内取消遴选入额资格。

绩效考核的目的是调动检察人员特别是检察官的工作积极性和主动性,促进工作水平的提高,推动检察工作的发展。这一目标的实现,有赖于在设计绩效考核指标体系和考核程序时遵循司法规律、把握实干导向,坚持责权利相统一和公平公正、突出实绩的原则。需要将绩效考核的结果与检察人员评先评优挂钩、与检察人员的绩效奖金分配挂钩、与检察官惩戒和检察人员职级晋升晋级挂钩、与干部的选拔任用和岗位调整挂钩来实现奖勤罚懒、奖优罚劣,达到奖励勤奋工作、业绩突出、真正优秀的检察人员的目标。

检察官办案分层分类评价机制研究

曾于生*

我国检察机关作为国家法律监督机关，承担打击犯罪、保障人权和维护公平正义多重使命，是中国特色社会主义法治的重要组成部分，是推进社会善治的重要力量。随着司法改革深入推进，员额检察官制度建立，要求突出检察官办案主体地位，明确司法办案责任，对检察机关办案的认识和评价需要科学定位，要符合检察权的宪法属性和检察权运行规律。曹建明检察长指出，要根据检察权运行机制的特点，综合检察官办案数量、质量、难易程度等考量因素，建立科学合理的办案绩效考核办法，纯粹以案件数量来考核并不能反映实际的工作量。浙江省人民检察院汪瀚检察长提出要树立"绿色司法"理念，倡导绿色办案GDP，从办案数量、办案质量、办案效果等多个方面综合评价办案工作，这些指导对检察办案实践具有重要而深远的意义。

一、检察机关办案的性质和特点

检察机关办案作为检察权独立运行的表现，贯穿于检察活动全过程。关于检察权的性质定位，学界和实务界一直存在不同的声音，但检察办案作为国家公权力行使职权，未必需要对其以硬性标准进行定性。事物的属性不具有唯一性，权力构成的复杂性也决定了检察办案的多元化，仅用某一种或者某几种性质对检察办案进行定性，容易陷入形而上的误区，具有片面性和局限性。与公安机关、法院相比，检察机关办案具有多元复合的特点，从权利的具体内容来看，检察机关办案表现为司法性、行政性、法律监督性等多重属性的有机统一。正确理解检察机关办案的属性，对于司改背景下进行案件分类评价具有重要意义。

（一）检察机关办案的司法性

从检察机关产生的历史渊源来看，检察官所行使的公诉权等权力是从传统

---

* 作者单位：浙江省绍兴市人民检察院。

的审判和追诉一体的司法权中分离出来的,天然亲近于司法权。① 检察权的产生源于诉权与审判权的分离,形成对纠问式诉讼制度下法官集权的制约目的。在检察办案的过程中,也表现出了强烈的司法性特征,包括独立性、亲历性、判定性和中立性等几大司法特征。

1. 独立性。检察机关办案的独立性主要表现在权力来源独立和职责权能两个方面。在当前我国的政治架构中,宪法及法律的相关规定作为检察权的直接来源赋予检察机关独立的宪法地位。检察机关依法独立行使检察权,不受行政机关、社会团体和个人的干涉。同时,检察官在行使具体职权时享有自由裁量权,对案件的发现、审查、判断和决定都具有相对独立性。例如,对于移送审查起诉的案件,检察官在通过调查发现后,可以根据事实和证据的了解掌握程度对案件作出起诉与不起诉(法定不起诉、酌定不起诉和证据不足不起诉)的决定。

2. 亲历性。与行政活动的便宜处分性不同,司法亲历性是指司法人员应当亲身经历案件审理的全过程,直接接触和审查各种证据,特别是直接听取诉讼双方的主张、理由、依据和质辩,直接听取其他诉讼参与人的言词陈述,并对案件作出裁判,以实现司法公正。② 随着司法责任制的加快落实,检察机关员额检察官办案的亲历性更为明显。在办案过程中,员额检察官需要做到对案件卷宗的亲自阅卷、犯罪嫌疑人亲自提讯、法律文书亲自制作以及亲自在检察业务统一系统上办案等。检察实践的亲历性,有利于保证案件质量,防止冤错案件的发生。

3. 中立性。检察办案的另一司法属性还体现在中立性上。司法是在居中感知、把握案件证据的基础上,认定事实和适用法律。③ 刑诉法明确规定,检察院在审查起诉时既要听取被害人及其代理人的意见,又要听取犯罪嫌疑人及其辩护人的意见。④ 既要收集有利于被害人的有罪、罪重的论据,又要收集有利于犯罪嫌疑人、被告人的无罪、罪轻的证据。⑤ 既要对犯罪人罪证进行查实认定,又要对侦查行为进行合法判断。可以说,检察机关代表国家追诉犯罪,维护国家利益,但同时维持被告人的权益,在一定程度上表现出中立性的

---

① 王守安、田凯:《论我国检察权的属性》,载《国家检察官学院学报》2016年第5期。

② 朱孝清:《司法的亲历性》,载《人民检察官》2012年第2期。

③ 王守安、韩成军:《论立法完善与检察制度的发展》,载《河南社会科学》2013年第7期。

④ 参见《刑事诉讼法》第170条。

⑤ 参见《刑事诉讼法》第50条。

四、检察官绩效考核的标准和程序

特征。

此外,检察机关办案时同样强调司法的判断性特征。检察官在对案件进行审查并提前诉讼的过程中。对证据的审查分析,对事实结果的法律认定,都表现出了司法裁决的特性。上述检察机关职能活动的特点,均表现出检察办案的司法属性。

(二)检察机关办案的行政性

检察权的行政属性可以追溯到现代检察制度的起源。检察官的出现,一方面是为了如上文所说的防止法官集权专断,另一方面则是为了减少统治者滥用权力。但作为妥协的产物,检察权"生于司法,却无往不在行政之中"①。无论是法国起初行政官性质的检察官,还是德国非审判官的司法官,都表明了检察权具有的行政属性,是在政治斗争中基于对改革成本和因循传统的考量而形成的制度折中,进而使得现代意义的检察官呈现出与同为司法官的法官不尽相同的现象②,检察办案的过程也不同于单纯的司法活动。

我国检察机关的行政属性主要体现在组织结构上采取上级领导下级的领导体制,呈现出与行政机关的领导从属制及首长负责制相似的特征,有点仿效行政机关"阶层式建构"的意味。根据宪法和相关法律规定,最高人民检察院领导地方各级人民检察院和专门人民检察院的工作,上级人民检察院领导下级人民检察院的工作。③ 因此,检察权在组织结构上,具有较强的行政性。而从检察办案的运行方式来看,检察内部遵循"检察一体化"的原则。"检察一体化"具有明显的行政属性,"在上下级检察机关和检察官之间存在着上命下从的领导关系;各地和各级检察机关之间具有职能协助的义务;检察官之间和检察机关之间在职务上可以发生相互承继、移转和代理的关系。"④ 在实践中,我国检察机关办案,往往采取检察长领导和检委会决定的方式,尤其是在处理重大要案的时候,上级对于案件的统一部署、组织协调以及人员调度,包括检委会对于疑难复杂案件的分析定性,都得到了保质保量的处理结果。

检察机关办案活动中行使的法律监督职能,包括侦监、控申和起诉等还有

---

① 王守安、田凯:《论我国检察权的属性》,载《国家检察官学院学报》2016 年第 5 期。
② 王守安、田凯:《论我国检察权的属性》,载《国家检察官学院学报》2016 年第 5 期。
③ 参见《宪法》第 132 条第 2 款规定、《人民检察院组织法》第 10 条第 2 款规定。
④ 孙谦:《中国特色社会主义检察制度》,中国检察出版社 2009 年版,第 227—228 页。

另一重要特征,即代表国家对犯罪行为进行追究,而这一系列的刑事行为均体现为检察的主动性。一般来讲,行政行为和司法行为的重要区别之一在于权力的运行是否是主动行为。通常理解,司法权具有消极被动性而行政权则是积极主动地进行社会干预。根据刑事诉讼法的规定,对于犯罪行为,检察机关必须主动予以追究。同时,如果检察机关对法院的判决不服,可以通过抗诉来进行再追究。因此,可以说我国检察办案过程中体现出行政属性。

(三)检察机关办案的法律监督性

按照我国国家机关的职能划分和定位,我国检察机关属于法律监督机关,并且作为一个法律事实,得到宪法的确认,检察机关通过法律赋予的权利履行对政府的行政行为、公安机关的侦查活动以及法院的审判活动的监督职能。这一定位借鉴于苏联对于检察机关的性质认定,列宁认为,"法制的实现不仅需要运用国家权力对违法者制裁,而且首先要求在国家的权力结构中确立一种督促人们遵守法律、发现并追诉违法者的法律监督机制。没有一个有效的、以国家强制力为后盾的法律监督机制,就不可能有法律的普遍遵守和适用,就不可能建立起有秩序的法制。"① 由此创设了带有法律监督属性的社会主义制度。新中国成立后,我国法律体系受苏联的影响,也建立了具有法律监督意味的检察体系。

而在我国以人民代表大会制度为政体的权力运行模式下,人民代表大会作为国家的权力机关,代表国家和人民的意志,集中统一掌握和行使国家权力,其他国家行政机关、司法机关都由它产生,对它负责,受它监督。但是对于庞大的国家运行机制而言,纯粹靠人民代表大会行使监督权不具有现实意义,需要常设机关来进行专门监督,在此情形下,检察制度应运而生。人民代表大会的权力赋予,使得我国检察机关自产生之际便带有法律监督属性,通过监督其他国家机关来实现权力制衡。办案的过程也是监督性的体现,检察机关通过审查起诉、批准逮捕等手段来监督侦查行为、通过抗诉等形式监督审判活动,以及通过对行政机关的检察建议、提起公益诉讼等方式来监督政府作为。

随着司法改革的进一步完善,对于检察办案的活动需要更进一步的思考。何为检察办案以及如何充分发挥检察作用都需要在对检察办案的属性有了充分的认知下才能进行。综上检察办案所展现出来的司法属性、行政属性以及法律监督属性,集中反映了检察办案的复杂性和多样性,这也决定了在案件办理过

---

① 贺恒扬:《我国检察权的基本特征》,载《国家检察官学院学报》2008年第3期。

程中，检察机关所展现的独特性，其作用并非只拥有单一性质的行政权或者审判权所能替代。检察活动的属性促使检察工作涵盖整个诉讼环节，以特有的方式发挥功能。

（四）检察机关办案的功能属性

检察机关在刑事办案过程中的职能主要是由性质决定的，其本身具有的司法性、行政性和法律监督性，促使检察活动从参与立案环节开始一直延续到刑事执行，可以说贯穿刑事诉讼的全过程。

1. 检察机关办案的基本职能

通常，我们认为检察机关在刑事诉讼中承担着提起公诉和法律监督两种职能。虽然在我国法律中并未有明确的法条对检察机关办案的职能进行具体规定，但是仍有迹可循，如《宪法》第129条和《刑事诉讼法》第167条分别规定了"人民检察院是国家的法律监督机关"以及"公诉案件由人民检察院审查提起"。正如樊崇义教授所说，"法律监督和公诉是我国检察权的两个组成部分和两种基本职能；公诉职能加强了，法律监督的效果必然显现出来，公诉是手段，法律监督是目的，实现法制的统一是效果。"[1]

在刑事诉讼的整个过程中检察办案并不仅限于以上两种职能，而是在不同的阶段和环节有不同的作用。除了法律监督和公诉之外，还承担着其他诸多职能，包括刑事追究、司法审查、诉讼监督、提起法律意见、法律保护等。这也与行使侦查权的公安机关以及行使审判权的法院区别开来，成为检察机关办案复杂程度远高于公安机关与法院的重要原因之一。

2. 检察机关办案的功能属性

检察职能的复杂性也决定了检察机关办案功能的多样性。俄罗斯学者B.M.萨维思科认为，在刑事诉讼中检察机关具有调查、指控、保护、许可和监督等功能。[2] 根据我国检察职能的特点，可以将当前检察机关办案的功能归结为发现、调查、审查和判断职能。可能在实践中检察办案功能范围更广，但是在刑事诉讼环节主要存在以上功能。以发现功能为例，检察机关对于侦查部门所提交的案件事实除进行审查外，还需要追诉存在漏罪和漏犯，以及出于中立性角度的考虑去发现犯罪嫌疑人无罪、轻罪的证据。而检察机关在调查、审查案件事实的过程中同样发挥着重要作用。特别需要指出的是，由于案件事实情况和证据线索的收集是一个庞大而复杂的过程，因此检察环节往往需要以组

---

[1] 樊崇义：《法律监督职能哲理论纲》，载《人民检察》2010年第5期。
[2] 参见张嫱：《刑事诉讼中检察职能的法理辨析》，载《江海学刊》2013年第6期。

织办案的形式开展,这不仅是为了更高效地解决司法资源,更是为了确保案件的公平正义。

此外,在案件的审查起诉环节,检察机关不仅要对案件事实提出定罪量刑的建议,更需要对案件作出起诉与否的决定。尤其是不起诉决定,与法院的免刑和无罪判决具有相似的效力,甚至可以称为终局性。从这一角度考虑,检察办案也具有"审定判断"的功能。

二、检察机关办案评价的依据和原则

(一)检察机关办案评价的依据

1. 刑事诉讼客观规律的要求

检察机关办案评价机制要符合刑事诉讼的规律。一方面,刑事诉讼是一个通过证据逐渐恢复案件真相的过程,对案件事实的证明也呈现出由低到高、由宽到严的发展过程。[①] 立案、移送起诉、审查起诉、审判等环节证明的标准不同一,每个环节只要尽到依法办案的责任就应该予以肯定,不能简单以其他环节的证明标准来评价检察环节的工作。同时,相对于刑事诉讼中的其他环节而言,检察办案这一环节是比较复杂的,既有递进性,又有约束性,在确定检察办案评价机制时,要充分考虑检察权在整个刑事诉讼中的阶段性和复杂性。

另一方面,刑事诉讼的最终目的是惩罚犯罪和保护无辜,这也是刑事诉讼的基本价值所在。检察机关办案评价机制既要能够反映惩治犯罪的功能,又不能舍弃对于人权保障的功能,在设置评价类目的过程中,前者可以通过审查逮捕、审查起诉、有罪判决等办案指标予以反映,后者则通过纠正侦查违法、纠正审判违法、证据合法性调查等活动予以反映。

2. 检察权性质和运行规律的要求

检察机关办案分层分类评价机制的设立是为了更全面、有效履行检察办案职能,因此在评价机制的设计、运行和管理上,不能偏离检察权的性质和运行规律。

一般来说,检察权包括司法性、监督性和行政性,而检察办案也相应地围绕这三个特性展开。在刑事诉讼中,检察办案实施着对案件进行审查、决定批捕、提起公诉等司法工作,也实施着监督侦查办案手段、监督审判活动、监督刑罚执行等监督工作,还实施着上下级案件请示、案件指导、案件会商等行政工作,检察机关办案评价机制应围绕检察机关各项权能展开。

[①] 周茂玉、杜淑芳、褚尔康:《"失真"与"异化"检察业务考核体系存在问题及解决思路》,载《中国检察官》2014年第8期。

四、检察官绩效考核的标准和程序

在检察权的运行特点上,检察机关办案评价机制主要涉及检察权运行的微观层面,也就是同一检察院内部,在微观上,检察权的运行表现出法定性、一体性、独立性、复合性的特点。第一,检察权运行的各个要素、各要素之间的相互影响、相互作用具有法定性。在构建评价机制时要合理安排检察权运行的各个要素,如检察长、检察委员会、内设机构负责人、检察官等,规范要素运行的方式。第二,要保证检察权的一体化行使,这是检察权的行政属性所决定的。检察机关上命下从,同时包括横向以外的协调和配合,整个检察系统成为一个有机整体统一行使检察权。[1] 在构建评价机制时,对内应充分明确和强调检察长的责任与话语权,对外则应要求检察权的统一行使,强调各部门的相互配合、上下级的统筹安排,统一办案流程与程序要求,以坚持统一的执法标准和行为准则作为评价的依据。第三,要保证检察权的依法独立行使,这也是检察权的司法属性所决定的。根据宪法规定,人民检察院依照法律规定独立行使检察权,不受行政机关、社会团体和个人的干涉。对于办案的评价应当充分尊重检察权运行的独立性,不能单以其他机关的办案结果来评价检察办案,对于在办案中行使这种独立性权力的主体,也就是检察官,只要其尽到了严格规范办案的责任,就应对其肯定。第四,尊重检察权运行的复合性。检察权中,不同权力运行又有各自的规律,如司法权的运行需要遵循诉讼规律,行政权的运行要遵循行政规律,在构建评价机制时,要合理考虑不同的规律特点。

检察机关采取上下级领导体制,检察院内部以检察长为机关首长,在行使权力时也采取上命下从、检察一体的形式。在设立检察机关办案评价机制时,应遵循组织管理的一般规律。如科层制管理理论强调组织架构的层级领导、专业分工和组织人员的量才而用,以便使能力、精力有限的组织成员通过组织各层级之间的目标结合,以合乎逻辑和高效率的方式完成组织的整体目标。[2] 同时,运用管理学规律,通过对检察院办案工作的合理划分、指标权重的设置和不断调整,使得人、财、物等资源在一定目标下形成一体化,充分挖掘检察资源的潜能。

3. 相关法律法规和司法政策的要求

检察机关办案分层分类评价机制不仅要与当前的法律体系相契合,而且要回应决策层对于司法改革的顶层设计。一方面,评价机制要在宪法、诉讼法以及人民检察院组织法等法律的框架内进行。宪法规定"中华人民共和国人民检察院是国家的法律监督机关",三大诉讼法对于检察院在法律监督中的定

---

[1] 陈文兴:《检察一体化制度设计中的两个难题》,载《中国司法》2008年第11期。
[2] 乔汉荣:《检察机关考核考评制度的基本原理》,载《人民检察》2012年第15期。

位、分工及权力行使的方式、步骤做了具体规定，人民检察院组织法为检察院的组织体系、机构设置及职权提供了法律依据，检察院办案评价机制应充分尊重这些法律规定，在其框架内，合理配置检察官的职责权限，并以此为基准，确定考评的指标。另一方面，评价机制应充分回应司法改革的政策性导向。目前，司法改革由决策层从顶层设计的层面启动，并以一系列"决定""意见"的形式提供指导。之所以要设计检察机关办案分层分类评价机制，也是在这一政策的引导下，顺应司法规律、改善检察工作所作的必要决策。因此，在制定机制的同时，应当充分参照《关于完善人民检察院司法责任制的若干意见》《最高人民检察院机关检察官司法办案权力清单》等政策性文件中对于检察院办案组织及运行机制、检察管理及监督机制、司法责任的认定与追究等的规定，保持与顶层设计的一致性。

（二）检察机关办案评价的原则

1. 职权义务明晰原则

（1）功能区分，明确界限。检察办案活动中，不同部门、不同层级的检察人员分担不同职责。从部门来说，审查批捕、公诉、案件管理等部门，职能上存在不同特点和要求，在设定评价指标时，要体现部门之间的分工与差异，又要能够保证部门内部和部门之间具有逻辑上的一致性，不能产生矛盾和冲突。从层级上来说，在一般案件中，检察官助理在检察官指导下履行部分办案的职责，检察官承担执法办案主体地位，而在重大、疑难、复杂案件中，需要有专门的办案组，甚至集全院之力办理案件，此时，办案权力集中于检察长，日常办案活动则由检察官办案组承担，在设定评价指标时，同样需要对不同环节、不同分工的人员区别对待。

（2）事权划一，权责适应。如前所述，在办理不同层级的案件中，检察官助理、检察官、检察长等办案主体，行使不同的办案权力，分担相应的办案职责。完整意义上的办案权力包括决定权、监督管理权和决策咨询权。[①] 例如，检察长对检察官承办案件的审核，虽不直接对案件产生程序或实体上的效力，但却是对检察官办案权力的制约，又如上级检察院对下级检察院的案件请示给予的咨询意见，参与咨询的人员须承担相应的办案责任，因而也都属于办案活动。对于办案活动产生的不同程度的权力、责任，也应在评价指标中以不同权重予以区分。

---

① 王光贤：《检察官权力清单制度的实施及其完善——以上海市检察机关为样本》，载《上海政法学院学报（法治论丛）》2017年第4期。

（3）专业化分工，提高效率。为适应司法责任制改革的要求，实践中，一些检察院探索了专业办案组织办案的新形式。对于金融类、环境资源类等专业化程度较高的案件、抗诉案件以及重大、疑难、复杂案件采用检察官办案组模式，促使检察办案人员专心办理、研究一类案件，提升办案质效。在专业办案组中，主任检察官既要负责组织、指挥和协调工作，又要亲自承担部分审查工作，而其他检察官、检察辅助人员则在不同涉案人员、案件事实分工的基础上展开工作，彼此的工作量、工作难度、权限和责任存在差异，这也需要在设定评价机制时作出权衡和考量。

2. 公正客观原则

公正客观原则是检察官办案分层分类评价机制的核心。公正原则是指在设计检察机关办案评价机制时，须保证公正地兼顾到各部门、各层级人员在办案中的贡献，辅以中立客观的评价主体、公正的程序，并保证评价程序的自治性和可诉性，保证评价结果运用的公正性。客观原则是指检察机关办案评价机制应建立在深入调查研究和科学分析论证的基础上，在设计评价要素时，应立足于当前司法改革、检察机关内设机构改革、检察机关人财物统管的实践，保证尽可能地科学合理，避免不切合检察实际的考核指标。检察权的行使本身就要求坚持客观公正，这是保障检察机关正确行使检察权和发挥检察权作用的内在要求，而检察机关办案分层分类评价机制以公正客观为原则，也正是顺应了这一要求。检察机关办案评价机制在设定类目时，对检察工作中的分类、步骤、权限进行细化、量化，为检察办案人员在行使权力时提供较明确的规范指引，减少了办案中的随意性，提高了履职的规范性。同时，检察机关办案评价机制也对检察办案数量、质量、效率和合法性设定了评价指标，促使检察人员更为及时、积极、正确地履行权力，从而使得人民群众的合法权益能够得到充分保障，公平正义的目标也能更好更快地实现。

3. 量质责并重原则

"量化考核的基础和前提是被量化的事物具备统一性、同质性，这样考核出来的结果才具有精确性和可比性。"① 但是，检察办案工作本身存在复杂性和差异性。其一，检察权的性质就是司法权、监督权和行政权的混合。其二，检察院的各业务部门各自行使功能，但彼此的功能之间有交叉，又各有侧重。其三，检察长、检察委员会、检察官作为不同的办案主体，分担不同的办案任务，此外还有专业办案组、检察辅助人员等特殊办案主体的加入，彼此在检察

---

① 冯海玲、徐鑫：《论分类视角下法官评价体系的重构——以法官塑造为着力点的分析》，载《山东审判》2014年第5期。

办案工作中所起的作用难以简单评价。其四，现阶段随机分案的方式下，对于案件的实际情况难以客观准确地掌握。总的来说，对于这种差异性，在无法以一套量化标准进行评价的情况下，需要综合发挥"质"和"量"的作用。然而，当前检察机关在进行考核评价时，存在过于强调"量"或"率"的倾向，例如人均办案量、大要案量、抗诉成功率、无罪判决率等，这种倾向可能会伴随着"运动式执法"，更有可能带来数据失真，弄虚作假，与检察权运行的客观性要求相悖。而对于办案工作的质量，由于"质"较难以量化形式反映，而在评价时有所忽视。这种倾向客观上并不利于检察工作的开展。因此，在设计检察机关办案评价机制时，应当适当弱化"量"的地位，同时适度拔高"质"的地位，追求量质并重。一方面，通过更全面、综合地认识检察办案工作，多角度、立体化地将与检察办案密切相关的工作内容纳入到评价体系中，完整地体现检察院的工作"量"；另一方面，积极、主动地将办案质量的指标，例如程序流程的到位、审查报告的制作、庭审效果的实现、案件当事人的反响等纳入到评价中，激励办案人员提升办案质量，从而实现"量"与"质"的齐头并进。

检察工作具有人民性，是为人民群众的利益服务的，检察办案的目的也是为了实现社会效果和法律效果的统一。当前，人民群众对检察机关履行职能的要求不断提高，同时，在司法改革的大背景下，又有许多人对检察工作功能和效果提出了质疑。对检察机关办案评价制度的探索，就是一种对这种呼声和质疑的回应，是为了让检察工作更好地回归人民。因此，在制定评价机制时，一方面，要把办案实现社会效果、法律效果的有机统一放在高度重要的位置；另一方面，要把人民群众的满意度作为衡量案件效果的重要依据，可以考虑引进第三方评价机制，将人大代表、政协委员、利益相关人员以及其他人民群众的意见应用至评价结果中。最终，要使评价机制这一内部的评价行为的效果溢出内部，提升检察形象，真正造福人民。

4. 统筹兼顾原则

为了使评价的结果保证公正客观，检察机关办案分层分类评价机制的制定与实施需要做到统筹兼顾，需要站在大局角度，实现评价的一体化和统一性。一要全面评价。统筹兼顾并不意味着将检察办案的方方面面简单条条化，而是要科学评价检察工作的各个环节和基本方面，做到既全盘考虑，又有重点，绝不顾此失彼。二要考虑联系与衔接。要合理划分工作类别，科学确定统计口径，并且使各项指标之间能够相互衔接，综合反映不同部门、不同层级、不同责任下检察办案工作之间的联系，反映出检察办案工作是一个有机联系的整体。三要重视差异。检察工作存在复杂性，部门、地区工作都存在差异，不能以"一刀切"的方式来确定评价机制,如部门差异,不同部门工作性质、侧重点各有不同,在设计评价指标时需要有所考虑。四要内部评价与外部评价相结合。在形成评价的方式时,既要做好个案评查、内部评查,又不能忽视外部评查,要将社会公众的评价纳入评价体系中来,以人民群众的呼声促进检察办案的规范化和文明化。

三、构建检察官办案分层分类评价机制

浙江省人民检察院汪瀚检察长指出,要践行"绿色司法",改变唯办案数量的数字办案 GDP 评价模式,防止片面强调办案数量、就案办案。要认识到案件数量虽然可以在一定程度上反映检察机关的工作量,但并不是检察工作的全部内容,片面追求办案数量而忽视办案质量、办案效果,很可能会背离检察工作的初衷和本质要求。当前司法改革要求建立员额检察官制度,明确司法责任,因此要从以前对检察机关的工作考评转变为对检察官办案的考评。当前对检察办案进行评价考核有三个要素:考评标准、考评对象、考评内容。考评标准应当包括办案工作量、办案效果(质量)和司法责任,考评对象是作为办案主体的检察官(不同组织形式),考核内容是办理的案件性质及其类型。笔者认为,应当立足检察机关的宪法赋予的法律监督使命,依据检察权运行的实践规律,建立健全对检察官办案的分层分类考核评价机制。

江苏省检察机关出台了《江苏省检察机关案件清单》,该清单将案件分成实体性办案、程序性办案和指导性办案三类,基本上涵盖了检察机关十条业务线的全部办案工作,较全面地体现了检察工作的复杂性,但笔者认为,这种分类方式还存在一定瑕疵。第一,对实体性办案和程序性办案区分不明。文件中写道"程序性办案过程中,对需要讯问(询问)、调查取证等办案活动开展的,可以认定为实体性办案",那么在实践中,就会出现既属于程序性办案又属于实体性办案的情况。第二,对监督权的体现不明显。监督类案件基本上都被划分至实体性办案中,未能体现监督的重要性。

(一)以检察职能性质为标准,区分为诉讼类、监督类和程序管理类案件进行分类考评

检察职能是以法律监督的共性为联结的各种手段和方式的组合,它是多样的、非单一的,每一项检察职能都具有自己的个性。[①] 在构建检察机关办案评

---

① 漠川:《从哲学共性与个性的相互关系看法律监督与检察职能的辩证统一》,载《检察日报》2011年11月25日。

价机制时，可以将检察业务职能进行分解，将检察办案活动分为诉讼类、监督类和程序管理类。

1. 分类的界定和意义

普通诉讼类是指检察院对侦查机关移送提请逮捕的案件进行审查决定是否批准逮捕，对移送起诉的案件审查决定是否提起公诉，使得触犯刑法的被告人被送上法庭接受审判的一系列工作，其权力来源于检察权中的司法权、行政权，实践中，办理审查逮捕、一审公诉、二审上诉类案件等均属于此类工作。诉讼监督类是指检察院对刑事立案、侦查活动、审判活动、刑罚执行活动以及民事审判、行政诉讼等诉讼活动的合法性进行监督，发现和纠正违法诉讼行为，维护司法公正的一系列工作，其权力来源于检察权中的监督权，实践中，进行立案监督、纠正违法、证据合法性调查、审判监督程序抗诉、刑罚执行监督、行政公益诉讼等均属于此类工作。诉讼管理类是指检察院进行案件审查、处理请示、部门会商等诉讼程序之外的业务指导、案件把关的一系列工作，其权力来源主要是基于检察权中的行政权，这类工作虽然不直接对案件产生司法效果，但能够通过审查发现错误、对下案件指导、会商形成案件处理意见等方式，对案件产生实质性影响，因此也属于办案活动的一种。

这一分类方式的意义体现在以下几个方面：第一，一定程度上能够厘清办案权力与办案责任的关系。在对案件进行分类的同时，明确了各个部门所享有的办案权力，并从中反映案件责任。第二，详细体现了检察工作的内容。案件的分类明确了一"件"案所经历的环节，客观评价了案件组成，便于人民群众理解人民检察院的工作构成。特别地，对于诉讼管理工作这一可能被一般群众认为不属于办案活动的工作进行了界定，完善了对于检察工作的认识。第三，突出了监督和管理。目前，检察对于侦查、审判工作存在配合大于监督的局面，为了适应以审判为中心的诉讼制度改革，加强检察监督，特别是对侦查工作的监督，是一种必然选择。而诉讼管理工作的纳入，有利于进一步促进检务公开和规范，增强检察工作的社会效果。

2. 评价标准及内容

（1）工作量评价。在工作量上，普通诉讼类办案活动包含案件的审查批捕、案件的审查起诉等工作，而在这部分工作中，又同时包含了大量的程序性工作和实体性工作，如审查报告的制作、讯问犯罪嫌疑人、出席法庭等，其工作量明显大于另外两类工作。诉讼监督类办案活动工作一般在办案过程中主动发现并启动，其工作过程同样会包含程序性和实体性工作，如纠正侦查工作违法、审判监督案件的审查与出庭、民行申诉案件的调处、行政公益诉讼等，但诉讼监督类工作中有部分工作如纠正违法、刑罚执行监督等，并不像普通诉讼类案件那样贯穿一个案件的全部诉讼过程，故其工作量小于普通诉讼类办案，但这项工作由于往往需要主动发现，因此具有相当的难度。诉讼管理类办案活动则主要是程序性工作，一般是听取下级院案件汇报并进行指导、与其他部门进行案件会商等，其工作的主动性、普遍难度都要小于其他两类工作。三类办案活动工作量的比较如下（见表1）。

表1

	办案工作量	办案效果（质量）	办案责任
诉讼类	主要涉及诉讼过程的环节，例如查阅案卷资料、询问证人、讯问犯罪嫌疑人、进行补充侦查、制作法律文书、出席法庭等。	实现案件程序公正与实体公正，例如保障当事人诉讼权力、保障办案期限内案结事了、保证案件事实、证据达到能够进入下一个诉讼程序的要求等。	主要承担司法责任，在职责范围内对办案质量终身负责，包括故意违法法律法规责任、重大过失责任和监督管理责任。担责主体上，检察官独立承办案件自行担责，办案组承办案件、检察官联席会议或检委会集体决定案件共同担责。
监督类	主要涉及发现环节和调查环节，例如发现侦查违法行为、要求侦查机关说明、讯问犯罪嫌疑人、制作非法证据调查报告、制作纠正违法通知书或检察建议、发现生效判决错误、通过抗诉启动再审程序等。	实现案件公正办理，使漏罪、漏犯得到追究，使公安、法院以及刑罚执行部门的违法行为得到纠正，使错案得到改正。	主要承担监督责任，负有监督职责却因故意或重大过失怠于行使或不当行使监督职责，导致出现严重错误，需要担责。担责主体上，检察官独立承办案件自行担责，由办案组、检委会等集体发现、集体决定的则共同担责。
诉讼管理类	主要涉及管理环节，例如审查生效案件、制作备案案件审查表、对下级院请示进行批复、向有关单位发函、与有关单位会商等。	主要是实现内部效果，例如使下级院的办案活动得到指导、使生效案件得到后续的审查检错、得到部门会商结果等。	主要承担领导责任，有关领导人员对于做出的指示、会商的结果在其职责范围内承担责任。

（2）办案效果评价。案件效果也是进行办案评价的重要层面。在办案效

果方面,普通诉讼类案件会产生程序上与实体上的效果,例如办案流程到位、犯罪嫌疑人诉讼权利得到保障、逮捕的犯罪嫌疑人移送起诉、起诉的犯罪嫌疑人被判有罪以及案件带来的社会评价等。总的来说,是使公平正义得以伸张,使有罪的人得到审判,无罪的人不被追究。诉讼监督类办案活动的办案效果则主要在于使公安、法院以及刑罚执行部门的违法行为得到纠正,使错案得到改正,这种办案效果建立在前一个环节或同一个环节的办案出现错误上。诉讼管理类办案活动的效果主要是使下级院的办案活动得到指导、使案件在结束诉讼过程后得到后续的审查检错等,其效果主要表现出行政性、程序性的特点。

(3)办案责任评价。在办案责任方面,普通诉讼类办案活动的办案责任主要是司法责任,是否有故意违反法律和有关规定,或者重大过失导致案件实体错误、程序违法的情况。诉讼监督类办案活动的办案责任主要在于负有监督职责却因故意或重大过失怠于行使或不当行使监督职责,导致出现严重错误,例如对公安机关明显违法的问题视而不见,没有对确有错误的判决提出抗诉等。前述两类办案活动在担责时,由检察官独立承办的案件由其个人担责,而由办案组承办、检察官联席会议共同决定或者检委会集体决定的案件则共同担责。诉讼管理类办案活动的办案责任则主要是领导责任,例如回复下级院请示、进行案件会商时是否有故意违法或重大过失的情况,有关领导人员对于作出的指示、会商的结果在其职责范围内承担责任。

3. 需要注意的问题

在对这三类工作进行评价时,要着重考虑以下几个方面的问题:第一,就工作本身而言,存在内容、主体、责任的不同。在内容上,普通诉讼类和诉讼监督类包含实体性、程序性的工作,而诉讼管理类主要是程序性的工作;在主体上,依照司法改革的趋势,普通诉讼类办案活动中,检察官的权力进一步扩大,检察长或者检察委员会的办案权力相应缩小,在诉讼监督类办案活动中,检察官一般是获得部分授权,而在诉讼管理类办案活动中,一般仍以部门为办案主体;在责任上,普通诉讼类和诉讼监督类办案活动,其办案主体要承担较多的司法责任,诉讼管理类办案主体则主要承担领导责任。第二,就对外关系而言,既相互独立又彼此联系。独立体现在三类办案活动由于工作性质的差异,可能分属不同的办案环节、办案部门,而联系体现在办理一件案件时可能既需要办理案件,也会进行纠正违法活动,还会需要进行案件请示,这就将三种办案活动联系在了一起,同样的,在一个部门内部可能会兼有三种办案职权,在不同办案部门之间也可能因为三种办案活动而进行联络、商讨。第三,就办案结果而言,在数量方面,三种办案活动的内容性质不同带来计算口径、计量结果的不同,在质量方面,普通诉讼类和诉讼监督类办案活动大多会产生实体效果和程序效果,而诉讼管理类案件则更多地产生程序效果。

(二)以办案主体的组织形式为标准,区分为重大办案组、专业办案组、独任检察官进行综合量化考评

我国检察官员额制度的逐渐确立,检察办案的专业性进一步加强。原本"检察人员承办、办案部门负责人审核、检察长或检委会决定"的三级审批制办案模式将逐步向"检察长授权、承办者决定"的检察官责任制办案模式发展。在此过程中,办案主体也就是包括员额检察官在内的办案组重要性更加突出。在检察实践中,办案组织的形式是确保检察权能够正确运行的重要方面,对于检察机关能够公正高效的行使权力,维护司法公信力上具有重要作用,可以说办案组织是检察权运行的最基本单元。作为组织单元的构成要件,检察机关办案主体采取什么样的分类、以什么标准来评价,对于检察办案以及检察责任意义重大。

1. 办案主体组织形式比较

参考域外监督检察机关办案主体分类,可以发现采取的基本形式主要为两种,即独任制和协同办案制[①]。且在大多数情况下以独任制为主,即由一名案件承办检察官在检察辅助人员的协作下,独立地承办案件并作出决定。但在涉及重大、专业性犯罪时则以协同办案制开展办案,即由两名以上检察官及相关检察辅助人员)组成办案团队,在此基础上展开重大案件的办案活动。比较典型的是日本,检察办案往往采取独任制方式并称为独任制机关,具有独立的性质。[②] 而在面对重大复杂案件时则采取协同办案的形式,如日本检察厅特搜部在办理重大、专业性犯罪时,成立以资深检察官为中心,其他检察官、检察事务官参与的专业化办案团队,受最高检察厅检察总长直接指挥。[③] 虽然域外检察办案以独任制为主,但随着社会发展,案件的复杂性程度上升,尤其是在面对职务犯罪以及金融犯罪等专业性犯罪,需要进一步协同办案的作用。

从国内司改试点地区的发展模式看,较有代表性的是上海模式和广东模式。在上海闵行区院的模式中,根据案件等级,可以分为"主任检察官承办并决定"的简单办案组织、"检察官承办,主任检察官决定"和"主任检察官承办,检察长决定"的复杂办案组织。而在广东模式中,则根据案件性质和

---

① 参见龙宗智:《检察官办案责任制相关问题研究》,载《中国法学》2015年第1期。

② 参见日本法务省刑事局编:《日本检察讲义》,中国检察出版社1990年版,第18页。

③ 郑青:《我国检察机关办案组织研究与重构》,载《人民检察》2015年第10期。

业务类型，分为简单案件独任检察官办案、大案要案等团队检察官办案，并在针对涉及金融、税收、知识产权等方面成立专业小组，研究案件涉及的专业性问题，为独任检察官、检察官办案组处理案件提供参考。

2. 对不同办案主体综合量化考评

由于检察办案属性的复杂性和多元化，在对办案主体进行分类时也应当考虑到这些特点，使得分层分类既符合司法活动的一般规律，又能够促进检察办案的顺利进展。结合当前我国检察办案的实际以及域外模式，对于办案主体的分层分类，可以按照案件的重大程度，分为重大案件办案组和一般案件办案组，而在一般案件办案组里面又可以分为专业办案组和独任检察官（见表2）。

（1）重大办案组评价

在构建重大案件办案组时，除了可以由多名员额检察官组成（确定其中一个员额检察官为负责人，其他员额检察官和检察辅助人员共同处理案件）以外，还可以增加检察长、副检察长以及检委会专委等部分，以其本来的职务身份直接参与办理重大、疑难和复杂案件。① 虽然在我国现行刑事法律和司法解释中，对"重大疑难复杂案件"并没有明确规定，但高检院《关于人民检察院审查逮捕工作中适用"附条件逮捕"的意见》第2条对"重大案件"的规定②，以及江苏省检察院和省公安厅联合下发的《重大疑难案件公安机关听取检察机关意见的实施办法》的规定③，可以包括：①判处10年以上有期徒刑、无期徒刑或者死刑的案件；②在案件定性和法律程序适用等方面较为复杂疑难的案件；③在本地区有重大影响的危害国家安全、严重危害公共安全、严重暴力犯罪、涉恐涉黑、毒品犯罪以及严重危害食品药品安全和破坏环境资源等一系列案件。

由于重大案件办案组所处理的案件相对复杂，因此在对办案组的评价上不能仅通过案件数量的多少来进行评价。一般而言，重大、复杂和疑难案件的调查程序复杂且所造成的社会影响较为重大，需要集中更多办案力量，由领导直接参与办案或者领导、组织、协调办案。因此对办案组进行评价时更应当侧重考虑办理的案件质量和社会效果如何，实现维护案件公平正义和实现社会效果

---

① 郑青：《我国检察机关办案组织研究与重构》，载《人民检察》2015年第10期。

② 根据高检院《关于人民检察院审查逮捕工作中适用"附条件逮捕"的意见》第2条中对"重大案件"的规定，犯罪嫌疑人可能被判处10年以上有期徒刑、无期徒刑或者死刑，以及可能被判处5年以上不满10年有期徒刑的六类案件，可以认为属于"重大案件"。

③ 重大疑难案件的范围包括危害国家安全犯罪、严重危害公共安全犯罪、严重侵犯公民人身权利犯罪等10类案件等。

四、检察官绩效考核的标准和程序

良好的有机统一。

此外，由于重大案件往往有领导参与办案，因此在进行评价时还需要明确司法责任，要牢固把握"谁办案谁决定，谁决定谁负责"的原则，进行综合考量。重大办案组因有领导参与办案，所以要分两种情况讨论。第一种是领导直接参与办案的，领导在职权范围内作出决定的，需承担完全责任，而案件承办的员额检察官则需要在职责范围内对事实和证据负责；第二种是领导组织协调办案的，领导需要承担监管责任，而办案员额检察官承担司法责任，对案件决定承担完全责任。

（2）专业办案组评价

随着犯罪的专业化程度加深，全面广泛但是粗略涉及的办案方式已不能满足精准打击的要求。因此构建专业办案组，其出发点是建立在专业、集中的办案优势上，员额检察官以分组合作的形式进行，在此基础上结合各地检察机关的实际业务量，成立固定的办案主体，如毒品犯罪专组、网络电信犯罪专组以及金融犯罪专组等。与广东设立专业小组的方式不同，直接对办案组进行分类，一方面由于承办人直接了解专业知识，解决了由于二次传递造成的信息遗漏；另一方面对于确定案件的司法责任也更为明确。

对于专业办案组的评价，一方面需要解决专业化的犯罪中出现的疑难点，对于定罪量刑做到适度适量；另一方面要在积累大量办案经验的基础上，为解决专门化犯罪提供案例指导和打击预防。因此，案件数量也并非专业办案组的唯一评价指标，还需要考虑案件办理之后对于类案的把握和指导，是否能为之后案件的办理提供有价值的参考。

而在司法责任方面，专业化办案往往由几名员额检察官组成，因此在责任承担上，由其负责人和其他检察官共同承担责任。其中主任检察官对职权范围内决定的事项承担，办案组其他检察官对自己的行为承担责任。

（3）独任检察官评价

针对当前绝大部分的案件属于简单但是数量巨大的简易案件，可以构建独任检察官办案模式，即一名员额检察官＋若干司法辅助人员。随着绿色司法理念的深入，不仅要在案件的分类上实行繁简分流，更要在办案主体的分类上首先构建好这一理念。对于案情相对简单且发案率较高的案件，如危险驾驶、故意伤害以及盗窃等案件，由于案件轻微，采取独任制检察官办理模式更符合办案实践。因此在对这一类案件的评价时更重要的是关注办案效率。针对数量庞大且简单的犯罪案件，需要着重考虑在流水化的办案过程中节约大量司法资源，提高办案效率。而在责任评价这一方面，主要考虑员额检察官的责任。一般情况下，由作出决定的员额检察官对案件的事实认定和法律适用承担全部责任。同时，作为重要组成部分的检察辅助人员也需要依据职权在分工职责范围内承担责任，在这一部分，员额检察官需要承担审核把关责任。

表 2

		案件数量	社会效果（质量）	司法责任
重大办案组		办理案件数量相对较少，因此不作数量要求，但案件疑难复杂程度高，对于案件的质量要求相对也高，案件评价以质量为主。	主要考虑案件处理的质量和社会效果，具体包括案件的典型性、指导性以及社会反响度等，通过案件办理达到维护公平正义和实现社会效果良好的有机统一。	领导直接参与办案的，领导在职权范围内作出决定的，需承担完全责任，而案件承办的员额检察官则需要在职责范围内对事实和证据负责；领导组织协调办案的，领导需要承担监管责任，而办案员额检察官承担司法责任，对案件决定承担完全责任。
一般办案组	专业办案组	办理案件以类案为主，有数量要求，但案件的办理专业化程度较高，需结合案情分析做进一步要求，因此评价时要综合考量案件数量与质量。	侧重为解决专门化犯罪提供经验和案例指导，对于如何做好案件的打击预防也有重要作用。因此在对专业办案组进行评价时同样需要考虑到社会效果的因素。	主任检察官对职权范围内决定的事项承担责任，办案组其他检察官对自己的行为承担责任。
	独任检察官	大多办理简单但是数量巨大的简易案件，评价时要关注办案效率，考虑办理数量。	独任检察官处理的案件侧重高效以达到节约司法资源的目的，因此对于社会效果的评价比重较低。	由作出决定的员额检察官对案件的事实认定和法律适用承担全部责任，检察辅助人员依据职权在分工职责范围内承担责任。员额检察官还要承担审核把关责任。

检察办案还可以有多种分类，如根据检察活动的性质分为刑事诉讼监督活动、民事审判监督活动和行政诉讼监督活动；根据案件是否包含司法性分为司法办案、非司法办案，如江苏检察机关根据案件办案规律分为实体性办案、程序性办案和指导性办案等。总之，对检察办案进行评价时，需要在科学理论的指引和法律法规的框架下，结合已有的工作经验，将评价机制运用到实践中反复探索、修正，以形成更为完善的机制。

四、检察官绩效考核的标准和程序

附件：检察官办案绩效考核细则建议稿

检察官办案绩效考核细则建议稿

	业务	纳入考核案件	评分标准（百分制）	考核依据
1	侦查监督业务	（一）普通诉讼类案件： 1. 审查逮捕案件（包括批准逮捕决定和不批准逮捕决定）； 2. 不批准逮捕复议、复核案件。 （二）诉讼监督类案件： 1. 立案监督案件（包括监督立案和监督撤案）； 2. 侦查活动监督案件（纠正违法）； 3. 追捕案件。 （三）诉讼管理类案件： 1. 书面审查（备案审查、批延审查等案件）； 2. 控申转交信访案件； 3. 书面请示、部门会商等指导性办案。	1. 普通诉讼案件以案件数为计分单位，以年人均办案件数为基数，达到年人均办案件数的得基本分（80分）（一个案件有多个犯罪嫌疑人被提请逮捕的，按照"1+N×0.2"方式计算案件数，折算案件数以5件为限）；超过年人均办案件数的，每超额办理一件次加1分，不构成犯罪不捕或改变下级院不捕决定（含改变定性或理由的），每件次加2分，累计加分不超过10分； 2. 诉讼监督案件以犯罪嫌疑人人数为计分单位，犯罪嫌疑人被判处3年以下有期徒刑（含缓刑）、拘役、管制的，每人次加5分，被判处3年以上有期徒刑、无期徒刑、死刑的，每人次分别加10分、15分、20分，监督撤案（含发出纠违通知书被采纳）的每人次加3分，累计加分不超过20分； 3. 办理诉讼管理类案件一般由部门主要负责人承担，不另行单独计分，全年及时依法保质办理的，适当加分（不超过3分）； 4. 有以下情形之一的实行扣分： （1）捕后撤案、绝对不诉、被判无罪的，每人次减3分；（2）超期办案、未按规定提审、未按规定不捕说理等有违办案的，每人次扣2分；（3）通知立案件不诉（相对不诉除外）、撤案或被判无罪的，每人次分别减5分、5分和10分；（4）非诉讼类案件办理不当影响诉讼进程或产生负面影响的，每次减2分；（5）其他应当减分情形。	统计报表、统一业务应用系统记录及相关法律文书（提审笔录、不捕说理文书、逮捕决定书、立案监督审查报告、立案通知书、通知撤销案件书或建议书、撤案决定书、纠违案件审查报告及通知书、生效判决书、公安机关立案决定书等）。

315

续表

业务	纳入考核案件	评分标准（百分制）	考核依据
2 公诉业务	（一）普通诉讼类案件： 1. 一审公诉案件（提起公诉和不起诉，交办、指定等案件）； 2. 刑事和解案件。 （二）诉讼监督类案件： 1. 纠正遗漏同案犯、纠正遗漏罪行（追加选择性罪名、同一种罪名犯罪事实、已经列明另案处理或在逃的除外）； 2. 证据合法性（排除非法证据）调查案件； 3. 纠正侦查、审判违反法定程序行为案件。 （三）诉讼管理类案件： 1. 书面请示案件； 2. 与相关单位会商案件； 3. 其他指导性办案。	1. 普通诉讼案件以检察官当年度人均办案数为基数，达到平均办案数的，得基本分80分，每增加一件加2分，每减少一件减2分（有多个被告人的案件，按照"1+N×0.1"方式计算案件数，折算案件数以5件为限）；办理交办、指定等案件的，每件按照5:1折算。 2. 办理重大专案的，每件另加5分； 3. 办理诉讼监督案件成案的，每件加5分；追诉漏罪漏犯被判处10年有期徒刑及以上刑罚的，每件加10分。 4. 发出纠正违法通知书纠正侦查、审判机关严重违反法定程序被采纳的，每次件加3分（同一案件同一单位多次发纠违通知书按一次计算）； 5. 办理诉讼管理类案件一般由部门主要负责人承担，不另行单独计分，全年及时依法保质办理的，适当加分（不超过3分）； 6. 有以下情形之一的实行减分： （1）提起公诉后撤回起诉的，每人次减2分；诉后无罪判决的（含基层院根据市院意见起诉后无罪判决情形），每人次减10分（因法律、司法解释、政策发生变化的除外）；（2）错误不起诉的，每人次扣2分（法定免责除外）；（3）违法或违规办案，影响案件质量和效果的，每件扣2分，造成严重后果的，每件扣5分。	统计报表、统一业务应用系统记录及相关法律文书（起诉意见书、起诉书、判决书、追诉案件的相关说明书、纠正违法通知书、被监督单位纠正违法行为回复等）。

四、检察官绩效考核的标准和程序

续表

	业务	纳入考核案件	评分标准（百分制）	考核依据
3	公诉业务	（一）普通诉讼案件： 1. 二审上诉案件（含法院决定提审案件、发回重审案件）； 2. 不起诉复议、复核案件、撤回抗诉复议案件。 （二）诉讼监督案件： 1. 二审抗诉案件； 2. 审判监督程序抗诉案件； 3. 纠正侦查、审判违反法定程序行为案件。 （三）诉讼管理案件： 1. 备案审查案件； 2. 指定管辖案件； 3. 书面请示案件； 4. 相关部门会商案件。	1. 普通诉讼案件以检察官当年度人均办案数为基数，达到平均办案数的，得基本分80分，每增加一件加1分，每减少一件减1分。 2. 诉讼监督案件被法院采纳或改判的，以上年度人均办案为基数，达到上年度基数的，加10分，超过基数的，每件再加5分。 3. 诉讼监督案件提出抗诉后没有被法院采纳或改判，按照普通诉讼案件对待。 4. 纠正侦查、审判违反法定程序行为的建议被采纳的，每件加2分。 5. 办理诉讼管理类案件一般由部门主要负责人承担，不另行单独计分，全年及时依法保质办理的，适当加分（不超过3分）。 6. 出现以下情形扣分：违法或违规办案，影响案件质量和效果的，每件扣2分；造成严重后果的，每件扣5分。	统计报表、统一业务应用系统记录及相关法律文书（抗诉书、判决书、发回重审文书、出庭通知书、纠正违法通知书、被监督单位纠正违法行为回复、备案审查等相关非诉讼案件的佐证材料）。

续表

	业务	纳入考核案件	评分标准（百分制）	考核依据
4	控告申诉业务	（一）诉讼监督类案件： 1. 刑事申诉案件法院采纳或改判的； 2. 刑事申诉案件自行复查处理的； 3. 刑事赔偿案件； 4. 国家司法求助案件。 （二）诉讼管理类案件： 1. 省院交办案件； 2. 普通信访案件； 3. 其他协调、指导、会商案件。	1. 办理刑事申诉案件法院采纳或改判的，每件加10分，累计加分不超过20分。 2. 办理刑事申诉案件自行复查处理案件、刑事赔偿案件、国家司法求助案件，每件加2分，累计加分不超过10分。 3. 办理诉讼管理类案件，不分别按件计分，只要按照分案规定依法保质办结的，得年度基本分（80分）。 4. 以下情形实行扣分： （1）省院交办案件无正当理由未按期办结或报结被退回重报仍不符合要求的，每件扣1分；因此造成不良后果的，每件扣3分； （2）普通信访案件因不按规定及时办理或办理不当，导致上访或闹访造成不良影响的，或受党政领导批评的，或被新闻媒体负面报导等情形，每件扣2分；情节严重的，每件扣5分； （3）刑事申诉案件被上级院改变原定的，每件扣2分； （4）该赔不赔而被上级院改变其决定的，或者不执行、不及时执行赔偿决定的，每件扣2分。	统计报表、统一业务应用系统记录及相关法律文书（复查决定书、重新审查意见书、提请或提抗意见书、抗诉书、检察建议书、再审判决书、赔偿决定、法院赔偿委员会决定、司法求助凭证等）。

续表

业务	纳入考核案件	评分标准（百分制）	考核依据
5 民行检察业务	（一）诉讼监督类案件： 1. 民行申诉案件调处； 2. 再审改判案件； 3. 再审检察建议案件； 4. 民行执行监督与审判活动监督案件； 5. 民行执法监督案件（民事督促起诉、支持起诉；行政公益诉讼等）； 6. 审判人员违法违纪调查及线索移送。 （二）诉讼管理类案件： 1. 书面请示案件（含申请复查复核案件）； 2. 指导性、会商性办案。	1. 民行申诉监督案件以件为计分单位，受理并办结数达到年人均办案数的，得基本分（80分）。其中，每超过人均办案数一件加1分，每低于人均办案数一件减1分，检察官独立组织调处，促成和解的，每件加1分。 2. 提请或提出抗诉案件，经过法院再审改变原裁判的，以及再审检察建议书被法院采纳并再审改变原裁判的，每件加5分；再审检察建议书在法院立案审查环节促成当事人达成调解（和解），每件加3分。 3. 对民事、行政执行活动和审判活动的违法行为情形发出检察建议书并促使纠正的，每件次加5分。 4. 办理督促起诉、支持起诉、虚假诉讼等意见被法院采纳的，每件加3分；办理民事、行政公益诉讼的，每件加20分。 5. 办理诉讼管理类案件一般由部门主要负责人承担，不另行单独计分，全年及时依法保质办理的，适当加分（不超过3分）。 6. 下列情形实行减分：（1）终结审查、不支持监督申请决定的案件，未作好当事人息诉工作，导致缠访、闹访的，每件减2分；（2）对明显不符合抗诉条件的案件提抗，导致当事人缠访、闹访的，每件减2分。	统计报表、统一业务应用系统记录及相关申请监督材料和法律文书（受理通知书、和解协议、调处结案决定书、终结审查决定书、抗诉书、提请抗诉书、再审裁判文书、调解书、再审检察建议书、法院或受督促单位纠正违法情况证明材料等）。

续表

	业务	纳入考核案件	评分标准（百分制）	考核依据
6	刑事执行检察业务	（一）诉讼监督类案件： 1. 刑罚执行监督案件（包括减刑、假释、暂予监外执行案件，死刑执行临场监督案件、财产执行监督案件、社区矫正执行案件、强制医疗执行监督案件、指定居所监视居住监督案件等）； 2. 羁押必要性审查案件。 （二）诉讼管理类案件： 1. 书面请示案件； 2. 指导性、会商性办案。	1. 办理诉讼监督案件以件为计分单位，达到当年人均办案数的得基本分（80分），但是当年人均办案不得低于上年度年人均办案基数，办理诉讼监督案件都以被实际采纳为准。 2. 超过当年人均办案的，每超过1件加2分，累计加分不超过10分。 3. 在履行监督职责中，发现相关单位严重违法违规或存在苗头性问题，提出检察建议被采纳的，并有相关单位反馈意见，每件加2分（同一单位同一案件以一次检察建议为限）；办理减刑、假释提请审查案件需要开庭的，每件加2分，累计加分不超过10分。 4. 办理诉讼管理类案件一般由部门主要负责人承担，不另行单独计分，全年及时依法保质办理的，适当加分（不超过3分）。 6. 下列情形实行减分：（1）在履行监督职责中，对相关单位严重违法违规没有发现或发现没有提出纠正意见的，每件减2分；因监督不力，发生在押人员非正常死亡、脱逃或暴乱、群体闹事等重大事件的，每次减10分；（2）对超期羁押、羁押3年以上久押不决案件没有发现的，每人次减2分，故意隐瞒不报的，每人次减5分。	统计报表、统一业务应用系统记录及相关监督材料和法律文书（纠正违法通知书、检察建议书、同级相关单位书面纠正情况或处理意见、羁押必要性审查建议书、有关单位回复、释放或改变强制措施决定以及其他证明监督成效的相关材料等）。

四、检察官绩效考核的标准和程序

续表

	业务	纳入考核案件	评分标准（百分制）	考核依据
7	研究室	1. 对提交检委会审议的不起诉案件进行实体审查并提出法律适用意见； 2. 办理基层院提请的个案、类案等请示案件； 3. 对司法办案中适用法律、执行政策问题开展调研和课题研究； 4. 起草或审查本院检察业务规范性文件，对基层院起草的规范性文件提出审查意见； 5. 对重大、疑难、敏感案件或多发性案件起草风险排查研判报告。	1. 完成以下程序性办案业务得基础分（80分）： （1）及时保质完成检委会审议案件的预先审查；及时正确办理请示案件。因办理请示案件不当导致请求单位办案负面影响的每次扣2分。 （2）独立完成专题调研或课题研究2篇，每少1篇减2分，每增加1篇加2分（不超过4分）。 2. 重大、疑难、敏感案件或多发性案件起草风险排查研判报告不少于2件次。每少1件次减2分，每增加1件次，加2分（不超过4分）。 3. 诉讼管理类业务统一由部门主要负责人办理，不单独逐一计分，全年及时依法保质办理的，适当加分（不超过3分）。	提交检委会审议的不起诉案件进行实体审查；请求案件相关文书及批复；调研报告或课题材料及结题证明；规范性文件样本；风险排查研判报告；诉讼管理类业务办理记录。
8	案管办	1. 质量评查案件； 2. 流程监控案件； 3. 业务数据管理与运用（专题业务分析）； 4. 对受理与移送的案卷或法律文书审查与协调； 5. 指导、协调与处理基层院的案件管理请示与答复等诉讼管理类案件。	1. 完成以下程序性办案业务得基础分（80分）： （1）每年组织完成不少于一次全市性专项质量评查；组织或承担年度常规性质量评查（刑检案件）不少于20%的案件； （2）组织2次全市性集中流程监控并撰写流程监控报告，每少1次减2分； （3）组织刊发专题业务分析专刊6期。独立撰写专题调研或业务分析不少于2篇，每少1篇减2分，每增加1篇加2分（不超过4分）。 2. 诉讼管理类业务统一由部门主要负责人办理，不单独逐一计分，全年及时依法保质办理的，适当加分（不超过3分）。	质量评查报告及相关材料；流程监控报告；专题业务分析材料；诉讼管理类业务办理记录。

附件：部分检察机关检察官
　　　办案绩效考核规定

江苏省检察机关检察官办案绩效考核量化规则（试行）

第一章 总 则

第一条 为规范检察官办案绩效考核工作，建立科学合理的检察官业绩评价体系，根据《江苏省检察机关检察官考评办法（试行）》，制定本规则。

第二条 本规则所称检察官办案绩效考核，是以对检察官司法办案考核为主，同时对与司法办案相关的检察业务工作进行评价的检察业务管理活动。

第三条 本规则适用于员额检察官，包括检察长、副检察长、检委会（专职）委员、检察员。

第四条 各级院应制定检察官岗位职责说明书，明确不同岗位检察官的办案数量、质量、工作要求和职业标准等，作为办案绩效考核的依据。

第五条 检察官办案绩效实行分级考核制度，入额院领导司法办案情况由上一级院考核，其他检察官由本院考核。

第六条 检察官办案绩效考核坚持客观评价、简便易行、科学有效原则，实行定量与定性相结合，以量化考核为主，合理设置权重比例。

第七条 检察官办案绩效考核应当实行量化评分，具体实施由各级院根据实际情况组织。

第二章 考核内容和标准

（一）一般规定

第八条 对检察官办案绩效考核以评价司法办案为主，兼顾评价司法作风、司法技能和职业操守，分别占70%、10%、10%、10%。

（一）司法办案评价是对办案数量、质量、效率、效果、安全、规范等情况进行评价。

（二）司法作风评价是对工作态度、团队协作、敬业精神等方面的表现进行评价。

（三）司法技能评价是对参加素能培训、岗位练兵、业务研修，开展法律适用研究、课题研究以及撰写调研信息简报等情况进行评价。

（四）职业操守评价是对职业道德、遵章守纪、廉洁自律等方面的表现进行评价。

第九条 司法办案依照《江苏省检察机关案件清单（试行）》认定案件范围，分为实体性办案、程序性办案和指导性办案。

第十条 检察官每年应当完成一定办案数量。

基层院、设区市院担任部门负责人的检察官每年办案量应达到本部门检察官平均办案量的50%—70%。

基层院检察长每年办案量应当达到本院检察官平均办案量的5%—10%，其他入额院领导应当达到本院检察官平均办案量的30%—40%。

设区市院检察长每年办案量应当达到本院检察官平均办案量的5%，其他入额院领导应当达到本院检察官平均办案量的20%—30%。

本院检察官平均办案量以实体性办案为计算基准，入额院领导办案量依照第十一条认定。

第十一条 入额院领导应当根据各自分管的检察业务，结合专业背景和个人专长办理案件，办案量参照其分管的检察业务部门检察官平均办案量确定。

省院入额院领导每年直接办案不少于2件。

第十二条 检察官办案量的考核，基层院考核实体性办案、程序性办案，省、市院还应当考核指导性办案。

预防、研究室、案管部门以工作项目量的形式考核。

（二）司法办案评价（70%）

第十三条 检察官司法办案评价，采用案件量化评价方式进行。对不适合采用案件量化的检察业务工作，可以采用监督事项或工作项目量化的方式予以评价。量化时具体监督事项数或工作项目数的统计方法和范围，由案管部门牵头会同相关业务部门确定。

第十四条 检察官办案量以统一业务应用系统中的数据为依据。与司法办案紧密相关的检察业务，统一业务应用系统中没有设定的，由各级院科学合理认定，可以纳入司法办案评价的内容，并报上一级案管部门审核确认。

检察官在检察官办案组办理案件的，以检察官办案组协同办理的案件确定个人办理的数量。

第十五条 案件量化评价，应当明确基本的办案任务并设置相应的基础分，同时设置反映办案数量、质量、效率、效果、安全、规范等情况的加减分项目。

对本规则第九条的案件，可以根据案件类型设置难度系数，平衡案件量化时的差异。

个案的量化评价逐步实现由省院开发的绩效考核软件评定。

（三）司法作风评价（10%）

第十六条 检察官司法作风评价，由分管院领导评价、部门负责人评价、本部门其他检察官评价和所配备的检察辅助人员评价四部分组成。检察官兼任部门负责人的，由分管院领导评价、本部门所有检察官评价和所配备的检察辅助人员评价三部分组成。

司法作风评价分为好、较好、一般、差四个等次，每个等次对应相应分值。最终评价汇总取平均分。

第十七条 院领导、部门负责人评价应当设一定比例的权重。

（四）司法技能、职业操守评价（各10%）

第十八条 检察官司法技能评价，可以设定基础分，实行加分制，无相应情形的不加分。

各级院可以根据本规则设定司法技能评价的加分项目，最终按权重折算。

第十九条 检察官职业操守评价，可以设定基础分，实行加减分。各级院可以根据本规则设定职业操守评价的加减分项目，最终按权重折算。

对违反规章制度、纪律规定等被检务督察通报的，违反规定发生负面涉检舆情的，以及职业操守方面被投诉举报查证属实的，应当予以减分。无违反情形的，不减分。

第三章 办案绩效考核等次

第二十条 检察官办案绩效考核与公务员年度考核相结合，分为优秀、称职、基本称职、不称职四个等次。办案绩效考核每个等次的量化分值可以由各级院根据实际划定，并综合平衡业务部门之间得分高低的差异性，保持均衡、保证公平。

第二十一条 检察官确定为优秀等次，应当是办案量高于同等岗位平均数一定比例，办案绩效考核得分高，完成工作质量和效率高、效果好，职业操守评价无扣分。

第二十二条 有下列情形之一的，一般确定为基本称职等次：

（一）办案量低于同等岗位平均数一定比例，或基本完成岗位职责的；

（二）司法办案质量、效率不高，效果不好的。

第二十三条 有下列情形之一的，一般确定为不称职等次：

（一）办案量低于同等岗位平均量60%的；

（二）存在司法办案不规范问题，且情形较为严重的；

（三）办案绩效考核中弄虚作假经查证属实的。

第二十四条 有下列情形之一的，不确定办案绩效考核等次或不参加考核评价：

（一）涉嫌违法违纪被立案调查尚未结案的人员，参加办案绩效考核，不写评语、不确定等次；结案后，不给予处分的，按照有关规定补定等次；

（二）除工伤、产假外，年度内病假累计超过6个月的不参加考核评价；

（三）非组织选派、离职学习期限超过6个月的不参加考核评价。

第二十五条 检察官在考核年度根据组织安排，脱岗参加培训、上挂下派锻炼或抽调到上级检察院及其他单位工作的，其办案绩效考核等次由检察官所在院综合其考核年度总体表现和本院检察官办案绩效考核整体情况予以确定。

第四章 办案绩效考核程序

第二十六条 每年年初，检察官考评委员会应当制定办案绩效考核工作方案，组织检察官填写岗位职责说明书，制定、修订量化指标。

第二十七条 检察官办案绩效考核分为平时考核和年度考核。年度考核以平时考核为基础，在每年年末或者翌年年初进行。

平时考核每季度进行一次，由考评委员会办公室对检察官司法办案、司法技能情况，在本院范围内予以通报。司法作风、职业操守可以年度一次性评价。

第二十八条 检察官的办案绩效年度考核，应当按照以下程序进行：

（一）检察官对个人司法办案、司法技能情况进行自评；

（二）部门负责人对检察官的自评情况进行复核，分管院领导对部门负责人的检察官的自评情况进行复核；

（三）案件量化评价，由各业务部门初评，案管部门审核；

（四）政工部门组织开展司法作风、司法技能评价；

（五）纪检监察部门对检察官职业操守情况进行评价；

（六）考评委员会办公室提出检察官办案绩效考核等次建议；

（七）考评委员会评审。

第二十九条 考评委员会应当将办案绩效考核得分及评审的等次意见在本院范围内进行公示，公示期为5个工作日。

公示期内检察官对办案绩效考核等次如果有异议，可以按《江苏省检察机关检察官考评办法》规定的程序申请复议。

第三十条 公示期满后，考评委员会应当将评审结果提请本院党组审议，由本院党组研究决定检察官办案绩效考核最终等次。

第五章　办案绩效考核结果运用

第三十一条 办案绩效考核等次作为检察官职务等级晋升、绩效考核奖金发放、奖励等事项的依据。

第三十二条 办案绩效考核被确定为称职以上等次的，按照有关规定作出下列处理：

（一）累计两年被确定为称职以上等次的，在所任职务等级对应工资标准内晋升一个工资档次；

（二）确定为称职以上等次，且符合规定的其他任职资格条件的，具有晋升职务等级的资格；连续三年以上被确定为优秀等次的，晋升职务等级时优先考虑；

（三）确定为优秀等次的，当年给予嘉奖；连续三年被确定为优秀等次的，记三等功。

第三十三条 办案绩效考核被确定为基本称职等次的，按照有关规定作出下列处理：

（一）对其提醒谈话，限期改进；

（二）本考核年度不计入职务等级晋升年限；

（三）一年内不得晋升职务。

第三十四条 办案绩效考核被确定为不称职等次的，按照有关规定作出下列处理：

（一）本考核年度不计入职务等级晋升年限；

（二）不发放绩效考核奖金。

第三十五条 对根据本规则第二十四条规定不参加考核的检察官，可以根据其在考核年度工作实际情况发放一定比例的绩效考核奖金。

第六章　附　　则

第三十六条 本规则由江苏省检察院负责解释。以前相关规定与本规则有冲突的部分，以本规则为准。

第三十七条 本规则自下发之日起施行。

附件：《江苏省检察机关案件清单》

江苏省检察机关案件清单（2017版）

说明：为了科学规范认定案件范围，根据相关法律和司法解释等有关规定，制定《江苏省检察机关案件清单》，按照各类案件的办案规律和特点，将案件分成三种类型：一是实体性办案，主要是指检察官要经讯问、询问、会见律师、调卷阅卷、收集证据、认定事实、适用实体法律后，对案件提出处理意见，或者直接作出处理决定，办案周期体现阶段性、过程性的案件。二是程序性办案，是指对案件内容进行程序性审查，办案周期阶段性不明显，原则上履行文书审批签发法律手续职务行为办理的案件。程序性办案过程中，对需要通过讯问（询问）、调查取证等办案活动开展的，可以认定为实体性办案。三是指导性办案，主要是指具有对下业务指导职能，通过对个案进行程序和实体指导把关、提出具体意见办理的案件。对案件进行具体化界定，便于认定、统计以及开展案件量化评价，从而实现对员额检察官办案业绩进行更加全面、科学、合理的考核评价。

一、侦查监督案件（13 类）

（一）实体性办案

1. 审查逮捕案件；

2. 复议、复核案件（包括不批准逮捕复议、复核案件；立案监督复议、复核案件；自侦不立案复议案件；（不）批准逮捕申诉审查案件）；

3. 批准延长侦查羁押期限类案件（包括提请批准延长侦查羁押期限案件、批准延长侦查羁押期限案件、重新计算侦查羁押期限案件）；

4. 诉讼监督类案件（包括立案监督案件、侦监适时介入侦查案件、侦查活动监督案件、督促行政机关移送及监督立案的监督案件，市级院对监督立案、监督撤案、书面纠违、纠正漏捕四类案件的实体审查案件，省院对监督立案、监督撤案、书面纠违、纠正漏捕四类案件的备案审查案件等）；

5. 侦查监督报请核准追诉案件；

6. 控申转交的信访案件（包括上级院、本院检察长、副检察长以职权交办以及其他应当由侦查监督部门调查核实的案件）；

7. 阅卷审查的报备案件。

（二）程序性办案

8. 备案审查类案件（包括逮捕案件备案审查、侦查活动监督复查案件、侦查活动监督复查结果的审查案件，也包括第 4 项中的备案审查案件）；

9. 侦查监督综合监督案件（包含挂牌督办案件、扫黄打非、打黑除恶、禁赌禁毒等专项监督事项的办理、高检交办、省委省政府各牵头单位转办、省院机关其他部门转办综合监督事项的办理等）。

（三）指导性办案

10. 书面请示案件；
11. 听取下级院汇报案件；
12. 提前介入、听取意见，并对卷宗进行审查的案件；
13. 相关部门会商案件（海关、公安行政机关等）。

二、公诉案件（25类）

（一）实体性办案

1. 一审公诉案件、二审上诉案件、法院决定再审（提审）案件、发回重审案件；
2. 二审抗诉（含既有上诉又有抗诉）案件、审判监督程序抗诉案件；
3. 公诉适时介入侦查案件；
4. 不起诉复议案件、不起诉复核案件、撤回抗诉复议案件；
5. 自侦不起诉审批案件；
6. 撤销（不）起诉审查案件；
7. 证据合法性调查案件；
8. 公诉报请核准追诉案件；
9. 违法所得没收申请案件、没收违法所得启动监督案件；
10. 强制医疗申请案件、强制医疗启动监督案件；
11. 刑事和解案件；
12. 上级院或本院检察长（副检察长）以职权交办的案件；
13. 公诉环节信访案件；
14. 诉讼监督案件（包括纠正侦查违法、审判违法、纠正遗漏罪行、纠正遗漏同案犯、提出检察建议等）；
15. 阅卷审查的报备案件；
16. 重大专案；
17. 需要阅卷审查的其他案件。

（二）程序性办案

18. 指定管辖案件；
19. 职务犯罪一审判决监督案件；
20. 备案审查案件。

（三）指导性办案

21. 书面请示案件；

22. 听取下级院汇报案件；

23. 质量评查案件；

24. 庭审考核案件；

25. 相关部门会商案件（法院业务庭、海关、行政机关等）。

三、未成年人检察案件（21类）

（一）实体性办案

1. 审查逮捕案件；

2. 复议、复核案件（包括不批准逮捕复议、复核案件；立案监督复议、复核案件；（不）批准逮捕申诉审查案件）；

3. 批准延长侦查羁押期限类案件（包括提请批准延长侦查羁押期限案件、批准（决定）延长侦查羁押期限案件、重新计算侦查羁押期限案件）；

4. 侦查监督类案件（包括立案监督案件、适时介入侦查案件、侦查活动监督案件、纠正侦查违法、督促行政机关移送及监督立案的监督案件等）；

5. 审查起诉类案件（包括一审、二审、再审、抗诉案件）；

6. 附条件不起诉复议、复核、申诉案件；

7. 上级院或本院检察长（副检察长）以职权交办的案件；

8. 控申转交的信访案件；

9. 国家司法救助案件；

10. 审判监督类案件（包括监督审判违法、纠正遗漏罪行、纠正遗漏同案犯等）；

11. 民事、行政诉讼监督案件；

12. 制作犯罪预防报告、开展类案分析；

13. 制发检察建议。

（二）程序性办案

14. 指定管辖案件；

15. 社区矫正执行监督案件；

16. 异地协助案件；

17. 备案审查案件。

（三）指导性办案

18. 书面请示案件；

19. 听取下级院汇报案件；

20. 质量评查案件；

21. 相关部门会商案件（法院、公安、行政机关等）。

四、职务犯罪侦查案件（16 类）

（一）实体性办案

1. 初核初查案件；
2. 立案侦查案件；
3. 没收违法所得申请移送案件；
4. 参办、协办、督办案件；
5. 应用侦查技术办理案件；
6. 运用侦查基础信息初核评估案件；
7. 侦查协作案件；
8. 自侦环节信访投诉案件。

（二）程序性办案

9. 指定管辖案件；
10. 备案审查案件；
11. 指定居所监视居住强制措施的审批和延长案件；
12. 并案案件的审查。

（三）指导性办案

13. 书面请示案件；
14. 听取下级院汇报案件；
15. 撤案案件；
16. 质量复查评查案件。

五、职务犯罪预防案件（4 类）

1. 预防调查（检察建议制作）；
2. 案例（犯罪）分析（案例剖析会）；
3. 预防（年度、专题、专项）报告；
4. 预防宣传和警示教育项目。

六、民事行政检察案件（16 类）

（一）实体性办案

1. 生效判决、裁定、调解书监督案件：
（1）本院直接管辖受理的案件；

（2）下级院提请抗诉的案件；

（3）本院决定受理的下级院具有管辖权的案件；

（4）上级院交（转）办的案件；

（5）本院检察长（副检察长）以职权交办的案件；

（6）跟进监督案件（包括人民法院审理民事抗诉案件作出的判决、裁定、调解书仍符合监督条件的、人民法院对人民检察院提出的检察建议未在规定的期限内作出处理并书面回复的、人民法院对检察建议的处理结果错误的）；

2. 执行监督案件；

3. 审判程序中审判人员违法行为监督案件；

4. 复查复核类案件（包括依职权启动以及案件当事人不服下级院作出不支持监督申请决定而向上级院申请的案件、不服本院决定更换承办人复查的案件）；

5. 督促履行职责案件；

6. 支持起诉案件；

7. 督促起诉案件；

8. 虚假诉讼案件；

9. 公益诉讼案件（包括民事诉前程序案件、行政诉前程序案件、提起民事公益诉讼案件、提起行政公益诉讼案件等）。

（二）程序性办案

10. 指定管辖案件；

11. 职务犯罪、普通犯罪线索移送案件；

12. 对依职权发现的民事诉讼监督案件是否符合受理条件进行审核并到案件管理部门登记受理；

13. 对是否符合公益诉讼案件立案条件进行审查并到案件管理部门登记立案。

（三）指导性办案

14. 书面请示案件；

15. 听取下级院汇报案件；

16. 相关部门会商指导案件（法院业务庭、行政机关等）。

七、刑事执行检察案件（18类）

（一）实体性办案

1. 临场监督执行死刑案件；

2. 刑事执行活动中监管事故检察及刑事被执行人死亡检察案件；

3. 刑事执行活动中职务犯罪案件；

4. 罪犯又犯罪案件；

5. 由刑事执行检察部门依法处理的举报和申诉案件；

6. 强制医疗执行监督案件；

7. 上级院或本院检察长（副检察长）以职权交办的案件。

（二）程序性办案

8. 羁押必要性审查案件；

9. 羁押期限监督案件（含超期羁押、清理久押不决案件）；

10. 指定居所监视居住执行监督案件；

11. 交付执行检察监督案件；

12. 减刑、假释、暂予监外执行监督案件：

（1）减刑、假释提请审查案件；

（2）减刑、假释提请审查（开庭）案件；

（3）法院裁定审查案件；

（4）暂予监外执行提请审查案件；

（5）暂予监外执行决定审查案件；

13. 社区矫正执行监督案件；

14. 财产刑执行监督案件；

15. 其他履行职责中书面提出纠正违法通知书、检察建议案件。

（三）指导性办案

16. 书面请示案件；

17. 听取下级院汇报案件；

18. 职务犯罪指定管辖案件。

八、控告申诉检察案件（10 类）

（一）实体性办案

1. 控告案件；

2. 刑事申诉案件；

3. 赔偿案件（包括刑事赔偿、刑事赔偿复议、赔偿监督）；

4. 国家司法救助案件；

5. 上级院交办的信访案件；

6. 举报初核、举报线索不立案审查、举报线索复议申请审查及对立案（不立案）不服的申诉案件；

7. 信访终结案件。

（二）程序性办案

8. 控申审查后作出受理（不受理）的控告申诉案件。

（三）指导性办案

9. 控告请示案件审查；

10. 书面请示案件。

九、研究室检委办案件（9 类）

（一）实体性办案

1. 对提交检委会审议的案件进行实体审查并提出法律适用意见；

2. 请示案件（包括个案请示、类案请示、由研究室负责起草的案件请示）。

（二）程序性办案

3. 对台司法协助案件；

4. 对本院以及下级院检察业务规范性文件提出审查意见。

（三）指导性办案

5. 对司法办案中适用法律、执行政策问题开展调研、理论课题研究，提出意见建议；

6. 研究需要提出咨询意见的重大、疑难、典型案件或多发性类案，起草风险排查研判报告；

7. 审查、编写拟在全省发布的典型案例或拟报送高检院的指导性案例、典型案例或经设区市院检委会审议后在全市发布的典型案例；

8. 起草检察业务规范性文件；

9. 提出法律法规、司法解释和检察业务规范性文件等的论证修改意见。

十、案件监督管理案件（6 类）

程序性办案：

1. 质量评查案件；

2. 流程监控案件；

3. 案件监督管理部门受理的案件；

4. 业务数据管理和应用（分析研判报告）；

5. 审查下级院不许可辩护律师会见犯罪嫌疑人申请的案件；

6. 统一业务应用系统监督管理案件（包括对系统内删除案件申请进行审查的案件、对统一业务应用系统分配案件调整监管的案件）。

广东省检察机关院领导、检察委员会专职委员和部门负责人直接办理案件的指导意见（试行）

（修订版）

（2017年7月11日广东省人民检察院
第十二届检察委员会第74次会议修订）

第一条 为落实检察官在司法一线办案的要求，切实发挥检察机关领导干部在检察业务中的履职示范作用，根据中央政法委《关于严格执行法官、检察官遴选标准和程序的通知》和最高人民检察院《关于完善人民检察院司法责任制的若干意见》等相关规定，结合广东检察工作实际，制定本意见。

第二条 本意见适用于进入检察官员额的检察长、副检察长、检察委员会专职委员、业务部门负责人（含正职和副职）。

第三条 本意见所称直接办理案件，是指依法定职权以承办人身份办理职务犯罪侦查和预防、审查逮捕、审查起诉、诉讼监督等法律监督案件。

第四条 直接办理案件应当严格按照司法亲历性要求，亲自履行下列职责：

（一）审查案件材料，依法提出案件处理意见或作出案件处理决定；

（二）收集、复核证据，讯问犯罪嫌疑人、被告人，询问证人；

（三）听取辩护人、被害人、诉讼代理人等诉讼参与人的意见；

（四）需要提交检察委员会讨论的，作为案件承办人进行汇报；

（五）制作或签发法律文书；

（六）出庭支持公诉、公益诉讼、抗诉，参加减刑或假释案件庭审、参加强制医疗程序庭审等诉讼活动；

（七）主持案件公开审查或公开听证；

（八）对重大、有争议案件开展释法说理，接待重要来信来访的控告、举报和申诉人；

（九）其他需要由承办检察官亲自履行的职责。

第五条 直接办理职务犯罪侦查案件，是指直接组织、指挥侦查活动，直接组织制定侦查计划、侦查方案，讯问犯罪嫌疑人、询问证人，以承办人身份提出侦查终结意见。

第六条 根据履职需要、案件类型及复杂难易程度，院领导、检察委员会专职委员、业务部门负责人采取独任检察官或者检察官办案组的形式直接办理案件。

院领导、检察委员会专职委员加入固定办案组或临时办案组的，作为主任检察官主持办案组工作，办案组成员由院领导或者检察委员会决定。

业务部门负责人加入本部门固定办案组或临时办案组的，作为主任检察官主持办案组工作，办案组成员由本部门提出并报分管副检察长决定。

第七条 院领导、检察委员会专职委员、业务部门负责人应当重点直接办理下列案件：

（一）在本地区有重大影响的案件；

（二）重要的监督事项；

（三）疑难、复杂案件；

（四）本地区首例、新类型案件；

（五）在法律适用或证据运用方面具有指导意义的案件；

（六）上级院交办或本院提办的案件；

（七）其他具有引领示范意义的案件。

第八条 检察长可以直接办理一种或多种业务类别的案件。

副检察长可以在分管业务范围内直接办理一种或多种业务类别的案件。

检察委员会专职委员应当根据本人的专长，直接办理一种业务类别的案件。

业务部门负责人直接办理本部门的案件。控告、预防、法律政策研究、案件管理、司法协助等综合业务部门的负责人应当直接办理本部门具有司法属性的案件或事项，必要时可经检察长批准直接办理其他业务类别的案件。

第九条 直接办理审查逮捕、审查起诉、诉讼监督等案件的，应当纳入本院承办检察官名单中，由案件管理部门根据派案原则统一分派案件。

院领导、检察委员会专职委员可以根据职责分工直接办理职务犯罪侦查案件。

第十条 省院检察长每年应直接办理1件以上（含本数）重大疑难复杂案件。

市、分院和基层院检察长每年直接办理案件数量应不低于本年度所办理业务类别人均办案数的 5%。

第十一条 省院副检察长每年直接办理案件数量应不低于本年度所办理业务类别人均办案数的 5%。

市、分院副检察长每年直接办理案件数量应不低于本年度所办理业务类别人均办案数的 20%；基层院副检察长每年直接办理案件数量应不低于本年度所办理业务类别人均办案数的 30%。

第十二条 检察委员会专职委员每年直接办理案件数量应不低于本年度所办理业务类别人均办案数的 30%。

第十三条 院领导直接办理不同业务类别案件的，案件数量可以累计，所办理业务类别人均办案数以不同业务类别人均办案数量的平均值计算。

第十四条 业务部门正职每年直接办理案件数量应不低于本年度本部门人均办案数的 50%；副职每年直接办理案件数量应不低于本年度本部门人均办案数的 60%。

第十五条 案多人少矛盾突出的检察院或业务部门，应根据司法办案的实际需要增加检察长、副检察长、检察委员会专职委员、业务部门负责人的办案数量。

第十六条 检察长、副检察长直接办理的案件，由本人决定并承担司法责任。副检察长在必要时可以将直接办理的案件提请检察长或者检察委员会决定。

检察委员会专职委员和业务部门负责人对直接办理的案件，在授权范围内作出决定并承担司法责任。属于检察长、副检察长、检察委员会权限范围的，应当报请检察长、副检察长、检察委员会决定。

第十七条 院领导、检察委员会专职委员、业务部门负责人直接办理的案件，应当接受办案流程管理、案件质量评查、司法规范化检查等监督与管理。直接办理案件的数量、质量、效率、效果、风险等情况，应当记入其司法档案，作为业绩评价的重要依据。业绩评价不合格的，应按照相关规定给予处理。

第十八条 院领导、检察委员会专职委员、业务部门负责人应在完成办案任务的同时，履行好党务、行政、业务等方面的管理职责。

第十九条 全省各市、分院和基层院可以根据中央政法委《关于严格执行法官、检察官遴选标准和程序的通知》和本意见的有关规定，结合本院业务工作的具体情况，制定本院院领导、检察委员会专职委员和业务部门负责人直接办理案件的实施细则，并分别层报省院和市、分院备案。

对院领导、检察委员会专职委员和业务部门负责人直接办理案件的数量，各市、分院和基层院也可以采取规定最低案件数的方式予以明确。

第二十条 本意见所称人均办案数,是指员额内检察官在一个工作年度内的平均办案数。

第二十一条 本意见由广东省人民检察院负责解释。

第二十二条 本意见自发布之日起施行。

甘肃省检察机关检察官绩效考核办法（试行）

（审议稿）

第一章 总 则

第一条 为规范检察官绩效考核，不断提升检察官队伍正规化、专业化、职业化水平，根据中共中央组织部、中共中央政法委员会、最高人民法院、最高人民检察院《法官、检察官单独职务序列改革试点方案》和最高人民检察院《检察官、检察辅助人员绩效考核及奖金分配指导意见（试行）》等有关规定，结合全省检察机关实际，制定本办法。

第二条 本办法所称检察官，是指全省各级人民检察院纳入员额制管理的检察官。

第三条 本办法所称检察官绩效考核，是指对检察官司法办案等履职情况和司法素能、职业操守等进行全面评价的检察管理活动。

第四条 检察官绩效考核应当坚持党管干部、遵循司法规律、责权利相统一、客观公正和突出实绩的原则。

第二章 考核组织

第五条 全省各级人民检察院应当设立绩效考核委员会，绩效考核委员会在本院党组的领导下负责检察官绩效考核工作。在政工部门设立绩效考核委员会办公室，负责绩效考核的日常工作。

第六条 绩效考核委员会履行以下职责：

（一）组织制定绩效考核实施细则，量化考核指标；

（二）组织制定检察官岗位职责目标说明书；

（三）组织开展绩效考核，派出考核组对检察官评价打分，并就考核等次提出意见；

（四）审查对绩效考核结果的复议申请；

（五）指导下级院绩效考核工作；

（六）办理其他相关事项。

第七条 绩效考核委员会主任由检察长担任，副主任由检察长指定的其他院领导担任，委员由政工、案管、监察部门和有关部门主要负责人，以及检察长指定的其他资深检察官担任。

第三章 考核内容

第八条 全省各级人民检察院应当建立以检察官业务工作、综合性工作、司法素能、职业操守等情况为主要内容的绩效考核指标评价体系，作为绩效考核的依据。检察长、副检察长、检察委员会专职委员及部门负责人的绩效考核，还应当将其履行领导岗位职责情况纳入绩效考核指标评价体系。

各项考核指标应当体现和落实年度工作目标和计划，突出工作重点，具体且具有可考性。

第九条 业务工作评价是对司法办案、业务指导和其他业务工作的数量、质量、效率、效果、安全、规范等情况进行评价。

综合性工作评价是对全院和部门干警应当承担的共性工作，以及领导交办工作完成情况进行评价。

司法素能评价是对参加岗位练兵、业务竞赛、调查研究、撰写材料等情况进行评价。

职业操守评价是对职业道德、敬业精神、司法作风、遵章守纪、廉洁自律等方面的情况进行评价。

履行领导岗位职责评价是对检察长、副检察长、检察委员会专职委员以及部门负责人履行组织、领导、管理、监督职责，贯彻执行上级决策部署，落实党风廉政建设主体责任、"一岗双责"等情况进行评价。

第十条 业务工作评价应当根据检察官岗位职责，采用案件量化评价、任务量化评价等方式进行。量化评价应当明确基本的办案或工作任务，并设置反映数量、质量、效率、效果、安全、规范等情况的计分项目和标准。

综合性工作评价采用任务量化评价方式进行。量化评价应当明确基本的工作任务并设置反映数量、质量、效率、效果、规范等情况的计分项目和标准。

司法素能评价实行加减分制，基础分为7分，表现突出的予以加分鼓励，但加分总计不得超过8分；司法素能不能适应工作要求的酌情减分，但减分总计不得超过7分。

职业操守评价实行减分制，基础分为5分，违背职业操守的酌情减分，但减分总计不得超过5分。

履行领导岗位职责评价实行减分制，以本办法第十一条、第十二条、第十三条设定的分值为基础分,怠于履行职责或不正确履行职责的酌情减分,但减分总计不得超过基础分值。

第十一条 检察长、副检察长、检察委员会专职委员绩效考核包括履行领导岗位职责评价、业务工作评价、司法素能评价和职业操守评价四部分。其中,司法素能评价、职业操守评价分别占15分、5分;履行领导岗位职责评价和业务工作评价,在不同层级之间设定不同的分值。

(一)省院检察长履行领导岗位职责评价、业务工作评价分别占70分、10分;副检察长、检察委员会专职委员履行领导岗位职责评价、业务工作评价分别占60分、20分。

(二)市级院检察长履行领导岗位职责评价、业务工作评价分别占60分、20分;副检察长、检察委员会专职委员履行领导岗位职责评价、业务工作评价分别占50分、30分。

(三)基层院检察长履行领导岗位职责评价、业务工作评价分别占50分、30分;副检察长、检察委员会专职委员履行领导岗位职责评价、业务工作评价分别占40分、40分。

第十二条 部门负责人绩效考核包括履行领导岗位职责评价、业务工作评价、司法素能评价、职业操守评价和完成交办事项评价五部分。其中,综合性工作评价、司法素能评价、职业操守评价分别占10分、15分、5分;履行领导岗位职责评价和业务工作评价,在不同层级之间设定不同的分值。

(一)省院部门负责人履行领导岗位职责评价、业务工作评价分别占40分、30分。

(二)市级院部门负责人履行领导岗位职责评价、业务工作评价分别占30分、40分。

(三)基层院部门负责人履行领导岗位职责评价、业务工作评价分别占20分、50分。

第十三条 其他检察官绩效考核包括业务工作评价、综合性工作评价、司法素能评价、职业操守评价四部分组成,分别占70分、10分、15分、5分。

第四章 考核方式

第十四条 绩效考核采取平时考核与年度考核相结合、定性考核与定量考核相结合、统一尺度与分级分类相结合的工作方式,注重司法办案、注重实绩考核、注重群众公认。

第十五条 平时考核包括个人自评和领导评价,年度考核包括群众评议和考核组评价。

平时考核每季度或每半年进行一次,年度考核在每年年末或者翌年年初进行。

个人自评和领导评价年底以平均成绩计分。

第十六条 个人自评是检察官在阶段性工作小结基础上,对本人进行自我评价打分。

领导评价是有关领导对检察官进行评价打分。其中,对检察官的评价由分管副检察长和所在部门主要负责人负责;对业务部门负责人的评价由检察长和分管副检察长负责;对副检察长、检察委员会专职委员的评价由本院检察长负责;对市、县级院检察长的评价由上一级院检察长负责。

群众评议是在部门或全院范围内,组织干警对检察官进行民主测评打分。

考核组评价是考核组根据岗位职责目标任务完成情况,对检察官进行评价打分。

对同一评价内容存在多个评价主体的,取评价主体的平均分。

第十七条 个人自评、领导评价、群众评议、考核组评价均实行百分制。

个人自评、领导评价、群众评议、考核组评价在检察官绩效考核总分中所占权重,分别为10%、20%、30%、40%。

第五章 考核程序

第十八条 每年初,绩效考核委员会应当组织检察官填写岗位职责目标说明书,明确本年度各岗位司法办案及其他工作应达到的基本标准,制定、修订量化指标。

第十九条 年度绩效考核按照以下程序进行:

(一)计算个人自评、领导评价得分;

(二)群众评议;

(三)考核组评价;

(四)绩效考核委员会办公室核算总分,提出考核等次建议,征求纪检监察部门意见;

(五)绩效考核委员会对绩效考核委员会办公室提出的考核等次建议进行审议,形成等次评定意见。

第二十条 绩效考核委员会办公室应当将考核得分情况和等次评定意见在本院范围内进行公示,公示时间为5个工作日。

公示期间,检察官有异议的可提出复议。绩效考核委员会应当及时审查,提出维持或变更意见。

第二十一条 院党组根据绩效考核委员会提出的等次意见,研究确定考核等次。

市、县级院检察长的绩效考核分别由上一级院绩效考核委员会提出等次建议并报院党组研究确定。

第六章　考核结果及运用

第二十二条　检察官绩效考核等次分为一、二、三、四等次。

评定为"一"等次的人数一般不得超过本院检察官总数的20%，评定为"二"等次的人数一般不得超过本院检察官总数的30%。

检察长、副检察长、检察委员会专职委员一般不评定为"一"等次。

部门负责人评定为"一"等次的人数一般不得超过部门负责人总数的50%。

第二十三条　有下列情形之一的，不得评定为"一"和"二"等次：

（一）未完成工作任务的；

（二）不履行或不正确履行岗位职责，造成不良后果或者不良社会影响，情节较轻的；

（三）办理的案件有重大司法瑕疵的；

（四）考核年度病、事假累计超过3个月，或者旷工超过5天的；

（五）在绩效考核中弄虚作假，情节较轻的；

（六）其他不应当评定为"一"和"二"等次的情形。

第二十四条　有下列情形之一的，应当评定为"四"等次：

（一）违反检察纪律、违背职业操守，受到记大过以上检纪处分或者撤销党内职务以上党纪处分的；

（二）在司法办案中故意违反法律法规或者存在重大过失，造成不良后果或者不良社会影响的；

（三）负有监督管理职责的检察官因故意或重大过失，怠于行使或不当行使监督管理职权，导致司法办案出现错误的；

（四）因违法违纪被追究司法责任的；

（五）其他应当评定为"四"等次的情形。

第二十五条　检察官在考核年度按照组织安排，离岗参加培训、上挂下派锻炼或抽调到上级检察院及其他单位工作超过6个月的，其绩效考核等次由所在检察院征求有关单位意见、综合其考核年度总体表现予以确定。

第二十六条　考核年度病、事假累计超过6个月，或者旷工连续超过10天或累计超过15天的，不进行考核。

第二十七条　绩效考核时，检察官因与职务相关行为涉嫌违法违纪正在接受组织调查的,暂不确定考核等次。调查结束后,根据情况补定等次。

第二十八条　考核结束后,绩效考核委员会办公室应及时将考核等级结果通知考核对象,并经本人签字确认后装入检察官司法档案。

市、县两级检察院应当将本院检察官考核结果层报省检察院政治部备案。

第二十九条　根据绩效考核结果,检察官等级晋升按照下列规定办理:

(一)评为"三"以上等次的,考核年度计入检察官等级晋升年限;

(二)评为"四"等次的,考核年度不计入检察官等级晋升年限,且一年内不得晋升等级。

第三十条　根据绩效考核结果,按照绩效考核奖金分配相关规定分别发放相对应的绩效考核奖金。

第七章　附　　则

第三十一条　全省各级人民检察院应当根据本办法和有关规定,结合本地实际,按照公平合理、简便易行的原则,制定本院检察官绩效考核实施细则。

第三十二条　本办法由甘肃省人民检察院负责解释,自印发之日起试行。

重庆市巫溪县人民检察院
检察官办案管理办法（试行）

第一条 为贯彻落实检察官司法办案责任制，推进检察官办案规范化管理，根据最高人民检察院《关于完善人民检察院司法责任制的若干意见》、重庆市人民检察院《关于印发修订后的九项司法责任制规范性文件的通知》、《重庆市检察机关检察官、检察辅助人员业绩考评办法（试行）》及《关于印发巫溪县人民检察院检察官岗位职责说明书的通知》等相关文件规定，结合我院工作实际，制定本办法。

第二条 本办法所称检察官，是指进入员额的检察官。

第三条 本办法所称的办案，是指直接办理侦查监督、公诉、职务犯罪侦查、刑事执行检察、民事行政检察、控告申诉和国家赔偿案件。

院领导和部门负责人在权限范围内研究、审核案件，或者出席检察委员会讨论案件，不属于直接办理案件，不计入办理案件数量。

第四条 检察官办案范围：

各部门检察官原则办理所在部门的案件；

兼任文峰检察室负责人的检察委员会专职委员办理侦监或公诉案件；

兼任公诉部门负责人的检察委员会专职委员办理公诉部门案件；

未检综合岗检察官办理侦监、公诉案件。

副检察长可以办理所分管业务范围内的案件，也可以办理未分管的侦监、公诉案件。案件数量可以累计。

第五条 公诉、侦监、反贪部门的检察官实行案件量化评价。

民事行政检察岗、控告申诉检察岗、刑事执行检察岗、未检综合岗及驻文峰检察室检察岗实行案件量化与任务量化相结合评价。

综合业务管理岗、职务犯罪预防岗实行任务量化评价。

任务量化另行制定。

第六条 院领导和部门负责人的最低办案数量，严格按照《重庆市检察机关院领导和部门负责人直接办理案件的指导意见》中规定的直接办理案件数量检察长不得少于5%、副检察长不得少于10%、反贪局长不得少于30%、专委不得少于30%、办案部门正职不得少于30%、副职不得少于80%的比例要求，以本院业务部门、分管业务部门或本部门的上年度人均办案数量为基数，确定其最低办案数量。

检察委员会专职委员兼任办案部门负责人的，以部门负责人的任务量予以核算。

不是院领导和部门负责人的检察官，以本部门近三年办案量和本部门检察官职数为依据计算出来的人均办案数量，再降低10%后确定其最低办案量。

第七条 未检综合岗的检察官除完成当年度未检案件外，根据需要办理部分侦监、公诉案件达到最低办案量。

民事行政检察岗、控告申诉检察岗、刑事执行检察岗的检察官未完成本部门的最低办案数量的，需要补充办理侦监、公诉案件达到最低办案数量。

第八条 以办案为主的职侦、侦监、公诉部门检察官，在完成最低办案数量的前提下，根据本部门当年办案量，必须按规定承办完成本部门剩余的案件。检察官超额完成规定的本人所在部门最低办案数量的，按年度考评量化指标加分。

不是公诉、侦监、反贪部门的检察官办理的案件在超过最低办案数量的前提下办理侦监、公诉案件的，按年度考评量化指标加分。

第九条 反贪部门案件和执检部门办理的职务犯罪案件，以当年办理的案件数为计算标准，一件多人的以办理的人数为计算标准，当年办理的上年未办结案件、初查案件、积案清理案件、上级院交办案件及其他检察院交办案件计入本年度案件办理数；其他部门案件，以当年办结的件数为计算标准。

第十条 民事行政检察岗的检察官办理提请抗诉、再审检察建议、支持起诉、民事执行监督、审判活动监督、不支持监督申请案件，计入办理案件数量。

刑事执行检察岗的检察官办理公诉、侦监、职务犯罪、控告申诉、羁押必要性审查案件，计入办理案件数量。

控告申诉检察岗的检察官办理刑事申诉、国家赔偿案件，计入办理案件数量。

第十一条 办理案件类型和最低办案数量，根据上年度全院的办案量、检察官职数变化和检察官岗位变动等情况，可以作适当调整。每年初制定当年检察官的办案类型和最低办案量，并予以公示。

因特殊原因，业务部门的检察官无法完成最低办案数量的，经检察长或院党组研究同意，可对检察官的最低办案数量作适当调整。

第十二条 根据履行职能需要、案件类型及复杂难易程度，实行独任检察官或者检察官办案组的组织形式办理案件。

除直接受理立案件侦查的案件原则上由检察官办案组承办外，其他案件原则上由独任检察官承办。对于重大、疑难、复杂案件，经检察长（分管副检察长）决定，可以临时组成检察官办案组承办。

第十三条 分案规定：

（一）分案一般采用"二次分案"模式，即"分案至办案部门"的模式，由综合业务管理部门对受理案件分案至办案部门，办案部门再分案给检察官。

（二）办案部门分案给检察官的，可以采用"随机分案"和"指定分案"相结合的方式。随机分案给检察官的，应以收到案件的先后为序，同时收到案件的，以移送单位的文号为序。

（三）院领导和其他部门检察官办理侦监、公诉案件，应当根据实际情况，提前自行与侦监、公诉部门联系，由侦监、公诉部门采用"随机分案"或"指定分案"的方式分案给检察官。

（四）重大、疑难、复杂案件，检察长（分管副检察长）可以指定分案给检察官办案组或独任检察官承办。

（五）反贪、民行、控申、执检部门办理的案件，由本部门自行决定案件承办检察官。

第十四条 检察官办理案件，应按照《重庆市检察机关检察官办案权限配置办法（试行）》之规定，在授权范围内履行检察权，并承担相应司法责任。属于检察长、检察委员会权限范围的，检察官应当报请检察长直接决定或者提请检察委员会决定。

检察官报请检察长决定的案件，应当提出处理意见。

检察官办案组办理的案件，由主任检察官提出处理意见，同时列明办案组中其他检察官的意见，一并报请检察长决定。

第十五条 检察长、副检察长直接办理的案件，由本人决定并承担司法责任。必要时，副检察长可以将直接办理的案件提请检察长或者检察委员会决定。

第十六条 各业务部门应当建立检察官联席会议，重大、疑难、复杂的案件，应当由部门负责人召开检察官联席会议，也可以邀请其他部门检察官参加会议。

各业务部门可以根据本部门的实际情况，确定本部门检察官联席会议讨论案件范围和讨论方式。

提请检察委员会决定的案件，应当经过检察官联席会议讨论。

第十七条 对涉案财物的处理，检察官应当按照《重庆市检察机关检察官办案权力清单》上授予的权限和《人民检察院刑事诉讼涉案财物管理规定》办理。

第十八条 检察官直接办理的案件，应当接受办案流程管理、案件质量评查、司法规范化检查等监督与管理。直接办理案件的数量、质量、效率、效果、安全等情况，应当记入其司法档案，作为考评的重要依据。

第十九条 本办法由本院检委会负责解释。

第二十条 本办法自2017年1月1日起执行。

附件：2017年度巫溪县人民检察院检察官最低办案数量分配表

2017年度巫溪县人民检察院检察官最低办案数量分配表

序号	检察官	部门	职务	最低办案数量	办案类别	备注
1	杨某伟	院领导	检察长	2件	本院各类案件	
2	钟某	院领导	副检察长	8件	侦监、公诉案件	
3	张某宁	院领导	副检察长	2件	1件职侦或2件侦监、公诉案件	
4	王某	院领导	副检察长	2件	诉讼监督案件、侦监、公诉案件	
5	熊某川	院领导	副检察长	8件	公诉、侦监案件	
6	李某	院领导	职侦局长	1件	职侦案件	
7	杨某枫	院领导	专委	23件	侦监、公诉案件	按案件量化与任务量化相结合评价
8	李某轩	院领导	专委	23件	公诉案件	按案件量化评价
9	周某	职侦	教导员	2件	职侦案件	按案件量化评价
10	杨某	职侦	检察官	2件	职侦案件	按案件量化评价
11	郑某术	职侦	检察官	2件	职侦案件	按案件量化评价
12	廖某丰	预防	检察官	0件		按任务量化评价
13	袁某刚	公诉	检察官	68件	公诉案件	按案件量化评价
14	崔某芬	公诉	检察官	68件	公诉案件	按案件量化评价
15	向某军	侦监	负责人	26件	侦监案件	按案件量化评价

续表

序号	检察官	部门	职务	最低办案数量	办案类别	备注
16	张某星	未检	检察官	64件（含未检），其中公诉20件（含未检公诉）	侦监、公诉案件	按案件量化与任务量化相结合评价
17	杜某军	执检	诉监负责人	6件	执检案件	按案件量化与任务量化相结合评价
18	钟某安	民行	科长	18件	民行案件	按案件量化与任务量化相结合评价
19	肖某平	控申	科长	2件	申诉、赔偿案件	按案件量化与任务量化相结合评价
20	邓某	综合业务管理	负责人	0件		按任务量化评价

太原市万柏林区人民检察院
案件质量评查办法（试行）

第一章 总 则

第一条 为加强案件质量管理，强化对司法办案活动的内部监督制约，促进严格公正规范文明司法，提高司法办案的质量和效能，提升司法公信力，根据《人民检察院刑事诉讼规则（试行）》、《人民检察院民事诉讼监督规则（试行）》、《检察机关执法工作基本规范》、上级院和本院《关于落实司法责任制的实施意见（试行）》等相关规定，结合我院工作实际，制定本办法。

第二条 本办法所称案件质量评查，是指对本院已经办结的案件，以法律、司法解释以及相关司法规范为依据，对照案件质量评查标准，对司法办案的合法性、准确性、规范性和公正性进行核查、分析和评价，总结经验，发现和解决问题的司法办案活动。

第三条 案件质量评查应当坚持实事求是、客观公正、突出重点、注重效果的原则。

第四条 案件质量评查是检察业务考核评价机制的重要组成部分，通过发现、评析案件质量问题，形成客观、明确的案件质量评查报告，提出评查意见和建议，形成评查结果。评查结果应当纳入检察官绩效考核范围。

第二章 组织机构及职责

第五条 我院成立案件质量评查工作领导小组统一领导本院的案件质量评查工作，对检察长和检察委员会负责。

领导小组组长：周晋

领导小组副组长：任瑾云

成员：李明、牛晋龙、李兴明、胡建民、韩美卿、陈福清、刘佳。

领导小组应当履行下列职责：

（一）统一领导本院的案件质量评查工作；

（二）审议评查组提请的对案件差错性质认定存在重大分歧的案件；

（三）审议案件质量评查工作领导小组办公室（以下简称领导小组办公室）提交的案件承办单位（部门）或者承办检察官提出的涉及案件实体方面有重大异议的评查意见；

（四）完成检察长或者检察委员会交办的其他事项。

第六条 领导小组下设办公室，与案件管理部门合署办公。领导小组办公室主任由案件管理部门负责人韩美卿兼任。

案件管理部门是负责案件质量评查工作的职能部门，应当履行下列职责：

（一）统筹规划本院案件质量评查工作，制定评查方案、组建评查工作组、统筹协调评查活动、制作评查综合报告和评查情况通报等；

（二）对本院办结的案件进行评查；

（三）研判评查工作中发现的司法办案突出问题，形成分析报告，为检察长和检察委员会科学决策提供参考；

（四）督促本院相关部门认真落实整改意见；

（五）审核认定评查过程中发现的精品案例和优秀法律文书；

（六）制作案件质量分析报告，梳理、总结本院案件质量评查工作情况，分析评查工作中存在的问题，提出改进意见和建议；

（七）完成领导小组交办的其他事项。

第七条 建立本院案件质量评查人才库。政工部门和案件管理部门负责案件质量评查人才库的建设工作，以及评查人才的储备、培训、使用和管理工作。

第八条 开展案件质量评查工作，应根据案件类别组建若干评查组。评查组对领导小组负责。

评查员由案件管理部门的员额检察官和评查人才库中选定的检察官等组成，或者指定员额检察官对个别重大、疑难、复杂和新类型案件进行评查。必要时，可以邀请知名律师、法学专家教授参与案件质量评查工作。

评查组应当履行下列职责：

（一）按照评查方案的要求开展评查工作；

（二）集体讨论、评议评查员对案件的综合分析，形成全面、客观、明确的评查意见；

（三）梳理、甄别和反馈评查中发现的问题，提出加强业务工作的建议；

（四）向领导小组办公室推荐精品案例和优秀法律文书；

（五）完成领导小组交办的其他事项。

第九条 评查员应当履行下列职责：

（一）按照评查方案的要求，按时完成评查任务；

（二）全面查阅案件材料，严格按照法律、司法解释和相关规定，对照案件质量评查标准，以书面形式准确描述案件办理中存在的问题及相关依据，提出初步的评查意见；

（三）对于不能确定的办案质量问题，报请评查组组长决定或者提请评查组集体讨论决定；

（四）逐案填写《案件质量评查登记表》，提交评查报告；

（五）严格遵守保密工作规定，严禁泄露评查过程中知悉的国家秘密、商业秘密、检察工作秘密和个人隐私；确保案卷安全；

（六）完成案件质量评查工作所涉及的其他事项。

第十条　办案部门可以根据业务工作需要，组织开展本业务条线的案件质量评查工作，评查方案应当报领导小组审批，评查报告应当报领导小组办公室备案，防止重复评查。

第十一条　案件质量评查工作纳入本院司法办案监督体系。评查案件的检察官应当对履行评查职责的行为承担司法责任，做到谁评查谁负责、谁决定谁负责。

第三章　评查方式和内容

第十二条　案件质量评查以综合采取随机评查、重点评查、专项评查、个案评查等方式进行。

第十三条　案件质量评查的内容主要包括：证据采信、事实认定、法律适用、办案程序、风险评估、案卡填录、文书使用和制作、案件信息公开、涉案财物管理、诉讼权利保障、办案效果和办案安全等。

第十四条　我院定期组织对办结的案件开展随机评查。随机评查的范围应当覆盖到各业务条线不同类型的案件。

案件管理部门对本院办结的除重点评查、专项评查案件外的案件，原则上每年应当按照不低于检察官年度办结案件总数5%的比例随机选取案件进行评查，不足1件时评查1件。

第十五条　案件管理部门对本院办结且具有下列情形之一的案件，应当逐案开展重点评查，一案一报告。

（一）犯罪嫌疑人被决定或者批准逮捕后，作不起诉处理的；

（二）不捕复议、复核或不诉复议、复核后，改变原审查决定的；

（三）提起公诉后，撤回起诉的；

（四）提起公诉后，被告人被宣告无罪的；

（五）提起公诉后，诉、判定性不一或者跨幅度量刑的；

附件：部分检察机关检察官办案绩效考核规定

（六）刑事申诉案件复查后，改变原处理决定的，或与原作出处理决定的业务部门存在重大分歧意见的；

（七）适用刑事诉讼特别程序办理的；

（八）对民事、行政生效判决、裁定、调解书提出再审检察建议，法院未启动再审程序，上级院也未跟进监督提出抗诉的；

（九）决定国家赔偿的；

（十）其他需要进行重点评查的案件。

第十六条 对于投诉本院有关业务部门办案质量问题的案件，案件管理部门经检察长或者检察委员会决定，可以进行个案评查。

第十七条 开展案件质量评查应当依据下列标准，客观、公正、全面评价办案质量：

（一）证据采信与排除符合法律规定，组织与运用符合逻辑和办案规律，瑕疵证据已依法补正，证明标准达到法律要求；

（二）认定事实清楚，已排除合理怀疑，无遗漏罪犯、遗漏罪行；叙述详略得当，用词注重法言法语；

（三）适用法律正确，引用法律条文、司法解释准确；

（四）办案程序合法、规范；

（五）风险评估预警及时、准确，等级判定合理，应对处置积极有效；

（六）案卡填录及时、准确、规范；

（七）文书制作基本要素完整，释法说理充分，文书使用正确、规范；

（八）依法、全面、及时、规范公开重大案件信息和法律文书；

（九）及时、依法处理涉案财物，手续完备；

（十）依法保障当事人的合法权益和辩护人、诉讼代理人的诉讼权利。

最高人民检察院已经印发相关案件质量认定标准的，按照其标准进行评查。

第十八条 开展案件质量评查活动应当依托全国检察机关统一业务应用系统和电子卷宗系统，以网上评查为主，以审查纸质卷宗为辅，结合座谈、调查、听证、组织专家论证等方式灵活开展。

第十九条 随机评查实行每月一报告制度。案件管理部门应当于次月5日前将本院案件质量评查情况报市院领导小组办公室。

实行半年一次综合报告、通报制度。在每年的9月份前完成对上半年、次年的3月份前完成对下半年的案件质量评查。

重点评查和专项评查实行一评查一报告制度。案件管理部门应当及时完成对重点案件质量评查情况的分析研判，形成书面材料报本院领导小组批准后在本院通报，同时报市院领导小组办公室。

第四章 评查程序

第二十条 随机评查、重点评查和专项评查可以依照以下程序进行：

（一）安排部署。领导小组办公室组织召开工作会议，确定评查范围、评查方式、评查员组成及时间安排，明确评查标准和相关要求。

（二）调阅案卷。案件管理部门或者开展专项业务评查的业务部门制发评查方案、调卷函等文书，通知要求本院相关业务部门及时将相关的案卷材料送交案件评查组。

（三）案件评查。全面查阅案件材料，客观、公正、全面评价办案质量，认真填写案件质量评查登记表，准确、详细描述存在的问题及相关依据；对照评查标准得出被评查案件的评查总分；提出初步评查意见。

（四）讨论评议。集体讨论、评议评查员对被评查案件的综合分析，提出评查意见。对于案件差错性质认定有重大分歧或者研究认为差错严重、责任重大的，提请领导小组决定。

（五）汇报审议。汇总评查意见并提交领导小组审核评议，形成评查结论。

（六）反馈意见。领导小组办公室向案件承办部门和承办检察官反馈评查结论并听取意见。

（七）通报结果。形成综合性案件质量评查报告，提交检察长或者检察委员会审议；形成案件质量评查情况通报，在本院发布；向检察业务绩效考核和检察官绩效管理部门通报评查结果。

第二十一条 决定采取重点评查或者专项评查的案件，办案部门应当在接到评查通知后的15个工作日以内，将案卷材料送交本院案件管理部门。评查员应当在收到案卷材料之日起15个工作日以内完成评查，案件重大疑难复杂的，报经领导小组办公室批准，可以延长10个工作日。

第二十二条 被评查案件的承办部门或者承办检察官对评查结论有异议的，可以在收到反馈意见10个工作日以内书面申请复查；复查申请书应当层报组织评查该案件的领导小组办公室审批。

第二十三条 案件质量评查的相关材料应当装卷、归档，妥善保管。

第五章 评查结果运用

第二十四条 案件质量评查结果分为优秀、良好、合格、不合格四个等级。

具体评定等级标准另行制定。

第二十五条 案件质量评查结果应当记入检察官司法档案,作为评价检察官办案能力、水平的重要依据。

案件质量评查结果应当作为检察官个人评优、晋级和部门评先的参考依据。

第二十六条 案件质量评查中确定的精品案例和优秀法律文书,应当及时向办案部门和政工部门通报并予以表彰、奖励。

第二十七条 案件质量评查中发现的问题,由案件管理部门或者开展专项评查的业务部门形成综合分析报告,提请本院检察长或者检察委员会审议。

案件质量评查中认定的司法瑕疵和检察官司法办案中反复出现的同类问题,应当及时向本院办案部门送达案件质量问题整改通知书,跟踪督导其整改工作开展情况,并以书面形式向检察长或者检察委员会报告。本院办案部门应当自收到案件质量问题整改通知书之日起30日以内以书面形式提交整改情况报告。

评查中发现承办案件的检察官或者检察官办案组成员办案中存在违法行使职权行为的,应当责成承办单位、承办检察官予以纠正并记录;涉嫌滥用职权、徇私舞弊、刑讯逼供以及其他违法犯罪的,应当移送纪检监察部门。

第六章 附 则

第二十八条 本办法自印发之日起施行。

最高人民检察院机关检察官
业绩考核办法（试行）

（2017年8月31日最高人民检察院第十二届
检察委员会第六十九次会议通过）

第一章 总 则

第一条 为了规范最高人民检察院机关检察官业绩考核工作，正确评价检察官工作实绩，落实司法责任制，根据《关于完善人民检察院司法责任制的若干意见（试行）》、《最高人民检察院机关司法责任制改革实施意见（试行）》等相关规定，结合最高人民检察院机关工作实际，制定本办法。

第二条 本办法适用于最高人民检察院机关检察官。

第三条 检察官业绩考核应当围绕检察官岗位职责，坚持检察业务工作规律和干部人事工作规律相结合、定性和定量相结合、个人自评和组织评价相结合，客观公正反映和评价检察官履行职责情况，促进公正司法，提高办案质量和效率，并为检察官绩效奖金分配、评先评优、等级晋升、交流任职、惩戒和退出员额等提供重要依据。

第四条 最高人民检察院设立检察官考评委员会，由院领导、检察委员会专职委员，以及政治部、监察局、机关党委负责人组成。

检察官考评委员会在最高人民检察院党组领导下，对检察官业绩考核工作实行统一领导，主要职责是：

（一）制定年度检察官业绩考核方案；

（二）审定各业务部门检察官业绩考核标准；

（三）研究部署检察官业绩考核工作，审查确定各业务部门的考核结果；

（四）受理对考核结果的复核申请并作出处理决定。

检察官考评委员会设立办公室作为其日常办事机构，统一负责业绩考核的具体组织实施工作。政治部和案件管理办公室的负责人分别担任办公室正、副主任，并选派人员承担相关工作。

第五条 最高人民检察院各业务部门设立检察官业绩考核小组，由本部门负责人和检察官代表组成，负责拟定本部门检察官业绩考核标准，按照考评委员会的统一安排，开展本部门检察官的业绩考核，并提出考核等次意见。

第二章 考核内容

第六条 检察官业绩考核内容包括检察官办理案件和其他检察业务的工作量、质量、效率、效果等情况。

第七条 检察官办理案件和其他检察业务，包括个人办理、组织办理、指导办理、参与办理等具体表现形式。

检察官办理其他检察业务，包括研究起草检察业务指导性、规范性文件，起草立法和司法解释建议，制发指导性案例和开展典型案例研究，开展检察业务政策调研、分析，以及其他与业务指导、业务管理相关的工作活动。

第八条 检察官办理案件和其他检察业务的工作量考核，是综合任务的数量、性质、复杂程度等因素对工作投入状况作出评价。

检察官办理案件的质量考核，是对案件在实体和程序上的合法性状况作出评价；办理其他检察业务的质量考核，是对符合任务标准和要求状况作出评价。

检察官办理案件和其他检察业务的效率考核，是对完成任务的时效性状况作出评价。

检察官办理案件和其他检察业务的效果考核，是对完成任务的政治效果、法律效果、社会效果作出评价。

第九条 对于检察官组织、指导、参与办理案件和其他检察业务等工作，应当结合工作任务整体质量、效率、效果，根据检察官个人发挥的实际作用进行评价。

第三章 考核方法

第十条 检察官业绩考核实行定性评价、量化评分方式。对于办理案件和其他检察业务的工作量、质量、效率、效果，分别对照考核标准的具体要求进行评价打分，平均计算综合分值后确定业绩考核等次。

第十一条 对于检察官办理案件和其他检察业务的工作量、质量、效率、效果的评价，可以综合考核年度内检察官承办各项任务的整体情况，集中或者归类分别评价打分。检察官承办的有关任务难以分类集中的，可以分别任务评价打分。

第十二条 检察官业绩考核分为ABCD四个等次。业绩等次的综合分值范围是：A（90分及以上）；B（70至89分）；C（60至69分）；D（59分及以下）。

各业务部门检察官业绩考核评价为 A 等次的人数，不超过本部门检察官总数的 20%。

第四章 考核标准

第十三条 最高人民检察院机关各业务部门应当根据本部门业务职能，详细列明办理案件和其他检察业务的类型，分别确定在评价工作量、质量、效率、效果等方面各考核等次的具体要求，形成本部门的业绩考核标准，报考评委员会统一审定，作为业绩考核评价的具体依据。

第十四条 各业务部门制定的业绩考核标准中，应当分别列明评定为 D 等次和不得评定为 A 等次的情形。列明的情形应当具体明确，易于认定。

各业务部门在确定上述情形时，应当综合考虑办理工作量、质量、效率、效果等因素，并结合本部门业务实际，对以下情况的内容和后果作出细化规定：

（一）对于确定由检察官承担的工作任务，检察官在考核年度内无正当理由未予办理的；

（二）业务工作量明显低于本部门其他检察官的；

（三）检察官被认定存在司法过错、案件评查中发现办案严重差错，以及其他检察业务存在重大错误的；

（四）办理案件和其他检察业务超过法定期限，或者超过考核标准中确定的任务办理时限，且无正当理由的；

（五）检察官办理案件或者其他检察业务，引发重大敏感负面舆情、重大涉检信访或者社会矛盾，或者业务指导不符合实际，严重影响检察业务开展的；

（六）检察官在考核年度内受到党纪检纪处分的，以及检察官在考核年度内发生不廉洁行为，未达到违纪违法责任的；

（七）其他在办理工作量、质量、效率、效果等方面存在重大问题的。

第十五条 业务部门承担的业务类型发生变化的，应当及时调整业绩考核标准，经考评委员会办公室审核，报分管院领导审批。

第十六条 各业务部门的业绩考核标准应当在最高人民检察院机关公示。办理的案件或者其他检察业务不宜扩大知悉范围的，在公示时应当对相关信息进行保密处理。

第五章 考核程序

第十七条 检察官业绩考核与公务员年度考核工作同步结合进行。

第十八条 考评委员会根据工作安排，按照本办法规定，制定并发布对上一年度检察官业绩进行考核的方案，明确考核的具体要求和步骤，正式启动检察官业绩考核工作。

第十九条 检察官应当结合公务员年度考核述职述廉工作，在本部门全体人员范围内进行业绩述职。担任业务部门领导的检察官业绩述职，分管院领导及考评委员会办公室有关工作人员参加。

检察官业绩应当接受本部门全体人员的评议。评议意见作为业绩考核评价的重要参考。

第二十条 检察官业绩应当根据司法业绩档案中记录的检察官办理案件和其他检察业务的客观情况，结合本部门人员对检察官年度业绩的评议情况进行考核评价。

第二十一条 检察官业绩由各业务部门业绩考核小组集体讨论并评价打分。必要时，召集检察官联席会议听取意见。

担任业务部门领导的检察官业绩由分管院领导评价打分。

第二十二条 各业务部门业绩考核小组对本部门检察官考核评价后，提出检察官业绩考核等次意见，报考评委员会审核确定。

第二十三条 各业务部门业绩考核小组对本部门检察官的考核评价结果，在报送考评委员会前，应当反馈被考核检察官，并由本人签署意见；本人拒绝签署意见的，业绩考核小组应当注明。

第二十四条 各业务部门业绩考核小组对本部门检察官的考核评价结果应当在本部门公开。考评委员会对拟定为 A 等次的检察官应当在最高人民检察院机关公示。

检察官本人对于考核评价结果有异议的，可以在公示之日起三个工作日以内，向考评委员会提出复议申请。考评委员会应当在五个工作日以内进行复议，作出维持或者变更决定。复议结果应当书面反馈提出复议申请的本人及所在部门。

第二十五条 考评委员会根据各部门报送的考核意见，研究确定检察官业绩考核等次。

第二十六条 在司法业绩管理系统中建立业绩考核模块，实现业绩考核工作的全程记录、便捷查询。

各业务部门、检察官和其他人员按照以下要求使用系统：

（一）各业务部门业绩考核标准，由该部门在系统中录入和调整补充；

（二）检察官业绩清单、述职报告，由检察官本人录入，并由本部门主要负责人在系统中审核确认；

（三）检察官业绩考核结果，由考评委员会办公室录入；

（四）各业务部门业绩考核小组对检察官的评价计分、考评委员会相关审查、审核和确认工作，在系统上进行；

（五）业绩考核有关材料和考核结果，机关工作人员可按照相应权限在系统上查询。

第二十七条 检察官办理案件和其他检察业务，应当按照统一业务应用系统及相关系统的要求，规范填录办理情况、个人业绩情况等信息，保证业绩考核信息真实、准确、完整。凡弄虚作假查证属实的，予以通报批评，并区别情况降低考核等次。

第六章 考核结果运用

第二十八条 检察官业绩考核结果在绩效奖金分配、评先评优、等级晋升、交流任职、惩戒和退出员额方面的具体使用，分别依照有关规定执行。

第二十九条 检察官应当参加公务员年度考核。业绩考核等次作为评定公务员年度考核等次的重要因素。

第三十条 检察官在考核年度内存在以下特殊情形的，分别情况进行相应处理：

（一）检察官经组织选派参与外单位专项工作任务，以及到地方党政机关、检察机关挂职锻炼以及参加援藏、援疆、援青、扶贫、博士服务团等的，原则上不参加高检院机关检察官业绩考核，绩效奖金分配按照有关规定执行；

（二）新遴选入额的检察官，检察官任职时间超过六个月的，参加检察官业绩考核，任职前工作情况作为业绩考核内容；

（三）检察官经组织选派参加学习培训或者病、事假累计不足六个月的，参加检察官业绩考核，按照实际情况进行考核评价。超过六个月的，参加检察官业绩考核，但原则上不评定为 A 等次；

（四）业绩考核时，检察官因涉嫌违法违纪被立案调查尚未结案的，暂不确定考核等次，调查结束后根据处理情况补定等次。

第三十一条 各业务部门应当认真总结分析检察官业绩考核结果，研究存在问题，提出改进措施，不断提高司法办案质量效率。

第七章 附 则

第三十二条 本办法由最高人民检察院检察官考评委员会负责解释。

第三十三条 本办法自 2017 年 10 月 1 日起试行。